丛书主编 萧鸣政

人力资源管理专业实用系列教材

绩效考评与管理方法

萧鸣政 编著

北京大学出版社

图书在版编目(CIP)数据

绩效考评与管理方法/萧鸣政编著.—北京:北京大学出版社,2017.1
(人力资源管理专业实用系列教材)
ISBN 978-7-301-27986-1

Ⅰ.①绩⋯ Ⅱ.①萧⋯ Ⅲ.①企业绩效—企业管理—教材 Ⅳ.①F272.5

中国版本图书馆 CIP 数据核字(2017)第 010741 号

书　　　名	绩效考评与管理方法
	JIXIAO KAOPING YU GUANLI FANGFA
著作责任者	萧鸣政　编著
责任编辑	徐少燕
标准书号	ISBN 978-7-301-27986-1
出版发行	北京大学出版社
地　　　址	北京市海淀区成府路 205 号　100871
网　　　址	http://www.pup.cn　新浪微博:@北京大学出版社
电子信箱	ss@pup.pku.edu.cn
电　　　话	邮购部 62752015　发行部 62750672　编辑部 62753121
印　刷　者	北京富生印刷厂
经　销　者	新华书店
	787 毫米×1092 毫米　16 开本　27.25 印张　428 千字
	2017 年 1 月第 1 版　2019 年 3 月第 2 次印刷
定　　　价	62.00 元

未经许可,不得以任何方式复制或抄袭本书之部分或全部内容。

版权所有,侵权必究

举报电话:010-62752024　电子信箱:fd@pup.pku.edu.cn

图书如有印装质量问题,请与出版部联系,电话:010-62756370

前　言

随着市场经济体制的确立与新公共管理思想的引进,组织管理遇到了许多新问题,其中人力资源管理问题尤为尖锐与突出。人力资源管理的关键是要在组织内部建立起竞争机制、激励机制与约束机制,促进组织的高效运营与良性发展,而三大机制的建立均有赖于科学的绩效考评与管理系统。政府组织与企事业单位希望借助绩效考评建立一种科学合理、具有激励性和竞争性的工资奖金制度,借助绩效考评裁减人员、优化组合,制约与激励员工工作,挖掘内部潜力,提高经济效益,借助绩效管理实现组织的战略目标。尤其是在当前新公共管理思想在我国兴起以及倡导政府全面质量管理的大背景下,许多公共组织与企业做过一段时间的绩效考评与管理工作以后,就感到绩效考评与管理工作不好做。如果认真做,会十分复杂而繁琐,最后效果也不一定好,事倍功半且得不偿失;如果粗略一点做,则又不痛不痒走形式,没有什么效果。

绩效考评与管理是保证组织管理质量的关键,是促进现代组织战略目标实现的基础与手段。然而,绩效考评与管理技术和方法的专门研究在国内外都非常薄弱。由于这项研究涉及数学、心理学、教育学、管理学、劳动人事、人力资源开发、计算机、统计分析等多学科的知识与领域,因此研究起来比较困难。笔者花费了大量时间与精力,从众多学科领域与管理实践中提炼出各种能够应用到现代组织管理中的绩效考评与管理技术和方法,将它们的思想理论、类型结构、表现形式、操作方式与应用案例进行了系统的梳理,形成了这本《绩效考评与管理方法》。

《现代人事考评技术及其应用》一书1997年出版,因其其理论性强,既有一定的操作深度,也有一定的应用广度,受到了读者的好评。随着国际交流的加强以及中国管理实践的发展,绩效考评领域的理论与方法也不断成熟和完善。这促使我们根据教学实践进行修订,于2007年出版了《现代绩效考评的技术及其应用》一书。在书中,我们增加了一些概念、技术与应用案例,特别是增加了国内外对绩效的新解释,以及组织绩效、团队绩效分析与平衡计分卡技术应用的新成果,以期能够更加系统、清晰地向读者展示绩效管理领域的新成果。

《现代绩效考评技术及其应用》的内容结构总体上保持了《现代人事考评技术及其应用》的风格,全书分为四大部分:第一部分为理论篇(第一至二章),主要论述绩效考评技术及其基本理论与概念;第二部分为技术分析篇(第三至十章),这是主体部分,主要论述绩效考评各种技术的类型结构与操作方式;第三部分为应用篇(第十一至十三章),主要论述有关绩效考评技术在组织管理实践中的具体应用与操作方法;第四部分为工具篇(两个附录),主要介绍现代绩效考评技术操作中经常要用到的各种量化检验表格。

本书是在《现代绩效考评技术及其应用》的基础上修订而成的。全书共十三章,由绩效考评与管理的概念与概述导入,以技术方法的分析与阐述为主体,以应用操作为主导,着重回答绩效考评与管理是什么,绩效考评与管理的技术和方法包括哪些形式,以及如何运用它们来提高我们的组织管理水平三个基本问题。第一章至第三章主要阐述绩效考评与管理的概念、结构以及战略实施过程;第四章至第十章主要阐述如何进行绩效考评与管理,介绍了绩效考评与管理过程中涉及的各种主要方法与技术;第十一章至第十三章主要介绍如何在人力资源管理实践中运用相关的方法与技术。

本书是集体工作的结果。整个修订工作由萧鸣政设计与主持,对于每一章修订的具体要求、资料收集与具体文字的表述等,均进行了指导与说明。本书新修订的内容分布在第一章、第二章、第三章、第四章与第八章中,主要是增加了绩效管理方面的相关内容,整合了绩效考评及其与绩效管理的关系的相关内容。具体情况如下:修改了第一章中第一节与第三节的内容,单凯雯做了资料收集与文字整理等初步修订工作;修改了第二章的内容,刘丛丛、林禾、陈小凡做了资料收集与文字整理等初步修订工作;修改了第三章的内容,黄琳、徐蕾、杨蕊辰做了资料收集与文字整理等初步修订工作;修改了第四章中第二节的内容,姚智琦做了资料收集与文字整理等初步修订工作;第八章是新增加的内容,张心悦、王舒启迪做了资料收集与文字

前 言

整理等初步修订工作。唐秀锋同学协助我进行了这次修订工作的组织、咨询与信息收集以及初步的编排工作。

在此,我要感谢以上参加本书修订工作的各位人员,感谢北京大学出版社为本书的出版付出辛勤劳动的编辑与领导,感谢为本书的修订、编辑与出版工作提供过帮助与支持的所有人!

尽管我们在本书的修订过程中做了大量努力,但是由于时间仓促、水平有限,书中的不当或疏漏在所难免,恳请专家与读者提出宝贵意见。

萧鸣政

2016 年 9 月 9 日

目 录

CONTENTS

第一章　绩效考评与管理概述　　1
　　第一节　现代绩效管理的概念　　1
　　第二节　绩效考评的类型　　9
　　第三节　绩效管理的特点、类型与功能　　10

第二章　绩效结构及其分析　　25
　　第一节　绩效结构与模型　　25
　　第二节　绩效的形成与影响因素　　42
　　第三节　绩效分析技术　　58

第三章　绩效考评与管理战略实施过程　　71
　　第一节　绩效考评战略与战略性绩效管理概述　　71
　　第二节　绩效考评与管理流程　　83
　　第三节　绩效考评与管理的相关方法技术分类　　93
　　第四节　绩效考评技术的作用与意义　　105

第四章　绩效考评指标体系设计技术　　108
　　第一节　绩效考评指标概述　　108
　　第二节　指标设计的模型方法与技术　　113

第三节　绩效考评指标量化的方法与技术　　130
第四节　考评指标质量检验技术　　157

第五章　绩效考评信息获取技术　　168

第一节　绩效考评信息及其类型　　168
第二节　信息抽样技术　　170
第三节　统计技术　　175

第六章　绩效考评信息综合技术　　192

第一节　绩效考评信息的量化技术　　192
第二节　绩效考评信息的转化与简化技术　　195
第三节　绩效考评信息的汇合技术　　202

第七章　绩效考评评判技术　　217

第一节　印象评判技术　　217
第二节　相对比较评判技术　　219
第三节　因素分解综合评判技术　　226
第四节　常模参照与效标参照评判技术　　232

第八章　绩效管理的阶段与相关方法　　239

第一节　绩效诊断　　239
第二节　绩效计划　　252
第三节　绩效反馈　　263
第四节　绩效辅导　　274
第五节　绩效管理的组织与实践　　286

第九章　绩效考评结果的转换、等值与调整技术　　299

第一节　分数的等级转换技术　　300
第二节　分数的等值技术　　308
第三节　分数的调整技术　　314

目 录

第十章 绩效考评结果的反馈与解释技术 321
- 第一节 分项、概括、口头反馈与解释技术 322
- 第二节 图表反馈与解释技术 324
- 第三节 分数的等级、评语反馈与解释技术 328

第十一章 绩效考评技术在人力资源管理中的应用 333
- 第一节 绩效考评在人力资源开发中的应用 333
- 第二节 某汽车集团评价性绩效考评方案与技术分析 336
- 第三节 绩效考评技术在管理型企业中的应用 340
- 第四节 一个国有企业绩效考评案例及其点评 344

第十二章 平衡计分卡及其在绩效管理中的应用 349
- 第一节 平衡计分卡的基本概念 349
- 第二节 平衡计分卡的主要特点 350
- 第三节 平衡计分卡的基本内容 353
- 第四节 关键绩效指标的选取 358
- 第五节 员工绩效考评指标的建立 366
- 第六节 平衡计分卡的应用实例 378

第十三章 绩效考评技术应用模拟练习 388

附录Ⅰ 绩效考评常用数据表 395

附录Ⅱ 描述统计图表 418

参考文献 421

第一章

绩效考评与管理概述

📌 本章学习目标提示

- 了解绩效管理思想的历史背景与沿革
- 理解绩效考评与管理的相关概念
- 掌握绩效考评与管理的类型与特点
- 掌握绩效管理的功能

第一节　现代绩效管理的概念

一、绩效管理思想的历史背景与沿革

（一）绩效管理思想的历史背景

随着经济的全球化和信息时代的到来,世界各国企业都面临着越来越激烈的国内和国际市场竞争。为了提高自己的竞争能力和适应能力,许多企业都在探索提高生产力和改善组织绩效的有效途径,组织结构调整、组织裁员、组织扁平化、组织分散化成为当代组织变革的主流趋势。但是,实践证明:尽管上述的组织结构调整措施能够减少成本(因此提高生产力),但是它们并不一定能改善绩效;不论是在哪一层次(组织、团队、个人)评价绩效和如何界定绩效,它们只是提供了一个改善绩效的机会,真正能促使组织绩效提高的是组织成员行为的改变。学习型组织的出现给人们带来了希望。它能够形成有利于调动员工积极性、鼓励创新、进行团队合作的组织文化和工作气氛。

在这一背景下,研究者拓展了绩效的内涵,并在总结绩效评价不

足的基础上,于20世纪70年代后期提出了"绩效管理"的概念。80年代后半期和90年代早期,随着人们对人力资源管理理论和实践研究的重视,绩效管理逐渐成为一个被广泛认可的人力资源管理过程①,并在人力资源管理过程中发挥越来越重要的作用。

(二) 绩效管理思想的历史沿革

"绩效管理"这个概念于1976年首次被研究者比尔和鲁提出。他们将绩效管理定义为"管理、度量、改进绩效并且增强发展的潜力"。②

在绩效管理思想的发展过程中,主要有以下三种有代表性的观点。

1. 绩效管理是管理组织绩效的系统

支持这一观点的代表是英国学者罗杰斯(Rogers)和布雷德鲁普(Bredrup)。罗杰斯在1990年的研究成果中说明了在地方政府中施行绩效管理的共同的权力范围体系,布雷德鲁普认为绩效管理是由计划、改进和考察三个过程组成的。计划所分析的主要是制定组织愿景和战略以及对绩效进行定义等活动;改进主要是从过程的角度对企业管理流程再造、持续性过程改进、基准化和全面质量管理等活动的分析和提升;考察主要是对企业绩效成果的衡量与评估。这一模型的核心在于通过组织结构、技术、经营体系和程序等手段确定企业的战略并加以实施,它是一种以组织为中心的管理模型,强调以组织绩效为核心的管理,尽管企业雇员会受到技术、结构、作业系统等变革的影响,但他们并不是该模型的中心。这种观点的核心是将绩效理解为组织绩效,强调通过对组织结构、生产工艺、业务流程等方面的调整实施组织的战略目标。它看来更像战略或事业计划等,个体因素即员工虽然会受到整个系统变革的影响,但却不是绩效管理所要考虑的主要对象。③ 持这一观点的学者以实现组织目标、组织和员工绩效水平为绩效管理的目的。

---

① 付亚和等:《绩效管理》,复旦大学出版社2014年版,第17—18页。
② Michael Beer and Robert Ruh, "Employee Growth Through Performance Management", *Harvard Business Review*, 1976, 54(4), pp. 59-66. 转引自林新奇:《绩效管理》,东北财经大学出版社2010年版,第5—6页。
③ 胡君辰等:《绩效管理》,四川人民出版社2008年版,第10—12页;付亚和等:《绩效管理》,复旦大学出版社2014年版,第17—18页。

2. 绩效管理是管理员工绩效的系统

这种观点将绩效管理看作组织对一个人的工作成绩及其发展潜力的评估和奖惩,是从对员工个人绩效进行管理的角度来解释绩效管理的,强调以员工为核心。其隐含的前提假设是在对员工绩效进行管理时,组织的目标已经明确,并得到了组织内部员工的认同和肯定。[1] 其代表人物艾恩斯沃斯(Ainsworth)、奎因(Quine)、斯坎奈尔(E. Scannell)等将绩效管理看作是一个周期。[2] 特灵顿(Tonington)和霍尔(Hall)提出了一个三步骤模型,分别是计划、管理和绩效考查。这其中的计划是指建立绩效目标、明确行动方向、确定衡量标准,为员工的行动提供指导和初始动力等具体内容;管理主要是对行动和目标的监督,强化目标的实现程度,改正不适当的行为,提供相应的控制和支持;绩效考查主要是通过会议、书面报告、表格等一系列手段对绩效管理的结果进行扫描和应用。绩效管理是一种在组织目标和框架内对雇员绩效的管理活动,虽然也强调组织的重要性,但已开始重视员工对绩效管理活动的参与和投入了。[3] 这一观点强调绩效管理对员工的工作能力和工作成效评估的重要作用。

3. 绩效管理是组织绩效管理和雇员绩效管理相结合的体系

我们可以把这种观点视为前两者的结合。这种观点把绩效管理视为一个综合体系。在这个综合体系中,一方面对组织框架的阐述更加清楚,认为绩效管理是通过将各个员工或管理者的工作与整个工作单位的宗旨连接在一起,来支持公司或组织的整体事业目标;另一方面又都无一例外地强调以雇员为中心的参与,认为绩效管理的中心目标是挖掘员工的潜力,提高他们的绩效,并通过将员工的个人目标与企业战略结合在一起来提高公司的绩效。例如,考克斯·泰勒(Cox Taylor)的模型意在加强组织绩效,但其特点确实强调对员工的干预,他认为"绩效管理通过将各个员工或管理者的工作与整个工作单位的宗旨连接在一起,来支持公司或组织的整体事业目标";而另一种认识却是"绩效管理的中心目标是挖掘员工的潜力,提高他们的绩效,并通过将员工的个人目标与企业战略结合在一起来提高公

---

[1] 方振邦等:《战略性绩效管理》,中国人民大学出版社2010年版,第7—8页。
[2] 付亚和等:《绩效管理》,复旦大学出版社2014年版,第17—18页。
[3] 胡君辰等:《绩效管理》,四川人民出版社2008年版,第10—12页。

司的绩效"。① 斯托里(Story)和西森(Sisson)提出的绩效管理周期模型比较看重其中的目标设置过程;麦格非(McFee)和坎姆派格(Champagne)提出的绩效管理周期模型则更为强调其中的活动和时间安排。②

国内很多学者更倾向于支持第三种观点。但在国外,特别是英国,更多的学者倾向于把绩效管理看成是对雇员绩效进行管理的系统。假设组织目标到雇员目标的层层分解没有偏差,雇员绩效的总和就等同于组织绩效,员工绩效的实现就能确保组织绩效的实现。③以上三种观点都强调了绩效管理的系统性和目标性,下文将主要介绍绩效管理的具体内涵。

二、绩效管理的内涵

(一) 绩效管理的含义

绩效管理的概念有广义和狭义之分。广义的绩效管理就是管理学上定义的管理。根据管理学的一般原理,通常将管理定义为对于工作进行协调的活动,以便能有效率和有效果地同别人一起或者通过别人实现组织目标的过程。从实践的角度看,管理的职能包括计划、组织、领导和控制,都是围绕提高员工工作绩效,进而改进组织绩效展开的。

从人力资源管理的角度出发,狭义的绩效管理在学界有着不尽相同的定义,主要有以下几种视角。

1. 系统观

绩效管理是一个完整的系统,它将员工绩效和组织绩效相融合,将员工绩效管理提升到战略管理层面。这个系统包括目标/计划、指导/教练、评价/检查、回报/反馈、改进/提高等关键部分。组织管理者和员工共同参与,管理者通过与员工的持续沟通,将企业的战略和目标、管理者的职责、员工的工作绩效目标、管理者与员工的伙伴关系等传递给员工,帮助员工消除工作过程中的障碍,提供必要的支

---

① 付亚和等:《绩效管理》,复旦大学出版社2014年版,第17—18页;方振邦等:《战略性绩效管理》,中国人民大学出版社2010年版,第7—8页。
② 胡君辰等:《绩效管理》,四川人民出版社2008年版,第10—12页。
③ 同上。

持、指导,与员工一起完成绩效目标,从而实现组织的战略目标。①所以,我们应当系统地、战略地看待绩效管理。

2. 行为观

绩效管理是管理者对员工在企业运行中的行为状态和行为结果进行定期考察和评估,同时和员工就所要实现的目标互相沟通、达成共识的一种正式的系统化行为。其过程就是一种信息获得和应用的过程,它通常采用科学的方法,按照一定的标准在一定的时间周期和评估范围内对部门、员工及其工作绩效,做出客观、公正的考核、评估,并根据评估结果修正部门和员工工作目标中出现的偏差,对部门和员工做出各种必要的奖罚、安排相关的培训活动,以此建立起激励与约束机制,促进其经营管理的改善,从而达到合理开发和充分利用人力资源、增强部门凝聚力、提高企业经济效益的目的,最终实现企业总体战略目标。②

绩效管理实质上是一系列以员工为中心的组织干预活动。它旨在用更有效的绩效管理系统替代传统的单一绩效评价。从制订绩效计划到对绩效进行评价和辅导,整个绩效管理系统强调了基于绩效目标的员工行为管理和组织的可持续发展。③

3. 过程观

绩效管理是指识别、衡量以及开发个人和团队绩效,并且使这些绩效与组织的战略目标保持一致的一个持续性过程。④ 还有学者认为,绩效管理是指依据一定的程序和方法,通过对员工工作绩效的界定、改进、评价、强化等一系列管理措施,对员工的工作绩效进行制度化、规范化的管理,以期提高和改善员工的绩效,从而提高组织绩效和实现组织战略目标的过程。⑤ 另有学者指出,绩效管理概念是在扩展了绩效的内涵并总结绩效评估不足的基础上提出来的,随着人力资源管理理论和实践的发展,绩效管理逐渐被理解成为一个人力资源管理过程。绩效管理是对组织和员工的行为与结果进行管理的一个系统,是充分发挥每个员工的潜力、提高其绩效,并通过将员工

---

① 顾琴轩:《绩效管理》,上海交通大学出版社2009年版,第10页。
② 胡君辰等:《绩效管理》,四川人民出版社2008年版,第13—14页。
③ 袁庆宏:《绩效管理》,南开大学出版社2009年版,第21页。
④ 〔美〕赫尔曼·阿吉斯:《绩效管理》,刘昕等译,中国人民大学出版社2013年版,第4页;〔美〕詹姆斯·W.史密斯等:《绩效管理》,汪群等译,机械工业出版社2011年版,第3页。
⑤ 袁庆宏:《绩效管理》,南开大学出版社2009年版,第24—25页。

的个人目标与企业战略相结合来提高组织绩效的一个过程。①

4. 方法观

绩效管理是一种提高组织员工的绩效和开发团队、个体的潜能，使组织不断获得成功的管理思想和具有战略意义的、整合的管理方法。② 将绩效管理归结为一种管理方法，更加强调了绩效管理在实践中的作用。

5. 手段及过程观

绩效管理是通过管理者与员工之间达成关于目标、标准和所需能力的协议，在双方相互理解的基础上使组织、群体和个人取得较好工作结果的一种管理过程，即绩效管理的运用是作为一个整合过程出现的——它使人力资源的管理行为和组织目标的实现相互配合。简言之，它是组织用来确保员工的工作活动和工作产出与组织的目标保持一致的手段及过程。③

还有学者指出，绩效管理是指组织中的各级管理者用来确保下属员工的工作行为和工作产出与组织的目标保持一致，通过不断改善其工作绩效，最终实现组织战略的手段及过程。绩效管理不应简单地被理解为仅仅是一个测量和评估的过程，而应是管理者和员工之间促进互相理解的途径。④ 这种观点除了看到绩效管理的工具性，也认为它是融入组织战略实施与管理的过程。

尽管不同学者给出的定义有所差别，但是大多数学者都认为绩效管理主要是将组织目标与员工目标保持协调一致，强调管理者与员工的共同参与，最终目的服务于组织目标。

由绩效管理的定义的演进（表1—1）可以看出，绩效管理的内涵不断丰富。学者们日益将绩效管理看作是对绩效实现过程中各要素的管理，是通过企业战略建立、目标分解、绩效评价，并将绩效评价结果用于企业日常管理活动中，以激励员工绩效持续改进并最终实现组织战略及目标的一种管理活动。⑤ 绩效管理也逐渐成为一门技术性强的应用型管理科学。

---

① 林新奇：《绩效管理》，东北财经大学出版社2010年版，第6—7页。
② 付亚和等：《绩效管理》，复旦大学出版社2014年版，第18—19页。
③ 方振邦等：《绩效管理》，科学出版社2010年版，第4—6页。
④ 方振邦等：《战略性绩效管理》，中国人民大学出版社2010年版，第7—8页。
⑤ 袁庆宏：《绩效管理》，南开大学出版社2009年版，第24—25页。

表1-1　不同学者关于绩效管理的定义

学者	绩效管理的定义
Philip R. Kelly（1958）	是用以判断一个人工作贡献的价值、工作的质量或数量及未来发展的潜能,借以提供个人为达到目的所需之帮助
William F. Glueck（1979）	是一项人事管理活动,企业经此活动来决定从业人员所达成工作的有效程度
Dales Beach（1980）	是针对一个人的工作绩效与发展潜力做系统性的评价
Middlemist Etal（1981）	是衡量员工的工作行为与决定员工在其工作上所达到效果的程度
S. J. Carroll and C. E. Schneier（1982）	是指依照一定衡量因素或标准,评价员工工作绩效,审视个人所贡献的程度与未来工作发展的情形
Edwards（1983）	是有系统地评定组织的员工之间在工作绩效上的个别差异,或每位员工本身在各工作层面上表现的优劣,据以作为各项人事管理执行上的基础
R. Wayne Mondy and Robert M. Noe（1990）	是在特定期间内回顾与评价员工个人的工作绩效的一套正式制度
Pride, Hughes and Kapoor（1991）	是针对员工现行绩效及潜在绩效的评价,以便管理者客观地进行人力资源决策
Rue and Byars（1992）	是包括对员工如何执行本身的工作和建立绩效改进计划的决定和沟通过程
Bovee, Thill, Wood and Dovel（1993）	是评价对员工期望有关的绩效并提供反馈的过程
Armstrong and Michael（2006）	是指通过对团队与个人的绩效表现的开发,以提升组织绩效表现的过程

资料来源：徐恒熹主编：《员工关系管理》，中国劳动社会保障出版社2007年版，第7页。转引自袁庆宏：《绩效管理》，南开大学出版社2009年版，第24—25页。

（二）绩效管理的特征

1. 绩效管理是双向的管理活动

从管理主体来看,绩效管理是管理者和员工共同进行的活动。从管理者的角度来看,不难理解,因为绩效管理本身就是管理者日常管理的一部分,是企业内部的一个完整的循环系统。从员工的角度来理解看似有些困难,实则不然。绩效管理这个系统的诸多阶段如绩效计划、绩效反馈等都需要员工的参与,只有员工真正参与到绩效管理的过程中来,企业才能更有效地达到提高员工绩效进而提高组织绩效的目的。① 所以绩效管理作为一项管理活动,离不开管理者和员工的双向互动。

绩效管理是依据员工和他们的直接主管之间达成的协议,来实施的一个双向沟通过程。该协议对员工的工作职责,工作绩效如何衡量,员工和主管之间应如何共同努力以维持、完善和提高员工的工作绩效,员工的工作对公司目标实现的影响,以及找出影响绩效的障碍并排除等问题做出了明确的要求和规定。②

2. 绩效管理主要是对员工行为和结果的管理

从管理的客体来看,看似无法管理的绩效,可以通过对产生绩效的员工的行为与结果的管理来达到管理绩效的目的。组织领导者通过绩效计划的制订、实施、评估、反馈、激励、培训等过程,来实现对员工工作行为的控制和对员工工作产出结果的管理。③ 由此也能看出绩效管理不是一项孤立的工作,而是一个完整的系统。

3. 绩效管理是周期性、持续性的活动

绩效管理的思想精髓是以人为本,让员工充分参与组织的管理过程,重视员工的发展,在完成组织目标的同时,实现员工的个人价值和职业生涯规划。因此,绩效管理并不是简单的对员工工作结果的评估,也并不是评估一次就可以判定最终结果的活动,它是周期性、持续性的活动。④

绩效管理是持续性的。它包括从设定目标和任务、观察绩效到提供、接受指导和反馈这样一个永不停止的过程。⑤ 当然,绩效管理的周期也要进行科学的设计。

4. 绩效管理与战略目标保持一致

绩效管理要求管理者确保员工的工作活动和产出与组织的目标是一致的,并借此帮助组织赢得竞争优势。因此,绩效管理在员工的

---

① 胡君辰等:《绩效管理》,四川人民出版社 2008 年版,第 13—14 页。
② 付亚和等:《绩效管理》,复旦大学出版社 2014 年版,第 18—19 页。
③ 胡君辰等:《绩效管理》,四川人民出版社 2008 年版,第 13—14 页。
④ 同上。
⑤ 〔美〕赫尔曼·阿吉斯:《绩效管理》,刘昕等译,中国人民大学出版社 2013 年版,第 4 页。

绩效和组织目标之间搭起了一座桥梁,使员工对组织做出的贡献变得清晰。① 目标管理对于绩效管理有着重要的意义,能够使管理者和员工更加紧密地团结在一起,为共同的目标而努力。

第二节 绩效考评的类型

上一节通过概念解析揭示了绩效考评的内涵,这一节,我们将通过分析绩效考评的类型揭示绩效考评的外延。

绩效考评的类型,按照考评标志划分,有常模参照性考评、效标参照性考评与无标准的内容考评。人员选拔与晋级考评多属于常模参照性考评;飞行员录用、任职资格考核等属于参照性考评;述职、小结等写实性考评则属于无标准的内容考评。

按照考评范围与内容划分,可分为单项考评与综合考评。企业诊断与人员培训中的人事考评一般是单项考评,而绩效考评大多数是综合考评。

按照考评技术与手段划分,有定性考评、定量考评以及包括模糊综合考评在内的中性考评;按照考评主体划分,有自我考评、他人考评,个人考评、群体考评,上级考评、同级考评与下级考评;按照考评时间划分,有平时考评与年终考评;按照考评客体划分,有职工考评、干部考评与全员考评;按照考评目的与作用划分,有诊断性考评、鉴定性考评、评价性考评。

下面主要介绍一下诊断性考评、鉴定性考评、评价性考评。

一、诊断性考评

诊断性考评是以了解绩效为目的的考评。其特点有三:

(1)考评内容或者十分精细,或者全面广泛。诊断性考评实施的目的是查找问题的原因,因此考评时就像医生询问病情一样,任何细节都不放过,考评内容十分精细而深入。如果需要全面了解,考评的内容就十分广泛。

(2)诊断性考评的过程是寻根究底。考评一般是由现象观察出发,层层深入,步步综合,直到找出答案。

(3)考评结果不公开,仅供内部掌握与参考。

---

① 〔美〕赫尔曼·阿吉斯:《绩效管理》,刘昕等译,中国人民大学出版社2013年版,第4页。

二、鉴定性考评

鉴定性考评是以鉴定与验证某种（些）结果或预见为目的的考评形式。其特点有三：

（1）鉴定性考评主要是为人力资源管理提供一种证据或根据。

（2）鉴定性考评所关注的是人与事的现在，而不是它们的过去或将来。

（3）鉴定性考评更加注重考评结果的信度与效度，要求所做的结论有据可查且充分全面。

三、评价性考评

评价性考评又称总结性绩效考评，是一种全面考核评定绩效对象的考评类型。

评价性考评的内容一般比较全面，考评的时间常在期末，如月末、季末与年末。考评的标准常常是职责要求，大多属于效标参照性考评。企事业单位的年度考评与工作评价都属于评价性绩效考评。

评价性考评具有公、严、硬、绩、实等特点。"公"即公平、公正、公开；"严"即严格、严谨、严肃；"硬"即要尽可能定量考评，选择硬指标考评；"绩"即要突出实绩，重在实绩；"实"即考评结果要落在实处，与整个人力资源管理过程挂钩，与聘任、晋升、培训、评优、报酬奖惩等直接挂钩。

第三节 绩效管理的特点、类型与功能

一、绩效管理的特点

（一）系统性

绩效管理强调对绩效的系统管理，涵盖组织和人员两方面，将人员绩效与组织绩效融为一体，因而它不是单纯的一个步骤或一个方面。同时，绩效管理是一种管理手段或方法，它体现管理的主要职能，即计划、组织、指导、协调、控制。在绩效管理中，管理职能是围绕提高员工绩效的具体目的来行使的。因此，绩效管理是一个以绩效为导向的整合性的管理系统。[1] 绩效管理不仅强调绩效的结果，而

---

[1] 顾琴轩：《绩效管理》，上海交通大学出版社2009年版，第11页。

且重视达成绩效目标的过程。完整的绩效管理包括计划绩效、监控绩效、评价绩效和反馈绩效四个环节,任何一个环节出现问题,都会影响到组织的最终绩效水平。① 绩效管理需要具备全面的、相互联系的观点,重视目标制定、沟通管理等过程,需要掌握和使用许多相应的技巧与技能,在实施绩效管理中需要克服很多困难和障碍。② 所以,我们也需要掌握和使用科学的方法进行绩效管理。

(二)目标性

目标管理的一个最大好处就是员工明白自己努力的方向,管理者明确如何更好地通过目标对员工进行有效管理,并提供支持帮助。同样,绩效管理也强调目标管理,"目标+沟通"的绩效管理模式被广泛提倡和使用。

只有绩效管理的目标明确了,管理者和员工的努力才会有方向,才会更团结一致,共同致力于绩效目标的实现,更好地服务于企业的战略规划和远景目标。③

绩效管理不是简单的任务管理,任务管理的目的仅仅围绕实现当期的某个任务目标,而绩效管理则是为了实现体现组织战略的一系列中长期目标,从而对组织不同层面的绩效进行有效管理。因此,管理者应该将组织的绩效管理工作置于战略的高度去考察和把握,使组织不同层次和不同单元的工作绩效始终指向战略目标,并保持动态的协调一致和相互支撑,从而最大限度地实现战略目标。④

(三)强调沟通与指导

沟通与指导在绩效管理中起着决定性的作用。制定绩效目标需要沟通与指导,帮助员工实现目标需要沟通与指导,年终评估需要沟通,分析原因寻求改进需要沟通与指导。总之,绩效管理的过程就是员工与管理者持续不断地沟通的过程,也是管理者对员工不断指导的过程。离开了沟通与指导,企业的绩效管理将流于形式。

许多管理活动失败在很大程度上是因为沟通和指导出现了问

---

① 方振邦等:《战略性绩效管理》,中国人民大学出版社 2010 年版,第 8 页。
② 林新奇:《绩效管理》,东北财经大学出版社 2010 年版,第 7 页。
③ 顾琴轩:《绩效管理》,上海交通大学出版社 2009 年版,第 11 页。
④ 方振邦等:《战略性绩效管理》,中国人民大学出版社 2010 年版,第 8 页。

题。绩效管理需要致力于管理沟通和指导的改善,全面提高管理者的沟通意识,提高管理者的沟通和指导技巧,进而改善企业的管理水平和管理者的管理素质。①

绩效管理的实现形式是绩效沟通。绩效沟通包括:沟通组织的价值观、愿景、使命和战略目标;沟通组织对每一个成员的期望结果和评价标准以及如何达到该结果的途径、方式与方法;沟通各种必要的信息和资源;上下级之间、部门之间以及员工之间的相互支持和鼓励等。② 因此,在绩效管理的实施过程中,企业各方参与者都需要进行积极有效的沟通,以提升企业的管理水平。

(四) 重视过程

绩效管理不仅强调工作结果,而且重视达成目标并不断改进的过程。换言之,绩效管理是一个持续改进的循环过程,这个过程中不仅关注结果,更强调目标引导、沟通与指导、评价和反馈。③ 绩效管理是一个强调管理者和员工持续沟通的过程,沟通贯穿于整个绩效管理过程的始终,管理者通过与员工沟通来了解绩效现状、设定绩效目标、分析绩效差距、寻求解决方案、进行绩效反馈,从而提高绩效水平。因此,绩效管理不是一年一次的填表工作,不是最后的简单评价,而是通过控制整个绩效周期中环环相扣的各个环节来达到绩效水平的提高,从而实现组织战略。④

(五) 离不开管理者

绩效管理是管理者的事情。组织内的各类管理工作都是围绕绩效开展的,组织的每一个决策和行动都处于绩效管理的范畴,绩效管理是全体管理者而非普通员工的职责。绩效管理应融入每个高层、中层以及基层管理者的日常工作中,而不能将其当作例外事项,更不能认为仅是人力资源管理者的任务。⑤ 绩效管理的各个阶段都离不开管理者的参与。

---

① 顾琴轩:《绩效管理》,上海交通大学出版社 2009 年版,第 11 页。
② 林新奇:《绩效管理》,东北财经大学出版社 2010 年版,第 43 页。
③ 顾琴轩:《绩效管理》,上海交通大学出版社 2009 年版,第 11 页。
④ 方振邦等:《战略性绩效管理》,中国人民大学出版社 2010 年版,第 8 页。
⑤ 同上。

（六）强调发展

绩效管理是一个强调发展的过程。通过绩效管理,促进企业与员工的共同成长;通过绩效管理过程,为每一个员工提供指导、支持和帮助,不断提升员工的胜任力,并使之主动学习、互相学习,建立学习型组织,形成具有激励作用的工作氛围,从而建立企业的高绩效文化。[①] 因此,绩效管理注重促进员工发展和组织绩效改善。

（七）以人为本

绩效管理是让员工充分参与组织管理的过程,重视员工的发展,在完成组织目标的同时,实现员工的个人价值和职业生涯计划。它可以使员工与团队、组织目标一致,确立"双赢"的观念。它强调全体员工自下而上的参与,每一个员工都应该设计自己的绩效目标,并与领导达成一致;高层管理者的支持和参与是决定绩效管理体系成败的关键。[②] 将企业目标分解到个体,在绩效管理过程中使个人目标与企业目标相结合,能够推动企业战略的实现。

二、绩效管理的类型

（一）组织层次的绩效管理

只有对组织进行系统的整合与管理,组织才能获得协同效用。如果管理者只对某一层次的绩效进行管理,所能获得的至多是绩效的较小改进,甚至对其他层次的投入也可能达不到预期效果。管理者只有在组织层次上理解并推动组织目标、组织设计和组织管理,才可以得到绩效的整体提高。

组织层次的绩效变量包括组织目标、组织设计和组织绩效管理。在组织层次,战略阐述了组织怎样向不同的市场提供产品和服务的问题。建立明确清晰的组织目标仅仅是迈出的第一步,管理人员和分析家需要设计相应结构的组织以确保目标的实现。用于组织设计的初始方法可以是检查并改进投入—产出关系。组织目标和组织设计确定后,就需要对组织绩效进行管理。

[①] 林新奇:《绩效管理》,东北财经大学出版社 2010 年版,第 7 页。
[②] 同上。

（二）流程层次的绩效管理

了解组织的有效方法之一是将其看作一个完成业务流程的系统（水平的组织），而不是将其看作各项职能的层级排列（垂直的组织）。虽然组织层次的绩效管理设定了组织发展的方向，指出了机遇和威胁所在，但经验表明，绝大部分变化通常都发生在流程层次。明确的战略、逻辑分明的组织设计（组织层次）以及高技能的员工（员工层次）都不能弥补组织业务和管理流程层次的缺陷。

同组织层次相似，流程层次的绩效变量包括流程目标、流程设计和流程绩效管理。每一个主要流程和辅助性流程都是为一个或多个组织目标服务的。因此，每一个流程都应该通过反映流程对组织目标贡献度的流程目标得到衡量。就实践的经验而言，大多数流程都没有目标，但在绩效评价过程中将其与目标联系起来时，流程是最有效的。流程目标有三个来源，分别是组织目标、客户需求和标杆信息。一旦建立了关键流程的目标体系，管理人员就应该按照有效实现目标的要求进行流程设计。为了确定每个流程和子流程结构的合理性，可以建立组织层次的流程图来代表当前工作运行的状况，包括职能部门间的投入—产出关系、流程图的记录以及特定流程内职能部门将投入转化为产出的步骤。即使是最合理的、以目标为导向的流程也还是不能进行自我管理。要想对流程进行持续长久的管理（而不是等出现问题后再去弥补），管理人员就必须建立起管理的基础，也就是流程管理。

（三）员工层次的绩效管理

在对前两个层次的绩效进行分析后，组织已经拥有明确的组织目标和流程目标、逻辑合理的组织结构和流程框架，组织子目标和流程子目标也都得到有效的管理。然而，这还不够。强调组织和流程层次的需求后，组织就打下了坚实的绩效基础。现在要做的是在此基础上分析员工层次的绩效。只有对整体绩效背景下的工作和执行人员进行分析，绩效改进才能真正得以实现。

在组织和流程层次涉及的目标、设计与管理都是影响员工绩效的系统构建。员工个人绩效系统建立在上述层次的基础上，更加细致地描绘了员工及其周围瞬时环境的图景。我们对员工层次绩效的观点反映了投入—流程—产出—反馈的视角，员工层次的绩效是对组织和流程层次绩效的巩固和加强。产出的质量受到投入质量、执行人员、激励以及反馈等因素的综合影响。只有充分关注其中的每一个组成部分,才能实现全面的改进。

员工层次并不会自动适应组织和流程层次的变化。因此,要确保人员实现对组织和流程目标的贡献最大化的唯一方法,就是要强调员工层次的三个绩效变量——工作目标、工作设计和工作管理。由于员工的职责是推动流程的正常运行,所以我们需要确保个人工作目标要反映出其对流程的贡献。将工作目标传达给执行员工,告知他们要做什么以及做到什么程度。要建立对工作目标的充分了解和承诺,最好的方法就是让员工参与到为其确立目标的过程中去。建立了工作目标后,我们需要对每项工作进行结构化处理,从而确保其工作职责能够促进目标的实现。而工作管理的目的是将有实力的员工置于适当的环境,以支持他们实现工作目标。[①] 绩效管理的重要工作之一就是将企业的战略逐级分解到部门和个人,只有每个层次的绩效管理工作形成一个有机的整体,企业才能有良好的绩效表现。

三、绩效管理的功能

(一)绩效管理的功能

1. 激励功能

通过绩效管理可以激励员工,提高工作积极性。实践证明,对员工的工作进行指导、帮助他们排除工作中的障碍并对他们进行辅导教练等更趋于人性化的管理方式,能提高员工对组织的承诺和对组织的满意度,从而激励员工的工作积极性。

2. 沟通功能

在绩效评价工作中面临最大的难点是:上级没有就绩效指标或目标的制定与员工进行充分沟通。而绩效管理非常重视员工的参与。从绩效目标的制定、绩效计划的形成、实行计划中的信息反馈和指导到绩效评价、对评价结果的运用以及提出新的绩效目标等都需要员工的参与,需要管理者与员工双方的沟通。

3. 支持功能

绩效管理对人力资源管理的其他环节具有一定的支持作用,通过它把人力资源的其余各项功能整合为一个内在联系的整体。为员

---

① 方振邦等:《绩效管理》,科学出版社2010年版,第4—5页。

工的薪酬制定、培训、晋升、职业发展提供依据,为人员招聘和选拔提供参考。

4. 价值功能

通过绩效管理能提高员工绩效,实现员工和组织的双赢。绩效管理的一个重要思路是组织通过培训、指导、绩效反馈等方式帮助员工提高绩效,达到绩效标准。总之,一个合理完善的绩效管理系统有助于实现组织和员工个人甚至社会的最大效益。①

(二) 绩效管理的作用

1. 推进改革管理观念的不断创新

(1) 管理就是对绩效的管理。绩效管理提倡大绩效观,即管理者的所有活动都是围绕绩效的管理进行的,包括组织的绩效、部门的绩效和员工的绩效,而所有的绩效都要通过员工来实施并体现,因此,从根本上来说,管理是员工绩效的管理。

(2) 管理者与员工是绩效合作伙伴的关系。绩效管理提倡管理者与员工是一种合作伙伴的关系,共同致力于员工的绩效,员工的绩效在某种程度上就是管理者的绩效,管理者的绩效的高低是通过下属员工来实现的,这就使管理者和员工立场与利益都相一致,而非截然的上下级关系。

(3) 员工的绩效是管理者的重要职责。绩效管理提倡将管理员工的绩效作为管理者的主要职责,并明确写入管理者的职务说明书中,以制约管理者的管理行为,同时提醒和强化管理者的责任意识。

(4) 员工是自己的绩效专家。绩效管理需要员工明白绩效对自己的重要意义,教会员工如何进行自己的绩效管理并管理好自己的绩效,把员工培养成为自己的绩效管理专家,提高员工自我管理的能力。②

2. 促使管理者提高管理技能

绩效管理的制度性和系统性的要求将迫使部门主管必须制定工作计划目标,必须对员工做出评价,必须与下属充分讨论工作和沟通,并帮助下属提高绩效。绩效管理要求管理者必须具备的管理技

---

① 袁庆宏:《绩效管理》,南开大学出版社2009年版,第25—26页。
② 顾琴轩:《绩效管理》,上海交通大学出版社2009年版,第25—27页。

能包括:(1)分解目标与制订目标的能力;(2)帮助员工提高绩效的能力;(3)沟通的技能;(4)评估员工绩效的能力;(5)绩效分析与诊断的能力。这一系列的技能要求本来是每位管理者都应具备的,但事实上许多企业由于没有明确规定,无形中也就淡化了管理者的管理要求和责任。绩效管理需要设计一套制度和程序来规范每位管理者的行为。换言之,管理者必须具备相应的管理技能,才可能做好绩效管理工作。因此,实施绩效管理正是提高管理者水平的一种有效途径。[1]

绩效管理为管理者在员工管理方面提供了有效的管理工具,使管理者与员工更容易在管理上达成一致。绩效管理还使管理者对下属有更深入的了解,使上级对员工绩效的看法能够更清晰地传递给员工。[2]

3. 有助于开发员工潜能,促进员工职业生涯发展

绩效管理强调如何使员工以后的工作做得更好,重视在员工绩效目标达成过程中与员工的持续沟通、对员工工作的指导,并通过绩效考评反馈,针对性地提供员工培训和开发的机会,促使员工能力和职业生涯的发展。[3] 同时,绩效管理也有利于员工实现自我管理。

通过绩效管理,员工对自己的工作目标确定了效价,也了解自己取得了一定的绩效后会得到什么样的奖酬,就会努力提高自己的期望值,比如学习新知识、新技能,以提高自己胜任工作的能力,取得理想的绩效,个人得到了进步。从这一点出发,我们也可以这样认为:绩效管理是一种为促进员工发展而进行的人力资本投资。[4]

对于员工来说,绩效管理还有以下作用:强化完成工作的动力;增强员工的自尊心;更加清晰地界定工作的内容及其需要达到的标准;强化员工的自我认知与自我开发;使员工更加胜任工作;最大限度地减少员工的不端行为;强化员工的动机、承诺度和留在组织中的意愿;鼓励建言行为;强化员工敬业度。[5] 绩效管理可以在一定程度上激发员工的自我驱动力,从而实现自我管理。

---

[1] 林新奇:《绩效管理》,东北财经大学出版社2010年版,第15页。
[2] 〔美〕赫尔曼·阿吉斯:《绩效管理》,刘昕等译,中国人民大学出版社2013年版,第4页。
[3] 顾琴轩:《绩效管理》,上海交通大学出版社2009年版,第25—27页。
[4] 付亚和等:《绩效管理》,复旦大学出版社2014年版,第20—21页。
[5] 〔美〕赫尔曼·阿吉斯:《绩效管理》,刘昕等译,中国人民大学出版社2013年版,第4页。

4. 促进和改善组织管理

(1) 绩效管理可以有效地促进质量管理。

组织绩效表现在数量和质量两个方面。近年来,质量已经成为组织绩效的一个重要方面,质量管理已经成为人们关注的热点。凯瑟琳·吉恩(Kathleen Guin)指出:"实际上,绩效管理过程可以加强全面质量管理(TQM)。因为,绩效管理可以给管理者提供'管理'TQM 的技能和工具,使管理者能够将 TQM 看作组织文化的一个重要组成部分。"可以说,一个设计科学的绩效管理过程本身就是一个追求"质量"的过程——达到或超过内部、外部客户的期望,使员工将精力放在质量目标上等。① 绩效管理可以通过提高人的服务质量、工作质量来最终提高产品质量。

(2) 绩效管理有助于适应组织结构调整和变化。

多数结构调整都是对社会经济状况的一种反应,其表现形式多种多样,如减少管理层次(delayering)、减小规模(downsizing)、适应性(flexibility)、团队工作(team-working)、高绩效工作系统(high performance work systems)、战略性业务组织(strategic business units)、授权(empowering)等。组织结构调整后,管理思想和风格也要相应地改变,如:给员工更多的自主权,以便更快更好地满足客户的需求;给员工更多的参与管理的机会,促进他们对工作的投入,提高他们的工作满意感;给员工更多的支持和指导,不断提高他们的胜任能力;等等。而所有这一切都必须通过建立绩效管理系统才能得以实现。② 绩效管理有助于组织在结构调整变化中实现平稳过渡。

(3) 绩效管理能够有效地避免管理人员与员工之间的冲突。

当员工认识到绩效管理是一个帮助而不是责备的过程时,他们会更加积极地合作和坦诚相处。绩效管理不是讨论绩效低下的问题,而是讨论员工的工作成就、成功和进步,这是员工和经理的共同愿望。有关绩效的讨论不应仅仅局限于经理评判员工,应该鼓励员工自我评价以及双方相互交流对绩效的看法。发生冲突和尴尬的情况常常是因为经理在问题变得严重之前没有及时处理,问题发现得越早,越有利于问题的解决。经理的角色是通过观察发现问题,帮助员工评价、改进自己的工作,共同找出答案。如果经理把绩效管理看

---

① 付亚和等:《绩效管理》,复旦大学出版社 2014 年版,第 20—21 页。
② 同上。

成是双方的一种合作过程,将会减少冲突、增强合作。①

(4) 提升企业管理计划的有效性。

绩效管理系统强调:认定合理的目标,通过绩效考核这一制度性要求,加强各部门和员工工作的计划性,提高公司经营过程的可控性。绩效管理的贡献就在于它对组织最终目标的关注,促使组织成员的努力方向从单纯的忙碌向有效的方向转变。② 绩效管理能够帮助企业实现管理工作的细致化和系统化,促进企业管理计划的有效实施。

(三) 绩效管理的意义

1. 战略意义

(1) 绩效管理可以有效地推进战略实施。

这可以说是绩效管理的战略意义中最重要的体现。将绩效管理与战略相联系,是近年来绩效管理的显著特点。战略是对未来结果的一种期望,这种期望的实现要依靠组织的所有成员按照一定的职责和绩效要求,通过持续努力和发挥创造性来实现。绩效管理的程序把看似不可衡量的战略转化为实际的定性目标和定量目标,这些目标通过管理者和被管理者的共同沟通、分解制定,转化为每个员工的实际行动计划,使企业员工的目标与企业的目标能够保持一致。绩效管理系统已经成为有效地推动战略实施,使战略目标变成实际结果的不可缺少的管理工具和手段。

(2) 绩效管理有助于构建和提升企业的核心竞争力。

绩效管理是实现组织战略目标、培养核心竞争力的重要手段,主要体现在以下几个方面:第一,绩效计划阶段要从培养企业核心竞争力的角度出发,将核心竞争力逐步分解,直到落实到具体的工作岗位上去,这就是一个对企业核心竞争力分析的过程;第二,企业核心竞争力的培养是全面的,企业的各种有形、无形资源都可以成为核心竞争力的重要来源,因此,绩效管理要做到反映这一点,不仅要有定量指标,还要有定性指标,以全面反映核心能力的要求;第三,企业核心竞争力的培养是一个持续的但并非一成不变的过程,随着环境的变化,环境对核心竞争力的要求也会有变化,这种变化都要体现在绩效管理的过程中。

---

① 付亚和等:《绩效管理》,复旦大学出版社 2014 年版,第 20—21 页。
② 顾琴轩:《绩效管理》,上海交通大学出版社 2009 年版,第 25—27 页。

2. 管理意义

（1）绩效管理是价值分配与人力资源管理决策的基础。

绩效管理是企业价值分配体系的重要基础。绩效管理不仅决定了企业能够创造出什么样的价值，也决定了企业价值如何分配。我们从企业整体的价值链角度来思考绩效管理与价值分配的关系：企业的价值链管理是人力资源管理的一个核心，它包含三个最基本的部分，即价值创造、价值评估和价值分配。价值创造是研究企业价值的来源，要解决的是谁创造了企业价值的问题。企业的价值创造出来以后，如何在众多的价值创造要素之间进行价值的客观分配就成为关键问题。一套完善的价值分配体系包括分配形式、分配结构等，但这些都必须建立在评估准确的基础上。要客观地分配价值，必须对价值创造者的贡献进行准确的评价。从现代人力资源管理的角度来说，就是要建立一个按照业绩、能力分配管理的机制，因此必须建立一个科学的评估系统。

绩效管理的结果也是组织职位升降、辞退、转岗、培训、职业规划等人力资源管理决策的依据，这不仅有利于员工个人的发展，还更好地促进了公司的人力资源开发。这也是绩效管理成为人力资源管理中最核心的环节的原因。

（2）绩效管理可以节约管理者的时间成本。

绩效管理可以使员工明确自己的工作任务和目标，这样员工就知道管理者需要他们做什么、怎么做以及何时需要管理者的指导。绩效计划可以使员工了解自己需要什么样的知识来进行合理的自我决策，从而减少员工之间因职责不明而产生的误解。绩效反馈可以帮助员工找到错误和低效率的原因，避免日后的重复错误。这样管理者就可以从日常事务中脱离出来，专心于更重大的属于管理者职责的事情。从这个认识出发，我们认为绩效管理是一种为防止问题发生而进行的时间投资。

（3）绩效管理可以促进有效的沟通。

员工无论在和管理者还是下属的接触中，都会发生沟通不良的状况。管理者认为满意的标准可能并不为员工所认同，员工在受到管理者的斥责时感到十分委屈，不知错在何处。绩效管理在这一方面的作用正是增进了管理者和员工之间的沟通。通过绩效沟通，员工了解到管理者的期望，管理者可以获得员工工作进度的信息并及时反馈，向员工提供改进绩效的建议，等等。这样的沟通方式改变了以往纯粹的自上而下发布命令和检查成果的做法。

3. 开发意义

绩效管理还有一个重大的意义就是去开发那些工作优秀的员工,通过对员工进行甄选与区分,保证优秀人才能够脱颖而出,同时淘汰不适合的人员。如果员工的业绩没有预想的那样好,那么,绩效管理就应该寻求如何使他们提高业绩。绩效评估过程中所给的反馈信息,经常会指出员工的缺点。然而,理想状态下的绩效管理系统不仅能指出员工不足的方面,而且还能指出其不足产生的原因,如技能不足、激励动机问题或者其他阻碍员工的障碍因素等,这样员工就可以通过学习新知识和新技能以提高胜任力。从这一点上,我们可以认为绩效管理是一种为促进员工发展而进行的人力资源开发投资。

一个有效的绩效管理系统,其目的就是将员工活动与组织的战略目标结合在一起,为管理决策提供有效的决策信息,并为员工的发展提供有用的信息反馈。[①]

四、绩效管理与绩效考评的区别

传统的绩效考评与绩效管理的具体区别在于:

(1) 人性观不同。传统的绩效考评的出发点是把人当作实现企业目标的一种手段,其人性观是人存在惰性,需要通过考评促使员工达到绩效要求。现代绩效管理的人性观是以人为本的人性理念——人是最具价值的,实现人本身的价值也是目标。当企业利益和人自身的利益趋于一致时,为了实现自身的价值,人能在被激励的条件下自觉地发挥其创造性。[②] 绩效管理尊重个人全面发展,而不是将人当作工具,强调发挥个人潜能,实现个人价值。

(2) 内容不同。绩效管理包含的内容更丰富,实施过程更加完善。传统的绩效考评强调员工的绩效结果,只是绩效管理过程中的一个局部环节,并且只在特定的时间进行,强调事后评价。而现代绩效管理不仅包括上述内容,还着重强调绩效信息的分析、员工的行为和绩效的改进。绩效管理在事实上更是一个循环往复的过程,伴随着管理的全过程持续不断地进行,它强调的是事先的沟通和事后的反馈。[③] 绩效管理是一个更加完整的管理过程。

---

① 胡君辰等:《绩效管理》,四川人民出版社 2008 年版,第 14—17 页。
② 同上书,第 22—23 页。
③ 同上。

(3) 管理者和员工的参与方式不同。传统的绩效考评和现代绩效管理的参与者在两种不同的过程中参与方式不同。传统的绩效考评过程通常由管理层或人力资源部门制订绩效计划和评估标准,员工对目标不承担任何责任;人力资源管理部门要花大量的时间监督绩效考评表的完成。经理和员工在整个过程中只是被动地参与。在现代绩效管理过程中,员工可以亲自参与绩效管理的各个环节,充分体会到绩效管理对自己的近期和长远发展的作用,增加了参与的主动性和积极性。[1]

管理者从绩效考评中的"监督者""裁判员"变成了绩效管理中的"辅导员""教练"。教练是近年来人力资源管理领域出现的一个全新的管理角色。它是指运用一定的技术技能,激发和鼓励员工,帮助员工及时调整最佳状态,发挥创意,找出解决问题之道。实践证明,员工对主管频频关注的事情学习速度很快,而且他们相应地按照这种方式行事。管理者角色的转变把员工管理带入了一个新的境界,拓宽了人力资源管理的视野,对于主管如何带领团队具有重要的指导价值。[2]

(4) 目的不同。绩效考评的作用主要是通过考评,掌握每个员工的工作情况,以便于做出某些人力资源管理决策,如确定薪酬、晋升资格等。现代绩效管理除了有绩效考评的作用外,其结果更多地用于开发员工潜能、培养员工技能,使员工认识到自己的成功之处和不足之处,并在此基础上帮助他们制订职业生涯发展规划,以提高绩效。[3] 与绩效考评相比,绩效管理的目的更在于:改善员工的工作表现,提升绩效;识别员工发展的需要,确定职业生涯目标,推动员工向职业目标前进;在实现组织发展目标的同时,提高员工的满意度和未来的成就感,最终达到组织和个人发展的共赢。[4] 因此,绩效管理的目的覆盖面更广,更有利于在宏观上把握组织的发展动向。

(5) 效果不同。传统的绩效考评按照员工的业绩进行奖励和惩罚,因为考评过程常常使员工感到紧张、产生反感,并且碍于情面或是害怕受到惩罚,绩效考评结果无法全面客观地反映真实的情况。现代绩效管理的主要目的是用于员工的绩效改进计划和员工职业生涯规划,使员工打消了绩效不好就要受惩罚的顾虑,从而可以客观地

---

[1] 胡君辰等:《绩效管理》,四川人民出版社 2008 年版,第 22—23 页。
[2] 袁庆宏:《绩效管理》,南开大学出版社 2009 年版,第 21—22 页。
[3] 胡君辰等:《绩效管理》,四川人民出版社 2008 年版,第 22—23 页。
[4] 袁庆宏:《绩效管理》,南开大学出版社 2009 年版,第 21—22 页。

进行考评。考评之后,还要针对员工的情况对其考评结果进行诊断和反馈,帮助员工认识和改进自己,从而真正达到提高绩效的目的。① 绩效管理能建立经理与员工之间的绩效合作伙伴的关系,而绩效考评则使经理与员工站到了对立的两面,距离越来越远,甚至会制造紧张的气氛和关系。② 由此可见,绩效管理往往可以在组织管理中起到更好的效果。

(6) 侧重点不同。绩效管理是一个完整的管理过程,侧重于信息沟通与绩效提高,强调事先沟通与承诺,伴随着管理活动的全过程;而绩效考评则是管理过程中的局部环节和手段,侧重于判断和评估,强调事后的评价,而且仅在特定的时期内出现。③ 在组织管理中,绩效管理扮演着日益重要的角色:一方面,管理者需要了解员工工作的进展情况、潜在的问题、年终的绩效等信息,才能制订更有效的绩效计划;另一方面,员工也需要了解与绩效有关的信息,如工作的重要程度、提高绩效的方法等。伴随着绩效管理的推进,管理者和员工在沟通过程中的地位不断变换,互为发送信息者和接受信息者。同时,我们也应当看到,绩效管理不能缺少绩效考评这一环节,同时成功的绩效考评不仅取决于考评本身,在很大程度上也取决于整个绩效管理过程。随着管理理念向着人性化方向转变,企业中传统的绩效考评也应该向着系统的绩效管理转变。④ 绩效考评与管理可以统一于组织管理的实践,相辅相成,相互促进。

(7) 地位不同。绩效管理是人力资源管理体系中的核心内容,而绩效考评只是绩效管理的关键环节,但企业在实际运用时往往容易忽视绩效管理的系统过程。⑤ 绩效考评是绩效管理的一个分支,组织管理中应当推进绩效管理体系的落地和执行。

(8) 评价指标体系不同。在绩效管理中,绩效指标的设置已经由原来以工作分析为基础的静态评价变为融入企业战略目标的动态评价。囿于"德能勤绩"范畴、基于工作分析蓝本的评价指标体系也会有疏漏之处,这就是关乎企业存亡的重要因素——企业战略。绩效管理拓宽了标准的设置范围,直接将经营战略与个人绩效联系在一起,从而使员工的工作与企业成功之间的关系更加密切,同时也使

---

① 胡君辰等:《绩效管理》,四川人民出版社 2008 年版,第 22—23 页。
② 付亚和等:《绩效管理》,复旦大学出版社 2014 年版,第 19 页。
③ 同上。
④ 胡君辰等:《绩效管理》,四川人民出版社 2008 年版,第 22—23 页。
⑤ 付亚和等:《绩效管理》,复旦大学出版社 2014 年版,第 19 页。

得企业的管理者能够更加清晰地看到通过评价所带来的员工绩效的提高对于自身绩效和企业目标的重要意义,有助于管理者及时将员工的努力集中于蕴藏巨大竞争优势的战略目标中去,最大限度地实现企业的远景。①

无论在基本的概念上,还是在具体的实际操作上,绩效管理与绩效考评都存在着较大的差异。但是,绩效管理与绩效考评又是一脉相承、密切相关的。绩效考评是绩效管理的一个不可或缺的组成部分。通过绩效考评可以为企业的绩效管理的改善提供资料,帮助企业不断提高绩效管理的水平和有效性,使绩效管理真正帮助管理者改善管理水平,帮助员工提高绩效能力,帮助企业获得理想的绩效水平。② 绩效管理又是对绩效考评的改进与发展。与绩效考评相比,绩效管理是一个更加完备的系统。

复习思考题

1. 比较绩效的结果观、行为观、潜力观这三种观点的特点。
2. 绩效考评有哪些类型与功能?
3. 什么是现代绩效?现代绩效与传统绩效概念相比,有哪些新发展?

---

① 袁庆宏:《绩效管理》,南开大学出版社 2009 年版,第 21—22 页。
② 付亚和等:《绩效管理》,复旦大学出版社 2014 年版,第 19 页。

第 二 章
绩效结构及其分析

本章学习目标提示

- 掌握任务绩效和关系绩效的结构模型及其发展
- 理解绩效的形成与影响因素
- 掌握常用的绩效分析技术

第一节 绩效结构与模型

在明晰了绩效考评与管理的概念、特点和功能等内容后,就进入了对绩效考评具体内容和操作的过程。绩效考评和管理要在一定的框架结构下展开,在实施过程中不断得到实践结果的反馈,并对原有框架结构进行修正、改进,逐渐形成稳定的模型,这就是绩效的结构与模型。

绩效考评与管理是一个认识渐进的发展过程,绩效结构与模型也随着社会经济和现代管理理论的发展而不断丰富,本节将选取若干国内外学者研究中有代表性的绩效结构与模型进行介绍。

学术界对于个体绩效存在许多不同的界定,分歧主要在于绩效是结果还是行为。从 20 世纪 90 年代开始,西方学者着手研究绩效的结构问题。一些学者通过研究提出或证明了绩效是多维的,而非单维的,并且提出了不同的绩效结构模型。

对绩效结构认识的不足是导致人力资源管理各项职能不能充分发挥作用的重要原因。因为人力资源管理的各项活动,从招聘录用、工作分析,到培训、绩效考核、薪酬制度等,都是建立在对绩效决定因素和绩效构成因素的认识基础之上的。区分绩效的不同维度可以对员工在组织中的活动进行系统测量,测量结果就可以为人力资源实践活动提供基础和依据。绩效评价是人力资源管理的一项重要内容。然而,对绩效和绩效结构认识上的不足在一定程度上导致了评价结果不能准确反映员工的真实绩效,难以发挥评价的激励效果,不能为其他人力资源实践提供准确的信息,从而导致管理人员和一般员工对绩效评价不满,更使绩效考核成为人力资源管理的两难选择——大家都知道绩效考核的重要性,却无法实施有效的考核,不考核不行,考核也不行。

在实际工作中,工作特征变得更加复杂,工作与工作之间的联系也越来越紧密。许多员工都无法独立完成工作,很大程度上是通过别人的工作来完成任务或实现目标,简单地从结果上对他们的绩效进行考核就显得不切合实际且没有意义。有鉴于此,对工作绩效的结构进行研究和探讨就引起了人们广泛的兴趣。

一、国外有关绩效结构与模型的研究

(一)组织公民行为结构模型及其发展

1. 卡茨和卡恩的公民绩效模型

最早研究个体工作绩效的是工业心理学家芒斯特伯格(Munsterberg),那时他所关注的主要是员工的任务绩效[1],而工作绩效行为结构模型研究的开创者则是卡茨和卡恩[2]。在早期的研究工作中,他们提出类似于公民绩效的概念。他们指出,一个运行良好的组织要求有三种类型的行为:(1)人们必须加入组织并留在组织中;(2)他们必须可靠地履行具体角色行为和完成工作任务;(3)主动或自发地进行组织对员工规定之外的活动。他们认为如果一个组织仅仅依赖于规定的组织行为,将是一个非常脆弱的社会系统。组织规定的角色行为不可能完全考虑组织的效果,因此自发性和创新性的行为是必需的行为。由此,他们提出了绩效的五种基本行为类型。之后,有关工作绩效是一种行为的观点在理论界掀起了研究的热潮,有关行为绩效模型的总结如表2-1所示。

2. 奥根的组织公民行为模型及其发展

对于工作绩效的范围的拓展始于奥根,他认为工作绩效应该包括公民行为,并富有创意性地将公民行为分为利他性(altruism)、责

---

[1] P. R. Sackett, *An Examination of the Dimensionality of Non-task Performance*, United States: ProQuest Information and Learning Company, 2002, pp. 1-4.

[2] D. Katz and R. L. Kahn, *The Social Psychology of Organization*, New York: Wiley, 1978, pp. 131-134.

第二章 绩效结构及其分析

任心或服从性(responsibility or obedience)、运动员精神(sportsmanship)、殷勤有礼(courtesy)、公民道德(civic virtue)。① 史密斯等人在奥根的理论基础上,进一步拓展了工作绩效的范畴,并划时代地提出了组织公民行为(organizational citizenship behavior,OCB)这一术语②,进一步推动组织公民行为模型的发展。

表2-1 典型行为绩效理论模型一览表

绩效结构与模型	要素分类	代表学者
公民绩效	和同事的协调活动	卡茨和卡恩
	保护制度行动	
	改善组织的创造性建议	
	为组织的额外职责自我培训	
	为组织创造便利的外部环境	
组织公民行为	利他性	奥根
	责任心或服从性	
	运动员精神	
	殷勤有礼	
	公民道德	
亲社会组织行为	帮助同事处理工作中的问题	布里夫和摩托维德罗
	遵守组织的价值观、政策、制度	
	个人决策宽宏大量(leniency)	
	按组织的要求为顾客提供同样的产品或服务	
	按组织的要求为顾客提供不一样的产品或服务	
	帮助同事处理个人问题	
	建议流程、管理、组织的改善	
	帮助顾客处理一些和组织产品或服务没有联系的个人问题	
	反对不正确的指导、流程和政策	
	在工作中提供额外努力	
	自愿做一些额外的任务	
	即使组织出现困难,仍然留在组织中	

---

① D. W. Organ, "A Reappraisal and Interpretation of the Satisfaction-causes-performance Hypothesis", *Academy of Management Review*, 1977, 2(2), pp. 46-53.

② C. A. Smith, D. W. Organ and J. P. Near, "Organizational Citizenship Behavior: Its Nature and Antecedent", *Journal of Applied Psychology*, 1983, 68(4), pp. 475-480.

3. 布里夫和摩托维德罗的亲社会组织行为模型

亲社会组织行为(prosocial organizational behaviors, POB)是布里夫和摩托维德罗提出的与组织公民行为相似的一个概念。① POB 的分类共有 13 种之多,范围涉及帮助行为、遵从行为、自律行为以及反生产行为。事实上,POB 与 OCB 有很多相同之处,它们的区别是:POB 可以是职务内行为,也可以是职务外行为;POB 有可能在对个人有利的同时对组织造成不利影响,但 OCB 是有益于组织的行为。

4. 波得斯科夫等人关于组织成员绩效的观点

波得斯科夫等人全面总结了自 1983 年以来有关组织公民行为、亲社会组织行为、组织奉献、角色内行为和角色外行为、关系绩效和任务绩效等几乎囊括任务绩效和非任务绩效的所有文献,他们发现组织公民行为已经包含了大部分行为绩效理论中所提及的绩效行为。组织公民行为可以促进组织合理使用稀缺资源,例如:职工相互间的公民行为可以缓解内部冲突,因此减少了在管理活动中的费用;可以通过创造一个有吸引力的工作环境来增强组织吸引和留住优秀人才的能力;可以增强组织绩效的稳定性。② 由此,将组织成员绩效行为归结为帮助行为、运动员精神、组织忠诚、组织服从、个体主动性、公民道德和自我发展七个共同的维度。波得斯科夫等人对于任务绩效和关系绩效的分类有着深远的影响,但其分类中缺乏对于反生产绩效的记录和对人格、角色的详细描述,十分令人遗憾。

(二) 任务绩效和关系绩效结构模型及其发展

1. 鲍曼和摩托维德罗的二维绩效结构模型

鲍曼和摩托维德罗在 1992 年、1993 年两次分别对 419 名、991 名在职空军技师进行测试时发现,工作绩效可以划分为任务绩效和关系绩效,并且第一次提出了关系绩效(contextual performance, CP)③

---

① A. P. Brief and S. J. Motowidlo, "Prosocial Organizational Behaviors", *Academy of Management Review*, 1986, 11(4), pp. 710-725.

② P. M. Podsakoff, S. B. Mackenzie and J. B. Paine, et al., "Organizational Citizenship Behaviors: A Critical Review of the Theoretical and Empirical Literature and Suggestions for Future Research", *Journal of Management*, 2000, 26(3), pp. 513-563.

③ "contextual performance"一词国内主要有两种译法:一为"关系绩效",一为"周边绩效"。本书采用前一种译法。

第二章 绩效结构及其分析

和任务绩效(task performance, TP)的概念。① 在 1992 年的研究中,他们运用 16 个项目、5 点量表进行测试。

在 1993 年的研究中,鲍曼和摩托维德罗将关系绩效划分为两个维度:工作贡献(job dedication)和人际促进(interpersonal facilitation)(见表 2-2)。在此后的文献中,他们进一步将关系绩效划分为五个维度,并且提出工作绩效的四个基本假设。② 他们认为,绩效是一种行为而非结果,它表现为非连续的过程,因为一个雇员一天 8 小时工作中不可能完完全全做有益于组织的工作。同时,绩效是一种可以评估的多重行为结构体,并受个性和认知能力等前提的影响。如图 2-1 所示,个性和认知能力决定任务绩效和关系绩效:认知能力通过任务知识、任务技能、任务习惯影响任务绩效,并且通过关系知识影响关系绩效;个性特征通过关系知识、关系技能、关系习惯影响关系绩效,并且通过任务习惯影响任务绩效。关系绩效在许多方面对组织有利:恒心、努力、服从以及自律等对组织和个人都是有益的;帮助、体谅、合作等行为增加组织绩效、改善组织的协调性以及减少组织成员之间的摩擦;创新和自愿行为增强组织的适应能力。③ 但一种单一的关系绩效行为是否会导致其他员工的任务绩效或关系绩效的提高,鲍曼和摩托维德罗并未对此做出回答。并且,关系绩效不一定都是对组织目标有利的行为。有鉴于此,罗通多和萨基特提出了工作绩效的一个综合定义:工作绩效是"在个体控制下的对组织具有贡献的行动或行为"④。他们把工作绩效分为两个维度:任务绩效和非任务绩效。其中,非任务绩效分为生产性非任务绩效和反生产性非任务绩效(counterproductive non-task performance)。生产性非任务绩效行为和反生产性非任务绩效行为是一个连续体(continuum),它们处于绩效行为的两个极端。他们的绩效模型与其他人的绩效模型的不同之处在于把不利于组织目标的绩效行为列入了绩效结构的范围。

---

① W. C. Borman and S. J. Motowidlo, "Expanding the Criterion Domain to Include Elements of Contextual Performance", in N. Schmitt and W. C. Borman, eds., *Personnel Selection in Organizations*, San Francisco: Jossey-Bass, 1993, pp. 71-98.

② W. C. Borman and S. J. Motowidlo, "Task and Contextual Performance: The Meaning for Personnel Selection Research", *Human Performance*, 1997(10), pp. 99-109.

③ J. R. Van Scotter and S. J. Motowidlo, "Interpersonal Facilitation and Job Dedication as Separate Facets of Contextual Performance", *Journal of Applied Psychology*, 1996, 81(5), pp. 525-531.

④ M. Rotundo and P. R. Sackett, "The Relative Importance of Task, Citizenship, and Counterproductive Performance to Global Ratings of Job Performance: A Policy-capturing Approach", *Journal of Applied Psychology*, 2002, 87(1), pp. 66-80.

绩效考评与管理方法

表 2-2　鲍曼和摩托维德罗的关系绩效维度划分①

维度	具体要素划分	维度	具体要素划分
工作贡献	加班加点工作	人际促进	在同事取得成功时赞扬他
	极其关注重要细节		在同事处理个人问题时支持和鼓励他
	工作中的超常规努力		在采取有可能影响他人的行动前和他人商量
	要求安排具有挑战性的工作任务		说一些使其他人认为自己或工作团队感觉良好的话
	培养个人自律和自控精神		鼓励他人克服困难并与之和谐相处
	主动解决工作中的问题		公平对待他人
	为完成工作任务不断地克服工作中的困难		在他人没有要求帮助时帮助他们

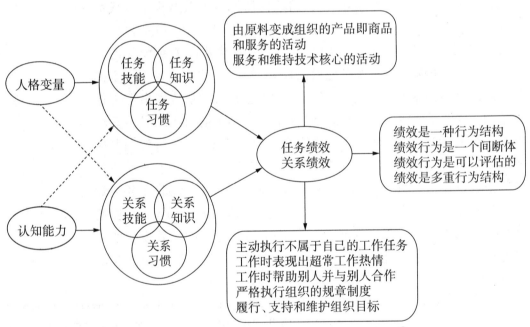

图 2-1　鲍曼和摩托维德罗的二维绩效结构模型②

---

① W. C. Borman and S. J. Motowidlo, "A Theory of Individual Different in Task and Contextual Performance", *Human Performance*, 1997, 10(2), pp. 71-83.

② 韩翼、廖建桥、龙立荣:《雇员工作绩效结构模型构建与实证研究》,《管理科学学报》2007 年第 5 期,第 62—77 页。

第二章 绩效结构及其分析

2. 坎贝尔等人的高维绩效结构模型

1990年,坎贝尔(Campbell)提出了另外一套划分绩效范围的模型。他在军队人员选拔和分类计划(the army selection and classification project)中以入伍层级的士兵为样本进行了研究,得出了士兵绩效的五个维度:核心技术熟练程度、一般士兵技术熟练程度、努力和领导、自律和身体状况以及军容。[①]

坎贝尔等人在《绩效理论》一文中,将绩效划分为八个方面:职务特定任务绩效、职务非特定任务绩效、写作与口头交流、所表现出的努力、遵守纪律、促进他人和团队的业绩、监督与领导、管理。他们用这些因素来描述所有职位的绩效结构,其描述的业绩组成部分分类见表2-3。

表2-3 坎贝尔等人对绩效划分的八个维度

维度	描述
1.职务特定任务绩效	此因素反映出个体能够执行实质性或技术性核心任务的能力。它们是指能够将一项工作的实质内容同另一项工作区分开来的具体工作绩效行为。
2.职务非特定任务绩效	此因素反映了实际上在每个组织,或许不是所有组织中,都存在的一种情况:个体总会被要求执行不是其特定任务所要求的行为或绩效内容。
3.写作与口头交流	有许多工作要求个体能够面对听众(从一人到几万人不等)进行正式的口头或书面的陈述。对于这些工作来说,个体书面或口头的表达能力,无论其主题正确与否,都是绩效的重要组成部分。
4.所表现出的努力	此因素直接反映出个体每天都做出努力的连贯性,在被要求时做出额外努力的频率和愿意在不利条件下继续工作的程度。它反映出个体对所有工作任务的投入程度,在高强度状态下工作的情况和在寒冷、潮湿或很晚的情况下连续工作的情况。
5.遵守纪律	此因素指消极行为的规避程度,如在工作中酗酒或吸毒、违反法律和规章制度、经常缺勤等情况都应避免。
6.促进他人和团队的业绩	此因素是说个体支持他的同事,帮助他们解决工作中的问题,以及个体作为团队一员的表现情况。这个要素也包括个体通过树立良好的典型、坚持小组目标和加强小组其他成员的参与等来促进小组运行的情况。

---

① J. P. Campbell, "Modeling the Performance Prediction Problem in Industrial and Organizational Psychology", in M. D. Dunnette and L. M. Hough, eds., *Handbook of Industrial and Organizational Psychology*, 2nd ed., Palo Alto, CA: Consulting Psychologists Press, 1990, pp. 687-732.

续表

维度	描述
7.监督与领导	包括所有旨在通过面对面的个人作用来影响下属绩效的行为。上司为下属制订目标,将更有效的方法传授给下属,规定适当的行为,并且以适当的方式进行奖励和惩罚。这个因素与前一个因素的区别在于他人领导和上司领导之间的差别。尽管规定行为、设定目标、知道和提供支持都是两个因素中的要素,但这里认为他人领导相对于上级领导意味着不同的决定因素。
8.管理	包括说明单位或企业目标、组织工作所需的人员和资源、监控进展、帮助解决问题或克服阻挡目标完成的障碍、控制支出、获得额外的资源,以及代表本单位同其他单位打交道等一系列行为。

资料来源:J. P. Campbell, R. A. McCloy and S. H. Oppler, et al.," A Theory of Performance", in N. Schmitt and W. C. Borman, eds., *Personnel Selection in Organizations*, San Francisco: Jossey-Bass, 1993, pp. 35-70.

坎贝尔认为,"这些因素中的三个——职务特定任务绩效、所表现出的努力和个人纪律的遵守情况,是每项工作主要绩效的组成部分"[1],而其他因素则随着所适用的工作不同而变化。坎贝尔提出其他行为模型都可以包含在这个框架之内。例如,组织自发性的各种形式和组织公民行为都符合所提出的各种因素。

在坎贝尔的模型中,对因特定作业而产生成效的绩效行为与因其他方式而产生组织成效的绩效行为进行了重要区分。他的研究认为特定作业因素更多地渗透在组织所规定的角色行为里,其他因素则更多地渗透在组织公民性、亲社会行为和献身组织的精神里。

3. 康威的管理者绩效结构模型

1996年斯考特和摩托维德罗进一步对关系绩效进行了研究。他们研究了关系绩效的两个维度:人际促进和工作贡献。[2] 由直接管理者对975名航空技工的任务绩效、人际促进、工作贡献和整体绩效进行评定,结果发现,任务绩效和人际促进包括工作贡献的成分。他们对此的解释是,动机是关系绩效的一个重要成分,被定义为工作贡献,它可能也强烈地影响任务绩效。因此,任务绩效和关系绩效的

---

[1] J. P. Campbell, R. A. McCloy and S. H. Oppler, et al.,"A Theory of Performance", in N. Schmitt and W. C. Borman, eds., *Personnel Selection in Organizations*. San Francisco: Jossey-Bass, 1993, pp. 35-70.

[2] J. R. Van Scotter and S. J. Motowidlo,"Interpersonal Facilitation and Job Dedication as Separate Facets of Contextual Performance", *Journal of Applied Psychology*, 1996, 81(5), pp. 525-531.

一个重要区别是它们相对地强调作业成分和关系成分,即任务绩效强调作业的熟练度和优先完成作业的动机,关系绩效强调人际技能和与他人创造良好的工作关系以及帮助他人有效完成作业的动机。

在斯考特和摩托维德罗的研究基础之上,并且借鉴他们对非管理者的研究结果,康威于1999年将其延伸与扩展到对管理者的研究。康威采用元分析相关矩阵的结构方程模型方法,使用元分析对14篇相关文献进行分析。研究结果显示,管理职务的总体绩效受到关系绩效的经典维度之一——职务奉献的影响,而管理职务中任务绩效与关系绩效中的人际促进维度有着重合的部分。斯考特和摩托维德罗对非管理职务研究的结论刚好与该结论相反。

康威试图将鲍曼和摩托维德罗对关系绩效和任务绩效的研究拓展到管理工作当中。在该研究中,他考察了任务绩效的两个维度,包括技术—行政管理任务绩效(technical-administrative task performance)和领导任务绩效(leadership task performance),并考察了关系绩效的两个维度,包括工作贡献和人际促进。[①] 工作贡献的定义包括:为有效完成工作任务所付出的持之以恒的热情和超常规的努力;主动承担并非自己工作范畴内的任务;遵守组织规则和程序;组织责任性以及持之以恒地追求目标的实现。人际促进的定义包括:帮助他人及与他人的合作;维持良好的工作关系。技术—行政管理任务绩效的定义包含了所有非领导倾向的管理工作的任务绩效,包括工作知识、技术技能、行政管理能力、计划和组织等。领导任务绩效的界定包括领导倾向的行为,如引导、智慧、激励下属和提供反馈等。

在另一项研究中,康威从开发的角度研究了管理绩效的结构,通过因素分析的方法得到管理绩效的五个维度:人际有效性、处理困境的意愿、团队和自我调整、适应性、领导和开发。[②]

(三)角色外行为绩效结构模型及其发展

基于前面的公民绩效研究和理论模型,范达因等人发展了一个两维度角色动态模型:(1)接纳(affiliative)—挑战(challenging);(2)促进(promotive)—禁止(prohibitive)。第一维度代表从接纳到挑

[①] Conway and M. James, "Distinguishing Contextual Performance from Task Performance for Managerial Jobs", *Journal of Applied Psychology*, 1999(84), pp. 3-13.

[②] M. James and Conway, "Managerial Performance Development Constructs and Personality Correlates", *Human Performance*, 2000(13), pp. 23-46.

战的一个连续的范围,接纳行为表示保护行为(如帮助行为),挑战行为代表破坏行为(如批评行为)。第二个维度表示从支持到禁止的连续行为,支持行为表示鼓励的行动(如赞扬同事成功),禁止行为表示阻止行为,是一种负强化行为(如阻止伤害行为发生)。(见表2-4)

表2-4 范达因、卡明斯和帕克斯的额外角色行为分类

	促进	禁止
接纳	约束其他个体以免受到伤害	帮助和互助行为
挑战	组织不正确行为发生的批评行为	建议组织改变的行为

资料来源:L. Van Dyne, L. L. Cummings and J. M. Parks, "Extra-role Behaviors: In Pursuit of Construct and Definitional Clarity (a bridge over mud-diedwaters)", in L. L. Cummings and B. M. Staw, eds., *Research in Organizational Behavior*, Greenwich, CT: JAI Press, 1995, pp. 215-285.

在两个维度的基础上,范达因等人划分了四个具体的角色外行为(extra-role behavior, ERB):(1)组织公民行为(organizational citizenship behavior, OCB);(2)亲社会组织行为(Prosocial organizational behaviors, POB);(3)吹风行为(whistle-blowing);(4)原则性的组织分歧。这四种绩效行为是一个连续体,即从有利于组织目标实现的绩效行为向不利于组织目标实现的绩效行为演变。组织雇员绩效行为表现为权变形态,即有利于和不利于组织目标的绩效行为并不是两个极端,而是一个连续体。ERB、OCB、POB以及关系绩效和任务绩效有重叠之处,角色行为(role behavior, RB)对应于鲍曼和摩托维德罗的TP,ERB对应于POB。ERB包含有OCB和POB,而其后面两项也被包含于CP或者其他学者提出的类似于CP的论断当中。

范达因等人的ERB分类一方面继承了组织公民行为理论的观点,另一方面也拓展了罗通多和斯考特模型中不利于组织目标实现和有利于组织目标实现的双重行为。奥根则认为他所定义的OCB和ERB、关系绩效有相同之处。他重新定义OCB时强调了两点:(1)组织成员应把任务绩效看作更具有可施性(enforceable)的工作要求;(2)组织成员应把关系绩效看作是比OCB更有可能导致系统报酬的行为。[①] 这次重新定义宣告了OCB和关系绩效、ERB完全统

[①] D. W. Organ, "Organizational Citizenship Behavior: It's Construct Clean-up Time", *Human Performance*, 1997, 10(2), pp. 85-97.

一。① 范达因也承认,现有的雇员工作绩效理论处于一种混乱状态,OCB,POB,POD 以及 CP 都有重叠的地方,因此有必要使用范围较大的 ERB 作为统一雇员工作绩效理论的模型。

(四)人格特质及个性绩效结构模型

托普斯(Tubes)和克里斯托(Christal)在 1961 年运用因素分析发现了五个相对显著而且稳定的因素:精力充沛、愉快、可以信赖、情绪稳定、文雅。在此之前,有人在 1949 年也得到了类似的结果。他们所发现的因素后来被称作"大五"因素,借以强调每一个维度都很广泛,而且包含了不同的人格特点。另外,许多心理学家都根据自己的研究重复得到了类似的五个因素,科斯塔和麦克雷在 1985 年还编制了测量大五人格的问卷 NEO-PI②。根据科斯塔和麦克雷的 NEO-PI 测验手册中的定义,即现在最为大家普遍认可的定义,大五模型的各个维度及每个维度中的六个子维度的名称如表 2-5 所示。

表 2-5 人格特质的大五模型

类型	维度	具体描述	代表学者
大五人格	神经质(Neuroticism)	焦虑,生气,敌意,沮丧,敏感害羞,冲动,脆弱	科斯塔和麦克雷
	外向(Extraversion)	热情,乐群,支配,忙忙碌碌,寻求刺激,兴高采烈	
	开放性(Openness)	想象力,审美,感情丰富,尝新,思辨,不断检验旧观念	
	宜人性(Agreeableness)	信任,直率,利他,温顺,谦虚,慈悲	
	责任感(Conscientiousness)	自信,有条理,可依赖,追求成就,自律,深思熟虑	

资料来源:J. P. Campbell, M. B. Gasser and F. L. Oswald, "The Substantive of Job Performance Variability", *Individual Differences and Behavior in Organizations 2010*。

霍根和谢尔顿反对把大五人格作为一种个性理论从而决定工作绩效。他们认为大五人格仅仅是个性特征描述的一个点,因此它不

---

① J. M. Werner, "Implications of OCB and Contextual Performance for Human Resource Management", *Human Resource Management Review*, 2000, 10(1), pp. 3-24.

② P. T. Costa and R. R. McCrae, *Revised NEO Personality Inventory & NEO Five-factor Inventory Professional Manual*, Psychological Assessment Resources, Inc., 1992, pp. 27-135.

是个性理论,也不能完全作为绩效的自变量。① 许多研究者后来对性格和绩效之间的关系进行实证研究,发现霍根和谢尔顿的七种人格因素(见表2-6)显著影响员工的工作绩效,并且认为,人格特质是工作绩效的一个很好的预测源。②

表2-6 七维人格特质模型

类型	维度	具体描述	代表学者
七维人格特质	适应性(Adjustment)	感情稳定、能承受压力	霍根和谢尔顿
	抱负(Ambition)	充满活力、力量、竞争性	
	社交能力(Sociability)	爱交际、外向	
	宜人性(Agreeableness)	亲切、友好、容忍、有节制	
	可依赖性(Dependability)	自控、诚实、可依赖	
	精明(Intellectance)	有创造力、艺术敏感性、有文化修养	
	成就感(Achievement)	任务定向、工作努力、耐力	

资料来源:J. P. Campbell, "Modeling the Performance Prediction Problem in Industrial and Organizational Psychology", in M. D. Dunnette and L. M. Hough, eds., *Handbook of Industrial and Organizational Psychology*, 2nd ed., Palo Alto, CA: Consulting Psychologists Press, 1990, pp. 687-732.

其他的研究者从素质、焦虑、工作压力、情绪、自我效能感、凝集力、工作态度、工作满意度等方面或者调节变量来研究绩效的结构,得出各种各样的绩效结构模型③,包括伍德曼的从全面质量管理的

---

① R. Hogan and D. Shelton, "A Socioanalytic Perspective on Job Performance", *Human Performance*, 1998, 11(3), pp. 129-144.

② R. Ian, P. Gellatly and I. Gregory, "Personality, Autonomy, and Contextual Performance of Managers", *Human Performance*, 2001, 14(3), pp. 231-245.

③ C. M. Hulin, M. Roznowski and D. Hachiya, "Job Satisfaction and Job Performance: A Meta-analysis", *Psychological Bulletin*, 1985, 97(3), pp. 251-273.

角度来论述组织公民行为①以及乔治等人从主观绩效和客观绩效的角度进行的研究②,开创了绩效结构研究的新篇章,但就总体而言,仍未能形成气势,这里不一一赘述。

(五) 奥沃思等人的适应性绩效结构模型及其发展

爱德华兹和莫里森指出,当今组织处于急剧变革与环境的动态作用之中,对于适应性员工的需要变得非常紧迫。在变化和多样化的环境中,员工需要提高适应性、多样性和对不确定性的容忍度才会显得更富有效率。③ 坎贝尔提出的绩效概念中并未包含个人对新环境和职务要求的适应性这一重要绩效成分。

针对这种情况,奥沃思等人提出有必要在任务及关系绩效的基础上增加关注员工应对变化的适应性绩效(Adaptive Performance)成分,并通过两个大样本($N=317$, $N=368$)的实证研究证明了适应性绩效独立于任务绩效和关系绩效④;赫斯基思和尼尔提出将适应性绩效作为任务绩效和关系绩效分类拓展的第三个维度⑤;墨菲和杰克逊讨论了角色的灵活性⑥;伦敦和莫内讨论了有关个人自我管理学习经验的效率⑦;普拉克索等人进一步对适应性绩效的结构及影响因素进行了探讨⑧。这些研究从不同的侧面提出新的绩效内涵,在任务绩效和关系绩效维度之外,对绩效概念的研究有了新的发展。

---

① D. A. Waldman, "The Contributions of Total Quality Management to A Theory of Work Performance", *Academy of Management Review*, 1994, 19(1), pp. 510-536.

② B. George, G. Robert and K. J. Murphy, "Subjective Performance Measures in Optimal Incentive Contracts", *Quarterly Journal of Economics*, 1993, 109(4), pp. 1125-1156.

③ J. E. Edwards and R. F. Morrison, "Selecting and Classifying Future Naval Officers: The Paradox of Greater Socialization Broader areas", in M. G. Runmsey, C. B. Walker and J. H. Harris, eds., *Personnel Selection and Classification*, Hillsdale, NJ: Eribaum, 1994, pp. 69-84.

④ E. Allworth and B. Hesketh, "Adaptive Performance: Updating the Criterion to Cope with Change", Paper presented at the 2nd Australian Industrial and Organizational Psychology Conference, Melbourne, 1997.

⑤ B. Hesketh and A. Neal, "Technology and Performance", in D. R. Llgen and E. D. Pulakos, eds., *The Changing Mature of Performance: Implications for Staffing, Motivation, and Development*, San Francosco: Jossey-Bass, 1999, pp. 21-55.

⑥ 〔美〕丹尼尔·埃里根、伊莱恩·普莱克斯:《变革的绩效评估——员工安置、激励与发展》,张宏、关丹丹、彭广强译,中国轻工业出版社2004年版。

⑦ M. London and E. M. Mone, "Contimuous Learning", in D. R. Llgen and E. D. Pulakos, eds., *The Changing Nature of Performance: Implications for Staffing, Motivation, and Development*, San Francisco: jossey-Bass, 1999, pp. 21-55.

⑧ E. D. Pulakos, S. Arad and M. A. Domovan, et al., "Adaptability in the Workplace: Development of Taxonomy of Adaptive Performance", *Journal of Applied Psychology*, 2000, 85(4), pp. 612-624.

研究者普遍认为,适应性绩效既不是对原有绩效概念的否定,也不是简单的补充,而是在内涵上大大丰富和发展了原来的绩效概念。适应性绩效的内涵更宽广,任务绩效和关系绩效更多反映过去的绩效,而适应性绩效更能作为未来绩效的预测指标。① 任务绩效和关系绩效比较适合相对稳定的组织和管理情景中的绩效管理,而适应性绩效更适合特定的管理和组织情景,如处于变革之中的组织、团队和个体。

适应性绩效包括以下一些特征:善于学习新的任务,有信心掌握新的任务,具有灵活性,有能力应对变化,等等。② 循着适应性绩效研究的路径,一些学者还进一步提出了学习绩效和创新绩效的概念。伦敦和莫内认为,绩效中关于持续学习的维度反映出形成计划学习并将新知识和新技能应用于不断变化的组织环境中的过程。绩效定义和评价的要素包括:人们有参加持续学习的能力或意愿,能有效地进行学习,表现出绩效提高,等等。学习通过自我开发的研究或经验来获得知识,保持获取知识的能力、技能、态度和思想,通过经验改变行为,从而提高个人绩效。③ 因此,必须采用全新的方式把持续学习纳入到绩效的维度和评价中,尤其是奖赏那些掌握现在还不能立即使用的知识的员工。围绕学习绩效,阿吉里斯从更深的层次提出,个体不仅学习"如何做",还要学习"为什么"那样做。学习如何做的个体只是对现有范围绩效的一种改善,而学习为什么那样做的个体往往突破现有惯例,即使掌握了现在不能奖赏的知识和技能,对于未来的成长和发展也是有帮助的。④ 詹森和范培伦的研究证实了学习目标定向对于创新的影响,提出了创新绩效的概念,并从创新愿望、创新行动、创新成果和创新成果应用等四个方面开发了创新绩效问卷。⑤

适应性绩效、学习绩效、创新绩效等概念的出现,表明绩效的界

---

① 马可一:《适应性绩效》,《商业研究》2003年第22期,第15—17页。
② E. D. Pulakos, S. Arad and M. A. Domovan, et al., "Adaptability in the Workplace: Development of Taxonomy of Adaptive Performance", *Journal of Applied Psychology*, 2000, 85(4), pp. 612-624.
③ 〔芬兰〕彭特·塞德马兰卡:《智慧型组织》,佟博、黄如金译,经济管理出版社2004年版,第53—75页。
④ 〔美〕克里斯·阿吉里斯:《组织学习》,张莉、李萍译,中国人民大学出版社2004年版,第89—92页。
⑤ O. Janssen and N. W. Van Yperen, "Employees Goal Orientations, the Quality of Leader-member Exchange, and the Outcomes of Job Performance and Job Satisfaction", *Academy of Management Journal*, 2004, 27(3), pp. 368-384.

定已经开始注重个体面临未来未知情境的适应行为。这是对以往的绩效概念的一个突破。它表明,绩效不仅可以指行为的结果以及行动本身,还可以指向未来的个体在面临压力时的适应性。适应性绩效、学习绩效、创新绩效是新的概念,尚未有太多的实证性分析验证。

二、国内有关绩效结构与模型的研究

进入 21 世纪以来,随着有关国外绩效结构理论模型的引入,以此为参照,国内一些学者也对管理者的绩效结构展开了相关研究,并得出了有益的研究结论。

孙健敏和焦长泉以中国企业管理者作为调查样本开展了针对管理者工作绩效结构的探索性研究。① 该研究运用半结构化深度访谈的方法,调查了 109 名管理人员,采用类属分析和德尔菲法对访谈资料进行多层分析,最后归纳出描述管理者绩效的三个维度:(1)任务绩效。管理者工作任务方面的行为,包括决策、跟踪检查和监督、解决问题、人员配置、代表、授权、组织、计划、考核和奖惩、指导培养下属、激励、建立制度和规范、审核等。(2)个人特质绩效。与管理者个人特点相关的行为,包括创新、敬业、学习、自律、公正、维护公司利益、承担责任、容忍、勇气、追求目标实现等。(3)人际关系绩效。人际方面的行为,包括树立威信、凝集下属、支持下属、沟通反馈、协调关系、协作、维持良好的工作关系等。

王广新针对高层管理者工作绩效结构展开了相关研究。② 该研究从分层的角度通过探索和验证性因素分析,概括总结了作为高层管理者工作绩效结构的三个维度:(1)任务绩效,指任职者通过直接的生产活动,提供材料和服务对组织的核心技术所做的贡献;(2)关系绩效,指支持员工完成其承担的任务的重要的人际、社会活动;(3)战略绩效,指参与组织的长远目标的制定,并提供具有前瞻性、宏观性的建议和意见。

王登峰和崔红对中国基层党政领导干部的工作绩效结构进行了实证研究。③ 该研究通过对 94 名党政领导干部的深度访谈,经探索

---

① 孙健敏、焦长泉:《对管理者工作绩效结构的探索性研究》,《人类工效学》2002 年第 8 期,第 1—10 页。
② 王广新:《组织情境下管理者人格特质和工作绩效关系研究》,吉林大学博士学位论文,2005 年。
③ 王登峰、崔红:《中国基层党政领导干部的工作绩效结构》,《西南师范大学学报(人文社会科学版)》2006 年第 2 期,第 1—8 页。

性因素和二阶因素分析,得出包括任务指向和个人品质两个维度的工作绩效结构,同时认为作为党政领导干部,要区分他们的任务绩效和关系绩效实际上是不可能的。

萧鸣政和张满通过样本与量化研究,探讨了公务员绩效的结构及其与职业道德之间的关系,揭示了公务员绩效的内部六维结构与职业道德的内部四维结构。他们在研究中发现,公务员的绩效由核心业绩因子、水平表现因子、卓越发展因子、人际关系因子、组织促进因子、个人奋进因子等六大因子组成。① 社会经济发展、民生改善等工作主要属于核心业绩与水平表现等方面的绩效,可是如果只重视任务绩效而忽视关系绩效,大家都在忙忙碌碌,只盯着任务目标的完成,忽视了团结互助和人际关系的协调,忽视了组织促进与个人奋进和卓越发展,那么也会造成人与人之间的不和谐,影响政府绩效发展的可持续性。忽视了关系绩效的问题,会制约任务绩效的完成,甚至反过来给任务绩效的完成带来一定的负面影响。因此,在提升政府绩效的管理实践中,不但要注意硬性的经济发展与社会民生指标的完成,而且要注意软性的人际关系促进、组织促进与个人奋进等绩效指标的提升;不但要关注核心业绩与水平表现的提升,而且要注意绩效的卓越发展;不但要重视促进公务员任务绩效完成的工作能力开发,而且要重视公务员关系绩效提升的品德素质提升,重视公务员的职业道德建设。

国内关于绩效结构与模型的相关研究数量众多且各有侧重和创新,总体看来,可以得出两个结论:(1)对管理者工作绩效结构因素的确定存在着两种研究取向。一种是力图确定管理者共同的、本质的核心工作绩效,而对管理者的层次、管理者的角色等因素差异予以忽略。另一种虽然也要确定管理者的核心工作绩效,但从分层的角度考虑到了不同层次的管理者核心工作绩效的差异,强调在不同层次构建管理者的核心工作绩效。前一种研究取向的成果体现出了管理者绩效结构不同于一般员工的特殊性;后一种研究取向的结论则启示:在研究管理者的工作绩效时,应该对管理角色、管理层次做一个区分,因为不同角色、不同层次的管理者对组织的作用是不同的。(2)国内学者基于中国文化背景下的实证研究结果得出了一些在西

---

① 萧鸣政、张满:《公务员工作绩效结构及其与职业道德关系研究》,《中国行政管理》2014年第12期,第30—34页。

方的绩效结构模型中没有的绩效维度,如个人特质绩效维度、个人品质维度等。这初步表明,中国组织内员工工作绩效,特别是管理者的工作绩效结构与西方关于工作绩效的"任务—关系绩效"模型可能存在明显差异。

三、小结

综合以上具有代表性的国内外学者的研究,可以看出,人们在绩效结构的认识问题上有了实质性的进展,特别是任务绩效和关系绩效二元结构的划分以及适应性绩效新概念的提出,使人们对工作绩效的认识不断深入。但是,由于绩效结构的研究是相对新的领域,有些问题还有待于进一步深化。

第一,任务绩效和关系绩效的划分以及适应性绩效、学习绩效、创新绩效等概念的提出更多的是从逻辑演绎的角度,尚缺乏广泛而强有力的实证研究证明,特别是缺乏中国特殊文化背景下的样本数据分析。大量的经验研究证实了民族文化对员工行为的影响,在绩效研究领域,有关文化影响管理行为进而影响到工作绩效的观点也被越来越多的人认同。[①] 因此,有必要对部分已经获得认可的研究成果加以重复验证,积极进行跨文化研究,这些研究成果可能会因研究的文化背景、具体情境或被试的不同而产生不一致。

第二,现有的针对管理者工作绩效的研究只注重了共同的、本质的核心工作任务,而忽略了管理者的层次、管理者的角色等因素差异。诚然,管理者有共同的、本质的核心工作任务,但是实际上对管理者的工作绩效评价会因为管理者的层次、级别的高低,在侧重点上有所差异。对管理者的工作绩效及其结构的研究如基于一定的管理层次,会更有针对性和实际意义。

第三,现有研究对于工作绩效结构的探讨是基于行为的,而管理实践中对于组织成员的绩效考评则是全方位的,也有关于结果及个体素质的考评。今后的研究还要与基于结果和基于素质的相关研究加以结合,并对其内在关系加以深入研究。这样的研究对于指导现实管理实践将是更有益的。

---

① P. W. Dorfman, et al., "Leadership in Western and Asian Countries: Commonalities and Differences in Effective Leadership Processes Across Cultures", *Leadership Quarterly*, 1997, 8(3), pp. 233-274.

第二节 绩效的形成与影响因素

一、绩效的形成

《牛津现代高阶英汉词典》对绩效(performance)的释义是"执行、履行、表现、成绩"。随着管理实践深度和广度的不断增加,人们对绩效概念和内涵的认识也在不断变化。管理大师彼得·德鲁克(Peter F. Drucker)认为:"所有的组织都必须思考'绩效'为何物?这在以前简单明了,现在却不复如是。策略的拟订越来越需要对绩效的新定义。"①

(一)组织绩效的形成

所谓组织绩效,是指在一定时期内整个组织所取得的绩效。具体来说,组织绩效就是指组织在利用资源满足顾客需求和实现组织目标的活动中,在效率和效益上所表现出来的结果。② 组织绩效是一个多范畴的概念,坎贝尔认为组织绩效具有多层次特征,衡量的标准包括产出和成果、利润、内部过程和程序、组织结构、雇员的态度、组织对外界环境的反应等不同方面。③ 布雷德鲁普认为,组织的绩效应当包括三个方面:有效性、效率和可变性。④ 彼得·德鲁克则认为,不管是在顾客、员工、股东等的利益之间取得平衡的观点,还是为了创造和维持社会和谐而经营的理念,均已过时,组织绩效需要在短期目标(强调对股东的价值)和企业的长期目标中求取平衡,要能以非财务的方式来衡量。⑤ 纵观管理发展史,组织绩效所包含的内容随时间的变化发生了一定的演变。

1. 传统的财务绩效观

工业革命以后到20世纪初是现代公司制诞生的初期,绩效主要指的是统计性绩效,与财务会计均无必然联系,只是统计性的,如产

---

① 付亚和、许玉林:《绩效管理》,复旦大学出版社2003年版,第4页。
② 冯国珍:《管理学》,复旦大学出版社2011年版,第362页。
③ J. P. Campbell, *On the Nature of Organizational Effectiveness*, New York: EconLit, 2010, pp. 507-553.
④ H. Bredrup, "Background for Performance Management", in A. Roistadas, eds., *Business Process Benchmarking Approach*, London: Chapman & Hall, 1995, p. 45.
⑤ 〔美〕彼得·德鲁克:《21世纪的管理挑战》,刘毓玲译,生活·读书·新知三联书店2003年版,第75—78页。

量、产值等指标。例如,1928年美国学者亚历山大·沃尔(Alexander Wall)提出了信用能力指数的概念,通过资产净利率、销售净利率、净值报酬率、自有资本比率、流动比率、应收账款周转比率和存货周转率等七个指标来评价企业的盈利能力和偿债能力。[①]

随着公司的发展,绩效的观念也在改变,到了20世纪50—70年代,人们大多从财务的角度界定组织的绩效,比如销售额、利润率、投资报酬率等。20世纪50年代,莫迪里亚尼(F. Modigliani)和米勒(M. H. Miller)提出了MM资本结构理论,首次以严格、科学的方法研究资本结构与企业绩效的关系。[②] 1950年,杰克逊·马丁德尔(Jackson Martindell)对于绩效的定义则包括了公司的社会贡献、组织结构、收益健康状况、董事会业绩分析、公司财务政策、公司生产效率等。[③]

在20世纪80年代以前,基于投资者和债权人的利益,绩效的具体内容基本上包括了企业偿债能力、营运能力和盈利能力等财务信息。而进入80年代后,人们开始对非财务指标加以重视,逐渐形成了一套以财务指标为主、非财务指标为辅的公司绩效评价指标体系。著名管理学家彼得·德鲁克通过实证研究后提出了企业绩效评价的八项指标:市场地位、革新、生产率、实物资源和财物资源、获利能力、管理者的业绩与发展、员工的业绩与态度、社会责任。这其中已经开始关注企业的社会责任(如公害、消费者运动等)和企业的长期稳定程度,他指出利润最大化虽然是企业追求的主要目标,但不应是唯一目标。[④] 美国管理会计委员会从财务效益的角度发布了"计量企业绩效说明书",提出了净收益、每股盈余、现金流量、投资报酬率、剩余收益、市场价值、经济收益、调整通货膨胀后的业绩等八项计量企业经营绩效的指标。会计理论界进一步提出了企业绩效评价的权变理论,形成一个定量评价与定性评价相结合的复合评价体系,首次将生存能力、应变能力纳入绩效的范围。

[①] R. W. Duning, *Ratio Analysis of Financial Statements: An Explanation of a Method of Analysing Financial Statements by the use of Ratios*, London: Harper & Brothers, 1928, p. 5.

[②] F. Modigliani and H. M. Merton, "The Cost of Capital, Corporation Finance and the Theory of Investment", *The American Economic Review*, 1958, 48(3), pp. 261-297.

[③] J. G. March, *Handbook of Organizations*, Chicago: Rand McNally, 1965, pp. 45-50.

[④] 〔美〕彼得·德鲁克:《21世纪的管理挑战》,刘毓玲译,生活·读书·新知三联书店2003年版,第89页。

2. 现代的综合绩效观

20世纪90年代后期,人们否定了单纯以利润和预算等财务指标进行企业绩效的评价,对企业绩效的认识已经从传统意义上的财务观转向更加综合的理解方式。克罗斯(Kelvin Cross)和林奇(Richard Lynch)提出了把企业总体战略与财务信息结合起来的绩效评价体系。① 1992年,美国管理会计教授罗伯特·卡普兰(Robert Kaplan)和戴维·诺顿(David Norton)创建了绩效评价的平衡计分卡,大大丰富了绩效评价指标,这些指标从财务、客户、内部程序以及组织学习与创新等四个方面对组织绩效进行评价,把财务指标与非财务指标、短期指标与长期指标、滞后指标与引导性指标等结合起来,成为目前世界范围内广泛流行的组织绩效评价指标体系。②

(二) 个人绩效的形成

个人绩效是指员工在工作结果、工作行为和工作态度方面所表现出来的水准。员工绩效包括多层次、多内涵,而不是由单一因素决定的。③ 也有学者认为个人绩效指在完成工作目标与任务的过程中所体现出的个人业绩,因此个人绩效既包括任务绩效,也包括周边绩效。④ 对于个人绩效的认识也在随着时间发展变化,主要呈现出以下几个发展阶段。

1. 结果绩效观

结果绩效观是最早的绩效观,可以追溯到泰勒时代的工作定额思想。它以结果为导向,是一种建立在工业经济工作体系上的绩效观。

早期,工业与组织心理学家常将绩效视为单维的概念,或将绩效等同于任务结果,或将注意的焦点集中在整体绩效上。⑤ 这一时期,人们普遍将绩效看成是员工最终行为的结果,是员工行为过程的产出,是一个人的工作成绩的记录。它既包含显性的可测量的工作业

---

① K. F. Cross and R. L. Lynch, "The Smart Way to Define and Sustain Success", *National Productivity Review*, 1988, 8(1), pp. 23.

② R. S. Kaplan and D. P. Norton, "The Balanced Scorecard Measures that Drive Performance", *Harvard Business Review*, 1991, 70(1), pp. 71-79.

③ 冯国珍:《管理学》,复旦大学出版社2011年版,第363页。

④ 王怀明:《绩效管理》,山东人民出版社2004年版,第8页。

⑤ J. P. Campbell and R. A. McCloy, "A Theory of Performance", in N. Schmitt and W. C. Borman, eds., *Personnel Selection in Organizations*, San Francisco: Jossey Bass Publisher, 1993, pp. 35-70.

绩,也包含隐性的不易测量的工作成果。与绩效结果相关的概念还包括:职责(Accountabilities),关键结果领域(Key Result Areas),结果(Results),责任、任务及事务(Duties,Tasks and Activities),目的(Objectives),目标(Goals of Targets),生产量(Outputs),以及关键成功因素(Critical Success Factors),等等。不同的绩效结果界定,可用来表示不同类型或水平的工作要求。①

持该认识的代表人物伯纳丁(H. J. Bernardin)认为:"绩效应该定义为工作的结果,因为这些工作结果与组织的战略目标、顾客满意感及所投资金的关系最为密切。"绩效"是对在特定的时间内、由特定的工作职能或活动所创造的产出记录……一项工作的绩效在总体上相当于某一关键职能或基本工作职能的绩效总和(或平均值)。职能应该与所进行的工作有关,而与执行人的身份无关"②。

这一绩效观主要是针对一线生产工人或体力劳动者而言,他们的工作相对比较简单,因此,衡量他们绩效的标准主要就是完成所分派的任务的产出。该观点至今都具有较大的影响力,许多组织在其企业文化和考核奖励制度中均明确倡导结果定向,例如英特尔将"以结果为导向"视为其企业文化的六个核心价值观之一。

2. 行为绩效观

随着时代的进一步发展,人们对绩效是工作成绩、目标实现、结果、生产量的观点提出了挑战,行为绩效观即"绩效是行为"应运而生。新的绩效定义包含的内容更加广泛,行为绩效观认为绩效是员工在完成工作的过程中表现出来的一系列行为特征,诸如工作能力、责任心、工作态度、协作意识等。绩效不是行动的后果或结果,它本身就是包括在个体控制之下的,与目标相关的、认知的、驱动的、精神的、人际间的行动。

行为绩效观的代表人物为墨菲(Murphy)和坎贝尔。墨菲认为:"绩效是与一个人在其中工作的组织或组织单元目标有关的一组行为。"③坎贝尔也认为"绩效是行为,应该与结果区分开,因为结果会受系统因素的影响","绩效由个体控制下的与目标相关的行为组

---

① 付亚和、许玉林:《绩效管理》,复旦大学出版社2003年版,第8页。
② H. J. Bernadin and J. S. Kane, *Performance Appraisal: A Contingency Approach to System Development and Evaluation*, UK: Books, 1993, pp. 92-112.
③ K. R. Murphy and J. N. Cleveland, *Performance Appraisal: An Organizational Perspective*, UK: Allyn and Bacon, 1995, pp. 273-287.

成,不论这些行为是认知的、生理的、心智活动的或人际的"①。

当时学者们将绩效视为"行为",概括起来主要基于以下事实:

(1) 许多工作后果并不一定是由员工的行为所产生的,也可能有与工作毫无关系的其他因素在起作用;

(2) 工作执行者执行任务的机会也不平等,也并不是工作执行者在工作时所做的每一件事都同任务有关;

(3) 过分重视结果会忽视重要的程序因素和人际关系因素;

(4) 产出/结果的产生可能包括许多个体无法控制的因素,尽管行为也要受外界因素的影响,但相比而言它更是在个体的直接控制之中;

(5) 实际上,现实中没有哪一个组织完全以产出作为衡量绩效的唯一尺度。②

3. 素质绩效观

针对行为绩效观和结果绩效观各自的局限性,20世纪70年代有学者从新的角度建构了以能力(胜任力)为基础的绩效观点,开启了一场"管理胜任特征运动"(Management Competencies Movement)。1973年,哈佛大学心理学家麦克利兰(David C. McClelland)在研究学生学习的绩效时提出了能力(胜任力)的概念。③ 在管理界逐渐接受了"能力"这一概念之后,20世纪90年代开始众多学者从以素质观为典型的行为与结果综合的思路来重新定义个人绩效。布卢姆布里奇也认为:"绩效指行为和结果。行为由从事工作的人表现出来,将工作任务付诸实施。行为不仅仅是结果的工具,它本身也是结果,是为了完成工作任务所付出的脑力和体力的结果,受到个人素质的影响。"④

近些年来,以素质为基础来解释绩效的观点被广为接受。这种观点的前提是,认为素质是影响人们绩效的决定性因素,根据胜任相应工作的素质要求,以人们的素质为依据来判断可能获得的绩效。该观点包含的实际内涵可以用下面的公式表达:

---

① J. P. Campbell, "Modeling the Performance Prediction Problem in Industrial and Organizational Psychology", in M. D. Dunnette and L. M. Hough, eds., *Handbook of Industrial and Organizational Psychology*, 2nd ed., Palo Alto, CA: Consulting Psychologyists Press, 1990, pp. 687-732.

② 付亚和、许玉林:《绩效管理》,复旦大学出版社2003年版,第9页。

③ David C. McClelland, "Testing for Competency rather than Intelligence", *American Psychologist*, New-York: 1973, 28(3), pp. 11-14.

④ Brumbrach, *Performance Management*, London: The Cromwell Press, 1988, p.23.

结果(做什么)+行为(如何做)=高绩效①

从实际意义上来讲,将绩效界定为"结果+过程"是很有意义的,它不仅能更好地解释实际现象,而且一个相对宽泛的界定往往使绩效更容易被大家所接受,这对绩效考核与管理而言是至关重要的。② 因此,以综合的素质为基础来解释绩效的观点,强调的不是过去怎样和现在如何,而是关注未来、关注人,这不仅适应当今知识型社会的工作环境,也更加符合绩效管理的真正目的。③

4. 综合绩效观

20世纪90年代前,谈及绩效所包含的行为,人们往往只关注那些与工作直接相关的行为,管理人员在考察员工的行为绩效时,也往往以工作分析的结果为蓝本,绩效行为指标通常都与工作职责所要求的行为一致。

90年代末开始,越来越多的管理学者和实践者开始认识到绩效是个综合产物,对于个人绩效的定义维度更加多元。例如,道尔顿(Dalton)将绩效分为硬绩效和软绩效,认为硬绩效是指生产量、销售额等易于衡量的指标,而软绩效则是那些主管评价、自我评价等主观性较强的指标。伯曼和莫托怀德在前人研究的基础上,进一步提出了较具代表性的结构模型,将工作绩效分为任务绩效和关系绩效两个维度,认为关系绩效和任务绩效同等重要,都是工作绩效必不可少的组成部分。任务绩效指组织所规定的行为与特定的任务有关,对提高组织效率有直接的影响。关系绩效指员工自发的行为,与特定的任务无关,它可以为特定任务提供广泛的、组织的、社会的和心理的环境。④ 此外,范达因等人将工作绩效分为角色内行为(in-role behavior)与角色外行为(extra-role behavior)两个维度,提出了两个维度的角色动态模型,并在两个维度的基础上,划分了四个具体的角色外行为:组织公民行为、亲社会行为、吹风行为和原则性的组织分歧。⑤

---

① 付亚和、许玉林:《绩效管理》,复旦大学出版社2003年版,第10页。
② 〔美〕乔恩·沃纳:《双面神绩效管理系统》,徐联仓等译,电子工业出版社2005年版,第500—512页。
③ 李业昆:《绩效管理系统研究》,华夏出版社2007年版,第4页。
④ W. C. Borman and S. J. Motowidle, "Expanding the Criterion Domain to Include Elements of Contextual Performance", in N. Schmitt and W. C. Borman, *Personnel Selection in Organizations*, San Francisco: Jossey-Bass, 1993, pp. 1-37.
⑤ L. Van Dyne and J. A. LePine, "Helping and Voice Extra-Role Behaviors: Evidence of Construct and Predictive Validity", *The Academy of Management Journal*, 1998, 41(1), pp. 108-119.

现代企业绩效考核实践中,也越来越多从多个维度对员工进行分析与考核。例如,一个工人的绩效除了产量指标完成情况外,质量、原材料消耗、能耗、出勤甚至团结、服从、纪律等硬件软件方面,都需要纳入综合考虑。

过去人们只关注任务绩效(即直接与工作任务相关的职责内行为),而关系绩效的提出拓展了绩效行为的内涵,它使人们意识到员工超越职责外的自发合作行为对组织的重要意义。由此,绩效不仅包括职责之内的行为或者结果,职责之外的行为也是绩效的一种表现。[①]

(三)绩效发展趋势

国内关于员工绩效内涵的研究起步较晚,而且基本上都是在西方四种绩效观的基础上展开的。例如,杨杰等人提出的"绩效是某个个体或组织在某个时间范围内以某种方式实行的某种结果"[②]以及彭剑锋认为的"绩效反映的是人们从事某一种活动所产生的成绩和结果"[③]属于结果绩效观;孙健敏等人提出的"绩效就是人们所做的、同组织目标密切相关的、可观测并具有可评价要素的行为,而且这些行为对员工或组织效率具有积极或消极作用"[④]属于行为绩效观;付亚和等人提出的"绩效是组织期望的结果,是员工为完成工作职责而付出的努力"则属于行为与结果一体化绩效观。

从绩效管理的理论探讨和发展历程来看,人们对绩效的认识是不断发展的:从单纯地强调数量到强调质量,再到强调满足顾客需要;从强调即期绩效到强调未来绩效;从单一的绩效观到综合的、多维度的绩效观。因此,无论是组织还是个人,都必须以系统和发展的目光来认识和理解绩效,如果只从单一的层面去静止地理解和评判绩效,就有可能会犯一叶障目的错误。鉴于此,在对组织和个人的绩效加以界定时,应综合考虑行为、结果、方式、环境等多方面因素。

当前,"绩效"这一概念将逐步向着"知识绩效""目标绩效""战略绩效"发展,呈现出一种未来取向,对于绩效的定义将转变为"绩效=做了什么(实际收益)+能做什么(预期收益)"。对绩效概念的这一新认识,实际上已经将个人潜力、个人素质纳入了绩效评价的范

[①] 郭晓薇、丁桂凤:《组织员工绩效管理》,东北财经大学出版社2008年版,第7页。
[②] 杨杰、凌文铨:《关于绩效评价若干基本问题的思考》,《自然辩证法通讯》2001年第2期。
[③] 彭剑锋:《人力资源管理概论》,复旦大学出版社2003年版,第263—284页。
[④] 柯江林、孙健敏、石金涛:《人力资本、社会资本与心理资本对工作绩效的影响——总效应、效应差异及调节因素》,《管理工程学报》2010年第9期。

畴。绩效将不再仅仅作为"追溯过去""评估历史"的工具,而是以未来发展为导向,充分挖掘人力资源。

二、绩效的影响因素

(一)组织绩效的影响因素

组织绩效受到众多因素的影响,主要包括组织战略、组织管理、组织结构、组织文化与组织学习和外部环境等。

1. 组织战略

对于一个组织,市场导向、创新导向、国际化导向等组织战略的成败对于组织绩效存在影响。

在企业中,市场导向的三个构面——顾客导向、竞争者导向、职能间协调与差异化优势、低成本优势以及组织绩效之间存在着影响关系。① 市场导向对于组织绩效的影响主要通过组织学习作为中介来实现,组织学习通过影响组织创新进而间接影响组织绩效,因此管理创新在"市场导向—组织学习—组织创新—组织绩效"链中起到了至关重要的作用,是提升组织绩效的关键。②

随着全球化程度的加深,组织的国际化战略对于组织发展与绩效提升具有重要意义。雷伊格洛克和瓦格纳基于组织学习视角研究了国际化与企业绩效之间的关系,发现国际化程度与企业绩效之间不是倒 U 型的关系,而是正 U 型的关系。③ 卡帕和卡特伯对服务业企业的研究同样证实了这一点,他们发现随着国际化程度的提高,企业的绩效水平会下降,但是当国际化程度超过一定水平的时候,国际化程度的提高会带来绩效的增长。④ 在国内,也不乏这方面的研究,例如杨忠等人通过实证研究发现,对于现阶段的中国制造业企业来说,国际化广度的提高有利于企业绩效。⑤

在今天这样一个创新型与知识型社会中,组织的创新战略在快

---

① 张雪兰:《市场导向与组织绩效——基于竞争优势的理论建构与实证检验》,武汉大学出版社 2008 年版,第 176 页。
② 谢洪明、刘常勇、陈春辉:《市场导向与组织绩效的关系:组织学习与创新的影响——珠三角地区企业的实证研究》,《管理世界》2006 年第 2 期。
③ W. Ruigrok and H. Wagner, "Internationalization and Performance: An Organizational Learning Perspective", *Management International Review*, 2003, 43(1), pp. 63-83.
④ N. Capar and M. Kotabe, "The Relationship between International Diversification and Performance in Service Firms", *Journal of International Business Studies*, 2003, 34(4), pp. 345-355.
⑤ 杨忠、张骁:《企业国际化程度与绩效关系研究》,《经济研究》2009 年第 2 期。

速变化的环境中对组织绩效产生了不可忽视的影响。在创新型社会中,公司更倾向于采取创业导向的战略,组织的创新战略通过组织的双元能力,即机会探索能力与机会开发能力,被转化为组织绩效。①

2. 组织管理

组织管理主要指的是企业组织的管理机制、政策和管理者水平。管理机制涉及计划、组织、领导、协调、激励、控制、反馈等方面,其中领导对于组织整体绩效的提升发挥着核心引导作用。具有领袖魅力的变革型领导行为,能够加强组织成员间的沟通,激发员工的创新意愿,从而促进组织财务绩效的提高。此外,作为领导者的企业家,不仅借助自身的综合能力直接影响企业的市场绩效,而且还将通过培育组织能力间接地贡献于企业的市场绩效。②

鉴于人力资源是企业持续竞争优势的重要来源,诸多学者研究发现人力资源管理实践与组织绩效之间存在积极的相关关系。③ 具体来看,人力资源管理通过改善员工工作满意度、组织承诺、有效授权、信任关系等促进因素来提高员工工作绩效。④

人力资源管理是挖掘人力资本、提升现代组织绩效的一个有效途径。一方面,人力资源管理能够最大限度地开发与管理组织内外的人力资源,促进组织发展与绩效提升;另一方面,人力资源管理能够维护与激励组织内部人力资源,使组织中个体潜能得到最大限度的发挥,提升与扩充人力资本,对于绩效的持续维持有着重要影响。⑤ 组织绩效又与员工的个人绩效直接相关,因此通过人力资源管理对员工绩效进行有效控制,确保员工的绩效目标与组织战略保持高度一致,是实现高组织绩效的重要环节。⑥

3. 组织结构

组织结构对于组织有着重要的影响,从静态的角度来看,组织成员在性别、年龄、人格特征、教育背景和工作经验方面的差异性以及

---

① 张玉利、李乾文:《公司创业导向、双元能力与组织绩效》,《管理科学学报》2009年第1期。
② 贺小刚:《企业家能力、组织能力与企业绩效》,上海财经大学出版社2006年版,第377页。
③ 杜娟:《人力资源经理胜任特征模型构建及影响因素分析》,复旦大学出版社2010年版,第47页;张弘:《人力资源管理与企业绩效》,企业管理出版社2010年版,第85页。
④ 马凌、王瑜、邢芸:《企业员工工作满意度、组织承诺与工作绩效关系》,《企业经济》2013年第5期;P. K. Mills and G. R. Ungson, "Reassessing the Limits of Structural Empowerment: Organizational Constitution and Trust as Controls", *Academy of Management Review*, 2002, 28(2), pp. 143-153.
⑤ 萧鸣政:《人力资源开发与管理:在公共组织中的应用》,北京大学出版社2009年版,第25页。
⑥ 同上书,第258页。

组织的凝聚力对组织绩效都有重要影响。① 组织内部的资本结构、所有权结构以及治理的有效性也对组织绩效有不容忽视的影响。②

从动态角度来看，一方面，随着组织结构惯性的增强，企业内部将培养起大量的技术、经验和诀窍，制度、流程日益完善，由此形成的组织资本能够创造比较高的企业绩效；另一方面，企业组织结构发展到一定阶段，组织结构惯性则变成了一种惰性，对企业绩效的进一步提升起阻碍作用。③

4. 组织文化与组织学习

企业文化作为企业组织共同价值观念的集合，常常被认为能够通过形成组织内的非正式规范来弥补合约设计的不完全，以降低交易成本和代理成本，对于组织绩效有显著的促进作用。④

除了业已形成的文化外，大量研究还证实组织学习会促进企业绩效的提升。组织学习能力与组织绩效间的相关关系证明了组织学习的确有助于组织绩效的提升，这对指导组织实践具有重要意义。对组织学习过程模型（即发现、发明、选择、执行、推广、反馈这六个阶段以及一个知识库）的定量研究表明，七个方面的组织学习能力确实与组织绩效有紧密的正相关关系。⑤ 企业通过组织学习，能够处理各种信息，以不断调整组织行为，形成新的知识，并提高企业技术创新能力，从而为企业绩效的增长奠定基础。此外，组织学习对新企业也同样重要，组织学习帮助新企业存活和成长，并且规范的学习将促进企业内部管理能力成熟。⑥

5. 外部环境

宏观政治、经济、社会文化和科技环境以及行业和市场环境都是

---

① 高毅蓉、崔沪：《绩效管理》，东北财经大学出版社2015年版，第7页。
② S. Bhagat and B. Bolton, "Corporate Governance and Firm Performance", *Journal of Corporate Finance*, 2008, 14(3), pp. 257-273.
③ 刘海建、周小虎、龙静：《组织结构惯性、战略变革与企业绩效的关系：基于动态演化视角的实证研究》，《管理评论》2009年第21期。
④ J. P. Kotter, *Corporate Culture and Performance*, New York: The Free Press, 2008, pp. 11-16.
⑤ 陈国权、郑红平：《组织学习影响因素、学习能力与绩效关系的实证研究》，《管理科学学报》2005年第1期。
⑥ R. F. Hurley and G. M. Tomas, "Innovation, Market Orientation, and Organizational Learning: An Integration and Empirical Examination", *Journal of Marketing*, 1998, 62(3), pp. 42-54. B. O. Oyelaran and K. Lal, "Learning New Technologies by Small and Medium Enterprises in Developing Countries", *Technovation*, 2006, 26(2), pp. 220-231.

组织直接面对的外部环境,这些因素渗透于管理的方方面面,影响着管理的有效性与组织绩效。目前,随着组织网络概念的提出与研究的深化,对于外部环境对组织绩效的影响机制有了更加深入的解析,关于组织网络的定量研究表明组织绩效与组织所处的网络的位置、资源、关系等因素相关。

(1) 网络位置。

组织所处的网络位置能够促进知识的共享和转移,实现组织经验的积累,进而影响企业绩效,组织学习在这一过程中起到中介作用。[1] 而位于网络中心并占有丰富结构洞的企业在绩效方面将更具优势,此时企业知识获取、消化、转换和应用能力会有效推动企业创新绩效的提升。[2]

(2) 网络资源。

对于新企业而言,创业者所利用网络承载的资源特征在很大程度上制约着其能获取的资源支持水平,进而影响新企业绩效。网络资源经由影响创业活动的不同侧面影响新企业绩效,在这一过程中创业者能否根据创业过程中具体的活动特征相机选择利用其网络联系人为创业服务至关重要。[3]

(3) 网络关系。

组织与网络中其他组织的关系,也将影响到组织绩效,尤其是网络中的政治关系。罗党论等人研究发现,民营企业的政治支持网络关系对企业价值有显著的正面影响,政治关系越强,企业价值也越高,企业通过建立政治关系最终取得了相应的收益。[4] 而邓建平等人的研究则发现,在控制了政治关联与企业经营绩效存在的内生性关系后,民营企业的政治关联程度越高,企业的经营效率越差;实际控制者的政治关联程度越高,企业的经营效率也越差。[5] 李维安等人则从双重治理环境的角度实证分析了民营企业的政治联系程度对

---

[1] 蔡莉、单标安、刘钊、郭洪庆:《创业网络对新企业绩效的影响研究——组织学习的中介作用》,《科学学研究》2010年第10期。
[2] 钱锡红、杨永福、徐万里:《企业网络位置、吸收能力与创新绩效——一个交互效应模型》,《管理世界》2010年第5期。
[3] 杨俊、张玉利、杨晓非等:《关系强度、关系资源与新企业绩效——基于行为视角的实证研究》,《南开管理评论》2009年第12期。
[4] 罗党论、黄琼宇:《民营企业的政治关系与企业价值》,《管理科学》2008年第6期。
[5] 邓建平、曾勇:《政治关联能改善民营企业的经营绩效吗》,《中国工业经济》2009年第2期。

市场绩效的影响呈 U 型曲线。①

（二）个人绩效的影响因素

近年来,研究者越来越关注有哪些因素影响个体的工作绩效,这些因素与工作绩效之间的作用机制又是如何。归结起来,影响个人绩效的因素主要包括个人因素(能力素质、心理素质)、激励因素与外部因素(环境、机会)。

可以用一个函数来表示,即 $P=f(S,P,M,E,O)$

其中,S 表示能力素质,P 表示心理素质,M 表示激励,E 代表环境,O 代表机会。

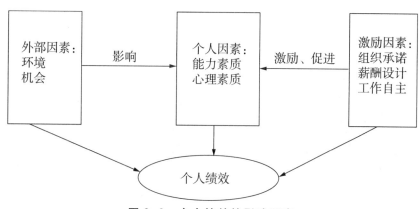

图 2-2 个人绩效的影响因素

1. 个人因素

（1）能力素质。

美国著名心理学家麦克利兰(D. C. McClelland)于 1973 年提出了能力素质模型(competency model,又称胜任力模型)。能力素质指能将某一工作中有卓越成就者与表现一般者区分开来的个人重要特征,而这些特征与工作者的工作绩效有高度的因果关系。这些个人特质既包括知识、技巧等表层特质,又涵盖社会角色、自我概念、特质、动机等深层次内容,是决定工作绩效的持久品质和特征。(参见图 2-3)此后,许多人对人格与工作绩效结构中不同维度的关系进行了研究,发现严谨性、外向性、宜人性等人格特征对于关系绩效或任务绩效存在显著影响。② 巴里克等人对 15 篇有关人格与工作绩效

---

① 李维安、邱艾超、古志辉:《双重公司治理环境、政治联系偏好与公司绩效——基于中国民营上市公司治理转型的研究》,《中国工业经济》2010 年第 6 期。
② 谢竹云:《组织支持感、心理资本与员工工作产出研究》,江苏大学出版社 2014 年版,第 63 页。

关系的论文进行元分析发现,情绪性是许多不同工作情景工作绩效的有效预测因子性。①

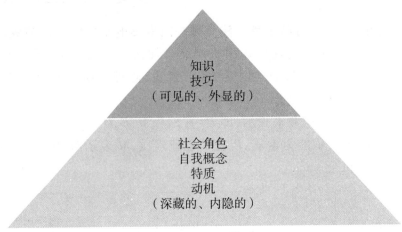

图2-3 冰山模型

来源:D. C. McClelland, "Testing for Competence Rather Than for Intelligence", *American Psychologist*, 1973, 28(1), pp. 1-14.

对企业而言,员工行为产生员工绩效,从而产生组织绩效。而真正驱动员工行为的内在因素便是知识、技能、社会角色、自我概念、特质和动机等多方面能力素质因素。因此从某种程度上说,能力素质是使员工产生优秀绩效的内在驱动力。

(2) 心理素质。

一个人的心理状况也可以看作是一种能够影响个人工作效果的"技能"。而在心理素质中,工作动机至关重要,它是激励产生作用的基础。动机包括选择是否付出努力、选择努力的程度、选择是否坚持付出某种水平的努力三种类型。② 工作动机水平决定了员工对工作的投入程度。若员工干劲不足、士气低下,纵使身有百般"武艺",也未必肯展现于工作中,再好的外部环境和机会也不会体现出优越性。相反,即使外部条件恶劣、自身能力不足,只要有强烈的愿望去做成某事,并积极采取行动,成功也是可能降临的。如果管理者能体察员工真正的需要,并能以满足他的需要作为对其实现某一绩效水平的奖励,则会激发员工的工作动机,进而获得令人满意的绩效。③

---

① R. M. Barrick, M. K. Mount and T. A. Judge, "Personality and Performance at the Beginning of the New Millennium: What Do We Know and Where Do We Go Next?", *International Journal of Selection and Assessment*, 2001, 9(1), pp. 9-30.

② [美]赫尔曼·阿吉斯:《绩效管理》,刘昕、曹仰锋译,中国人民大学出版社2008年版,第79页。

③ 郭晓薇、丁桂凤:《组织员工绩效管理》,东北财经大学出版社2008年版,第10—12页。

2005年路桑斯(F. Luthans)提出了心理资本的概念,认为心理资本是指那些建立在研究基础上的、积极的、可测量的、可开发的,并能够导致员工积极组织行为的心理状态。从个体层面来说,心理资本是促进个体成长发展与绩效提升的重要因素;从组织层面来说,心理资本所起的作用与人力资本、社会资本类似,能够帮助企业获取竞争优势。心理资本由自信或自我效能感(confidence or self-efficacy)、希望(hope)、乐观(optimism)和坚韧性(resiliency)四种积极心理状态构成。① 路桑斯的一系列研究发现,随着工人的乐观、希望与坚韧性水平的提高,其工作绩效也在提高。② 其他国内外研究证据也表明:积极的心理资本对员工工作绩效具有提升作用,良好的心态还有助于雇员展现出周边绩效。③

2. 外部因素

(1) 环境。

影响绩效的环境因素众多,包括工作本身、工作的物理环境(工作条件、工作设备)和社会环境(文化氛围、人际关系)、组织管理等。各种因素概括来说可以分为内部环境与外部环境。

内部环境包括工作环境(如室温、湿度、通风、照明、噪声、粉尘)、劳动条件(如劳动工具、机器设备)、规章制度、组织结构、企业文化等。工作性质不同,对内部环境的要求不同。外部环境是影响工作完成质量的本质因素,在一定情况下,外部因素也会严重影响员工的工作质量。④

---

① F. Luthans, B. J. Avolio, F. O. Walumbwa and W. Li, "The Psychological Capital of Chinese Workers: Exploring the Relationship with Performance", *Management and Organization Review*, 2005, 1(2), pp. 249-271. F. Luthans, S. M. Norman, B. J. Avolio and J. B. Avey, "The Mediating Role of Psychological Capital in the Supportive Organizational Climate: Employee Performance Relationship", *Journal of Organizational Behavior*, 2008, 29(2), pp. 219-238.

② F. Luthans, "The Need for and Meaning of Positive Organizational Behavior", *Journal of Organizational Behavior*, 2002, 23(6), pp. 695-706. F. Luthans, B. J. Avolio, J. B. Avey and S. M. Norman, "Positive Psychological Capital: Measurement and Relationship with Performance and Satisfaction", *Personnel Psychology*, 2007, 60(3), pp. 541-572.

③ T. A. Wright, "Positive Organizational Behavior: An Idea Whose Time Has Truly Come", *Journal of Organizational Behavior*, 2003, 24(4), pp. 437-442. H. Memari, M. Valikhani, Z. Aghababaee and M. M. Davali, "The Effect of Positive Organizational Behavior of the Staff on Organizational Performance, Based on the Luthans Model in Public Organizations of Behbahan", *Interdisciplinary Journal of Contemporary Research In Business*, 2013, 4(9), p. 568. 仲理峰:《心理资本对员工的工作绩效、组织承诺及组织公民行为的影响》,《心理学报》2007年第2期。

④ 杜映梅:《绩效管理》,中国发展出版社2006年版,第8页。

这些因素大多是可控的,当它们阻碍了绩效水平的发挥时,可以通过相应的方法加以调整改进。一个员工可能技巧熟练、能干、敏捷、知识渊博,但仍然不能高绩效,尤其是当他的工作系统有缺陷或严重阻碍时。在这种情况下,仅仅关注员工个人并不能改善绩效,需要关注其所处的环境,通过相应的方式加以改善。

(2) 机会。

机会是不可控的外部因素,俗称"运气"。不可否认,员工绩效有时受到偶然性因素的影响。提升绩效的好机会是可遇不可求的。但是,如果个人准备不够,即使迎来了机遇也未必能利用好。因此,外部优越的条件发挥效用,还离不开个人因素的配合。

3. 激励因素

对于员工个人来说,管理者需要根据员工需求的不同层次,有针对性地采取激励措施,才能调动个人的工作积极性,提升个人绩效。主要的激励因素包括以下几种。

(1) 组织承诺与组织支持。

对于组织承诺与工作绩效间的关系问题,多数研究认为两者间存在正向的相关关系。组织承诺(organizational commitment)能激发员工的工作满意度、归属感和责任心,从而使工作绩效增加,在高组织承诺的前提下,个体更倾向于为组织利益付出巨大努力。可见,承诺系统比其他系统对总体绩效具有更为显著的正向影响。[1]

(2) 工作自主权。

高参与型组织通过灵活性工作设计、创新性招聘方法、按业绩付酬、自我管理团队、广泛培训、工作轮换、信息分享等人力资源政策,给员工更多的激励。企业采取高参与型人力资源实践,更容易形成专用性人力资本,从而提高了组织绩效。企业员工人力资本专用性越强,越能够促进企业竞争优势的形成,提高绩效。[2]

(3) 薪酬激励。

薪酬激励包括定额工资制(quota scheme)、计件工资制(piece rate scheme)、固定工资制(fixed rate/flat pay scheme)和竞赛制(tour-

---

[1] 刘善仕、周巧笑、黄同圳等:《企业战略、人力资源管理系统与企业绩效的关系研究》,《中国管理科学》2008 年第 3 期。

[2] 程德俊、赵曙明:《高参与工作系统与企业绩效:人力资本专用性和环境动态性的影响》,《管理世界》2006 年第 3 期。

nament)等不同的报酬方案类型。

诸多实验研究证明了薪酬激励对于个人绩效影响的存在。例如,凯茨比等人请大学生分别在计件工资制和固定工资制下猜测变位字(anagram),实验结果表明计件工资制通过两个机制(分类效应和激励效应)影响被试绩效。① 凯勒米尔等请被试"设计画迷",发现依据数量的报酬方案提高了被试所设计的画迷的数量。②

(4) 人职匹配。

外在因素和个人因素在独立影响员工绩效的同时,彼此之间的交互作用对绩效也产生着不可小觑的作用。学术界已有大量文献在研究"匹配度"问题。研究最多的是"人职匹配"(person-job fit),其他还有"人与组织的匹配"(person-organization fit)、"人与团队的匹配"(person-group fit),甚至还有"上下级的匹配"(person-supervisor fit)。

匹配度可以分为补足式匹配(complementary)和相近式匹配(supplementary)。补足式匹配是指人与环境之间的契合由彼此满足对方的需要而来。人职匹配就属于这类匹配。在这种匹配中,职位对人的"KSAP"(即知识、技能、能力和人格)要求与员工的这些特点相吻合的程度,决定了该员工胜任该岗位的程度。相近式匹配是指人与环境中某因素的相似性而形成的契合。员工与组织、团队、上级的匹配属于相近式匹配。它研究的是个人与组织、群体或上司在价值观、工作目标和人格上的相似性,相似性越高,员工的工作态度越积极,工作绩效越高,即所谓"意气相投则英雄相惜"。③

在上面这些因素中,外部因素(环境与机会)对个体来说是相对客观的,但对企业来说却是可以创造和争取的;而个人的能力与心理素质完全是由员工的主观因素决定的;激励因素则主要作用于主观因素,同时也与组织的环境与策略有关。如果我们能从广义的角度来看待绩效,认识到个人绩效是由员工个人特质和外部系统特质以及这两者间的相互作用决定的,绩效评估与管理将更具针对性与公平性。

---

① C. B. Cadsby, F. Song and F. Tapon, "Sorting and Incentive Effects of Pay for Performance: An Experimental Investigation", *The Academy of Management Journal*, 2007, 50(2), pp. 387-405.

② S. J. Kachelmeier, B. E. Reichert and M. G. Williamson, "Measuring and Motivating Quantity, Creativity, or Both", *Journal of Accounting Research*, 2008, 46(2), pp. 314-373.

③ 郭晓薇、丁桂凤:《组织员工绩效管理》,东北财经大学出版社2008年版,第10—12页。

第三节 绩效分析技术

从前文可以知道,绩效分析无论对于个人工作效率的提高还是组织整体效率的提高都有着积极的意义。按照绩效考评对象的不同,绩效分析技术可以分为人员素质与个人绩效分析技术、组织绩效分析技术及团队绩效分析技术。

一、人员素质与个人绩效分析技术

(一) 人员素质分析

《文选·张华·励志诗》中有言曰:"虽劳朴斫,终负素质。"此处"素质"意犹"本质",也就是说,事物的现象由本质决定,人之行为则由素质决定。

在人力资源管理学科发展中,我们常规地把素质限定在个体范围内讨论,一般是指个体完成工作活动与任务所具备的基本条件与潜在能力。

素质的第一个特点是它的基础作用性。在企事业单位中,高素质的人员往往创造出高效益,而低素质的人员则只能创造低效益。然而,素质对人员工作效率的高低来说,只是一个必要条件,而不是充分条件。高素质对一个人日后的发展与事业成功来说,只是一种可能性,而绝没有必然性的影响。

素质的第二个特点是它具有抽象性。虽然素质是个体身上的一种客观实在,但许多素质是看不见、摸不着和说不清的。素质可以通过行为来表现,但绝不等同于行为本身。素质与行为之间存在着许多中介变量,因此我们不能简单地由行为表现去推断素质高低。

素质的第三个特点是它具有可塑性。个体的素质除了生理中的遗传素质外,大部分都是后天形成的,任何人的素质都是在遗传、环境、社会教育与个体能动性几个因素的共同作用下形成与发展起来的,并非是天生不变的,具有一定的可塑性。不健全的素质可以通过后天努力健全起来,缺乏的素质可以通过实践和学习得到不同程度的补偿,一般性的素质可以训练为特长素质。更值得注意的是,已有的素质如果没有适当的环境维护,也可能退化与萎缩。由此可见,素质既可以顺向发展,也可以逆向发展。

素质的第四个特点是它具有潜在性。人的素质作为一种行为动力与发展基础,潜藏于每个人的身心之中,具有隐藏性。如果有人有意识地去发掘它、培养它和开发它,它就会得到迅速发展,否则它就会永远潜而不发,埋没终身。如果外界有宽松的社会环境和自然环境,那么相应的优势素质就会慢慢崭露头角,否则就可能永远被压抑、限制,最终衰弱老化。

对个人进行绩效考评,一般采取的是素质分析方法和素质结构分析。

1. 素质分析方法

素质分析方法是指对考评对象的一种分析方法,而不是普遍意义上的对素质的分析方法。素质分析方法大体上有背景分析、状态分析与结果分析三种。古代的家谱分析,现代的血型分析,以及当前的履历分析、档案分析、学历分析等方法,均属于素质的背景分析;现代的工作行为分析、体态行为分析、生活行为分析等方法,均属于素质的状态分析;证书分析、作品分析、产品分析、体格检查、笔迹分析、绩效分析、职称品位分析等方法都属于素质的结果分析。

素质的形成是一个长期反复的过程,是自我基础、环境与教育多方面共同作用的结果。因此,对素质的分析,既可以从原有基础、成长背景进行分析,也可以从素质形成过程、状态表现进行分析,还可以从素质的功效及物化的结果中进行分析。

2. 素质结构分析

素质结构分析是主张从素质结构的角度对素质进行分析的一种方法。素质结构分析一般需要借助双向细目分析表的形式,使素质结构中的每个因素得到充分的展现。设计双向细目分析表时,要注意纵向结构为被考评的对象因素,横向结构为每个结构因素的不同层次或不同方面,表体中间则为具体考评的要素点。

素质分析的具体技术是指目前国内外在素质分析时常用的一些操作方法和技术。具体包括职位定位分析、KSAO分析(知识—技能—本领—其他个性特征分析)、职位问卷分析法、特质清单检核法、关键事件技术、工作要素分析等。

(二)个人绩效分析

个人绩效分析方法因工作性质的不同而不同。

1. 产品分析法

这种绩效分析方法以一定工作产品为分析单位对绩效进行分析。其分析的内容一般包括:

（1）产品数量：一定时间内生产或完成的单位产品数量（个数、件数等）；

（2）产品质量：一定时间内生产或完成的正品或次品率。

例如，职称评审中论文发表的篇数与刊物级别、排字车间工人每小时排版的字数与差错率均属于产品分析法。

2. 时间分析法

这种方法是以工作者实际劳动的时间为分析单位对绩效进行分析。其分析的内容一般包括：

（1）在岗时间：位于工作岗位上的劳动时间，包括准备、休息与工作间隔时间；

（2）实作时间：实际用于完成任务的工作时间，不包括准备、休息与工作间隔时间等非工作性时间。

例如，教师工作量的分析通常以课时与小时两个单位来分析，考勤则是从反面——缺勤时间来分析工作绩效的。

时间分析法一般用于非产品性工作绩效或合作性产品工作绩效的分析。所谓合作性产品工作绩效，指的是任何一种产品都不是单个人所能完成的，而需要由多人合作。

3. 经济分析法

这种方法是以货币为单位来分析绩效的。其分析的内容包括：
（1）产值：工作任务完成后获得的货币量值（包括折算值）；
（2）利润：工作过程中产出货币量与投入货币量之差；
（3）节约：工作过程中通过降低收入而获得的货币量值。

4. 事故分析法

事故分析法是指从绩效的反面——工作中发生的工伤事故或造成的损失量来分析工作绩效，分析的内容包括事故的次数及严重程度。例如，列车员的绩效常以行车安全无事故的天数和公里数来分析。

5. 相关分析法

相关分析法是通过一项与工作绩效间接相关的指标对绩效进行分析的一种方法。例如，工资增加的比率与频率、职务晋升的速度、奖金获得的多少、奖惩情况、主管的评价结果等。

6. 比较分析法

比较分析法是通过对工作者的工作情况与工作结果进行直接比

较而分析绩效大小的一种方法。这种方法一般适用于一些非生产性的管理人员的绩效分析。

7. 职责职能分析技术

职责职能分析技术也可称为绩效操作化分析,绩效大小一般是相对于工作的职责与任务如何完成而言。因此,在绩效分析中,职责职能分析是非常重要而又普遍应用的一种分析技术。

需要注意的是,职责职能分析技术在这里并不是工作分析,它是指通过一定的界定与标志来表征和操作职务的过程。一般来说,职能是一些条文性的书面说明与规定,有的抽象,有的模糊,不适于平时的具体操作。因此,要通过职责职能分析技术,将它们具体化、精确化和可操作化。

职能职责分析技术一般通过对职责及职能进行分解以及外显行为化与操作化定义来实现。例如,"工作量饱满"与"超工作负荷"这样的条文如果出现在职责说明书中,很显然操作性不强。因此,在分析中我们必须通过调查来确定企业内同类职工工作量的平均值,假设为 M,那么"工作量饱满"与"超工作负荷"则可以分别表示为"工作量在 M 左右"与"工作量比 M 高一个标准差以上"。

8. 关键目标成功分析

关键目标成功分析是指将员工绩效管理建立在关键目标成功度上,通过业绩等目标的考核,并与相应的激励措施相结合,从而调动员工积极性,促使员工努力工作,不断提高绩效,最终实现企业的目标。

通过关键目标的设定及对关键目标实现程度的考核,企业的经营管理者能够有效地对员工的工作成果进行评定,从而将公司目标与个人目标有机结合,拉动公司上下级之间的目标管理及沟通,使员工集中精力达成关键目标。从另一方面来看,关键目标成功分析也使得人力资源部门在绩效考核中有硬性的指标,这有利于降低考评成本,增加考评的公平性。

二、组织绩效分析技术

绩效不仅局限于个人层面,对组织绩效的考量能够有效地提高组织整体的工作效率,为组织创造更大的价值。通过组织绩效分析技术对组织在一段时间内的工作内容及结果进行考察,能够整体地了解组织的业绩水平。

组织绩效分析技术大致分为两类：一类主要出现在20世纪90年代以前，这类技术主要注重对组织财务指标的分析，被称为组织绩效分析的传统技术；另一类出现在20世纪90年代以后，这类技术注重财务指标和非财务指标的有机结合，以及对组织环境、创新、资本等因素的分析，被称为组织绩效分析的现代技术。

（一）组织绩效分析的传统技术

组织绩效分析的传统技术包括功效系数分析法、雷达图分析技术、杜邦分析技术、沃尔分析技术、坐标图分析技术等。

1. 功效系数分析法

功效系数分析法是指根据多目标规划原理，把组织所要考核的各项指标按照多档次标准，通过功效函数转化为可以度量的评价分数，从而对被评价对象进行总体评价分析的一种方法。

功效系数分析法一般从财务效益状况、资产营运状况、偿债状况、发展能力状况四个方面（共20个指标）对组织绩效进行分析评价。

2. 雷达图分析技术

雷达图分析技术亦称综合财务比率分析技术，因按这种分析技术绘制的财务比率综合图类似雷达而得名。绘制雷达图的前提是将财务比率分类，通常分为收益性比率、安全性比率、流动性比率、生产性比率和成长性比率等五类。

按照雷达图分析技术绘制出的雷达图是三个同心圆，最小圆代表最低水平或者同行业平均水平的1/2，中间圆代表同行业的平均水平，最大圆代表同行业平均水平的1.5倍。

从圆心开始，以放射线的形式分别标出各大类的财务比率，评价时通常用目测判断的方法，如果企业的财务比率值接近或处于最小圆之内，说明该企业水平极差，须警惕；如果比率值接近标准线，说明该企业水平与同行业平均水平相当；如果比率值处在最大圆内，说明该指标水平较高，是较为理想的状态。利用雷达图分析技术判断和评价组织的绩效状况时，须将组织各实际比率值所处点连接起来，形成一个多边形。如果该多边形皆处于最大圆之内，表明组织的财务状况较为理想，超过同行业平均水平；如果该多边形皆处于中间圆之内，表明财务状况欠佳，应当努力予以改善，以接近或者超过平均水平；如果该多边形完全处在最小圆之内，表明该组织已濒临倒闭，财务状况极度恶化。运用雷达图分析技术进行综合分析时,可以将组织状况划分为稳定理想型、保守型、成长型、特殊型、积极扩大型、消极安全型、活动型、均衡缩小型八种类型。

3. 杜邦分析技术

杜邦分析技术是指利用主要财务比率指标之间的内在联系来综合分析、评价组织财务状况的一种分析技术。这种分析技术最早是由美国杜邦公司的经理创造出来的,所以被称为杜邦分析技术。

杜邦分析技术的关键是建立完整、连贯的财务比率体系,并确定总指标即龙头指标,然后运用指标分解的方法建立各指标之间的相互关系,通过数据的替换,确定从属指标对总指标的影响。采用杜邦分析技术进行绩效评价时,可以将各财务指标之间的关系制成杜邦分析图。

杜邦分析技术中,主要的财务指标关系有:

权益报酬率＝总资产收益率×权益乘数

净资产收益率＝销售利润率×总资产周转率

权益乘数＝总资产÷股东权益

在杜邦分析技术中,权益报酬率是一个综合性最强的财务比例,它与销售规模、成本水平、资产运营、资本结构等有着密切的联系,这些相关因素构成了一个相互依存的系统。只有这个系统的各相关因素协调良好,权益报酬率才能达到最大,组织价值最大化的目标才能实现。

4. 沃尔分析技术

沃尔分析技术是把七种财务比率用线性关系结合起来,分别给定其在绩效总评价中的所占比重,确定标准比率,然后与实际比率进行比较,得出每项指标的评分,最后得出总评分,据此来评价组织的绩效状况。沃尔分析技术在理论上尚有待证进一步验证,在技术上也并不完善,但在实际工作中已得到广泛使用。

5. 坐标图分析技术

坐标图分析技术是对组织绩效特别是财务状况综合评价的重要技术之一,在明确组织发展趋势的前提下,评价财务状况的优劣主要是看组织的获利能力和偿付能力,可以利用坐标图的形式对组织的财务状况进行分析。

(二)组织绩效分析的现代技术

组织绩效分析的现代技术包括价值链分析技术、关键绩效指标分析技术、组织气氛分析技术、"A 记分"绩效分析技术、战略目标分析技术、价值树分析技术、标杆超越绩效分析技术等。

1. 价值链分析技术

价值链分析技术最早来源于美国著名学者迈克尔·波特(Michael Porter)于 1985 年提出的企业价值链理论。他认为:"每一个企业都是在设计、生产、销售、发送等过程中进行种种活动的集合体。所有这些活动都可以用一个价值链来表明。"在这一理论中,波特将企业内部的业务分为基础作业和辅助作业两类,前者包括进货后勤、生产经营、出货后勤、市场营销、售后服务等业务类工作,后者则包括采购、技术开发、人力资源管理、企业基础设施等支撑性工作。这些相互紧密关联的工作构成了完整的业务流程,通过这一系列的作业过程,可以使组织成功地创造价值,因此它们构成了价值链。

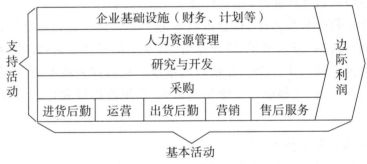

图 2-4 波特的企业价值链模型

来源:〔美〕迈克尔·波特:《竞争优势》,陈小悦译,华夏出版社 1997 年版,第 37 页。

波特的企业价值链理论被认为是传统意义上的价值链,仅关注于单个企业内部的价值活动。后来,约翰·尚克(John Shank)和维贾伊·戈文达拉扬(Vijay Govindarajan)将价值链扩展至整个行业乃至竞争对手,认为任何企业都应当将自身的价值链放入整个行业的价值链中去考察,企业必须对居于价值链相同或相近位置的竞争者进行科学的价值链分析,通过比较发现自身的优势与不足,从而更有针对性地选择适合组织自身的竞争性战略。

价值链分析技术来源于战略管理的方法体系,是一种战略性的分析工具。价值链分析是从组织战略成本管理的层面,研究组织作业发生成本与其价值活动的共生关系,强调作业之间的密切联系。立足于组织价值链,不但分析组织内部价值,还注重分析竞争对手价值链和组织所处行业的价值链。通过组织内部价值链的分析,可以确认组织的价值活动有哪些、处于什么样的分布状态以及其在整个行业价值链中的位置。

价值链各环节的价值贡献可以通过定量的方法进行考察,所得的结果与组织绩效呈现显著的正相关关系。以此为基准,组织可以进行内部的战略成本控制,从而提高自身的竞争优势。利用行业价值链分析,组织可以决定是否需要实施纵向整合战略,通过对供应商和购买商的并购或建立战略联盟来降低成本,以实现竞争优势。

传统的人力资源管理发生在企业内部,由于企业的边界范围如今已变得更加模糊,更具有渗透性,现代人力资源管理应当摆脱封闭的管理模式,其服务对象应当顺着价值链进行延伸。现代竞争不仅是单个企业间的竞争,而且是价值链之间的竞争,而价值链的竞争关键在于人才价值链的竞争。因此,企业不仅要注重内部人力资源的开发、整合,而且要着眼于整个价值链上的合作伙伴,从而提升自身的人力资源质量。

2. 关键绩效指标分析技术

关键绩效指标分析技术是指通过对工作绩效特征的分析,提炼出最能代表组织绩效的若干关键指标,并以此为基础进行绩效考评的模式。绩效考评指标必须是衡量组织战略实施效果的指标,其目的是建立一种机制,将组织战略转化为组织的内部过程和活动,以不断增强组织的核心竞争力,并持续地取得高效益。

确定关键绩效指标必须遵循 SMART 原则:S(specific)指绩效指标要切中特定的工作目标,不能笼统;M(measurable)指绩效指标是数量化或行为化的,验证这些绩效指标的数据或信息是可以获得的;A(attainable)指绩效指标在付出努力的情况下可以实现,避免设立过高或过低的目标;R(realistic)指绩效指标是实实在在的,是可以证明和观察得到的;T(time bound)指注重完成绩效指标的特定期限。

3. 组织气氛分析技术

组织气氛是指在特定环境下工作的感觉,是工作场所的氛围,它是一个复杂的综合体,包括影响个人和群体行为模式的规范、价值观、期望、政策、流程等。简而言之,就是人们工作时的感觉。

组织气氛并不是组织绩效的直接内容,但它却是组织绩效的心理考核尺度,是对组织管理效果的检验。世界各国的管理实践均表明,组织气氛对组织绩效有着重要影响,它是组织持续发展的动力源泉,组织气氛的作用在短期内似乎看不出什么,但在关键时刻或者以长远眼光来看,它对组织绩效有着举足轻重的作用。

4."A记分"绩效分析技术

"A记分"绩效分析技术是指将定性指标量化表示的一种主观组织绩效评价技术。这种技术将与组织绩效有关的各种现象或标志性因素列举出来,根据它们对组织绩效的影响大小进行赋值,然后将一个组织的所有数据或记分加起来,就可以知道该组织的绩效状况。

"A记分"绩效分析技术选用17个指标进行赋值。这些指标分别是:组织管理活动不深入、管理技能不全面、被动的经理班子、财务经理不够强、无过程预算控制、无现金开支计划、无成本监督系统、董事长兼任总经理、总经理独断专行、应变能力太低、高杠杆负债经营、缺乏控制生意成本的意识、过大风险项目、危急财务信号、被迫编造假账、经营秩序混乱、管理停止,总分为100分,每一个项目只记零分或满分,不能记折扣分。25分为警戒线,如果组织得分超过25分,表示组织处于绩效高风险区域;而在离25分较远的0~18分之间,组织处于绩效风险安全区域;18~25分则为警戒区。

"A记分"绩效分析技术是在假设组织的风险危机来源于组织高级管理层的前提下,对组织管理进行评分,因此只适用于由于管理层失误造成的风险,对其他原因造成的风险没有预警与评价作用。

5. 战略目标分析技术

战略目标分析技术是指以组织战略作为组织绩效水平考量的一种绩效分析技术。战略目标一方面是对企业战略经营活动预期取得的主要成果的期望值,包括获利目标、发展目标及未来蓝图,另一方面亦是企业文化中企业目的、企业使命的深入阐述与规定。

战略目标具有宏观性、长期性、相对稳定性、全面性和可分性的特点。战略目标的设定是对组织目标的具体化,对战略目标进行分析,能够有效地避免组织对绩效的评定局限于个人,避免"只观一叶,不见全局"的弊端。

战略目标分析技术的实施分为四个时段:

(1)发动阶段:在这个时期,应当根据组织特点及发展规划,充分拉动上下级的互动,拟定战略目标;

(2)计划阶段:将目标分解为具体可实现的目标,化大为小,化

繁为简;

(3) 运作阶段:各部门合作,共同努力,力求实现目标;

(4) 评估阶段:回溯工作过程,分析工作结果,以此为依据,进行组织绩效评估。

6. 价值树分析技术

价值树分析技术是指通过价值树模型分析组织绩效水平的一种绩效分析技术。其中,价值树模型是在指标之间寻找对应的逻辑关系,在价值树模型图上分别列出公司的战略目标、对应的关键绩效指标模型以及驱动这些指标的关键驱动流程。

应用价值树分析技术,可以将困难的组织目标分解为不同的流程驱动,将关键的业务流程提取出来,将责任明确到涉及的部门,既有利于部门之间的合作,又能够通过部门的明确分工保证部门的效率。

7. 标杆超越绩效分析技术

标杆超越绩效分析技术是指组织将自身的关键绩效行为以最强的竞争组织或那些在行业中领先的、最有名望的组织的关键行为作为基准进行考核与比较,分析这些基准组织的绩效形成的原因并在此基础上确定组织自身可持续发展的关键绩效标准和绩效改进的最优策略。

实施标杆超越绩效分析技术的第一步,是要进行计划,确认对哪个流程进行标杆超越分析,确定用于作比较的公司,决定收集资料的方法并予以实施;第二步是分析,确定自己目前的做法与优秀做法之间的绩效差异,拟定未来的绩效水准;第三步是整合,就标杆管理过程中的发现进行交流并获得认同,确定部门目标;第四步是行动,制订行动计划,实施明确的行动并监测进展情况;第五步是完成,在这个时候,组织已处于领先地位,此时需要全面整合各种资源,并调校标杆。

三、团队绩效分析技术

团队是一种比较新型的组织形式,它是指两个或两个以上相互作用、相互依赖的成员,为了实现特定的目标而采取积极配合、技能互补,进而实现整体绩效最大化的一种群体。

团队通常包括以下几种类型:一是生产/服务型,这类团队主要从事例行工作以保证流程正常运转,如生产线上的加工小组、飞机上的乘务小组;二是行动/谈判型,这类团队执行的任务通常是复杂而不可预测的,要求团队成员具备相应的专长,如外科手术小组、军事战斗小组;三是项目/开发型,这类团队倾向于由高技能的专业人士组成,是一个不分年龄的专家混合体,如为设计某新型汽车而组成的团队;四是建议/顾问型,这类团队为组织提建议或辅助组织决策,亦包括专业咨询团队,如组织的高层管理、财务计划小组。

团队工作方式目前在许多组织得到倡导并付诸实现,但是团队的绩效分析体系并没有完全适应这种新的工作方式。用传统绩效分析技术分析团队绩效,存在两方面缺陷:第一,传统绩效分析技术重视以往的工作绩效,忽视对未来绩效改进的引导,更多地把绩效分析和评价作为一种兑现奖惩的"测量手段",而不是作为一种改进绩效的"管理手段";第二,传统绩效分析建立在个人绩效的基础上,报酬与个人绩效考核紧密相关,这与团队工作方式的要求不相适应,在这种制度下,可能会削弱团队运作的动力基础。

为了克服这两个方面的缺陷,团队绩效分析的重点应该发生转移和调整:一方面是由过去导向转变为未来导向,重视员工对团队的长期价值;另一方面是由强调每个团队成员的个人绩效转变为个人绩效与团队绩效并重。此外,在评价要素中应当增加团队导向的内容,引导成员追求"团队产出"最大化。

管理实践表明,团队成功最优价值的行为有7种:(1)支持行为,即团队成员之间寻求、提供协助和支持;(2)沟通行为,即团队成员准确及时地交换信息;(3)协调行为,即团队成员根据团队绩效的要求整合个人行动;(4)反馈行为,即团队成员之间根据他人的绩效结果整合个人行动;(5)监控行为,即团队成员观察他人的行动,在必要的时候提供反馈和支持;(6)团队领导行为,即对团队成员的组织、指导和支持;(7)团队认同行为,即团队成员对团队规则、默契、凝聚、文化的认同和支持。

团队绩效分析对于"团队行为"的强调,在深层次上是对"个人绩效"的重新定义,传统观点中与自己的工作不直接相关的行为和工作产出(主要是"团队行为")也成为"个人绩效"的一部分。

因此,对不同类型的团队进行绩效分析的重点也有所不同。既要考虑团队层面的分析,也要考虑个体层面的分析;既要考虑对工作过程的分析,也要考虑对工作结果的分析;既要有管理层分析,也要有相应业务伙伴分析。

一般来说,团队绩效分析技术包括团队气氛调查技术、绩效分析表技术等。

（一）团队气氛调查技术

1990年韦斯特建立了一种改革组织风气的理论模型,这一理论模型成了团队气候调查模型。韦斯特模型确定了四种对组织革新至关重要的因素——积极参与、对创新的支持、宗旨导向和任务导向作为团队气氛调查的标准。另外,社会满意度作为第五种因素也包括在内,每一个标准又进一步划分为次标准,以对团队工作风气的不同方面进行分析。

团队气氛调查技术经过了严格的可靠性、有效性和一系列应用研究。该技术被实践证明非常实用,还可以跨组织文化使用,广泛应用于对团队的分析测评。它的优势在于,是彻底研究和测验过的理论,其数据是在不同范围、不同环境中收集得到的,具有可靠性和有效性。

（二）绩效分析表技术

团队绩效分析可以采用绩效分析表分析技术。首先确定团队绩效分析的各种要素,然后对各种分析要素赋予相应的权重,最后构建分析表,对团队绩效进行分析,其中如何确定团队绩效分析要素是关键点,同时也是难点。

团队绩效分析要素的确定通常可以采用以下四种方法。

（1）客户关系图法。客户就是那些需要团队为其提供产品或服务的人,可以是组织内部的同事,更多的是组织外部的顾客。客户关系图能够显示出团队内外客户的类型、客户需要从团队获得的产品或服务。该图完成时,就可以显示出团队与客户之间的"连接"。当团队的存在主要是为了满足顾客需求时,用客户关系图法确定团队绩效分析要素是最理想的,团队必须要考虑客户对自己的需求,客户的需求是团队绩效分析要素的主要来源。

（2）组织绩效目标法。组织绩效目标法最适用于那些为改进组织绩效而组建的团队。组织的绩效目标体现为在压缩运转周期、降低生产成本、增加销售额、提高客户满意度等方面。通过以下步骤可以确定能够促进组织目标实现的团队业绩:首先,界定几项团队可以影响的组织绩效目标;其次,如果团队能够影响这些组织绩效目标,那么接下来回答这样一个问题:团队要做出什么样的业绩才能有助于组织达到其目标;最后,把这些成果作为分析维度并添加到绩效分析表内。

（3）绩效金字塔法。绩效金字塔的出发点是要明确绩效的层次,组织必须选择那些能够把团队和组织目标紧密联系起来的绩效要素。只有把团队绩效和组织绩效紧密联系起来,才能保证团队的成功对整个组织有利。绩效金字塔法可以通过回答以下有关工作成果的问题来实施:整个组织的宗旨或功能是什么?组织要创建什么样的绩效?需要什么因素来产生组织绩效?在这些绩效中,哪几项是团队负责创建的?如果创建的绩效金字塔是为整个组织而建立的,那么金字塔内只有某些部分才是团队需要负责的。通过对金字塔的分析,团队可以确定自己应当负责的部分。

(4)工作流程图法。工作流程图即描述工作流程的示意图。工作流程贯穿于各部门之间,是向客户提供产品或服务的一系列步骤。用工作流程图来计划工作流程并把它作为确定团队业绩分析要素的工具有几点好处:一是把质量与流程改良计划和绩效管理联系起来;二是那些有清晰工作流程的团队能够对它们在工作流程方面的有效性进行评估;三是有助于简化和重新设计流程,从而形成更好的工作流程。工作流程图有三个分析要素:向客户提供的最终产品;整个团队应负责的重要工作移交;整个团队应负责的重要的工作步骤。

总之,当客户满意度是团队的主要驱动力时,最常用的绩效分析方法是客户关系图法;当重要的组织绩效目标必须得到团队的支持时,最常用的方法是组织绩效目标法;当团队和组织之间的联系很重要,但团队和组织之间的关系却不甚明了时,最常用的方法是绩效金字塔法;当团队的工作具有清晰的工作流程时,最常用的是工作流程图法。

复习思考题

1. 坎贝尔等人对绩效划分的八个维度是否全面?有哪些需要补充完善的地方?
2. 绩效结构由哪几部分组成?试述它们之间的关系。
3. 关于个人绩效有哪几种观点?各种观点之间有哪些区别与联系?
4. 组织绩效与个人绩效的影响因素分别有哪些?这两种绩效的影响因素有什么共性?

第三章

绩效考评与管理战略实施过程

本章学习目标提示

- 理解绩效考评战略与战略性绩效管理的相关概念
- 掌握绩效考评与管理的流程
- 掌握绩效考评与管理的相关方法与技术
- 掌握绩效考评技术的作用与意义

第一节 绩效考评战略与战略性绩效管理概述

一、战略管理与战略性人力资源管理

在近年的企业管理实践中,战略管理日益得到重视,企业战略贯穿在企业管理的各方面,在战略管理背景下审视企业的绩效管理具有全面、重要的意义。几乎同时,管理学领域的人力资源管理也在经历人事管理、人力资源管理两个阶段后,进入战略性人力资源管理的阶段。

(一)战略管理

战略管理的思想源远流长。"战略"(strategos,希腊语)一词最早来源于军事原理,意思是"将军指挥军队的艺术"。《韦氏新英语大辞典》将"战略"定义为"谋略的巧妙运用和协调"以及"艺术性的规划和管理"。[①] 1965年美国的安索夫(H. L. Ansoff)发表《企业战

---

① 方振邦、冉景亮编著:《绩效管理(第2版)》,科学出版社2016年版,第15页。

略论》(Corporate Strategy),在管理学史上第一次提出"战略管理"的概念。① 随着学者们对企业战略理论的研究不断深入,其内涵不断丰富和完善,战略管理得到越来越广泛的应用,有效地指导企业的经营管理实践并取得了显著效果。在我国,战略管理曾长期受到忽视。改革开放以来,立足于我国企业战略管理实践的发展与需求,我国的战略管理理论研究迅速成长起来,并再次应用于企业管理实践。

组织通过开展绩效管理以实现组织的战略目标,战略性绩效管理旨在组织战略的指引下对绩效体系进行科学全面和系统的计划、监控、评价与改进,实现管理所追求的效果和效率两方面目标的持续提升。同时,战略性绩效管理还注重组织绩效、部门绩效和个人绩效的协同性和导向性,强调系统性、精细化的管理活动,通过全面提升各层次绩效,最终达成组织的战略目标。

(二)战略性人力资源管理

20世纪80年代,传统人力资源管理的局限性越来越明显,战略性人力资源管理(Strategic Human Resource Management,SHRM)逐渐产生并兴起。美国学者沃克(Walker)第一次从理论角度深入阐述了如何更好地实现人力资源管理机制与组织战略同步,提出将战略规划与人力资源规划结合起来的思想,这被认为是战略性人力资源管理理论的萌芽。

与传统人力资源管理相比,战略性人力资源管理在理论和实践方面都具有创新性。战略性人力资源管理的理念是以战略性为导向来实施人力资源管理,从而为组织提供更持续的竞争优势。战略性是其最本质特征,在此体系下,组织的所有人力资源管理活动都必须围绕组织战略的实现,人力资源管理与组织战略密切结合起来,注重从人力资源角度构建组织的核心竞争力,更加关注影响组织长期发展的战略性因素。同时,人力资源被视为一种战略性资源,人力资源管理在组织发展中的地位上升,其工作重心也转移到战略性工作上来。

战略性绩效管理是战略性人力资源管理体系的核心环节,全面深入理解战略性人力资源管理及其系统模型的构成,对于理解战略性绩效管理具有重要作用。同时,将战略性绩效管理置于战略性人

---

① 金占明、杨鑫:《改革开放三十年:中国战略管理的理论与实践之路》,《清华大学学报(哲学社会科学版)》2008年S2期。

力资源管理系统之中,有利于更加深入地理解战略性绩效管理对战略性人力资源管理的重要意义,也有利于更加系统全面地理解组织如何通过人力资源管理赢得竞争优势。

二、战略性绩效管理

(一)战略性绩效管理的发展

绩效是组织的使命、核心价值观、愿景和战略的重要表现形式,是决定组织竞争成败和可持续发展的关键因素。如何利用科学的理论、工具和方法对绩效进行计划、监控、评价和反馈,不断提升绩效水平,以实现组织既定的战略目标,始终是管理学研究的重要课题。纵观百年管理思想史,不同时期的不同学术流派通过不同的研究假设、观察和分析问题的视角来探索改善组织绩效、提升绩效水平。

19世纪初期,罗伯特·欧文(Robert Owen)在苏格兰进行了最早的绩效管理实验,将工人的工作绩效分为恶劣、懒惰、良好、优质四个等级,并分别以黑、蓝、黄、白四色的木块表示。部门主管根据工人面前的木块进行考核,厂长则根据部门主管的表现对之进行考核。为保障考核的公正,关于每个工人的行为表现的记录对所有人公开,且厂长需要听取任何人对于相关规章制度的意见,工人有对于不公正的申诉权。欧文开创了企业进行绩效考核的先河,然而其实验在当时并没有得到足够的重视。

20世纪早期以泰勒为代表的科学管理学派秉承亚当·斯密的"经济人"假设和大卫·李嘉图的"群氓假设",认为人是一群无组织的利己主义的个体的集合,提高绩效主要依靠工作标准化和培养"第一流的工人"来实现。之后,人际关系学派和行为科学学派基于梅奥的"社会人"假设研究,对个体的社会性需求、非正式组织的影响以及管理者的领导能力等方面进行了系统分析,对于人的心理因素对绩效的影响有了更深的认识。

20世纪50年代,德鲁克综合科学管理学派和行为科学学派的研究成果,提出了著名的目标管理思想。目标管理强调员工参与目标制定和对员工意愿的充分尊重,以激发其内在动力。目标管理理论越来越成为一种卓越的管理工具,从目标制定、目标完成到目标评价、绩效反馈,以工作成果作为评定目标完成程度和管理工作绩效的重要标准,为绩效管理做出重要贡献。

20世纪50年代后,激励理论、领导理论、权变理论、战略管理理论等研究使个体绩效的影响因素呈现出多层次、多维度和动态性等特征,并且与组织战略密切联系起来。80年代产生的关键绩效指标(Key Performance Indicators,KPI)试图通过不同层级的绩效评价指标建立起组织战略与个人绩效的联系;90年代卡普兰和诺顿提出并发展的平衡计分卡(Balanced Score Card,BSC)理论体系,从绩效衡量转向战略实施,逐步建立起全面、科学、系统的战略性绩效管理。① 管理者在强调实现战略目标是绩效管理系统的最高目标、战略性是绩效管理的首要特性方面取得了共识。

从总体上看,正是由于传统的绩效衡量模式暴露出诸多弊病,20世纪后期的管理实践不断朝着多方面的、科学的绩效管理模式发展,越来越多地重视起企业战略等非财务要素的评价,将绩效管理与组织战略紧密结合起来。目前,绩效管理已经发展到战略性绩效管理的阶段。

(二)战略性绩效管理的内涵

战略性绩效管理(Strategic Performance Management)是指组织及其管理者在组织的使命、核心价值观的指引下,为达成愿景和战略目标而进行的绩效管理系统,包括绩效计划、绩效监控、绩效评价以及绩效反馈的整个过程。战略性绩效管理的目的是确保组织成员的工作行为和工作结果与组织期望的目标保持一致,通过持续提升个人、部门以及组织的绩效水平,最终实现组织的战略目标。

实行战略性绩效管理,一方面强调组织战略在绩效管理中的重要性及其落实,另一方面也要在实施过程中避免传统绩效管理常见的误区。战略性绩效管理作为一种新的管理思想和系统,渗入管理实践的方方面面,组织的战略目标是战略性绩效管理的最终目标,组织使命和价值观指引着绩效管理实践的工作,企业的战略和愿景也需要通过绩效管理系统来执行。在强调战略与绩效结合的同时,战略性绩效管理也是由绩效计划、监控、评价及反馈等环节构成的完整循环系统,关注对组织、部门、个人等层次绩效的全面管理,将全体员工纳入绩效管理系统之中,而并非仅仅限于人力资源部门管理者。因此,战略性绩效管理在管理学界和企业中受到越来越多的重视。

---

① 方振邦编著:《战略性绩效管理(第四版)》,中国人民大学出版社2014年版,第8页。

（三）战略性绩效管理的目的

战略性绩效管理的目的是设计战略性绩效管理系统的出发点，是检验一个组织绩效管理系统设计和实施是否有效的重要指标，一切绩效管理活动都是围绕着企业的战略目的而展开。战略性绩效管理的目的可细分为战略目的和管理目的两个层面。两方面目的都实现才能确保组织实行的绩效管理活动的科学、有效和合理。

1. 战略目的

绩效管理与组织的战略密切相关，组织战略的实现离不开绩效管理系统，绩效管理也必须与组织的战略目标密切联系。战略性绩效管理系统将员工具体的工作活动与组织的战略目标联系起来，采用先进的管理工具如关键绩效指标、平衡计分卡等，把组织、部门和个人的绩效紧密联系在一起，在提高员工个人绩效的同时促进组织整体绩效的提升，从而确保组织战略的实现。战略性绩效管理在明确组织战略的基础上，将战略目标逐步分解、落实到部门和员工个人，制定相应的绩效评价指标体系，设计相应的绩效评价和反馈系统，打造企业和员工的竞争优势，以促进组织战略的实现。

2. 管理目的

组织管理离不开及时、准确的绩效信息，组织进行招募、培训、薪酬、晋升等人力资源管理活动都以绩效评价结果为重要依据。因此，战略性绩效管理需通过监控和评价组织、部门和员工的绩效表现来引导员工不断提高自身的工作绩效，并最大限度地实现组织目标。同时，管理者通过绩效管理发现员工的不足之处后，不仅可以及时指出，还要帮助员工找出影响员工个人绩效的原因，对其进行有针对性的培训，更有效地帮助员工提高知识、技能和素质，促进员工个人的发展和企业组织绩效管理潜力的进一步开发。

（四）战略性绩效管理的特点

传统的企业内部绩效评价和管理主要针对组织财务绩效的衡量、个体绩效标准及其影响因素，这种基于工作结果评价、重视短期绩效且尤以财务指标为主的模式在一定时期内能显著发挥效用，但随着时代的发展，无形的资源对企业核心竞争力的影响日益重要，这种模式的弊端不断显现。（1）该模式存在较大的滞后性。企业生存的市场环境处于不断变化之中，企业运营和发展也需要不断创新求变。传统的财务会计式的绩效衡量模式,考核与工作脱轨,考核指标单一,不适应企业运营的实时监控和及时调整。(2)该模式存在较大的封闭性。企业的运营和发展与其生存的外部市场环境息息相关,时刻受其影响。传统的绩效衡量模式局限于企业内部运作结果的考核,忽视了外部市场环境等因素。(3)该模式存在较大的局限性,缺乏战略眼光。传统的绩效衡量模式主要以会计信息为依据、以财务指标为主体,过分看重企业短期的财务数据,忽视了企业制定的长期发展战略,造成企业及员工在发展上的急功近利,员工工作和绩效与企业战略严重脱节。随着市场环境的变化,企业在日趋无形化、智力化的经营环境中,应致力于在先进技术、市场声誉和人力资源等方面做好开发和积累工作。

与传统的绩效管理所存在的低效、不合理之处相比,战略性绩效管理具有诸多特点,更能鲜明地体现出其在企业管理中的独特作用。

1. 强化战略性

战略性是指组织绩效管理系统在纵向上确保各个层次的绩效能形成一个有机整体,最大限度地助推组织战略目标的实现。战略性绩效管理系统涉及战略执行中与组织绩效相关的方方面面。该系统首先应体现组织对战略的全面谋划,通过战略性绩效管理使整个组织管理系统与组织战略保持高度一致,确保绩效管理系统伴随组织战略的调整而调整,确保个人绩效目标能够与组织和部门的战略目标紧密结合。

2. 重视协同性

协同性是指通过战略性绩效管理系统实现组织、业务部门、支持部门、外部合作伙伴的全面协同,促进竞争优势的形成。战略性绩效管理的协同性重点关注组织与业务部门之间的纵向协同、业务部门之间以及业务部门与支持部门之间的横向协同、组织与外部合作伙伴的协同,形成全方位、多维度的协同体系,最终服务于组织战略目标的实现。在信息化、网络化、全球化的市场竞争中,强调协同的战略性绩效管理越来越重要。

3. 关注公平性

公平性是指在战略性绩效管理系统的设计和执行过程中,应注重绩效管理的程序、结果以及人际公平,确保企业整体对绩效管理系统的理解和支持。战略性绩效管理在公平地处理各种关系的过程中推动组织持续发展,即员工对绩效评价指标、程序以及评价结果与薪酬联系享有绝对的公平。

4. 兼顾差异性

差异性是指不同组织、部门以及个人的绩效有其独特性,在将之与企业战略结合的时候也应适当地灵活。因此,为了更好地帮助企业获得竞争优势,在实行战略性绩效管理系统时要兼顾差异性。不同组织选择的绩效评价系统不同,不同部门的评价也不能采用同一量表,个人绩效的评价更是需要针对特定的岗位和工作任务进行评价。

(五)战略性绩效管理体系及其战略导向

1. 战略性绩效管理体系

管理者在进行战略性绩效管理时,同样需要遵循绩效计划、绩效监控、绩效评价和绩效反馈四个环节。区别于传统的绩效管理体系,战略性绩效管理在强调战略导向、将组织战略逐层分解到部门和个人的工作绩效的同时,还强调保障在实施过程中,各环节都能完整、准确地被执行,评价内容、主体、周期、方法以及结果运用等关键点被全面把握,使组织得以全面、系统、有序地推进战略性绩效管理。

(1)绩效计划。

绩效计划(Performance Planning)是指在战略性绩效管理实行的新的绩效周期开始,管理者和下属依据组织的战略规划和年度工作计划,通过绩效计划面谈,共同确定组织、部门以及个人的工作任务,并签订绩效目标协议的过程。在绩效计划制订过程中,需要尽可能地做到全员参与,就该绩效周期的主要工作目的及意义、内容及职责、工作阶段及方法等问题进行充分的协商,使管理者和员工就如何实现预期绩效达成一致。同时还应注意的是,绩效计划制订之后并不是一成不变的,在计划实施过程中往往需要根据实际情况及时修正或调整绩效计划,以更好地服务于组织战略目标实现这一最终目的。

(2)绩效监控。

绩效监控(Performance Monitoring)是指在绩效计划实施过程中,管理者和下属通过持续的绩效沟通,采取有效的监控方式对员工的行为及绩效目标的实施情况进行监控,及时提供必要的工作指导与支持。绩效监控是连接绩效计划和绩效评价的中间环节,是落实计划、获得绩效的关键性步骤。因此,在绩效监控的过程中,要求管理者就绩效的实施与员工保持有效的沟通,了解员工的工作情况,预防并及时解决过程中可能会遇到的各种问题,帮助其更好地完成绩效计划。战略性绩效管理的绩效监控充分意识到绩效计划不仅是员工知晓后自觉执行,而且与管理者的监控密切相关。管理者与员工之间的沟通对于指导和帮助员工不断提高工作绩效、确保个人和组织绩效目标的顺利完成有显著作用。

(3) 绩效评价。

绩效评价(Performance Appraisal)是指根据绩效目标协议所定的评价周期和评价标准,由绩效管理主管部门选定的评价主体,采用有效的评价方法对组织、部门及个人的绩效目标完成情况进行评价的过程。绩效评价具有较高的技术性要求,是战略性绩效管理过程中的核心环节;同时也涉及评价主体、评价周期以及评价方法等内容,能够推进组织战略的实现。评价主体是指对员工绩效做出评价的人,选择正确的评价主体,确保评价主体与评价内容相匹配对于战略性绩效管理十分重要。一般来说,评价主体分为组织内部的评价者(包括上级、同级和下级)和组织外部的评价者(包括合作对象、顾客等)。评价周期的设置也应综合考虑,过长或过短都不适宜,要根据管理实际和工作需要,合理确定适当的绩效评价周期。除此之外,正确地选择绩效评价方法对于客观、公正地完成绩效管理有重要意义。每种方法各具特点,组织应根据具体的评价指标及其特点来选择,同时兼顾设计、实施成本以及误差等因素。

(4) 绩效反馈。

绩效反馈(Performance Feedback)是指管理者在绩效评价结束后将评价结果反馈给员工,通过面谈等方式分析影响绩效的原因,共同探索提高绩效方法的过程。绩效反馈虽然是一个绩效管理周期的结果环节,但在绩效管理中具有重要作用。绩效反馈不仅仅是得出对员工绩效评价的等级结果。通过绩效反馈,员工能更了解管理者对自己的评价和期望,不断改正自己的行为。同时,管理者也能增强对员工的了解,并对员工的绩效水平和存在问题有针对性地提供指导,从而提高员工的工作绩效,确保员工的工作行为和工作产出与组织目标保持一致,助力组织战略绩效目标的实现。

2. 战略性绩效管理的战略导向

战略性绩效管理以企业战略为导向,围绕其进行全面谋划,与战略执行和组织绩效相关的各方面都囊括在战略性绩效管理的范围之内。通过战略性绩效管理,能够从纵向上确保企业、部门、个人层次的绩效形成有机整体,在与组织战略保持高度一致的基础上,能够随由外部市场环境等引起的组织战略变化而变化,进而最大限度地保障组织战略目标的实现。

战略性绩效管理的战略性眼光也正是传统绩效管理系统所欠缺的。美国复兴方案国际顾问公司(Renaissance Solutions Inc.)和CEO杂志社对数百家实施绩效管理的企业进行调查分析的结果表明,绩效管理失败的主要原因在于企业的绩效管理是围绕年度预算和运营计划进行的,鼓励的是短期的、局部的行为,忽视了企业长期的发展战略和整体绩效的提升。[1] 由此可以看出,在现代市场经济的激烈竞争中,企业实行绩效管理要严格服从于组织战略,从组织战略出发进行的绩效管理更具有生命力和发展潜力,也更能随时根据组织战略的变化进行及时调整,达到组织绩效系统和战略发展保持动态一致。

战略性绩效管理在组织管理中越来越占据主导权,一方面是因为其重视组织战略,强调绩效管理系统的战略导向和灵活服务战略的方针;另一方面,战略性绩效管理坚持完善绩效计划、绩效监控、绩效评价、绩效反馈各个环节,将战略分解、细化到绩效管理的每一项工作中,进一步打造现代高效、科学的绩效管理体系。因此,战略性绩效管理系统是联系组织战略和企业运营的科学、全面、完整的体系。

三、绩效考评战略

(一)绩效考评与绩效管理

在管理领域,绩效考评和绩效管理这两个概念在很多时候都很容易被混用,但其实两者之间既有联系,也相互区别。

从定义上看,绩效考评是指在考评周期结束时,根据收集到的信息,选择相应的考评主体和考评方法,对员工或团队绩效目标的完成情况做出评价;绩效管理是指为了达成组织目标,通过系统思考、持续沟通与改进,推动团队或个人目标达成,形成组织所期望的利益和产出的过程。绩效考评可以说是企业一种控制员工的手段,而绩效管理旨在改善员工的工作绩效并最终提升组织、企业的绩效。从定

---

[1] 方振邦编著:《战略性绩效管理(第四版)》,中国人民大学出版社2014年版,第11页。

义上也可以说明，绩效管理和绩效考评是包含与被包含的关系：绩效管理是一个系统，而绩效考评则是系统中的一个组成部分。

（二）绩效考评的现状与问题

绩效考评是企业对员工工作进行考察、评价的方式之一，良好的绩效考评有助于企业管理者对员工工作的各方面进行较完整、有效的评价，持续提升个人、部门、组织绩效，实现组织战略。因此，随着市场经济的不断发展，绩效考评作为绩效管理乃至企业管理中的重要环节，受到企业家们越来越多的重视，绩效考评一时在企业管理中风生水起。但从绩效考评的实际施行来看，虽然取得了一定的成绩和进步，但还不足以适应企业市场发展的需求，存在一些问题。

1. 认识和理解上的片面性

目前，很多企业认为绩效考评仅仅是对员工工作表现的一种打分和评价体系，企业管理者和员工均未对绩效考评给予足够的重视，在企业内部实施绩效考评基本上只是人力资源部门的例常工作，在实际工作中绩效考评的观念并没有融入员工的思想意识中。因此，在实施的过程中，大多企业僵化地将绩效考评作为一种指标、数据体系来进行。

2. 脱离企业的战略管理

企业战略管理是企业面向未来制订的一系列工作计划和实施要求。很多企业在实行绩效考评的时候仅仅停留在考评层面，考评的主体也仅限于人力资源部门，并没有将绩效考评与企业的发展相结合。因此，绩效考评非但不能助力企业战略的实施，有效完善和发展企业管理，反而会容易出现考评与企业发展相悖的结果。

3. 忽视配套的工作分析

工作分析是企业各岗位和员工负责人的分配和具体实施要求。很多企业在岗位要求和员工职能匹配上重视不够，致使不同岗位的工作内容存在交叉，工作负责人职责混乱，给企业的绩效考评管理的实施增加了一定的难度，以致在绩效考评的过程中容易出现考核漏洞，导致考核结果不全面。

4. 考核标准不一，评价欠缺客观

绩效考评的实施需要事先设计好完善的评价指标体系，考核者需在对评价标准、方法等十分熟悉的基础上客观地主持考核工作，以避免因为主观因素使考核过程中出现偏差和不公平。

(三)绩效考评的战略性

对于绩效考评,在管理学领域曾存在很大的争议。持反对意见的人认为绩效考评缺乏客观依据、难以确定考核指标,且受到诸多无法控制的随机因素的影响,对组织有害无益。如著名管理专家、全面质量管理的先驱威廉·爱德华兹·戴明(William Edwards Deming)就将绩效考评视为管理的七大致命痼疾之一,认为应该彻底消除员工的绩效考评。而支持者认为绩效考评是一种控制工具,有利于评估、管理和纠正员工行为。劳埃德·拜厄斯(Llogd L. Byars)和莱斯利·鲁(Leslie W. Rue)认为绩效考评涉及对员工决定和表达如何执行其工作以及如何建立改善计划的过程,有助于员工未来的努力水平和任务指向。[①] 越来越多的研究事实也表明,组织中不同员工的绩效存在较大的差别,且随着工作内容复杂性的提高,员工个人绩效之间的差异也会增大,绩效考评有其存在的必要性和重要性。

近年来,学界和实践领域以实行绩效考评的企业绩效管理为研究对象,探究企业绩效考评的现状及存在问题的研究众多,下面我们将尝试从战略性角度提出一些改善的建议。

1. 加强绩效考核的宣传,树立正确的绩效考评观

绩效考评乃至绩效管理都不应仅仅是企业内人力资源管理部门的工作任务。绩效考评涉及工作绩效评价,影响企业及员工收益,进行绩效考评有其必要性,同时也具有一定的风险,因此在实行时,应当加强管理者和员工的双向沟通,使绩效考评真正成为能提高组织活力与绩效的强心剂。针对企业内部管理者和员工绩效考评意识淡薄的现象,企业应在工作中加强对管理者和员工的绩效考评观念及过程培训,实施既定绩效计划,选定绩效指标,落实考核过程,对考评方式和结果等保证公开,从根本上强化企业内部人员的绩效观念,提升个人和组织绩效。

2. 强化绩效考评的战略导向,明确其战略地位

绩效考评并不是要求员工在工作中失去自主意识,完全按照职位说明书和岗位职责等来履行义务,僵化地对其工作结果进行考评;而是通过战略目标的逐层分解、落实,将战略融入部门、员工绩效中,

---

① 杜旌:《绩效考评变革研究》,社会科学文献出版社2014年版,第4页。

使战略在帮助员工发展的同时,发挥规范管理流程和手段,提升管理者管理水平的重要作用。真正将绩效考评和绩效管理与企业整体发展战略结合起来,在企业的管理和发展中占据战略性地位。战略性绩效管理强调从战略角度进行全面系统的思考,战略目标的实施需要通过组织、部门管理体系落实到员工个人。

3. 完善与绩效考评相关的工作分析

清晰明确的工作分析是实施绩效考评的重要前提,明确工作职能和岗位责任制度能在很大程度上提高企业绩效考核的标准化程度,有助于获得更加全面、完善的工作绩效反馈。反之,对于组织内的部门和岗位未进行具体的工作分析就直接推行绩效管理和绩效考评,往往会由于岗位职责不明确、工作结果未指标化和量化而遇到阻碍,影响推行效果。因此,战略性绩效管理要求在实施绩效考评之前进行充分的工作分析,厘清企业的岗位类型及职责,为更好地实行绩效管理奠定基础。

4. 重视绩效管理体系,发挥整体性优势

绩效考评是绩效管理体系的重要环节,但并非唯一环节,整个绩效管理体系由绩效计划、绩效监控、绩效考评、绩效反馈四个环节组成。在绩效考评的实施过程中,仍需不断完善和健全根据企业战略建立的考核标准,确保考评指标与相关岗位职责匹配,同时管理者和员工对具体考评十分了解。除绩效考评环节之外,在绩效反馈等环节也应注意全面性和有效性,采用科学的方法,客观地进行绩效管理,发挥战略性绩效管理体系的整体性优势,促进企业绩效的提高。

四、小结

从战略管理思想的产生到进入战略性人力资源管理阶段,再到战略性绩效管理和绩效考评战略的发展,不可忽视的是,"战略"一词显著地出现在管理学理论研究和企业管理之中,并发挥着越来越重要的作用。

不同于一般的管理,战略管理是指在已有发展战略的指导下,由组织中的部分机构承担,关注对已有资源的有效管理。[①] 战略管理是管理的前提,关注可能影响整个企业发展的复杂问题,通过对组织内外环境的分析研究,集组织智慧确定战略方向,制定并执行有助于

---

① 方振邦、孙一平编著:《绩效管理》,科学出版社2010年版,第25页。

实现目标的战略,对生产经营活动实行总体性管理。战略性人力资源管理与战略管理一体联动,有着持续、直接的联系。战略的执行离不开人力资源,人力资源在战略的制定和执行中的作用越来越大。战略性人力资源管理将注意力集中于组织战略的发展,提高组织和员工绩效,使企业获得持续的竞争优势,形成组织的战略能力。

在战略性人力资源管理阶段,卓越的绩效管理也离不开组织战略,战略性绩效管理应运而生。战略性绩效管理强调将公司的整体战略目标与企业员工的个人绩效结合起来,通过制定每一个员工的绩效目标,使企业战略、岗位、员工合为一体,赋予每一位员工战略任务。战略性绩效管理通过科学的绩效管理体系来落实员工绩效的提高,从而促进组织的整体绩效,以实现组织既定的发展战略。作为战略性绩效管理体系中的重要环节,绩效考评在企业管理中的重要性同样不容忽视。以战略为导向的绩效考评很好地适应了战略性绩效管理的理念。传统的绩效考评观念过于僵化,企业的管理者和员工对其的理解都有所偏差。绩效考评不单单是人力资源管理部门对员工的工作结果进行考察和评价,绩效考评是战略性绩效管理体系中的重要环节,也具有战略导向。有效的绩效考评首先会获得企业上下的理解和支持,考评过程也在企业各部门的配合中高效完成。同时,考评不止于短周期内的评价结果,还应放眼于组织的长期发展。管理者和员工应在考评计划、程序、结果等过程中保持充分的沟通,才能真正发挥绩效考评的战略导向作用,实现战略性绩效管理所追求的组织战略,提升企业的整体绩效和管理水平。

可以看出,管理学领域的下一个热潮将是战略的浪潮。

第二节 绩效考评与管理流程

一、国内外研究概述

自20世纪70年代"绩效管理"的概念被提出以来,绩效管理理论形成并逐渐发展。在此过程中,学者们认识到绩效管理是一个完整的系统,它将员工绩效和组织绩效融合在一起,最终管理目标是实现组织的绩效目标,从而进一步服务于组织的战略规划和远景目标。绩效管理的系统性使得学者们对绩效管理流程的研究也逐渐重视起来,提出了很多不同的观点。

（一）绩效管理的系统性

绩效管理的系统性是指绩效管理是一种管理手段或方法，它体现管理的主要职能，即计划、组织、指导、协调、控制。因此，我们必须系统地看待绩效管理。① 在绩效管理思想发展的过程中，学者们对于绩效管理系统是管理组织绩效的系统还是管理员工绩效的系统的认识存在分歧，主要表现为以下三种观点：

（1）绩效管理系统是管理组织绩效的系统。代表学者是英国学者罗杰斯和布雷德鲁普，他们认为绩效管理系统的核心在于决定组织战略。这种观点所构想的绩效管理系统更像是战略或事业计划，个体员工在工作过程中虽然会受到技术、结构、作业系统等变革的影响，但这些并不是绩效管理所考虑的主要对象。

（2）绩效管理系统是管理员工绩效的系统。代表学者是艾恩斯沃斯、史密斯和奎因等人，他们认为绩效管理是管理员工个体绩效的过程，绩效管理应该以员工为中心。

（3）绩效管理系统是管理组织和员工绩效的综合系统。代表学者是考斯泰勒（Costello），他认为绩效管理通过将各个员工或管理者的工作与整个工作单位的宗旨连接在一起，来支持公司或组织的整体事业目标。

（二）绩效管理系统的流程

1. 国外研究概述

自20世纪80年代以来，西方学者对绩效管理流程的研究不断发展。其中，奎因提出绩效管理有三个步骤：计划、管理和评估。海斯勒（Heisler）认为绩效管理过程有四个环节：指导、加强、控制和奖励。艾恩斯沃斯和史密斯认为绩效管理的周期可分为三步：业绩计划、业绩评估、通过反馈进行修正并采取相应行动。

值得注意的是，斯科尼尔（Schneier）和贝蒂（Beatty）提出了绩效管理系统应该是一个循环周期的观点。他们认为这个循环周期包括：衡量和标准，达成契约，规划，监督，帮助，控制，评估，反馈，人事决定，开发，再回到衡量和标准。这一绩效管理系统循环性的观点符合当今学术界关于绩效管理流程的主流观点。进一步地，英国学者理查德·威廉姆斯（Richard Williams）把绩效管理系统分成四个阶

---

① 顾琴轩：《绩效管理》，上海交通大学出版社2006年版，第10页。

段:指导与计划阶段、管理与支持阶段、考察与评估阶段、发展与奖励阶段。这四个阶段同样形成了一个闭合环,体现了绩效管理系统循环性的特征。

2. 国内研究概述

近年来,在绩效管理研究领域,国内学者在学习国外研究成果的基础上,结合我国的实践经验,也对绩效管理流程进行了一定的探索。

国内学者普遍认同绩效管理流程的系统性和循环性的特征。如张大亮和林奕专认为,绩效管理是一个包含绩效计划、持续的绩效沟通、数据收集、观察和文档制作、绩效诊断、绩效评估和绩效评价等的系统性的综合过程。① 封怡认为,绩效管理的流程包括制订目标、跟踪、辅导、评估总结和员工发展等活动,这些活动构成一个周而复始的周期,以促进员工效能不断发展。②

但学者们对绩效管理流程的具体步骤有不同看法。其中,包政、岳玲和郭威提出了"基于流程的三层次和三阶段绩效管理研究框架":三个层次即组织、流程、工作/执行三个层次;三个阶段即绩效规划、绩效追踪以及绩效检查和改进。③ 林光明、曹梅蓉和饶晓谦提出了绩效管理流程的四个步骤:绩效计划、绩效辅导、绩效评价和绩效激励。④ 罗晓勇和孟群对绩效管理流程做了更加细致的划分,认为其包含八个步骤:明确企业战略目标,确定部门 KPI,确定员工 KPI,制订绩效计划,绩效辅导,绩效评价,绩效反馈,评价结果的使用。⑤

还有一些学者结合特定领域的绩效管理的实践经验,对特定领域的绩效管理流程进行了探索。如周云飞将 PDCA 循环用于分析政府绩效管理流程,对这种模式进行了研究,认为将 PDCA 循环融入政府绩效管理流程的设置中有利于从纵向上规范政府绩效管理过程,促进政府绩效管理的规范化。⑥ 张艳芳则对中小企业的战略绩效管理流程进行了探究,建立了包括绩效目标体系、绩效管理过程、绩效管理制度、绩效管理组织与责任体系四个部分在内的绩效管理流程。⑦

---

① 张大亮、林奕专:《绩效管理的系统性分析》,《企业经济》2003 年第 4 期。
② 封怡:《企业绩效管理流程研究》,《人口与经济》2012 年第 1 期。
③ 包政、岳玲、郭威:《基于流程的绩效管理》,《经济管理》2006 年第 11 期。
④ 林光明、曹梅蓉、饶晓谦:《提高绩效管理的绩效》,《哈佛商业评论》2005 年第 8 期。
⑤ 罗晓勇、孟群:《战略企业绩效管理流程》,《中国人力资源开发》2004 年第 9 期。
⑥ 周云飞:《基于 PDCA 循环的政府绩效管理流程模式研究》,《情报杂志》2009 年第 10 期。
⑦ 张艳芳:《中小企业战略绩效管理流程研究》,天津科技大学硕士学位论文,2006 年。

李晓维对酒店业员工的绩效管理流程进行了研究,同样将PDCA循环引入员工绩效管理流程中,提出了绩效目标计划制订、绩效目标实施辅导、绩效考核评定以及绩效考评结果应用四个持续循环的酒店业员工绩效管理流程。[①] 吴爱华分析了银行绩效管理流程及其各个环节的意义,探讨了绩效循环各个环节之间的相互依存关系,以进一步完善银行绩效管理体系。他将银行绩效管理流程分为五个环节:绩效计划、绩效辅导、绩效评估、绩效反馈以及绩效应用。[②]

从上述对国内外相关文献的研究中可以发现,绩效管理流程的系统性和循环性的特征被普遍认可,但对绩效管理流程的具体步骤学者们则见仁见智。我们运用文献研究法、对比分析法等研究方法,对绩效管理的基本流程进行了研究。以下是对绩效管理的基本流程的梳理和介绍。

二、绩效管理的基本流程

绩效管理流程是一个由前馈控制、过程控制和反馈控制构成的封闭、循环、动态的系统,可分解为五大基本工作流程,即绩效计划、绩效执行、绩效考核与评价、绩效反馈与面谈以及绩效考核结果的应用。其中,绩效计划属于前馈控制阶段,绩效执行属于过程控制阶段,绩效考核与评价、绩效反馈与面谈以及绩效考核结果的应用属于反馈控制阶段。这五大流程相互关联、环环相扣,任何一个环节没有得到良好的执行,都会给整个绩效管理体系带来负面影响,甚至会导致绩效管理的失败。因此,在应用的过程中,管理人员需要处理好每一个环节,以确保整个绩效管理系统的有效性,从而促进员工绩效和组织绩效的持续提升。

在实施绩效管理之前,管理者需要确保两个重要的前提条件:一是对组织的战略规划和远景目标有清楚的了解;二是对各个职位有清楚的了解。一个组织的远景目标是其战略规划所产生的结果,战略规划使一个组织能够清晰地界定其存在的目的或原因,比如组织在未来想成为什么样子,想要实现哪些目标以及准备采取哪些战略来实现这些目标。一旦整个组织的目标确定下来,就要在此基础上对目标进行层层分解,使各部门的目标能够支持组织的总体使命和

---

① 李晓维:《酒店业员工绩效管理流程设计研究》,《焦作大学学报》2011年第2期。
② 吴爱华:《新时期银行绩效管理流程的分析与探讨》,《时代金融》2010年第7期。

第三章 绩效考评与管理战略实施过程

目标的实现。这种目标层层分解的过程会一直持续下去,直到每一位员工都有一套与组织的使命和愿景相适应的目标。

实施绩效管理的第二个重要前提条件是,必须对当前的职位有清楚的了解。这可以通过职位分析来完成。职位分析是确定一个特定职位的关键元素的过程,包括工作活动、任务、产品、服务以及流程等。职位分析是任何一套绩效管理体系实施的基本前提。如果不进行职位分析,就很难确定一个特定的职位到底应该承担哪些主要职责。如果不知道每位员工在其职位上应当做什么,也就不知道应当评价什么以及如何进行评价。

通过职位分析,我们可以知道一个特定的职位所承担的各种工作任务,以及为了完成这些任务所必需的知识、技能和能力。知识指的是完成这些工作任务所需要的信息,但并不一定是说掌握了这些信息的人就一定能完成这些任务。技能指的是组织需要的一些特征,它们通常是由于过去完成过这些工作任务而获得的。能力则是指完成工作所需要的身体、情感、智力以及心理上的特质。但是,具备完成工作的能力并不意味着一个人过去曾经做过这些工作,或者曾经接受过完成这些工作任务的训练。

各种职位需要完成的工作任务以及完成这些任务需要具备的知识、技能和能力,通常是以职位描述的形式展现出来的。职位描述概括了一个特定的职位所承担的主要工作职责,任职者所需具备的知识、技能和能力,以及相应的工作条件等信息。对于任何绩效管理体系来说,职位描述都是一个重要的前提条件。这是因为它提供了用于衡量绩效的标准。

总结来说,在实施绩效管理体系之前首先考虑其前提条件是非常重要的。其前提条件有两个:一是对一个组织的战略规划和远景目标必须有清楚的了解。这种认识再加上对所在部门的使命和战略目标的了解,将会使员工做出对本部门以及整个组织产生积极影响的贡献。二是对当前的职位有清楚的认识,包括这些职位各自需要完成哪些工作任务,如何才能完成这些工作任务,以及需要具备哪些知识、技能、能力和其他特征。这些认识可以通过职位分析获得。获得了关于职位的清晰认识,创建衡量绩效的标准就容易多了。

接下来,我们将对绩效管理的基本流程的每一环节进行简要描述,本书的第八章将对绩效管理流程的每一阶段的相关方法进行更为详细的阐述。

绩效考评与管理方法

（一）绩效计划

绩效计划即根据企业战略目标，制定绩效目标。绩效计划是绩效管理流程的开始，也是绩效管理的基础，是绩效管理实施的关键和基础所在。绩效计划制订得科学与否，将直接影响绩效管理流程的有效性，影响绩效管理最终的实施效果。在绩效计划阶段，由管理者和员工共同参与，而不是管理者单方面给员工制订绩效目标、员工被动接受，即协作性是绩效计划得到贯彻执行的基础。

制订绩效计划实际上就是制订员工和组织的绩效目标，目标的设置需要遵循自上而下的原则，形成一种类似于"瀑布状"的目标树，从公司的战略规划和远景目标开始，逐步向下分解成各职能部门的目标，各职能部门的目标又进一步分解成每位员工的个人目标。这就使得组织中的每位成员都能够明确自己的目标，使自己的每项行动都有助于个人目标的实现，同时有利于员工在充分理解个人目标和组织目标的基础上，保持个人行动和组织目标的一致性。

有效的绩效目标需要具备以下三个条件：服务于公司的战略规划和远景目标；基于员工的职务说明书；目标符合 SMART 原则。[①]

综上所述，绩效计划在帮助员工找准路线、认清目标方面具有一定的前瞻性，它是整个绩效管理系统中最基本的环节，也是必不可少的环节。

（二）绩效执行

绩效计划制订之后，员工便开始按照计划开展工作。在绩效执行阶段，主要参与者是员工。员工需要积极努力促成个人绩效目标的实现，同时积极主动与自己的上级进行经常性的沟通，向上级寻求绩效反馈和指导，并向上级汇报关于绩效目标实现程度的最新进展情况，汇报内容包括行为方面以及结果方面的情况。另外，员工在工作过程中应该坚持进行持续性、现实性的自我评价，并及时采取相关的纠正行动促进自身行为的有效性。

在绩效执行过程中，责任的主要承担者是员工，但是身为上级的管理者也需要履行相应的职责。在整个绩效执行期间，管理者需要不断对员工进行指导和反馈，即进行持续不断的绩效沟通。持续不断的沟通在绩效管理中起着关键性的作用。持续不断的沟通应该是

---

① 顾琴轩：《绩效管理》，上海交通大学出版社 2006 年版，第 15 页。

真诚、及时、具体、定期、建设性的沟通。(1)真诚的沟通。在同员工沟通的过程中,管理者应该是真诚的,真心实意帮助员工解决工作中出现的问题。同时,管理者要秉持一视同仁的原则,对所有员工实行无差别政策。(2)及时的沟通。管理者需要时刻观察和掌握员工工作的情况,需要有前瞻性的视角,尽量避免问题的出现,或者在问题出现后及时解决问题。(3)具体的沟通。管理者需要切实关注员工的具体工作,在沟通的过程中不是泛泛而谈,而是具有针对性,提高沟通的效率。(4)定期的沟通。管理者与员工之间的沟通不能是管理者突发奇想式的,而应该是定期的、连续的。沟通的具体时间间隔需要管理者和员工共同商议决定。(5)建设性的沟通。管理者与员工之间的沟通应该具有建设性,应该能够切实对员工的工作起到指导作用,能够促进员工绩效改善。

除了持续有效的沟通之外,在绩效执行阶段,管理者还需要注意收集信息。管理者需要考察员工的行为和表现,定期观察和记录员工的绩效,在员工实现绩效的状况较差时,向员工提供改善绩效的指导。同时,在考察员工绩效时,尽可能做必要的文字记录,而且需要使员工知道,这些文字记录将会为之后的绩效评价阶段提供事实依据,使评价结果客观公平。

(三)绩效考核与评价

绩效考核与评价即在绩效周期结束的时候,根据绩效计划所确定的工作目标及衡量标准,考察员工绩效目标实现情况的过程。绩效周期可以是月、季度、半年或一年等,各组织根据具体情况和实际需要进行选择。绩效考核与评价是总结与提高的过程,可以发现一个绩效周期内的工作存在的问题,制订改善工作的计划;同时,也可以总结已有的成绩和取得的经验,继续用于下个绩效周期的工作。绩效考核与评价也是决定员工薪酬奖金分配、职位晋升等职业发展过程的重要依据。

绩效考核主要包括两个方面:一是对员工工作结果的考核,二是对员工工作行为的评估。其中,工作结果考核是对员工绩效目标实现程度的测量和评价,工作行为考核是针对员工在绩效周期内表现出的具体行为来进行评估。在绩效考核与评价阶段,需要员工与上级管理者共同参与完成评估。管理者评估员工已经在多大程度上完成了周期开始之前设定的绩效目标,以及员工在工作的过程中多大程度上展现出组织期望的那些行为。员工也要进行自我评价,这有助于员工的自我反思，同时可以看到自己对自己行为的看法和上级对自己行为看法的差异，尤其是当上级的评价比自我评价更加负面的时候，使员工对自我有更加清晰的认识。

在绩效执行阶段上级管理者所记录的员工绩效实现情况也可以作为这一阶段对员工评价的重要依据。

（四）绩效反馈与面谈

绩效反馈与面谈是在绩效考评结果出来之后，上级管理者与员工进行一次或多次面对面的交谈，共同对员工的绩效进行审议。这一环节的目的是明确员工的优势与劣势绩效，并确定员工的改善计划和发展计划。这一阶段需要管理者与员工的共同参与。绩效反馈与面谈的环节为员工提供了一个接受自己绩效反馈的正式场合，可以使员工充分认识考核的结果，了解上级管理者的期望、了解自己的绩效并认识到自己有待改进的地方。同时，在这一过程中，员工也可以提出自己在完成绩效的过程中遇到的困难或对绩效考评的建议，使上级也能了解到员工的想法。因此，这一环节非常重要。

绩效反馈面谈的内容主要是对过去一个绩效周期的绩效完成情况的回顾，包括对员工绩效的完成结果和行为的讨论和评价，以及对未来的规划，即员工在下一个绩效周期内应当达成的目标和个人发展计划。绩效反馈面谈还可以包括由于员工实现了绩效目标，在薪酬或晋升方面所能够得到的待遇的信息。

需要注意的是，绩效反馈面谈需要相关负责人掌握一定的技巧，尤其是当面谈的员工的绩效目标完成不理想时，否则很容易引起员工的不适感，这种不适感可能会引起员工的焦虑，导致员工在面谈时的逃避。因此，可以对提供绩效反馈的负责人进行一些培训，提高他们的面谈技巧。

（五）绩效考核结果的应用

绩效管理流程的最后一个阶段是对绩效考核结果的应用。当绩效考核完成以后，评价结果应与其他管理环节相衔接。绩效考核结果的应用主要有以下几个方面：

（1）绩效计划的改进和更新。在对一个绩效周期的绩效结果进行考核之后，将绩效考核结果反馈给员工，可以使得员工认识到自己的工作成效以及工作中存在的问题，从而有利于他们积极主动地改进工作。传统的绩效管理只注重绩效考核，没有将绩效管理作为系统性的工作来进行,因此考核结果仅仅是作为确定员工薪酬的奖惩、升职或降职的依据。现代绩效管理的过程是更加具有系统性的过程,更加注重绩效反馈之后员工能力的提高以及绩效的持续改进。根据绩效考评结果修改下一个绩效周期的绩效计划,有利于促进绩效目标更好地实现。

(2)薪酬奖金的分配。企业除了基本工资外,还有业绩工资,它直接与员工个人业绩相挂钩。根据员工在一个绩效周期的绩效成果,为员工发放薪酬奖金。一般来说,员工的绩效成果越好,绩效评价越高,所得的奖金越多。这种业绩工资既是对员工一定时期内所取得的绩效成果的肯定,也有利于鼓励员工在未来追求更高的业绩,有利于组织绩效的提高。

(3)组织员工培训。根据绩效考核结果,对工作上存在问题以及能力不足的员工进行培训。组织员工培训有利于弥补员工能力的不足,无论对组织而言还是对员工个人而言都是有利的。

(4)人力资源规划。绩效考核结果可以用于组织分析总体的人力资源状况,从而为组织的未来发展制定人力资源规划。

三、绩效管理流程的特征

绩效管理是一个封闭的、循环的、动态的系统,上述绩效管理流程的五个环节紧密联系、环环相扣。从绩效管理流程的整体来看,绩效管理流程有四个显著的特征,即系统性、有序性、封闭性和双向交互性。

(一)系统性

传统的绩效管理存在一种误区,认为绩效考核就是绩效管理,没有将绩效管理作为系统性的工作来进行,因此考核结果仅仅是作为确定员工薪酬的奖惩、升职或降职的依据。著名管理学教授罗伯特·巴克沃先生指出:"绩效管理是一个持续的交流过程,该过程由员工和其直接主管之间达成协议来保证完成,并在协议中对未来工作达成明确的目标和理解,并将可能受益的组织、各级主管和员工都融入到绩效管理系统中来。"[①]

绩效管理的流程是一个包含绩效计划、绩效执行、绩效考核与评

[①] 〔美〕罗伯特·巴克沃编著:《绩效管理:如何考评员工表现》,陈舟平译,中国标准出版社2000年版,第3页。

价、绩效反馈与面谈以及绩效考核结果的应用等五大阶段在内的系统性的过程,而不是简单的绩效考核的单一性的工作。在绩效管理流程的五个组成部分中,每一个部分都扮演着重要的角色,其中任何一个部分没有得到有效实施,整个绩效管理系统都会受到影响。例如,如果绩效计划没有根据组织的战略目标以及员工的实际情况来制订,那么绩效的执行过程就会受到影响。因此,在绩效管理的过程中,需要从整体上把握绩效管理,而不是仅仅停留在绩效管理的某一环节。

(二) 有序性

绩效管理流程的各环节不是孤立无序的,而是相互联系、环环相扣的,各环节之间相互制约和影响。例如,绩效执行需要先制订绩效计划,绩效反馈与面谈需要用到绩效考核与评价的结果,等等,各环节之间相互联系并且有不可调换的顺序。因此,绩效管理流程的各环节之间不是孤立和松散的,而是一个有序的过程。

(三) 封闭性

从绩效管理的流程上看,绩效管理系统是一个封闭的系统,是一个封闭的循环。绩效计划属于前馈控制阶段;绩效执行属于过程控制阶段;绩效考核与评价、绩效反馈与面谈以及绩效考核结果的应用属于反馈控制阶段。其中,制订绩效计划是前馈与反馈的联结点。这三个阶段的整合使得绩效管理的流程形成了一个完整的封闭的循环。

只有当绩效管理循环是一个封闭的环时,它才是可靠和可控的,同时也是不断提升和改善的保障。因为只有连续不断的控制才会有连续不断的反馈,只有连续不断的反馈才能保证连续不断的提升。

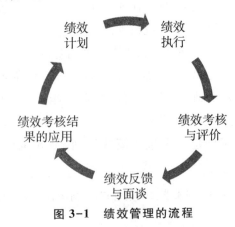

图 3-1 绩效管理的流程

（四）双向交互性

传统绩效管理还存在一个误区：绩效管理只是管理者单方面的事。这种认识忽视了员工在绩效管理过程中的重要作用，只有员工理解绩效管理的整个流程，才能认真执行和配合，做好绩效沟通。

在绩效管理的过程中，管理者需要与员工形成持续的绩效沟通，以分享相关信息。这些信息包括工作进展情况、潜在的障碍和问题、可能的解决问题的措施以及管理者如何才能帮助员工等。由此看来，绩效管理的过程就是一种双向的交互过程，这种双向的交互沟通贯穿于绩效管理的整个过程。通过沟通，员工可以更加清晰地了解绩效考核制度的内容、制订目标的方法、衡量标准、努力与奖酬的关系、工作业绩、工作中存在的问题及改进的方法。

第三节　绩效考评与管理的相关方法技术分类

依据不同标准，绩效考评与管理的相关方法技术可以分成不同的类别。从目前查阅的文献资料看，几乎没有文章对绩效考评与管理的相关方法技术的分类进行详细、系统的研究。为了弥补这一研究缺陷，在本节中，我们首先会展示七种较为常见的相关分类方法，其次会着重论述本书所采用的划分方式。

一、相关分类方法概述

（一）依据绩效考评与管理的系统性

一种基本的分类方法是依据是否进行系统的考评与管理分为两大类——系统的绩效考评方法和非系统的绩效考评方法。

1. 系统的绩效考评方法

系统的绩效考评方法是从企业战略目标到部门绩效目标及员工个人绩效目标逐级进行系统考评的方法。[①] 系统的考核方法强调整体性，将每一个部门和岗位都看作组织系统中的一个有机体。这类方法往往与组织的战略目标、企业文化、核心能力培养等相联系。例如，以提高企业核心竞争能力为目的的关键绩效指标法，以全面衡量企业经营能力、推进企业战略实施的平衡计分卡，与企业经营计划和

---

① 于浩飞、李业昆：《绩效考评内容与考评方法分类》，《商场现代化》2007年12月中旬刊。

经营目标相联系的目标管理法,以确保企业在行业中竞争优势的标杆超越法等,都属于系统的绩效考评与管理方法。①

2. 非系统的绩效考评方法

非系统的绩效考评方法是针对具体的工作任务或对员工个体层次的绩效进行考评的方法。② 这类方法往往只针对绩效考评与管理过程中的某一方面进行考评。例如,针对员工个人品质特征进行考评的图尺度评价法,针对员工行为进行考评的关键事件法、行为锚定等级评价法,基于员工相互比较的简单排序法、配对比较法、强制分布法等,都属于非系统的绩效考评与管理方法。总的来说,传统的考评方法多在非系统的绩效考评方法范畴中。

(二)依据绩效考评与管理的内容

目前对绩效的多种定义中,较为流行的有三种观点:结果观,即绩效是结果;行为观,即绩效是行为;潜力观,即应将员工潜力、素质等一并纳入绩效考评与管理的范畴。可以看出,以上三种观点是站在不同角度对员工的绩效所做的界定,相应的绩效考评与管理的内容也有所不同。因此,许多学者主张依据绩效考评与管理方法设计的基础和步骤的差异,将其划分为品质基础型、行为基础型、结果基础型三大类方法。③ 这种划分是诸多分类方法中相对传统和普遍的。

1. 品质基础型绩效考评与管理

品质基础型绩效考评与管理主要采用特征性效标,通过对被考评者个人特征和素质的考评来进行绩效考评。④ 它主要是衡量被考评者拥有某些品质(如创造性、自主性和领导能力)的程度,而这些品质通常被认为对完成岗位工作是非常重要的。

这种考评比较细致,通常要作维度分解,从各个不同维度分别进行评价。品质基础型绩效考评是一种传统的评估方法,因其简单易行、容易接受而得到广泛的使用。但其缺陷也较为明显,如所衡量的员工特性与其工作行为和工作结果之间缺乏确定的联系,因此如果没有在工作分析的基础上做详细设计,容易产生很大的偏见和主观

---

① 王萍:《考核与绩效管理》,湖南师范大学出版社2007年版,第47页。
② 李业昆:《绩效管理系统研究》,华夏出版社2007年版,第172页。
③ 萧鸣政:《人力资源开发与管理:在公共组织中的应用》,北京大学出版社2009年版,第274页。
④ 张建国、曹嘉辉:《绩效管理》,西南财经大学出版社2009年版,第103页。

性。这种考评主要包括图示考评法、多重标准尺度法、强迫选择法和书面法等具体考评技术。①

2. 行为基础型绩效考评与管理

行为基础型绩效考评与管理主要采用行为性效标,通过对被考评者特定工作行为的考评来进行绩效考评。它主要是通过对员工行为与企业行为标准或规范的比较和评估,来判断员工的工作业绩。②

这种考评更加细微,不但多维,而且每个维度都设计了一个标准的尺度以供定量性的测量,根据一种工作范围和尺度来对行为进行描述,通过描述,考评者可以比较容易地评判被考评者在工作范围内的成绩。为提高信度,可将一定行为的描述语和某一刻度联系起来,这可以提高考评的操作性。这种考评较适合于绩效难以量化、以脑力劳动为主的管理干部和工程技术等专业工作者。这种考评主要包括关键事件法、行为核对表法、固定行为等级法和行为观察等级法等具体考评技术。③

3. 结果基础型绩效考评与管理

结果基础型绩效考评与管理主要采用结果性效标,通过对被考评者所取得的工作结果的考评来进行绩效考评。它是根据考评者的工作结果而不是特征或行为表现来衡量其绩效的,着眼于"干出了什么"而不是"干什么"。

这种考评虽然也是多维分解,但考评的重点在于产出和贡献,而不在于行为与活动。结果基础型绩效考评可以避免主观判断,能够减少产生偏差的可能性,而且可以促使被考评者对其结果负责,因而使被考评者在选择完成任务的方法上较为谨慎。但这种考评只注重结果,不问手段,具有短期性、表面性等特点。一线职工,尤其是从事具体生产操作的体力劳动者,多用此类考评方式。最常见的结果考评法是目标管理中的考评技术。④

(三)依据绩效考评与管理的标准

在对绩效考评方法的各种分类中,根据考评标准所进行的分类能够相对更加清晰、合理地将各种相关方法和技术区分开来,因此这

---

① 萧鸣政:《人力资源开发与管理:在公共组织中的应用》,北京大学出版社2009年版,第274页。
② 杜映梅:《绩效管理》,中国发展出版社2006年版,第108页。
③ 萧鸣政:《人力资源开发与管理:在公共组织中的应用》,北京大学出版社2009年版,第275页。
④ 同上。

种分类方式的使用也较为普遍。很多学者赞同直接将绩效考评方法分为绝对考评方法和相对考评方法两大类。但我们认为依据考评标准,更全面的划分方式是首先将其分为客观绩效考评法和主观绩效考评法两大类,再进一步将主观考评法分为相对考评法、绝对考评法和描述法。①

1. 客观绩效考评与管理

客观绩效考评法主要是对客观、定量的指标进行考评,例如领导负责的经济指标、职工出勤率等,注重的是工作成果,而不考虑被考评者的工作行为,注重短期效果,牺牲长期指标。但是,只注重成果,有时也会有失公允。因为影响工作绩效的因素很多,其中被考评者自身不可控的环境性因素占据很大比重,比如宏观经济形势对组织个人工作绩效就有着相当大的影响,而客观考评法却不能关照到这些深层次的问题,使其可信度大打折扣。而且,从事复杂脑力劳动的职位,其绩效很难有效量化为直接可测指标。因此,客观考评法常作为主观考评法的一个补充。

2. 主观绩效考评与管理

主观绩效考评法主要是由考评者依据一定的标准或设计好的标准维度对被考评者进行主观评价。评价的内容包括个人品质、工作行为和工作成果等与工作绩效有关的方方面面。这类考评需凭考评者的主观判断,易受心理偏差的左右,但可通过精心设计的程序,从不同角度仔细测评被考评者创造绩效所必需的各种重要工作行为,使可能出现的偏差尽可能地减少。此方法比较现实可行,适用于管理与专业职位的考评。

主观考评法又可进一步分为下列三类。

（1）相对考评法。这是较传统的考评法,是使被考评者与别人相对照而评出顺序或等级的办法,所以又可统称为比较法。它主要包括简单排序法、交替排序法、配对比较法和强制分布法。②

（2）绝对考评法。这类方法不作人际比较,而是单独地直接根据被考评职工的行为及表现来进行评定。这类考评在实践中使用得最为普遍,并开发演变出多种不同的形式,主要用考核量表作为重要考核工具。图尺度评价法、关键事件法、行为锚定等级评价法、行为

---

① 萧鸣政:《人力资源开发与管理:在公共组织中的应用》,北京大学出版社2009年版,第274页。
② 葛玉辉、陈悦明:《绩效管理实务》,清华大学出版社2008年版,第181页。

观察法等都属于这类考评方法。

（3）描述法。除了相对考评和绝对考评外，还有一种主观考评方法，就是所谓的描述法。描述法就是用文字的形式对被考评者工作绩效的各个方面进行描述，由此得出被考评者工作绩效的综合考评结果。描述法往往作为其他考评方法的辅助方法来使用。①

（四）依据绩效考评与管理的主体

绩效考评的主体即设计和主持整个绩效考评活动的人员或机构。随着绩效考评方式逐渐由超越上级评分的单一评价方式向360度绩效考评方式转变，绩效考评的主体也由过去的单一主体（上级）转变为现在的多方主体。因此，依据绩效考评与管理的主体，可以划分出六种考评方法：直接上级考评、同级同事考评、被考评者自我考评、直属下级考评、外部专家或顾问考评、客户考评。②

1. 直接上级考评

这种方法授权直接上级对被考评者进行考评。直接上级对下属的情况比较熟悉，且具有一定的职权，能够通过奖惩手段来落实考评结果，使得这类考评具有权威性。但这类考评在公正性上不太可靠，因为频繁的日常直接接触容易使主管掺入个人感情色彩。为解决这一问题，可以采用一组同类部门的主管共同考评彼此下级的办法，只有大家都同意的判断才作为考评结论，这在一定程度上避免了不公正。

2. 同级同事考评

同级同事对被考评的职务最熟悉、最内行，对被考评者的情况往往也很了解。但进行同级同事考评可能出现相互给对方较高评价的问题，且在竞争环境下还可能导致同事间相互猜疑、关系紧张。③ 这种办法多用于专业性组织，如大学、医院、科研单位等，组织中专业性很强的部门也可使用，也可以用于那些很难由其他类别考评的职务，如中层干部。

3. 被考评者自我考评

这类考评方法可使被考评者本人得以陈述对自身绩效的看法，

---

① 李业昆：《绩效管理系统研究》，华夏出版社2007年版，第172页。
② 萧鸣政：《人力资源开发与管理：在公共组织中的应用》，北京大学出版社2009年版，第272页。
③ 李业昆：《绩效管理系统研究》，华夏出版社2007年版，第167页。

而他们也的确是最了解自己所作所为的人。自我考评能减少人们对工作绩效考评的抵触,且能有利于工作的改进。不过自我考评时,本人对考评维度及其权重的理解可能与上级、其他人不一致。现代企业对自我考评的使用很普遍,这种自我考评一般采取在其他考评主体实施考评之前,先由员工就自己的工作绩效填写一份考评表的形式来进行。[①]

4. 直属下级考评

这一方法的使用很有争议。这是因为下级担心在考评中提出上级的缺点,会被上级主管记恨而报复,所以往往评价过高,说好不说坏;下级还倾向于仅从上级主管是否照顾自己个人利益去判断其好坏,对坚持原则、严格要求而维护组织利益的上级评价不良。对上级来说,这种考评也存在不良影响,比如常常顾虑下级考评会削弱自己的威信与奖惩权,而且知道自己的考评要由下级来做,便可能在管理实践中缩手缩脚,尽量少得罪下级,使管理工作受损。

5. 外部专家或顾问考评

聘请外部专家或顾问进行考评也是一种常见的考评方法。专家和顾问有考评方面的理论修养和方法经验;他们与组织中的人与事无个人利害关系,容易做到客观公正;此外,还可以省去考评者自己本需花费的考评时间,免去不少人际矛盾。但是这种方法成本较高,且有些专家对被考评专业可能不太内行。

6. 客户考评

由被考评者工作服务的对象进行考评,这种方法具有一定的客观性,且与工作绩效的相关度较高。尤其是大量接触公众的服务性企业,往往把客户服务标准作为绩效考评的一个重要参考数据。

(五)依据绩效考评与管理的客体

绩效考评与管理的客体指考评与管理所作用的独立存在的实体。依据不同的考评客体,可以划分为人员考评技术、岗位考评技术、工人考评技术、干部考评技术、素质考评技术等。这种分类方法就是着重关注某一个客体,针对该客体进行绩效考评与管理。例如,岗位绩效考评就是以岗位为出发点,围绕岗位目标进行的绩效考评。

[①] 李业昆:《绩效管理系统研究》,华夏出版社2007年版,第168页。

但是，绩效考评与管理的客体本来就多种多样，因此这种分类方法略显逻辑性不足且很难做到全面。

（六）依据绩效考评与管理的时间

从时间上看，可以分为日常考评、半年考评、年终考评、届中考评、届期考评等。① 这种分类方法比较简单，相对而言实际应用性也稍弱，这里就不再赘述。

（七）依据绩效考评与管理的手段

依据绩效考评与管理的手段，有定性考评技术、定量考评技术、计算机考评技术、综合考评技术等。定性考评技术是使用无工作定量指标的手段进行绩效考核；定量考核技术则强调使用定量考核的手段；计算机考评技术使整个的绩效考评技术在质和量上得以飞跃，目前国内不少企事业单位都编排出了许多计算机绩效考评的软件系统，极大促进了绩效管理的顺利实施；评价中心是一种综合考评技术，其突出的特点之一是多种测评技术与手段综合运用，不仅能很好地反映被考评者的实际工作能力，还可以测评其他方面的能力和素质。

二、依据绩效考评与管理过程的分类方法

本书采取的分类方法是依据绩效考评与管理过程来划分的。这一方法首先划分出绩效设计与实施、绩效考评和绩效管理三个阶段，然后根据每个阶段不同的环节划分出相应的方法技术。绩效设计与实施阶段有绩效分析技术、考评与管理指标体系设计技术、考评与管理信息获取技术、考评与管理信息分析技术；绩效考评阶段主要有考评结果评判技术、考评质量分析检验技术、考评过程量化技术、考评结果的反馈与解释技术；绩效管理阶段则包括绩效诊断、绩效计划、绩效反馈和绩效辅导四方面的方法技术。

相对于本节第一部分概述的七种分类方法，依据绩效考评与管理过程的分类更加系统且有可操作性，因为不管什么类型的绩效考评与管理都必定有一个过程，在这种分类下人们可以根据所处阶段或环节的需要来选择合适的方法技术。另外，本书包含大量从众多

---

① 萧鸣政：《人力资源开发与管理：在公共组织中的应用》，北京大学出版社2009年版，第274页。

学科领域与管理实践中提炼出的、能够应用于现代组织管理中的绩效考评与管理的方法技术，相对于上述七种分类方式而言所涵盖的方法技术更多、更全，分类更加细致、完善。

下面我们即按照绩效考评与管理的过程，对相关方法技术类别做一概述，本书其他章节会对以下提及的各种方法技术做更加详尽的论述。

（一）绩效设计与实施阶段的方法技术

1. 绩效分析技术

绩效分析技术在这里是指对绩效考评对象的分析，即指寻求考评对象的结构因素及其关系的技术。我们将其细分为人员素质与个人绩效分析技术、组织绩效分析技术和团队绩效分析技术。这些技术包括观察分析、调查分析、系统分析、结构分析、任务分析、行为分析、因素分析等。

具体来看，人员素质分析技术包括职位定位分析、KSAO分析、职位分析问卷（PAQ）、特质清单检核法、关键事件技术（CIT）及工作要素分析；个人绩效分析技术有产品分析法、时间分析法、经济分析法、事故分析法、相关分析法、比较分析法、职务操作化分析。

组织绩效分析技术以20世纪90年代为时间节点可大致分为传统的和现代的两类技术。功效系数分析法、雷达图分析技术、杜邦分析技术、沃尔分析技术、坐标图分析技术都属于组织绩效分析的传统技术，这类技术注重对财务指标的分析；关键绩效指标分析技术、组织气氛分析技术、"A记分"绩效分析技术、平衡计分卡分析技术、标杆超越绩效分析技术则属于组织绩效分析的现代技术，这类技术注重财务指标与非财务指标的有机结合，以及对组织环境、创新、资本等因素的分析。

团队绩效分析技术则主要包括团队气氛调查技术和绩效分析表技术。

2. 考评与管理指标体系设计技术

考评与管理指标体系设计技术，是指确定、筛选、检验绩效考评指标的技术。可细分为指标设计的方法与技术、指标量化的方法与技术和指标质量检验技术。

指标内容的设计包括要素拟定、标志选择和标度划分三项内容，每项内容的设计都有一些不同的方法技术。要素拟定的方法和技术有：对象分析法、结构模块法、榜样分析法、培训目标概括分析法、调查咨询法、"神仙"会聚法、文献查阅法、职务说明书查阅法；标志选择的具体方法和技术有：对象表征选择、关键点特征选择、区分点特征选择和相关特征选择；标度划分归纳起来有以下几种方法：习惯划分法、两级划分法、统计划分法和随意标度法。

指标量化的方法与技术主要包括加权、赋分和计分三方面内容。加权的有关方法技术主要包括主观经验法、专家调查加权法、比较加权法、德尔菲加权法、层次分析加权法、多元回归分析加权法、主因素分析加权法、标准差加权法；赋分的方法和技术也有多种形式，包括：标准赋分、等级赋分、常规赋分、随机赋分、精确赋分、模糊赋分、绝对赋分、相对赋分、二次赋分、统计赋分、分散赋分；计分技术主要有：统计法、计算法、评判法、选择式。

指标质量检验技术一般包括对考评指标有效性、客观性、区分性、独立性、权重、准确性、赋分合理性等方面的检验方法。

3. 考评与管理信息获取技术

考评与管理信息获取技术是指获得考评与管理过程所需要的各种信息的技术。常用的考评信息获取技术有观察、测量、评价、问卷、轶事记录、写实、投射、面谈、汇报调查、文献分析、产品分析、个案分析等。本书主要介绍了抽样技术和统计技术这两种绩效考评中获取信息的基本技术。信息抽样技术又可分为随机抽样和非随机抽样两大类；信息统计技术从其功能来划分，大致可分为描述统计、推断统计、多元统计分析。

4. 考评与管理信息分析技术

考评与管理信息分析技术一般指对考评信息进行分类、鉴别、检验、比较、综合、分解的技术与方法。考评信息分析技术主要有信息汇总、审核、归类、统计分析、定性比较、类别比较、综合评判、结果推断等，其中信息的综合评判是整个绩效考评过程的中心环节。我们将该类技术细分为信息的量化技术、信息转换与简化技术和信息的汇合技术。

考评与管理信息量化方法从技术上说，有一次量化与二次量化，类别量化与模糊量化，顺序量化、距离量化与比例量化，以及当量量化等不同形式；从量化形式与内容的关系来看，有形式量化与实质量化，主观量化与客观量化。

信息转换与简化技术包括数据的转化、简缩、转换和标准化四方面。

信息的汇合技术从手段上来划分,有人工分析与计算机自动汇合技术;从运算方法上划分,有累加、平均、加权平均、乘积平均、矩阵运算技术等;从汇合对象上划分,有数量性(单组数据汇合、多组数据汇合)、符号性、等级性与内容性四种信息的汇合技术。

(二)绩效考评阶段的方法技术

1. 考评结果评判技术

做出考评结论的过程被称为评判,绩效考评实践中的评判技术可以概括为印象评判、相对比较评判、因素分解综合评判、常模参照与效标参照评判技术等。

印象评判技术的具体形式又有闭目浮现评判、排空意念形象评判、回忆形象评判、第一印象评判等。

相对比较评判技术有组内对象比较评判、组间对象比较评判;有排序法、两两比较法;依其比较的具体形式,又可以分为代表人物比较评判、两级排序考评、成对比较考评、分级考评、比例控制考评等。

因素分解综合评判技术主要包括因素综合评判技术、因素比较技术、加权综合评判技术、模糊数学综合评判技术。

常模参照评判技术有表格、曲线、直方图和数字等形式;效标参照评判技术大致包括目标等级考评技术、基准加减评分技术和积分考评技术。

2. 考评质量分析检验技术

考评质量分析检验技术是指对绩效考评过程及其结果的再评价技术,通过对考评过程及结果的有效性和可靠性等质量问题的再考评,来改进与提高现有的绩效考评质量。它主要包括考评信息的可靠性分析技术、考评结果的质量检验技术和考评结果的差异性检验技术。

绩效考评信息的可靠性分析技术主要是完成错误鉴别、资料真实性鉴别、资料可靠性鉴别以及行为者真实动机、态度或内在品质的鉴别。

绩效考评结果的质量检验的指标主要包括效度、信度以及项目的适合度、区分度、独立性等。

绩效考评结果的差异性检验技术主要包括卡方检验、威尔卡克逊检验、秩和检验、折线图检验、游程检验、中位数检验、F检验法等方法。

3. 考评过程量化技术

考评过程量化技术是指如何用数量的形式表述绩效考评过程,提高考评结果客观性与准确性的技术方法。它一般包括考评信息计量技术、考评方法数学模拟技术、考评结果数学表达技术、考评结论数学推算技术、考评程序与步骤实现计算机化操作等。

本书着重介绍了其中比较重要的三种技术:分数等级转换技术、分数等值技术、分数调整技术,它们实际上是对绩效考评误差事后控制的三种技术。其中分数调整技术是考评后对误差控制最有效的手段,具体可分为整体调整、内部等值调整、平衡系数调整和最大接近度调整四种形式。

4. 考评结果的反馈与解释技术

绩效考评结果的报告作为考评信息的输出或反馈的一种形式,是绩效考评过程中的一个重要环节。考评结果反馈与解释技术就是指如何向考评者以外的人反馈与解释考评结果的技术方法。按内容分,有分项反馈与解释、概括反馈与解释;按形式分,有口头反馈与解释、图表反馈与解释、分数反馈与解释、等级反馈与解释、综合反馈与解释等。

(三)绩效管理阶段的方法技术

绩效管理阶段是管理者和员工就目标及如何实现目标达成共识并协助员工成功实现目标的阶段,其核心思想在于不断提升组织和员工的绩效。它由绩效诊断、绩效计划、绩效反馈和绩效辅导等部分构成,并形成一个闭循环过程,这一过程是一个持续沟通、循环往复并持续改进的过程。[①]

1. 绩效诊断技术

绩效诊断是一种正式的绩效确认与改进制度,它通过系统的方法、原理来检验员工在职务上的工作行为和工作结果,是绩效管理上一循环的结束和下一循环的开始。它的最终目的是改善员工的工作

---

① 付荣华、莫伟杰:《绩效管理体系的设计与实施》,《经济师》2007年第1期。

表现,在实施组织目标的同时,改进员工的满意度和未来的成就感,最终达到组织和个人发展的双赢。我们可以综合知识、技能、态度和外部障碍四个方面的信息,提出员工需要改善的绩效表现。一般的绩效诊断方法有问卷调查、面谈、工作观察、口述报告、分析卡、阅读评价报告等。①

2. 绩效计划技术

绩效计划作为绩效管理的一个环节,是管理者和员工讨论以确定员工、各部门在考核期内应该完成什么工作和达到什么样的绩效的过程。其涉及的主体有上级和下级、绩效管理部门,形式为书面的绩效合约或者绩效指标表格等文件。② 可以说,绩效计划既是落在纸面上的契约,又是建立绩效契约的双向沟通过程。关键绩效指标是绩效计划的重要组成部分。

3. 绩效反馈技术

绩效反馈主要是考核者和被考核者就绩效考评情况进行面谈,肯定成绩的同时点明不足。绩效反馈的目的是为了让员工了解自己在本绩效周期内的业绩是否达到所定的目标,行为态度是否合格,让管理者和员工双方达成对评估结果一致的看法。双方共同探讨绩效未合格的原因所在并制订绩效改进计划,同时,管理者要向员工传达组织的期望,双方对绩效周期的目标进行探讨,最终形成一个绩效合约。绩效反馈技术主要是指绩效面谈,具体的方法有依据事实、肯定成绩、差别化对待、跟踪监督等。③

4. 绩效辅导技术

绩效辅导是指管理者与员工讨论有关工作进展情况、潜在的障碍和问题、解决问题的办法措施、员工取得的成绩和存在的问题以及管理者如何帮助员工等信息的过程。它贯穿于绩效管理的始终。绩效辅导是为员工的工作提供支持的过程,根据支持内容的不同,可以把绩效辅导分为两类:一类是管理者给员工提供技能和知识支持,帮助员工矫正行为;另一类是管理者职权、人力、财力等资源支持,帮助员工获取工作开展所必备的资源。常采用的方法一般有书面报告、

---

① 袁庆宏:《绩效管理》,南开大学出版社2009年版,第178页。
② 张东民、谢康编著:《员工绩效计划管理研究》,《现代管理科学》2009年第6期。
③ 全刚、李鹏编著:《绩效反馈的原则和方法》,《技术与市场》2007年第10期。

会议沟通和一对一面谈沟通等。

第四节 绩效考评技术的作用与意义

绩效考评技术是进行绩效考评的关键而又基本的因素。绩效考评是考评者在一定的思想指导下,运用科学的技术方法,依据一定的标准体系,对员工的行为、员工对企业的贡献和价值进行评判,从而为人力资源的决策与管理提供依据和控制手段的动态过程。对有关事实、贡献与价值做出科学而准确的评判,是整个绩效管理的中心环节与直接目的。只有做出科学的评判,对有关绩效做出恰当的评定,才能为整个人力资源管理与决策提供可靠的依据。选择与运用恰当的绩效考评技术无疑是对考评对象做出科学而准确评判的基本保证。具体来讲,绩效考评技术在整个绩效考评过程中具有以下作用。

一、绩效考评技术是提高绩效考评科学化水平的关键

一般来说,绩效考评的直接目的是对考评对象做出科学的评判。在绩效考评过程中,影响考评者做出科学评判的关键因素是考评者的考评观点与考评技术。当考评对象与考评方案确定之后,考评技术就成了考评者能否做出科学评判的决定性因素。

绩效考评的实质环节包括对象分析、内容确定、方法设计与操作、结果表述与质量检验等子环节。整个绩效考评的科学性必须以全过程中每一具体环节的科学性为基础,任何小环节的错误或疏忽都将影响整个考评结果的科学性。决定每一具体环节科学性的主要因素则是绩效考评技术的选择与运用。

绩效考评实践表明,我国目前有些绩效考评之所以不能取得令人满意的效果,原因之一就是对绩效考评技术的研究与作用的认识不够,或者缺乏科学的考评技术,或者选择考评技术不当,或者不会科学地运用所选择的考评技术。

二、绩效考评技术的研究是推动绩效考评方法发展与进步的动力

绩效考评方法的发展与进步,离不开绩效考评理论的指导与研究,更需要绩效考评技术上的支持。当前广大绩效考评工作者与研究者面临的实际问题是,既想改进现有绩效考评方法的不足,又苦于不懂绩效考评技术。对于不断提高绩效考评技术水平的追求与研究,一直是推动整个绩效考评方法发展的动力。

经济体制改革的进一步深化,尤其是市场经济体制的确立,对绩效考评提出了更高的要求,同时也为绩效考评的发展提供了更广阔的空间。可以说,我国的绩效考评目前正处于一种瓶颈状态:一方面是市场需求的广阔性,另一方面却是考评方法的落后性与有限性。这就需要绩效考评理论和技术的支持与突破。如果没有揭示绩效考评活动客观规律的绩效考评理论作指导,绩效考评的活动与研究就不可能沿着正确的方向发展与深入。同样,如果没有绩效考评技术的支持与突破,绩效考评方法在质量与水平上就没有保证,难以提高。绩效考评实践的经验证明,广大绩效管理工作者在初步掌握了绩效考评的基本理论之后,绩效考评技术就成了能否进行绩效考评、绩效考评工作能否达到预期目的以及能否把绩效考评工作坚持下去的决定性因素。如果没有一套科学、可行、先进的绩效考评技术,就难以把人力资源管理工作者开展绩效考评工作的良好愿望变成现实,市场经济发展过程中对绩效考评改革提出的诸多问题就无法解决,因而也就不可能把绩效考评工作引向深入。因此,绩效考评技术及其研究是推动整个绩效考评工作发展的力量。

绩效考评方法的发展历史也说明了绩效考评技术的作用。在封建社会以前,绩效考评主要依靠考评者的感觉器官,尤其是眼睛观察。人们只能靠对表面特征的观察来推断人的素质与将来能否胜任工作。绩效考评方法仅由中正官等少数人所把持,考评方法缺乏科学数据,成了一些玄而又玄、蒙上神秘面纱的东西。

随着教育测量、心理测验、评价技术的出现,人力资源管理者把这些先进的技术引入绩效考评之中,绩效考评方法得到了空前的发展。美国、日本、英国等发达国家的劳工部先后推出了许多绩效考评的新方法。评价中心技术的出现与现代计算机技术的应用,使整个绩效考评技术在质与量上得以飞跃。目前,国内不少企事业单位都编制出了许多计算机绩效考评的软件系统,促进了绩效管理的顺利实施。

三、绩效考评技术是检验绩效考评方法科学与否的标准

辩证唯物主义认为,实践是检验真理的唯一标准。一种考评方法是否科学、是否先进,最终也只有通过实践来检验。然而,由于绩效考评实践过程因素的复杂性、长期性,我们常常有必要借助某种中介的标准进行检验。这种中介的标准就要看它所包括的绩效考评技术含量如何、水平如何。一种低技术水平、低技术含量的绩效考评方法,很难保证绩效考评结果的客观与公正。

第三章 绩效考评与管理战略实施过程

绩效考评技术上的每一次突破,都给绩效管理乃至人力资源管理带来一次新变革,古今中外概不例外。离开了绩效考评技术的改进与发展,绩效管理工作将寸步难行。因此,我们必须致力于绩效考评技术的研究和发展,不断提高绩效考评工作与绩效考评方法的效率与效果。如果说科学技术是第一生产力,那么绩效考评技术则是衡量绩效考评方法的首要标准。

▶▶ 复习思考题

1. 战略性绩效管理体系由哪几个部分组成？各部分之间有什么联系？
2. 战略性绩效管理的目的是什么？如何使其与组织整体战略高度契合？
3. 绩效管理的流程是什么？试分析这一流程的内在逻辑。
4. 绩效管理流程具有哪些特征？
5. 绩效考评与管理的相关方法技术有哪些分类方式？

第四章

绩效考评指标体系设计技术

本章学习目标提示

- 理解绩效考评指标的相关概念
- 掌握绩效考评指标设计的方法与技术
- 掌握绩效考评指标量化中的加权、赋分与计分方法
- 掌握绩效考评指标设计的原则、过程与步骤
- 掌握考评质量检验的各种技术

绩效考评指标是指绩效考评内容与标准相结合的具体表现形式或者操作化形式。绩效考评指标设计包括内容确定、标准制订、量化等工作。

第一节 绩效考评指标概述

绩效考评指标是对绩效考评对象特征状态的一种表征形式。单个的绩效考评指标反映绩效评对象某一方面的特征状态,而由反映绩效考评对象各个方面特征状态的指标所构成的有机整体或集合就是绩效考评指标体系。

一、指标结构与形式

一般来说,指标的完整结构包括考评要素、考评标志与考评标度,即:绩效考评指标=考评要素+考评标志+考评标度。其中,考评要素指考评对象的基本单位,考评标志揭示考评要素的关键可辨特征,考评标度指考评要素或要素标志的程度差异与状态的顺序和刻度。

对于这种程度差异与状态的顺序和刻度的表示,可以是数量的,也可以是语言的,可以是精确的,也可以是模糊的。表4-1与表4-2即两个示例。

表4-1 逻辑思维能力考评指标

考评要素	考评标志	考评标度		
逻辑思维能力	1. 回答问题层次是否清楚 2. 论述问题是否周密 3. 论点论据照应是否连贯	清楚 周密 连贯	一般 一般 一般	混乱 不周密 不连贯

表4-2 仪表考评指标

考评要素	考评标志	考评标度		
仪 表	穿戴、举止印象	端庄 整洁	有风度 潇洒	随便 干净

然而现实中,许多指标只有考评要素与考评标志,缺乏考评标度,也有考评标志与考评标度合为一体的。

设计考评指标,关键是设计考评标志与考评标度。

考评标志的形式多种多样,从它揭示的内涵来看,有客观形式、主观评价、半客观半主观三种。

例如,在岗位考评指标中,打字的数量、时间、来回取活的次数、耗氧量等属于客观指标;工作难度、重要性、喜欢程度等属于主观指标;而能力测验分数、抽样调查的数据、试验中确定的工作平均时间等,则属于半客观半主观指标,因为这些指标所反映的内容与结果,既受客观因素影响,又受主观因素影响。

从标志表示的形式来看,有评语短句式、设问提示式与方向指示式三种。

(1) 评语短句式。如面试中,"语言表达能力"的考评要素之一是"用词准确性",对于这一考评要素的考评标志可以用如下一组"评语短句"来揭示:没有用词不当的情形,偶有用词不当的情形,多次出现用词不当的情形。

评语短句式标志是一种对所考评的要素做出优劣、好坏、是非、大小、高低等判断与评论的句子,主要是描述句、叙述句、议论句,句中含有一个以上的变量词。例如,上面"用词不当"前面的"没有""偶有""多次"就是变量词,显然还是一种模糊变量词,因为什么情况是"偶有"、什么情况是"多次"本身是没有定论的,每个人的理解可以不一致,但是人们大体可以把握,在一定范围内会趋于一致。

(2)设问提示式。这种指标是以提问的形式提示考评者把握考评要素的特征,表4-3即一个示例。

表4-3 设问提示式标志示例

考评要素	考评标志	考评标度				
		优	良	中	可	差
协调性	1. 合作意识怎么样? 2. 见解、想法不固执吗? 3. 自我本位感不强吗?					

(3)方向指示式。在这种考评标志中,只规定了从哪些方面去考评,并没有具体规定考评的标志与标度,而是让考评员自己把握,如表4-4所示。

表4-4 方向指示式标志示例

考评要素	考评标志	考评标度
业务经验	主要从应聘者所从事的业务年限、熟悉程度、有无工作成果等方面进行考评	根据具体情况把握

根据考评指标操作的方式来划分,有测定式与评定式两种。

(1)测定式标志,指利用各种测评工具或测量仪器、仪表,可以直接测出或计量出有关考评标志规定的内容,并根据有关标准可以直接确定考评标度。例如,岗位考评中的体力劳动强度、有效工时利用率,人员考评中的产品数量、产值等,均属于测定式标志。

(2)评定式标志,指目前无法用仪器、仪表与测量工具测出或计量出有关标志的精确数据,只能根据现场观察、了解和对有关资料的分析,由评定人员根据有关标准直接评定出结果的标志。例如,岗位考评中的劳动责任、工作难度等指标中的标志,人员考评中的品德素质指标中的标志等,均属于评定式标志。

从目前现实中的考评指标分析来看,考评指标的态度,大致有量词式、等级式、数量式、符号式、数轴式、图表式、定义式、综合式等。

二、指标设计的原则

绩效考评指标的设计是一项非常重要而关键的工作,它的质量好坏将影响到整个绩效考评质量,因此我们应掌握一些指标设计的基本原则。

（一）与考评对象同质原则

绩效考评指标是考评对象特征的标准。这就需要考评指标的内容与标志特征同所考评的对象特征相一致。当然，同质有直接同质也有间接同质。同质性原则是绩效考评效度的保证。

（二）可考性原则

可考性原则是指设立的指标应该可以辨别、可以比较、可以测评。同质性是考评要素与标志的方向性原则，而可考性则是考评标志与标度的操作化原则。也就是说，考评指标所展示的标志可以直接观察、计算或通过一定的方法辨别、把握与计量。表4-5即一个示例。

表4-5　工作经验考评指标

等级	1	2	3	4	5	6	7	8	9
年限	半个月以内	半个月~1个月	1~3个月	3~6个月	6个月~1年	1~2年	2~3年	3~5年	5年以上

当然，指标可考不可考，还涉及方法问题。一些看似不可考的指标，在合理的方法下可以变得可考。

（三）普遍性原则

普遍性原则是指设立的指标从内容到形式要适合于所有的考评对象，有足够的代表性，不能仅仅适用或反映个别的考评对象。因此，就要选择那些共性特征作为指标的内容。考评标度要考虑各种对象的实际情形，使指标的要求具有可接受性，使指标的形式具有普遍适用性。

（四）独立性原则

独立性原则是指设立的考评指标在同一层次上应该相互独立，没有交叉。一般来说，绩效考评指标体系由多个层次（3~4个）构成，独立性原则要求同一层级上的 A 指标与 B 指标不能存在重叠或因果关系，即 $A \cap B = \phi$。

（五）完备性原则

完备性原则是指设立的考评指标体系在总体上要能全面地反映考评对象的主要特征，使整个的考评对象包含在考评指标体系内容之中。设 O 为考评对象，A_i 为考评指标体系中第 i 个指标，那么完备性原则是 $\sum_{i=1}^{n} A_i = O$。

独立性原则加完备性原则等于少而精、少而全。

（六）结构性原则

结构性原则要求所设立的考评指标体系在总体上要有条件、过程与结果三个方面的指标。因为人力资源管理系统是一个复杂的系统，考评时只从一个方面进行往往难以奏效。因此在绩效考评指标体系中，既要有对所取得效率效果考评的指标，又要有对职责任务完成情况考评的指标，还要有对素质条件考评的指标。

三、指标设计的过程与步骤

绩效考评指标的设计与建构是一个系统的工程（见图 4-1），必须对它先有个较为完整的了解。

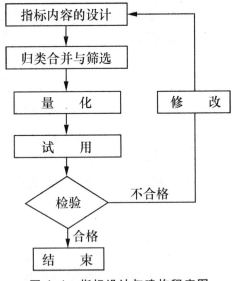

图 4-1　指标设计与建构程序图

（一）指标内容的设计

绩效考评指标内容的设计，包括考评要素的拟定、考评标志的选择与考评标度的划分。

（二）归类合并与筛选

这个阶段主要把拟定的各种考评指标进行审查、比较归类、合并与筛选。首先根据考评对象进行归类，再把内涵相同、内容交叉重复较大的指标合并，然后对具有因果关系、矛盾关系的指标进行正本清源、去伪存真的筛选，同时根据可操作化原则，以简单易测的考评指标代替复杂的或看似精确但难以操作的指标。

（三）量化

量化包括整个指标体系纵向的加权等值与横向的赋分、计量规定。

（四）试用

试用包括试用主体与客体的选择、情景控制及偶发情况记录。一般来说，应选择指标设计者自己较为熟悉的考评客体试验，这样有利于将试用结果与实际情况对比分析，要尽可能选择数量足够且有一定代表性（各层次水平的主客体都有）的人员试用；试验场景应与将来正式考评的情况相似；试用时如果发生操作时间、标准与技术误解误用等情况要详加记录，以便修改参考。

（五）检验

根据试用过程所获得的数据资料对指标的质量进行检验。

（六）修改

如果指标经检验，发现不合要求，应立即从设计步骤开始，一一检验，找到原因，加以修正。

第二节　指标设计的模型方法与技术

指标设计对绩效考评体系的构建起重要作用，建立在分析、选择、确定职位绩效指标的基础上。因此，指标设计包括两个阶段：第一阶段为职位分析，其中包括职务分析、绩效特征分析；第二阶段为指标内容设计，包括指标要素拟定、标志选择、标度划分。本节主要介绍指标设计两个阶段内涉及的方法、技术，并简要介绍常见的绩效考评模型中的指标设计体系。

一、职位分析

(一) 职务分析

对一个职位进行职务分析包括职位调查、职位分类与职位分析三个过程。

1. 职位调查

职位调查是必要阶段,通过有效的职位调查,能够获得该职位的大量信息,为职位分类与职位分析提供充分的信息准备。职位调查需要调查了解以下方面的内容:职位工作内容、职位工作量、职位在本部门的作用、同其他职位的联系、职位工作人员的任职资格。

2. 职务分类

不同职务有工作性质的差异,不同性质的工作无法同时评价,只有实行职务分类才能给有效的绩效考评提供条件。职位分类可以按照以下流程进行:

(1) 确定职位:依据职位调查的信息,确定公司中每一个职位。

(2) 确定职系:职系是工作性质十分相似的职位组合。

(3) 确定职类:职类是工作性质比较相似与相近的职系组合在一起。

(4) 确定职族:职族是根据工作特征来划定的职位组合,比较相近的职系组合在一起形成职族。

3. 职位分析

职位分析有"6W 原则":what——工作内容是什么,who——负责人是谁,where——工作地点,when——工作时间,how——如何设计工作方法,why——为什么要这样设计。通过职位分析制定出的员工的职位规范,是绩效考评指标的内容来源之一。①

(二) 绩效特征分析

在对各职位进行绩效分析时,应该坚持"三效原则",即关注效果、效率和效益。效果是绩效的外观形式,是工作的最后成果;效率是员工单位时间完成的工作量;效益是工作成果带来的收益。绩

---

① 〔英〕迈克尔·普尔、马尔科姆·沃纳:《人力资源管理手册》,清华大学经济管理学院编译,辽宁教育出版社 1999 年版,第 397—401 页。

特征分析常用的有产品分析法、经济分析法、时间分析法和事故分析法。

1. 产品分析法

这种方法从产品数量和产品质量两个方面出发,对于从事计件或计量产品生产的员工非常有效。

2. 经济分析法

从经济的角度对员工进行绩效分析,包括节约分析、利润分析、销售额分析和产值分析。节约分析关注平均消耗成本(或预计消耗成本)与实际消耗成本的差异。利润分析关注工作过程中产出与投入之差。销售额分析是用销售额度来确定员工的绩效。产值分析着重工作任务完成后所获得的利益。

3. 时间分析法

以员工工作时间为分析单位,从在岗时间和实作时间两个方面进行。

4. 事故分析法

对工作中未符合要求的工作事件进行分析,比如工伤事故、列车的安全运行天数等都是通过事故分析法进行的绩效分析。[1]

二、指标内容设计

(一)要素拟定

考评要素的拟定先于标志选择与标度划分,是整个指标体系内容设计的基础,考评要素拟定的成功与否直接影响绩效考评实施的效果。通过前面的绩效分析可以初步拟定一些成果量化型指标,但对于职务运作指标和特征指标的拟定,还要采用其他方法确定考评要素。相关方法与技术主要有以下几类:第一类围绕被考评对象本身及其工作进行,包括对象分析法、结构模块法、工作目标分析法;第二类从外部寻找考评要素,包括榜样分析法、调查咨询法、头脑风暴法;第三类从资料中总结既有研究从而得出考评要素,包括文献法、职位说明书法。

---

[1] 〔美〕加里·德勒斯:《人力资源管理》,清华大学经济管理学院编译,中国人民大学出版社1999年版,第101页。

1. 对象分析法

考评对象是考评体系作用的客体,指标设计应在不同程度上依据对考评对象的认识与分析。此方法强调对考评对象进行全面、具体、系统、综合的分析,根据分析结果拟定考评要素。

2. 结构模块法

根据不同的考评目的、考评类型、考评客体,设置不同的考评要素块,然后进行条块分割,各自独立,按照不同风格拟定具体要素。

3. 工作目标分析法

从工作目标中来搜寻有关的考评要素,往往是各种各样的任职要求与职责内容,可以作为要素拟定的基础材料。

4. 榜样分析法

通过对典型人员或职位进行特征分析,进而寻找考评要素。首先,明确考评目的与对象;其次,依据考评目的与对象特征来选择典型榜样;再次,选择适当的分析方法对榜样做出透彻全面的分析;最后,在众多特征内容中找出关键要素或特征。在职位考评指标要素设计中,榜样分析法又称为典型剖析法,即选择各种各样具有典型代表意义的同类职位进行分析,确定出职位工作考评所需要的指标。

5. 调查咨询法

通过对相关人力资源管理人员、绩效考评专家,甚至包括被考评者等进行广泛的调查与咨询,搜集考评要素。具体实践中可采取召开座谈会、发放调查问卷、访谈法等多种形式。

6. 头脑风暴法

组织相关专家学者或管理人员自由发言,尽情提出各种各样的考评要素,实行时需有一名主持人组织发言并维持纪律。由于与会者所学专业、社会背景、需要、价值观及考虑问题的角度不同,所提出的考评要素难免会大相径庭。最后由决策人员对各个考评要素进行综合分析,从中选取最优的考评要素。

7. 文献法

从相关的文献资料中去查询有关的考评要素,在对既有研究结果进行综合分析后建构指标体系。

8. 职位说明书法

通过查阅相关的职位说明书上的任职资格与职责内容来搜寻所

需要的考评要素。

（二）标志选择

考评标志是考评要素的具体表现形式，是指标内容设计的重要部分。考评标志选择的关键有两点：一是选择的对象，二是选择的形式。考评标志形式的选择要结合要素拟定、标度划分两个环节进行，对象的选择方法归纳起来有以下几种。

1. 选择对象表征

即选择考评对象直接表现出的外在特征。在人员考评与职位考评中，考评对象的本质总会通过一定的外在特征展现出来，一定的外在特征也揭示其对象本质。因此我们在选择考评标志时，可以从考评对象表征中挑选。

2. 选择关键点特征

即选择在关键的时间、空间中出现的，足以反映考评对象本质的特征和行为，这些特征与行为被称为关键点特征。

3. 选择区分点特征

即选择具有不同状态或程度差异的对象特征在同一条件下所表现出的不同特征，有助于构建具有区分度的要素指标。

4. 选择相关特征

当有些考评要素的行为表征很难直接寻找时，有必要选择一些与它密切相关的表征作为考评标志。

（三）标度划分

标度划分是绩效考评指标内容设计的重要方面，同要素拟定、标志选择都有密不可分的联系。考评标度实际上是区分考评对象在考评标志上的不同表现，并将其进行有限归类。由于考评对象在每个标志上的变化状态与差异状态存在无限多种，为了便于统计分析，将无限多种状态根据实质差异分为具体几种，这个过程便是考评标度划分。考评标度的划分方法有以下几种。

1. 习惯划分法

习惯划分法指标度的划分依据心理习惯，即主持考评的人将标志的表现程度划分为其心理习惯的等级，其中包括常见等级（3～9级）法、两级划分法、三级标度法（从两级法中衍生而来）。

等级过少,如2级(是、否),考评者容易操作区分,但对象差异区分不明显且评判结果相对集中;等级过多,如15级(1级为极差,8级为中,15级为极好),虽然展示了不同对象的差异,但评判结果相对分散,考评者不便把握与操作。因此一般来说,3~5级的标度较为合适。

两级划分法根据考评对象在每个考评标志上正反两种极端的表征,把每个指标的标度划分为2至3个等级。这种划分法便于操作,但中间状态不好评判,因此又有人在两级划分的基础上增设中间一档,成为三级标度。

2. 统计划分法

统计划分法是指考评指标标度的等级划分并不是事先规定,而是根据考评对象在每个考评标志上的实际表现统计,来确定标度等级的一种方法。如根据聚类分析结果进行标度划分。

3. 随意标度法

随意标度法是在每一个指标内容中,考评的标志是考评对象最佳状态或最优水平的描述。标志实际上是一种最高级的标准特征表述,考评者考评时可以根据考评对象与这一标准的差异程度酌情给予不同的分数或等级。

三、指标模型

(一) 绩效考评指标分类

指标设计的技术和方法在不同的绩效考评模型中有不同的应用。根据指标内容、考评目的的不同,绩效考评指标可分为特征取向型、行为取向型、结果取向型三种;根据是否可量化,可分为固定指标型、可变指标型、综合指标型三种。

特征取向型的指标主要是抽象的、与工作相关的被考评者的个性、个人能力、特征,如忠诚度、主动性、创造性、共情能力、沟通能力等。行为取向型的指标多为难以量化的行为要素。结果取向型的指标多为被考评者的产出和贡献,即容易量化的最终绩效。

固定指标型的指标是便于量化的被考评者的行为、结果,如出勤率、犯规率、创新成果产量等。可变指标型的指标同固定指标型的指标类似,区别在于其考评标志难以量化,其指标设计方法包括:注重考查工作成果的目标管理法、职位绩效指数化法、产量衡量法,注重考查工作行为的交替排序法、配对比较法、强制分布法,以及将二者综合的图尺度评价法、关键事件法、行为对照表法、行为锚定等级评价法、强制选择法,等等。综合指标型的指标则将二者结合起来,形成综合的指标体系,表4-6介绍了主要的指标设计方法和具体操作要点。①

表4-6 指标设计方法及其操作要点

指标设计方法	具体操作
目标管理法	将组织目标层层分解,制订实现目标的具体行动,最后检验结果并加以反馈。
职位绩效指数化法	将考评对象的工作业绩和所确定的职位指数进行比较。职位指数是职位要素、职位目标以及影响目标达成的各种因素的综合指数。职位绩效指数一旦确定,考评就有了一个动态的、相对固定的参照坐标。
产量衡量法	根据单位时间的产量衡量员工的绩效。
交替排序法	根据工作绩效评价要素,从绩效最好的人到绩效最差的人进行排序,分别列于第一位和倒数第一位,依次循环,直到将所有员工按各要素排列完毕。
配对比较法	把每一位员工与其他员工一一配对,按照所有的评价要素分别进行比较。每一次比较给表现好的员工记"+",另一位员工记"-"。所有员工比较完后,计算每个员工的"+"的个数,谁的"+"多,其名次就排在前面。
强制分布法	根据正态分布的规律,先确定好各等级在总体中所占的比例,然后按照每个员工的绩效优劣程度,强制列入其中的一定等级。使用这种方法,要求事先确定被评估者等级与各等级的分布比例。
关键事件法	将员工在工作活动中所表现出来的非同寻常的好行为或非同寻常的不良行为(或事故)记录下来,上下级根据记录的特殊事件讨论员工的工作绩效。
图尺度评价法	用示意图表示评价档次以及相应的评分标准或评价档次的含义、评语等。

① 〔加〕加里·P.莱瑟姆、肯尼斯·N.韦克斯利:《绩效考评》,萧鸣政等译,中国人民大学出版社2002年版,第130—157页。

续表

指标设计方法	具体操作
行为对照表法	考评时给考评者一份描述员工规范的工作行为表,要求考评者将员工的行为与表中的描述进行对照,找出准确描述了员工行为的陈述。行为对照表对于每一个反映员工工作行为的陈述都给出一系列相关程度的判断,对每一判断赋予不同分数,考评者根据员工行为表现进行选择后,将员工在各项上的得分加总就是这一员工的总分。
行为锚定等级评价法	首先明确定义每一考评项目,同时使用关键事件法对不同水平的工作要求进行描述。
强制选择法	要求考核者从许多陈述中选择与被考核者的特征最相近的陈述。这些陈述通常是成对出现的,它们分别标志着员工完成工作的成功与否。考核者事先并不知道哪句话表明员工的绩效更高。

(二)常用绩效考评模型

随着人力资源绩效考评研究的进一步深入,现代组织的不断实践,绩效考评已经从简单的方法、技术逐渐形成了各种复杂模型。其中,指标设计方法和技术在这些模型中得到广泛应用,逐渐形成了完善的指标设计模型。

常用绩效考评模型有以下几种:关键绩效指标模型、平衡计分卡模型、目标管理模型(Management by Objectives,MBO)、PDCA循环绩效考评模型、360度绩效反馈考评模型(360 Degree Feedback Assessment,360 DFA)。这些模型具有以下共同特点:完整度高、实用性强、应用范围广、实践经验丰富。下文将在介绍这些模型的基础上,总结其指标设计体系的操作并进行对比分析。

1. 关键绩效指标模型

KPI模型起源于英国建筑行业,由于建筑行业占GDP比重高,是国家支柱产业,它的绩效水平受到普遍关注。在此背景下,英国有关研究机构制定了KPI考评体系,目的在于精确考评建筑工程项目参与者的绩效水平。此后,KPI的研究日益增加并被广泛应用于各行各业。[①]

[①] 〔美〕雷蒙德·A.诺伊等:《人力资源管理:赢得竞争优势》,刘昕译,中国人民大学出版社2013年版,第78—97页。

第四章 绩效考评指标体系设计技术

KPI 的具体实施有一系列程序,核心在于对组织内部流程的关键参数进行设置、取样、计算、分析,因此可理解为衡量流程绩效的目标式量化绩效考评模型,即从企业战略出发,提炼与战略相关的关键指标,将指标从上至下层层分解,通过对这些指标进行监控考评,直接控制和衡量企业重点活动及其核心效果,进而实现员工和企业绩效的提升。该模型所体现的衡量内容最终取决于组织的战略目标,是对组织战略目标的进一步细化和发展,并随组织战略目标的发展演变而调整。

KPI 的指标设计包括以下三个部分:确定关键绩效指标、选取设计方法、设计指标模型。其中,确定关键绩效指标就是选取 KPI,是整个模型最重要的部分。目前选取 KPI 的原则多为管理学界应用广泛的原则,包括"二八原则""木桶原理""SMART 原则"。[①]

"二八原则"认为企业 80% 的工作任务是由企业 20% 的关键行为完成的。KPI 先取样分析企业工作流程的输入端与输出端的关键参数,找出 20% 的关键行为,通过对这 20% 的关键行为进行考评,最后推导出整体绩效结果。"木桶原理"是在"二八原则"的基础上进一步找出最薄弱的工作环节并设立考评指标,集中测量最关键(完成最差)的行为。"SMART 原则"认为应从不同角度综合分析关键绩效指标。

在选择设计方法方面,KPI 指标模型包含可量化指标和不可量化指标。整体部分的设计中,可量化指标的基本设计方法可采用杜邦分析法,不可量化指标的基本设计方法可采用鱼骨图分析法或价值树分析法。细节部分的设计中可以用关键策略目标法(KSO)、关键成果领域法(KRA)、关键成功因素法(CSF)、关键业务板块法(KBA)和"多元分析—主要因素"法等。[②]

杜邦分析法由美国杜邦公司首创,是利用几种主要的财务比率间的关系来综合分析企业财务状况。因此,在设计可量化指标(尤其是财务指标)时,可借鉴杜邦分析法。鱼骨图则用于理清问题的逻辑关系并将其图形化,以最终目标作为"脊梁骨",最终目标的子目标作为"腹骨",实现子目标的主要影响因素作为"小刺",最后呈现出一条"鱼骨图"。

在进行因素梳理时,难免出现遗漏、重复、无法确定关键因素等

[①] 〔英〕沃特林:《绩效评估手册》,张颖,孙志燕等译,经济管理出版社 2002 年版,第 92 页。
[②] 安鸿章、葛峻峰:《全方位解析平衡计分卡》,《中国人力资源开发》2002 年第 9 期。

情况。这时候需要更具体化的分析方法,可使用各种细节设计的方法,如表4-7所示。

表4-7 指标设计方法——细节部分

方法	具体操作
关键成功因素法(Critical Success Factors,CSF)	分析要达成目标的影响因素,选出最关键的若干因素,再找出针对这些影响因素的衡量指标。
关键结果领域法(Key Result Areas,KRA)	分析目标结果的组成部分,选取若干关键的成果领域,对这些成果进行提出衡量指标。
关键策略目标法(Key Strategy Objective,KSO)	分析制订达成目标的工作思路,制订出若干工作策略,然后再提炼出衡量这些策略实现的指标。
关键业务板块法(Key Business Area,KBA)	将现行工作业务划分为若干业务板块,选出若干关键的业务板块,分别对这些业务板块提出KPI。
"多元分析—主要因素"法(Prime Factor,PF)	即综合应用CSF,KRA,KSO,KBA等方法,找到实现战略目标的主要因素。通过PF再找到它的衡量指标,即KPI。

一套完善的KPI指标体系应具有"四化"特点:总体化——体现工作的总体安排和进程;适应化——与工作环境相适应;资源最优化——对已有资源实现最优化利用;利益最大化——促使组织获得最大的效益。以上方法提供了设计KPI指标体系的基本思路,但具体实践过程中依然存在指标难以理清的困难,平衡计分卡模型有助于对指标设计进行更深入的探讨。

2. 平衡计分卡模型

美国知名教授罗伯特·卡普兰(Robert S. Kaplan)和大卫·诺顿(David P. Norton)于1990年开始研究平衡计分卡模型,1996年两人合作出版的《平衡计分卡》一书对该模型进行详细阐述,帮助众多公司实现了战略转型和绩效提升。BSC模型是一种逐层分解企业战略目标,将其转化为各种具体的相互平衡的绩效考评指标,在不同时间段考查指标的实现状况,从而建立起一个可靠的、拥有执行基础的绩效管理体系。

BSC模型基于企业战略目标,从财务、客户、内部流程和学习与成长四个维度出发,使公司的战略转化成为行动方案,把企业的战略使命与绩效管理有机结合起来,形成一个完整周密的绩效管理工具。① 后文将会对 BSC 模型进行更详细的介绍,本节主要介绍 BSC 模型的指标设计体系。该体系通过对财务、客户、内部流程和学习与成长四个维度分别进行指标分析,将结果综合为一个完整的指标体系结构。

财务维度指标分析:财务目标是 BSC 模型的核心和焦点,BSC 模型中的各种指标都依赖于服务与财务目标的最终实现。BSC 模型主要运用 SWOT 分析,明确企业生命周期并采取不同战略。企业生命周期可以分为成长期、保持期和成熟期三个阶段。每个阶段都对应不同的战略主题,因此不同周期有不同的考评指标,其结构如表 4-8 所示。除表中列出的指标外,还有其他指标也可用于财务维度指标分析。

表 4-8　财务维度指标分析

阶段	特点	战略主题	指标
成长期	开发潜力,投资生产设施,开发新产品和服务,发展销售网络,增加新客户、新市场,提高劳动生产率	收入增长	销售增长率,新产品、服务、客户占收入的百分比
		资产利用	投资(研发)占销售额的百分比
保持期	投资利润最大化,收入要与投资水平相联系,关注获利能力	收入增长	市场占有率、经济增加值、利润率、新应用占收入百分比
		降低成本	成本降低率
		资产利用	投资报酬率、资产利用率、现金周转期
成熟期	维持正常运作及生产,迅速回收投资	资本利用	现金回收期、营运资金的需求

客户维度指标分析:财务目标的实现依赖客户和细分市场的收入。为客户提供符合其需求的产品和服务能为企业带来更多的利润。客户维度的主要指标有客户满意度、客户获得率、客户保持率、客户获利率和市场份额,它们之间存在如图 4-2 所示的因果关系。

---

① 〔美〕罗伯特·卡普兰、大卫·诺顿:《平衡计分卡:化战略为行动》,刘俊勇、孙薇译,广东经济出版社 2013 年版,第 85—131 页。

客户满意度影响客户获得率、客户保持率、客户获利率,客户获得率和客户保持率支撑市场份额。

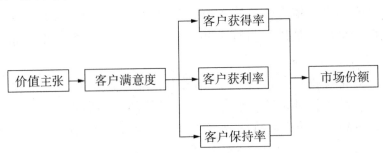

图 4-2 客户维度指标关系

内部业务流程维度指标分析:内部业务流程是企业实现客户和财务目标的重要手段,传统的绩效考评只关注结果,但企业想要保持长期发展,就要进行流程的优化。业务流程一般包括三个方面,即创新、经营流程和售后服务,不同阶段对应不同的考评指标,如表 4-9 所示。

表 4-9 内部业务流程维度指标分析

阶段	内容	指标
创新	调研企业现有和潜在客户,确认市场需求、规模和价值定位,投入资源开发出新产品和服务	新产品上市速度与计划、新产品投资周期率、新产品占销售额的百分比
经营流程	企业接到客户订单,把产品和服务递交到客户手中	时间、质量、成本
售后服务	企业为出售的产品或服务提供担保,产品维修、退换货手续的办理	时间、质量、成本

学习与成长维度指标分析:学习与成长维度的指标不仅是企业长期发展的基础,还是平衡计分卡另外三个层面指标实现的驱动因素。学习与成长维度有三方面主要内容,分别是员工能力、信息系统能力和授权,如表 4-10 所示。

表 4-10 学习与成长维度指标分析

维度	指标
员工能力	员工满意度、员工离职率、员工生产率
信息系统能力	信息覆盖比例、信息传递时间、信息成本
授权	员工提出建议的数量、建议被采纳的数量

BSC 模型在经历了四个维度的指标分析后，采用指标筛选的方法，将四个维度的指标统一于一个完整的指标体系。BSC 模型的指标体系有很强的综合性，可以同其他模型相结合，从而设计出更符合实际情况的指标体系。

3. 目标管理模型

现代管理学大师彼得·德鲁克于 1954 年在其著作《管理的实践》中首次提出目标管理思想，此后目标管理法在企业管理过程中得到广泛应用。目标管理是指以企业总体目标为核心，将其分解为各部门的目标，根据各部门目标确定部门工作内容，并对最终目标的实现情况进行考评。因此，它的核心在于目标的层级划分，进而生成工作的层级划分，对企业进行多角度、立体化、全方位的管理。[①]

目标管理有一套固定的工作流程，包括制订目标、分解目标、实施目标、检验结果、信息反馈五个步骤，这五个步骤如图 4-3 所示形成一个完整的目标管理网络[②]，而依据 MBO 模型设计的指标体系也是完全依赖于目标管理网络。

具体来讲，制订目标包括从上到下三部分：企业的总目标、部门目标、个人目标，这三部分相互呼应，最终服务于企业的总体利益。同时，需要有一系列明确的辅助规定，如目标达到的标准、可以采取的方法、时间限制、可利用的资源等。分解目标是在制订目标的基础上建立一个完整的企业目标管理网络，整合"纵向"目标体系与"横向"目标体系。"纵向"体系即从上到下的企业—部门—个人体系，要形成上下级之间的沟通互动；"横向"体系则指不同部门间的联动效应，形成部门间相互支援、有机协调的体系，将企业整合为一个有机整体。实施目标是在建立起完善的目标网络后对各项目标的正式执行。检验结果即对实施结果按照制定的标准进行考评。信息反馈则是在实施目标的过程中根据实际情况对目标进行调整，这就重新回到了制订目标的环节，因此目标管理是一个循环进行的整体。

[①] 王忠宗：《目标管理与绩效考核》，广东经济出版社 2002 年版，第 4 页。
[②] 〔美〕彼得·德鲁克：《管理的实践》，刘俊勇、齐若兰译，机械工业出版社 2009 年版，第 61—90 页。

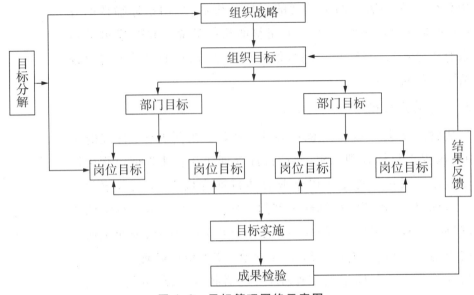

图 4-3 目标管理网络示意图

MBO 模型有以下几个特点：这种方法对目标的层层分解更细致清晰，规定达到目标的具体行为使员工有努力的方向和指导，针对目标的实施情况进行绩效考评有利于企业目标的实现从而提高整体绩效。MBO 模型中目标的实现情况是绩效考评的重要因素：员工与上级协商制定个人目标，这些目标就是对员工考评的基础。阶段目标完成后上下级一起进行工作评估，商讨下一期目标。

由此可见，MBO 模型完全围绕"目标"这一关键指标进行，因此该模型的指标设计也服务于目标。由于不同组织的目标不同，因此分解出的下级目标也不同，实现目标的行为也相应不同，这是 MBO 模型缺乏系统、规范的指标体系的原因。但 MBO 模型可以借鉴其他模型的指标体系，使其服务于自身实际情况，这样设计出的 MBO 模型指标体系具有很强的实践意义。①

4. PDCA 循环绩效考评模型

PDCA 循环绩效考评模型又叫"戴明环""戴明循环""质量环"，是绩效考评中一个通用的模型。美国质量统计之父沃特·休哈特（Walter A. Shewhart）于 1930 年首次提出 PDS 思想（Plan Do See），之后美国质量管理专家戴明将其发展为 PDCA 循环绩效考评法。

PDCA 是全面质量管理所遵循的科学程序，其中的 P，D，C，A 四

---

① 肖更生、刘安民：《管理学原理》，中国人民公安大学出版社 2002 年版，第 251 页。

个英文字母代表的意义如下:P(plan)即计划,包括制定活动的目标、规则和内容;D(do)即执行,实现计划中的内容;C(check)即检查,总结执行计划的结果并找出问题;A(action)即处理,处理检查出的问题,明确下一个循环要改进的问题。这四个部分形成的流程如图4-4所示。①

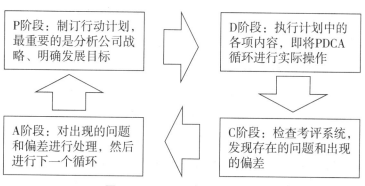

图4-4 PDCA循环示意图

有关PDCA循环在绩效考评中的应用早有研究,主要是分析绩效考评的特点、绩效过程中普遍存在的问题和如何运用PDCA循环来指导绩效考评等。其中,有研究认为PDCA循环有助于解决的绩效考评中出现的问题,见表4-11。

表4-11 PDCA循环解决绩效考评中出现的问题

出现的问题	解决方法
标准不完备	绩效考评标准模糊、缺失、难以量化
考评应用脱节	考评结果缺乏反馈:没有真正利用绩效考评结果来帮助员工在各方面加以提高
方法不合适	绩效考评不能根据自身的实际情况选择恰当的方法

因此,有研究人员提出运用PDCA循环改进绩效考评的思路,将绩效考评分成四步,这四个环节环环相接,周而复始,绩效考评就不断地进行下去。第一步,绩效目标设定(P):为员工制订绩效计划,同时制定明确的考评标准。第二步,绩效实施与过程监控(D):检查绩效的实施情况,适时修正偏差,为绩效评价提供依据。第三步,绩效评价与考评(C):根据绩效目标对员工的绩效实施情况进行评价。

---

① Claus Paul, *Managing Evolution and Change in Web Based-Teaching and Learning Environments*, Computers & Education, New York: 2003, pp. 104-106.

第四步,绩效反馈及结果应用(A):将绩效评价结果反馈员工,并根据企业需要将考评结果加以应用。

PDCA循环的特点在于循环往复:部门内执行一次PDCA循环是一个小环,整个企业执行一次PDCA循环是一个大环。大环中包含着无数个小环,小环的完善推动了大环的完善,即部门的进步推动了整个企业的发展。因此,可以使工作更加条理化、科学化及系统化,这就要求其指标设计更加条理化、科学化及系统化。

5. 360度绩效反馈考评模型

360度绩效反馈考评法也称全视角考评法(Full-circle appraisal)或多源评价法(Multi-source Assessment),起源于英特尔公司的实践。其核心在于对一个员工进行360度全方面考评,考评者包括两种:组织内部的与被考评者关系密切的人(上级、同僚、下属);组织外部的与被考评者关系密切的人(顾客、合作伙伴)。此方法如图4-5所示,被考评者处于圆心,考评者分布在考评者四周——上级考评处于0度位置,顺时针旋转90度为同级考评,180度为下级考评,270度为顾客考评,中间为被考评者本人的自我考评。① 因此,360度绩效反馈考评法的指标体系就是考评者给出的杂乱、多样、丰富的信息,具有很强的主观随意性、难以量化、不成体系等特点。

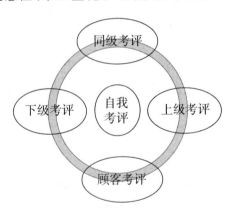

图4-5 360度绩效反馈考评法示意图

这种方法的理论核心在于心理测量学中的真分数理论。真分数理论认为,测验或考评的得分是真分和误差分的线性组合,即 $X = T + e$(X是员工的实际分数,T是员工的预测分数,e是测量的误差。测量的误差是由时间、环境、测量人员、考评系统本身存在的缺陷等因

---

① 孙健:《360度绩效考评》,企业管理出版社2003年版,第5—38页。

素共同决定的,是无法避免的,因此考评系统需要进行不断调整修改,考评操作也需不断完善)。

从理论上讲,只要团队足够大,成员的误差便会相互抵消,对于360度考评而言,由于考评着眼于各个不同的侧面,对任何一位组织成员都测量了多次,平均误差渐趋于零,因此实得分数就渐渐趋于真分,进而在一个团体中,测量误差的变异数也趋于零。也就是说,360度考评与其他评价方法相比,具有比较高的信度和效度。[①]

360度绩效考评模型的出发点就是扩大考评者的范围和类型,从不同层次的人员中收集考评信息,从多个视角对员工进行综合考评,有助于在组织中建立互帮互助的气氛,有加强交流及合作、凝聚团队的作用。但其指标设计是比较复杂的环节,由于该模型采取较多考评者提供的信息,因此信息的标准量化不容易做到,同时信息的客观真实性难以保证,这就使该模型的考评指标复杂多样,难以形成规范系统的体系。

(三)不同模型指标体系对比

通过介绍以上几种考评模型中的指标体系,可以看出它们各自的优点和缺点(见表4-12),从而有助于在实际绩效考评操作中选择最合适的指标体系。

表4-12 不同考评模型指标体系对比

模型	优点	缺点
KPI	1.目标明确,有利于公司战略目标的实现 2.全部量化管理,评价标准客观 3.有利于组织与个人利益达成一致 4.有利于探求组织成功的关键要素	1.指标比较难界定,设计难度大 2.使考评者误入机械的考评方式,即"为了考评而考评" 3.不适合职能性和绩效周期长的职位
BSC	1.战略目标分解,形成具体可测的指标,构建一整套目标管理系统 2.考虑了财务和非财务的考评因素,考虑了内部和外部客户,短期利益和长期利益相互结合	1.实施难度大,工作量大 2.不能有效地考评个人 3.系统庞大,短期很难体现其对战略的推动作用 4.强调考评的全面性,忽视其导向作用

---

① 张保国:《360度绩效评估的实施与思考》,《中国人力资源开发》2002年第6期。

续表

模型	优点	缺点
MBO	1.目标管理中的绩效目标易于度量和分解 2.考评的公开性比较好 3.促进了公司内的人际交往	1.指导性的行为不够充分 2.目标的设定可能存在异议 3.短期目标容易操作,长期目标难以分解
PDCA	1.循环往复 2.条理化、科学化及系统化	1.时间周期较长 2.结果难以检验 3.要求更高的操作水平
360 DFA	1.容易操作 2.员工参与度高,部门之间进行沟通和交流 3.激励员工提高自身全方位的素质和能力,进而提高企业整体绩效水平	1.考评主体对部门之间的熟悉度不高,容易造成指标不客观 2.因为侧重综合考评,所以定性成分高,而定量成分少 3.流于形式,变为"人情考评"

第三节 绩效考评指标量化的方法与技术

绩效考评指标通过要素拟定、标志选择与标度划分等工作,仅仅完成了指标内容的设计工作。虽然这一步工作是整个绩效考评指标体系建构的基础,但到此为止,所设计出的指标的考评功能还不健全,必须进行量化。

绩效考评指标体系的量化主要包括加权、赋分与计分三项工作。

一、加权

加权在这里是指对所有考评指标进行纵向比较,然后根据每个指标在体系中的重要性,把总体的"1"逐一地分赋到每个指标,使其分赋到的数字能够恰当地表示该指标在体系中的重要性。

加权实际上是考评指标体系纵向等值化并能够相加的过程。

例如,要考评一个国家或一个单位的货币持有量,我们应该分设美元、英镑、日元、港币、人民币等货币指标。如果某单位有1000万美元、200万英镑、10万日元、20万港币、2亿人民币,那么我们如何来计算该国家或单位的货币持有量呢?显然,我们不会将上述各种货币数直接相加,而是按照外汇牌价兑换为同一货币如人民币后再累加。即:

```
    1000 万美元×6.9
    200 万英镑×8.6
    10 万日元×0.06
    20 万港币×0.9
+   20 000 万人民币×1
─────────────────────
    28 638.6 万人民币
```

以上的兑换系数 6.9,8.6,0.06,0.9 与 1 均可以看成是一种非归一化的权数,由此不难看出权数的等值化功用。

归一化处理后的权数一般是一种小于或等于"1"的数或百分数。换句话说,归一化处理后的各指标权数之和应该等于 1 或 100%。然而,权数也有绝对量的形式,此时的加权就是配分了,即将总分依据各个指标在体系中的重要性合理地分配到每个指标上的过程。权数绝对量形式与相对量形式彼此可以互换,因此下面我们仅以相对量形式介绍加权的有关方法技术。

(一)主观经验法

当我们对于某一考评客体非常熟练而有把握时,可以直接凭自己的主观经验来加权,但要注意以下几个原则:

(1) 权重分配的合理性。即权重分配要反映考评客体及其对象特征的内部结构与规律。

(2) 权重分配的变通性。即权重的分配要符合客观实际的需要,可以根据考评目的与具体要求适当变通分配。

(3) 权重系数的模糊性。即对权重的分配不必十分精确,可以为考评操作的方便而模糊一点。

(4) 权重系数的归一性。即各考评指标的权重系数之和应该为 1 或 100%。

(二)A,B,C 各类加权法

这是一种根据"关键的少数和次要的多数"的基本原理确定各指标权数的简便方法,也称主次指标排队分类法,分别用不同的权数对各类指标进行不同的加权。其操作步骤如下。

(1) 排队。先对全部指标进行分析讨论,根据考评客体的特点和各指标对考评客体对象特征的揭示程度及其重要程度,将全部指标由大到小或按重要——次要——一般的顺序依次排列。

(2)加权。根据指标排队分类结果,即可以对 A,B,C 三类指标赋予 3,2,1 的不同权数。例如,按照 A,B,C 的顺序直接赋予 3,2,1 的不同权数,或 1.5,1,0.5,等等。

对 A,B,C 以内的各指标加权的方法原理基本同上,按总百分数 100% 来进行分配。

(三)专家调查加权法

这种方法是先聘请一些专家,要求他们各自独立地对考评指标加权,然后按每个考评指标统计,取其平均值作为权重系数,具体操作步骤如下。

(1)确定指标体系分类的等级与权重数值。在图 4-6 中,指标分类等级为 4,加权取值区间为 [1,5],区间内跃值相差 0.25。从数理统计四分位角度看较为合理,把握度较高。

图 4-6 指标分类权重分布图

(2)专家选择、指标与加权。所选取的专家要求具有代表性、权威性与认真负责的态度、独立的个性。专家人数以所考评客体的对象性是否复杂、条件是否允许为依据,一般 10~50 人为宜。

专家选定后,他们应在熟悉与掌握有关加权操作的方法与要求之后,再将加权结果填入相应的事先制定的加权表中。

(3)计算与检验。对各位专家的选取结果采用加权平均的方法进行处理,可得出最后结果。计算公式为:

$$\bar{\alpha} = \frac{\sum \alpha_i f_i}{\sum f_i}$$

式中:$\bar{\alpha}$——某指标权重系数;

α_i——第 i 位专家所加权的权重系数;

f_i——对第 i 条指标选择权重系数 α_i 的人次。

为了保证加权的质量,最后对 $\bar{\alpha}$ 要进行检验,检验公式为:

$$k = \frac{s}{\bar{\alpha}}$$

式中:k——均衡率;

s——相对同一指标不同专家加权系数的标准差;

$\bar{\alpha}$——被检验的加权系数。

k 值越大,说明专家对同一指标加权的意见越不一致。当 $k \leq 0.15$ 时,加权结果较为一致,合格;当 $k > 0.15$,则应剔除 $\bar{\alpha}+3s > \alpha_i > \bar{\alpha}-3s$ 区间以外的奇点数据(过高过低),然后再进行加权平均,求出 $\bar{\alpha}$。

(4)根据上述步骤,所有考评指标将分成一般、较重要、重要和最重要四类,然后进行归一化处理或经验加权。无论哪一种,最后各指标权重和必须为 1 或 100%。

(四)比较加权法

这种方法是以同级考评指标中重要程度最小的那个为标准,其他各指标均与之比较,做出是它多少倍的重要性的判断,然后进行归一化处理。

例如,在"知识""技能""判断力""规划力""领导力"五个考评指标中,假设"知识"最小,将其权重确定为 1,而"技能"1.5 倍于"知识","判断力"3 倍于"知识","规划力"2 倍于"知识","领导力"2.5 倍于"知识",那么有 1+1.5+3+2+2.5=10,归一化处理后即得到对应"知识"、"技能"、"判断力"、"规划力"、"领导力"五个考评指标的权重分别是:0.1,0.15,0.3,0.2,0.25。

(五)德尔菲加权法

这种方法通过分发加权咨询表(见表 4-13),要求每位专家独立地就每个(模块)考评指标的权重系数做出评判,然后将专家意见集中做统计处理。

表 4-13 岗位考评指标体系权重系数咨询表

要　　素	指　　标	指　标 权重系数	要　素 权重系数
劳动责任	1. 产量责任 2. 质量责任 3. 设备责任 4. 安全责任 5. 消耗责任		
劳动技能	6. 知识要求 7. 经验技巧 8. 复杂程度 9. 预防处理事故能力		

续表

要　素	指　标	指标权重系数	要素权重系数
劳动心理	10. 择业心理 11. 择岗心理 12. 岗位位置		
劳动强度	13. 体力强度 14. 有效工时利用率 15. 劳动姿势 16. 器官紧张程度 17. 工作班制		
劳动环境	18. 粉尘 19. 镍 20. 噪声 21. 高温 22. 刺激性气体 23. 井下因素 24. 其他有害因素		

填表人单位_____　姓名_____　年龄____　职务_____　技术职称_____

统计内容有两个。一是每一考评指标权重系数的平均值计算，计算公式为：

$$M_i = \frac{1}{n} \sum_{j=1}^{n} W_{ij} \quad (i = 1, 2, \cdots, m)$$

式中，W_{ij} 是第 j 个专家对第 i 条指标权重系数的估计值。

二是每一专家的估计值与平均估计值的偏差分析，其分析公式为：

$$\Delta_{ij} = W_{ij} - M_i \quad (i = 1, 2, \cdots, m)$$

当进行第二轮咨询时，要将第一轮的统计分析情况反馈给专家，并提示 Δ_{ij} 较大的专家尽量做出新的判断。

通过多轮比较反复后，一般可以得到较为一致的权重系数。

（六）层次分析加权法

层次分析加权法，又称 AHP 方法，是社会科学中应用十分广泛的一种数量化方法。它把专家的经验认识和理性分析结合起来，使比较过程中的不确定因素得到很大程度的降低。加权中的应用操作步骤如下。

（1）就考评指标体系中同一层次的各个指标，运用两两比较的方法，建立评判矩阵。矩阵建立的法则如表4-14所示。

表4-14 评判量化等级表

比较情况	比较结果	量化
两个指标同等重要	同等重要	1
根据经验，一个比另一个稍微重要	略微重要	3
根据经验，一个比另一个指标更为重要	更为重要	5
事实表明，一个指标比另一个指标更为重要	确实重要	7
理论、经验与事实均表明，其中一个指标比另一个指标明显重要	绝对重要	9
两个指标比较的情况介于上述相邻情况之间，并需要折中	两相邻程度中间值	2,4,6,8

例如，有A,B,C,D,E五条考评指标，需要我们选用层次分析法确定其权重。当A与B相比，若认为B比A稍微重要时，则在B行A列交叉处给B记2，在A行B列交叉处给A记$\frac{1}{2}$；A与C相比较，若C比A略为重要，则在C行A列处给C记3，在A行C列给A记$\frac{1}{3}$，……以此类推，直到全部考评指标比较完毕，得到表4-15中的有关数据。

表4-15 考评指标权重确定一览表

指标＼权重＼指标	A	B	C	D	E	W_i
A	1	$\frac{1}{2}$	$\frac{1}{3}$	$\frac{1}{3}$	$\frac{1}{2}$	0.08
B	2	1	$\frac{1}{4}$	$\frac{1}{4}$	2	0.12
C	3	4	1	1	7	0.36
D	3	4	1	1	7	0.36

续表

权重\指标	A	B	C	D	E	W_i
E	2	$\frac{1}{2}$	$\frac{1}{7}$	$\frac{1}{7}$	1	0.08
$\sum_{j=1}^{n} a_{ij}$	11	10	2.7	2.7	17.5	

（2）逐列求和，$\sum_{j=1}^{n} a_{ij}$（i 为行号，j 为列号）。得到表 4-12 中第六行的数据：11，10，2.7，2.7，17.5。

（3）逐行求出各指标的权重：

$$W_i = \frac{1}{n} \sum_{i=1}^{n} \left(a_{ij} / \sum_{j=1}^{n} a_{ij} \right)$$

$$W_1 = \frac{1}{5} \left(\frac{1}{11} + \frac{0.5}{10} + \frac{0.33}{2.7} + \frac{0.33}{2.7} + \frac{0.5}{17.5} \right) = 0.08$$

$$W_2 = \frac{1}{5} \left(\frac{2}{11} + \frac{1}{10} + \frac{0.25}{2.7} + \frac{0.25}{2.7} + \frac{2}{17.5} \right) = 0.12$$

同样地，得到 $W_3 = 0.36$，$W_4 = 0.36$，$W_5 = 0.08$，且 $\sum_{j=1}^{n} W_i = 0.08 + 0.12 + 0.36 + 0.36 + 0.08 = 1$。

当层次分析运用于 10 个指标以上的比较权衡时，不太方便，此时，可以考虑先分块（3 块至 5 块），进行模块加权，然后在同一模块内再进行指标加权，指标权重与模块权重相乘即为每个指标的最后权重。

层次分析还有一种变形，称为对偶比较法。其比较规则如表 4-16 所示。

表 4-16 对偶比较规则

比较情况	量化方法
若 A 比 B 重要得多	则在 B 行 A 列交叉处给 A 记 4，在 A 行 B 列交叉处给 B 记 0
若 A 比 B 略为重要	则在 B 行 A 列交叉处给 A 记 3，在 A 行 B 列交叉处给 B 记 1
若 A 与 B 同等重要	则在 B 行 A 列交叉处与 A 行 B 列交叉处均记为 2

具体的操作步骤与 AHP 方法类似：

（1）根据对偶比较规则得到评判矩阵。

（2）将评判矩阵中的数据逐列求和，设为 $X_i(i=1,2,\cdots,n)$。

（3）将（2）所得的各个数再次求和，即得到评判矩阵所有元素的和，设为 T。

（4）以总和 T 去除各列之和 X_i，即得到对应各个指标（i）的权重：$W_i = \dfrac{X_i}{T}(i=1,2,\cdots,n)$。

（七）多元回归分析加权法

这种方法是把同级的多个考评指标（X_i）看作与另一个更高级的考评指标或对象（$\tilde{y}$）有关系的变量，根据它们在同一考评对象试用中所获得的数据，并通过数学运算找出它们之间的数学关系式：

$$\tilde{y} = b_0 + b_1 X_1 + b_2 X_2 + \cdots + b_n X_n$$

$\tilde{y}$ 与 X_i 转化为标准分数之后，则成为：

$$\tilde{z} = d_0 + d_1 z_1 + d_2 z_2 + \cdots + d_n z_n$$

这里的 $d_i(i=1,2,\cdots,n)$ 即对应指标 i 的权重。$z_i(i=1,2,\cdots,n)$ 即对应的标准分数。

（八）主因素分析加权法

这种方法是先请一些专家（50~100 个）对所有的考评指标的重要性作一等级评判（3~5 级），然后根据专家评判的平均值建构资料矩阵，并由资料矩阵得到规范化矩阵，由相关矩阵得到对应最大特征值 λ_{max} 的特征向量（$l_1, l_2, \cdots, l_n$），这一特征向量的各分量值即对应各个主要考评指标的权重系数。

（九）标准差加权法

这是一种根据被加权的对象本身的差异及其相互关系进行加权的一种方法。

例如，我们在综合评定学生思想品德中的知与行时，认为行比知更为重要，它是思想品德的标志，确认综合评定中行为观察分应 2 倍于德育知识考试的分数。现某个学生在满分 100 分的品德课考试中得了63分,全班学生品德课考试分数的标准差为11,而该生在满分为5的操行评定中得3.2分,全班学生操行评定分的标准差为0.55,那么我们如何来综合最后的分数才符合行为分2倍于知识分的原则呢？如果我们把63的Z分数[①]与3.2的Z分数直接相加,那么总评中知识分的比重是20倍于行为分了,因为$\frac{11}{0.55}=20$。这与我们的合成要求1∶2根本不同。那么,是否把3.2与2相乘,扩大2倍后再与63相加呢？也不是。实际上,可以按公式$K=\frac{W_A S_A}{W_B S_B}$来确定具体的权系数,这里$W_A$与$W_B$对应两个被加权的分数的权重权系,$W_A+W_B=1$,$S_A$与$S_B$为对应被加权分数的标准差,$K$为规定的合成比例。具体到我们的例子中,即：

$$\frac{1}{2}=\frac{W_{知}\times 11}{W_{行}\times 0.55}$$

可以得出：$W_{行}:W_{知}=40:1$。取$W_{行}=\frac{40}{41}$,$W_{知}=\frac{1}{41}$,则合成分数公式为：

$$C=\frac{1}{41}Z_{知}+\frac{40}{41}Z_{行}$$

二、赋分

所谓赋分,即按照一定规则,给每个指标的"标准状态"及其差异程度赋予一定的分数。这种"标准状态"可能是"阈限"状态、"满分"或"理想"状态,也可能是"一般"状态。因此,赋分的方法与技术也有多种形式。

(一) 标准赋分

这种赋分形式是以指标内容中所规定的标准为单位进行赋分,根据具体方式又分为递减赋分与加减赋分。

递减赋分即以是否达到标准以及所达到标准的程度进行赋分。完全达到标准减零分,完全没有达到标准则减去全部标准分。介于两者之间的按规定或酌情减去一定的分数。示例见表4-17。

[①] Z分数也叫标准分数,是一个数与平均数的差再除以标准差的过程。

表 4-17 递减赋分示例

个性品质考评指标模块 20 分	
考评指标与标准分	减分量
1. 服从性　　4	
2. 协作性　　4	
3. 创造性　　6	
4. 责任性　　6	

加减赋分即以是否达到标准以及所达到标准的程度进行加分减分。刚好达到标准不加不减,远远超出标准加最多分,远远低于标准减最多分,其他情况按规定或酌情加减一定的分数。示例见表 4-18。

表 4-18 清扫保洁考核表加减赋分示例

项目	考核内容	考核标准	加分	扣分
工作效率	1. 每日完成 4800 平方米二扫一保的工作任务	清扫不到位或任务完不成一次		2
	2. 按时完成临时突击任务	完成临时性或突击性任务好	2	
工作质量	1. 路面、马路牙子、方砖地面有积水	每平方米		0.5
	2. 清扫范围内有淤泥、积土	每平方米		0.5
	3. 路面和方砖步道清扫不净	每平方米		0.5
	4. 马路牙子清扫不净	每段(3米为一段)		0.2
	5. 收堆不净	每堆		0.1
	6. 漏堆	每堆		0.5
	7. 铺方砖的人行道有杂草	每平方米		0.5
	8. 绿化带有纸屑或杂物	每件		0.2
	9. 污水井口污水不及时清理	每个井口		1
	10. 雪后不及时清理马路牙子或达不到标准	每段(3米为一段)		0.5
	11. 凡属"三根清"地方,漏扫,有杂物	每项		0.5

（二）等级赋分

这种赋分形式是按达到指标标准的程度逐个等级赋分。示例见表 4-19。

表 4-19　等级赋分示例

姓名_____　总分_____　　　　　　　　　　　　　　　年　月　日

工作部门					到职日期	年　月　日	工作年限	年　月	
出生年月	年　月　日（　岁）				籍贯	省　　市(县)	性别	学历	
现任职务									
本职位工作经验	十年以上	五年以上	三年以上	一年以上	执行公司政策	贯彻	大部分	部分	小部分
	10	7	4	2		10	8	6	2
统率性向	有领导力	稍具领导力	需加训练	无能力	熟悉公司章程	熟悉	较熟悉	部分	不太熟悉
	10	6	2	0		10	8	6	2
对公司有否建议	十次以上	五次以上	一次以上	没有	工作态度	忠诚	热忱	合作	保守
	10	7	4	0		10	8	6	0
发展潜力	智慧	知识	判断力	主见	计分	评语：			
	10	10	10	10					
	以上由评审小组评分								
学历	大学	专科	高中	初中	在本公司工作年限	十年以上	五年以上	三年以上	一年以上
	10	8	6	4		10	7	4	2

续表

出勤情况	准时到班	偶有迟到	常请假	不守规则	积极参加公司集会	参加	部分	偶尔	不参加
	10	6	2	0		10	7	4	0
奖加分	大功	小功	嘉奖	表扬	惩扣分	大过	小过	严重警告	警告
	9	3	1	0.5		9	3	1	0.5
以上由人力资源部门评分：					计分：				
批示					人力资源部门评语：				

等级赋分中又有实质赋分与形式赋分、等距赋分与不等距赋分、整数赋分与小数赋分、弹性赋分与刚性赋分、连续赋分与间隔赋分等具体形式。表4-20为连续赋分示例。

表4-20 连续赋分示例

自　　年　　月　　日至　　年　　月　　日

工号	工别	姓名	性别	出生年月日	籍贯	学历	经历			
年月日到工	迟到早退（时分）		旷工	请假天数（时分）	实际工作天数	功绩	过失		初考评分	复考评分
考评项目及评分标准	1	工作品质	特别标准整洁美观（9~10分）	罕有错误整洁美观（7~8分）	偶有错误尚属整洁（6分）	错误颇多且欠整洁（5分）	错误过多且不整洁（4分以下）			
	2	工作量或速度	超过定量提前完成（9~10分）	达到定量如期完成（8~7分）	不足定量催促完成（6分）	工作量少过期完成（5分）	几天不能完成（4分以下）			

续表

考评项目及评分标准	3	责任心	负责可靠 如期完成 (9~10分)	工作稳健 稍需监督 (7~8分)	工作正常 需加监督 (6分)	工作懈散 严密监督 (5分)	工作不力 推诿责任 (4分以下)
	4	合作	主动合作 协调密切 (9~10分)	自动助人 (7~8分)	少有合作 (6分)	拒绝合作 (5分)	破坏合作 (4分以下)
	5	学习能力	接受快 无须教导 (9~10分)	进度超前 (7~8分)	需勤加教导 (6分)	接受迟缓 需反复教导 (5分)	愚笨庸劣 记忆力差 (4分以下)
	6	智能或技能	绰有余裕 (9~10分)	胜任愉快 (7~8分)	能够胜任 (6分)	勉强胜任 (5分)	不能胜任 (4分以下)
	7	守法	守法守纪 且引导别人 (9~10分)	自觉遵守 法令 (7~8分)	尚无越轨 (6分)	严密监督 始能遵守 (5分)	不关心 (4分以下)
	8	安全警觉	警觉高 处处防范 (9~10分)	遵守安全 规定，提出 改善建议 (7~8分)	注意安全 (6分)	无警觉 粗心大意 (5分)	违反安全规定 危及他人 (4分以下)
	9	自发自制	主动自发 律己克己 (9~10分)	修养有素 主动改进 工作 (7~8分)	能完成分 内工作 (6分)	常依赖别人 情感偶有 冲动 (5分)	完全被动 缺乏涵养 (4分以下)
	10	仪态体能	仪容整洁 体能强健 (9~10分)	仪态大方 体力正常 (7~8分)	能保持整洁 甚少疾病 (6分)	不修边幅 体力较弱 (5分)	使人厌恶 体弱多病 (4分以下)
总评	初考 复考			总分数		绩效等级	核定

（三）常规赋分

这种赋分形式对每个考评指标何种程度赋多少分数、如何赋分，事先都有明确的约定，所有考评者均照此执行。示例见表4-21。

表 4-21 常规赋分示例

序号	考核项目	单项分解	分值	评分标准
1	自身责任 10	任职资格	6	高级:满 5 年 6 分;不足 5 年 5 分 中级:满 10 年 4.5 分;5~10 年 3.5 分;不足 5 年 3 分 初级:满 5 年 2 分;不足 5 年 1 分
		文化程度	3	研:3 分;本:2.5 分;专:2 分;中:1.5 分;其他:1 分
		身体状况	1	能坚持日常工作:1 分;其他:0.5 分
2	劳动技能 30	掌握本专业基本理论和专业知识以及在实际工作中的应用	4	基础理论及专业知识扎实,应用好 4 分 基础理论及专业知识扎实,应用较好 3.5 分 基础理论及专业知识较强,应用较好 3 分 基础理论及专业知识较强,应用较好 2.5 分 其他 2 分
		与本职工作相关的专业知识的掌握程度	3	知识面广,基本功扎实 3 分 知识面较宽,相关专业知识较丰富 2.5 分 掌握一定相关的专业知识 2 分 其他 1.5 分
		综合分析能力	3	综合分析能力强 3 分 综合分析能力较强 2.5 分 有一定的综合分析能力 2 分 其他 1.5 分
		按标准要求完成设计和科研工作任务	10	完全按要求完成 10 分 基本按要求完成 8 分 在他人的帮助下能够完成 6 分 完成设计和科研工作有困难 5 分
		处理解决施工现场问题的能力	4	能独立解决问题 4 分 基本能解决问题 3 分 能解决部分问题 2.5 分 其他 2 分
		独立承担大、中、小型项目的设计及研究	4	能独立承担大型项目的设计及研究工作 4 分 能独立承担中型项目的设计及研究工作 3.5 分 能独立承担小型项目的设计及研究工作 3 分 在他人的指导下能承担部分设计工作 2 分
		指导或组织他人工作的能力	2	能担当整体项目负责人工作 2 分 能担当子项目负责人工作 1.5 分 具有指导他人的能力但未做过项目负责人的工作 1 分 其他 0.5 分

续表

序号	考核项目	单项分解	分值	评分标准
3	劳动贡献 40	本职工作完成情况	20	能按规定要求完成本职工作 20 分 基本按要求完成本职工作 17 分 能完成本职工作,但时有拖欠 14 分 经常不能完成本职工作 10 分
		工作质量	15	工作保质保量完成,无差错 15 分 每出现一次质量问题减 3 分 每出现一次较大质量问题减 6 分 出现重大质量事故不得分
		专业配合及服务情况	5	专业配合好或服务质量好 5 分 专业配合一般或服务一般 4 分 专业配合差或服务不好 2.5 分
4	劳动态度 20	热爱本单位,安心工作	2	爱本单位安心工作 2 分
		工作主动,热情较高	2	工作主动热情 2 分,工作积极性一般 1 分
		工作负责,不推不托	2	工作负责 2 分,有推托现象 1 分
		努力学习,钻研业务	2	刻苦钻研业务 2 分,专业一般 1 分
		服从分配,听从指挥	2	服从分配 2 分,不服从一次扣 1 分
		团结同志,互相帮助	2	群众关系好 2 分,差 1 分
		礼貌待人,文明工作	2	态度好 2 分,态度一般 1 分
		遵守国家法律、社会公德	2	遵守 2 分,违反一次扣 1 分
		遵守院规、院纪	2	遵守 2 分,违反一次扣 0.5 分
		遵守劳动纪律	2	表现好 2 分,如有迟到早退现象 1 分,旷工 0 分

(四) 随机赋分

这种赋分形式的特点是,每个考评指标只有一个满分或最高(低)分的规定,达到什么程度赋多少分与如何赋分,事先并没有什么严格明确的规定,允许考评者自己根据具体需要确定。示例见表 4-22。

表 4-22 随机赋分考评表示例

(主管)　　　　　　　　　　　　　　　　　　　　　　　　　　　　　　　　年　月　日

姓名		部门		职称			性别			到职日期		年　月　日	
出勤奖惩		迟到次	旷工日	产假日	事假日	病假日	婚假日	丧假日	警告次	小过次	大过次	嘉奖次	小功次	大功次	考勤分数
加扣分		−	−	−	−	−	−	−	−	−	−	+	+	+	

项目	考评内容	最高分数	自行评分	初核评分	复核评分	初考意见
领导能力	善于领导部属,提高工作意愿,积极达成目标	15				
	灵活领导部属,达成目标	13				
	尚能领导部属,勉强达到目标	11				
	不得部属信赖,工作意愿低沉	8				
	领导方式不佳,常使部属不服或反抗	5				
策划能力	策划有系统,能力求精进,工作事半功倍	15				
	具有策划能力,工作能力求改善	13				
	称职,工作尚有表现	11				
	只能做交办事项,不知策划改进	8				
	缺乏策划能力,需依赖他人	5				
工作绩效	工作效率高,具有卓越创意	15				
	能胜任工作,效率较标准高	13				
	工作不误期,表现符合要求	11				
	勉强胜任工作,无甚表现	8				
	工作效率低,时有差错	5				
责任感	具有较强的责任心,能彻底完成任务,可以放心交付工作	15				复核意见
	具有责任心,能顺利完成任务,可以交付工作	13				
	尚有责任心,能如期完成任务	11				
	责任心不强,需有人督促,方能完成工作	8				
	欠缺责任心,时时督促,亦不能如期完成工作	5				
协调沟通	善于上下沟通,平衡协调,能自动自发与人合作	10				
	乐意与人协调沟通,顺利完成任务	8				
	尚能与人合作,达到工作要求	7				
	协调不善,致使工作发生困难	5				
	无法与人协调,致使工作无法进行	3				

续表

项目	考评内容	最高分数	自行评分	初核评分	复核评分	初考意见
授权指导	善于分配工作与权力,并能积极传授工作知识,引导部属完成任务	10				
	灵活分配工作与权力,有效传授工作知识,完成任务	8				
	尚能顺利分配工作与权力,指导部属完成任务	7				
	欠缺分配工作、权力及指导部属之方法,任务进行偶有困难	5				
	不善分配工作、权力及指导部属之方法,内部时有不服及怨言	3				
品德言行	品性廉洁,言行诚信,刚正不阿,足为楷模	10				
	品行诚实,言行规律,平易近人	8				
	言行尚属正常,无越轨行为	7				
	固执己见,不易与人相处	5				
	私务多,经常利用上班时间处理私务或擅离工作岗位私自外出	3				
成本意识	成本意识强烈,能积极节省,避免浪费	10				考评分数
	具备成本意识,能节省	8				
	尚具成本意识,尚能节省	7				
	缺乏成本意识,稍有浪费	5				
	成本意识欠缺,常有浪费	3				
评定总分		100				评核等级
评分人员签章						
被评人意见及希望(被评人填)						

(五) 精确赋分

所谓精确赋分,就是要求考评者依据每个考评指标的标准要求,对考评对象的得分进行十分精确的判断。当然,这种精确性更多是体现在判断赋分的过程中,而不是在判断赋分的结果上。例如,表4-19即精确赋分。

（六）模糊赋分

所谓模糊赋分，并不要求考评者依据标准对考评对象进行严格的准确判断。如果说精确赋分是证据充分的判断赋分的话，那么模糊赋分就属于一种证据不够充分的判断赋分；如果说精确赋分是力求找到一种十分贴切而又具体的形式来表达评判结果的话，那么模糊赋分则只是寻求一种比较合适的形式来表达判断的结果。

（七）绝对赋分

绝对赋分是以指标中的客观标准为依据赋分。例如表4-20中的年龄、学历等均属于绝对赋分，这实际上是一种效标赋分。

（八）相对赋分

相对赋分不是以指标中的客观标准为依据赋分，而是以全体考评对象的实际水平为依据，给其中最高水平的人以该项指标的满分（最高分），给最低水平者以0分或最低分，中间水平的人则根据其相对最高、最低水平者的差距来赋分。

例如，5个人的产品合格率分别为95%、90%、85%、75%、70%，我们给最高水平95%的那个人的"工作质量"记5分，其余按比例转换分别为4.7、4.5、3.9、3.7。

（九）二次赋分

这种赋分方法不像上面介绍的八种方法，由一次赋分完成，而是要求考评者通过二次赋分完成。先进行一级赋分，如优（5）、良（4）、中（3）、差（2）、劣（1），然后在一级赋分的基础上进行二级赋分。示例见表4-23。这种二次赋分的方法既扩大了考评结果的区分度，又不增大考评难度，也就是评判幅度小但评判级别多。

表4-23 二次赋分示例

要素	编号	劣 （下、中、上）	差 （下、中、上）	中 （下、中、上）	良 （下、中、上）	优 （下、中、上）
事业心	1	缺乏理想，工作敷衍，责任心差	理想浅薄，工作较马虎，责任心不强	有一定理想，工作尚努力，责任心一般，满足于完成日常的任务	有理想，有抱负，工作勤奋，责任心较强	有远大的理想和抱负，工作一丝不苟，勇于承担责任

绩效考评与管理方法

续表

要素	编号	劣 (下、中、上)	差 (下、中、上)	中 (下、中、上)	良 (下、中、上)	优 (下、中、上)
纪律性	2	组织纪律性差，有违法乱纪行为	组织纪律性较差，规章制度执行不严，偶有违纪现象	有一定组织纪律性，能遵守党纪国法和各项规章制度	组织纪律性较强，自觉遵守党纪国法和各项规章制度	组织纪律性强，模范遵守党纪国法和各项规章制度
原则性	3	原则性差，是非不分，常常拿原则做交易	原则性较差，有时为了情面放弃原则	一般情况下，能坚持原则，但不能碰硬	原则性较强，是非分明，能开展批评与自我批评	原则性强，敢于碰硬，能够同各种违法乱纪现象做不懈的斗争
求实精神	4	表里不一，阳奉阴违，弄虚作假，见风使舵	作风浮夸，人云亦云，表里不一致	尚实事求是，但有时凭"想当然"办事	坚持实事求是原则，为人正直，办事扎实	思想路线端正，不唯上，不唯书，敢于唯实，能坚持真理，修正错误
进取心	5	进取心差，不求上进	进取心较差，有时有上进愿望，但不能持久	有一定进取心，不甘落后，但也不求冒尖	进取心较强，时时激励自己取得更好的成绩	进取心强，力争上游，勇于夺魁
廉洁性	6	廉洁性差，常常利用职权损公肥私，有贪污受贿行为	廉洁性较差，好贪小便宜，个人需求上向别人伸手多	廉洁性一般，不贪不占，较少计较个人得失	廉洁性较好，秉公守法，严于律己，不计较个人名利得失	廉洁性好，吃苦在前，在困难和危急时刻，能为人民利益挺身而出
民主性	7	民主性差，心胸狭隘，难以容人，搞一言堂，听不得不同意见	民主性较差，办事缺乏商量，固执己见，不善于听取不同意见	有民主性，能听取正确意见	民主性较强，有事同群众商量，听取多方面的正确意见，同别人友好合作	民主性强，能集思广益，从善如流，严于律己，宽以待人，善于团结同志，合作共事

续表

要素	编号	劣（下、中、上）	差（下、中、上）	中（下、中、上）	良（下、中、上）	优（下、中、上）
服务性	8	服务性差，只顾自己，不关心他人，缺乏为人民服务的精神	服务性较差，不能主动地为他人服务	有一定的服务性，能关心他人，做一些有益于人民的事	服务性较好，主动关心他人，为人民服务态度和善、热情	服务性好，时刻关心群众的疾苦，任劳任怨，能主动周到地为人民服务
自知	9	自知精神差，狂妄自大或自暴自弃	自知精神较差，对自己缺乏全面正确的估价	有自知精神，大体了解自己的长处和短处	自知精神较强，较全面地了解自己的长处和短处	自知精神强，有自知之明，善于剖析自己，并能不断进行自我完善
坚韧性	10	坚韧性差，意志脆弱，知难而退	坚韧性较差，意志不够坚强，遇到困难容易沮丧动摇	有一定坚韧性，能克服一般困难	坚韧性较强，能忍受较大困难，知难而进	坚韧性强，经得起重大挫折，能百折不挠地实现既定的目标
马列主义理论知识	11	马列主义理论知识贫乏	粗略了解马列主义理论知识	具有一定的马列主义理论知识	较系统地掌握马列主义理论知识，并能在实践中加以应用	系统地掌握马列主义理论知识，并能应用马列主义的立场、观点和方法，说明和解决实际问题
管理科学知识	12	管理科学知识贫乏	粗浅了解管理科学知识	了解一般的管理科学知识	熟悉现代管理科学知识	精通现代管理科学知识
本职专业知识	13	缺乏本职专业理论知识	对本职专业理论知识仅有粗浅了解	一般地掌握本职专业知识	掌握本职专业理论知识，具有一定深度	系统全面掌握本职专业理论知识，对某些问题有独立见解，是本专业的行家

续表

要素	编号	劣 （下、中、上）	差 （下、中、上）	中 （下、中、上）	良 （下、中、上）	优 （下、中、上）
知识面	14	知识面窄,各类知识都很贫乏	知识面狭窄,除本专业外,对其他知识了解甚少	知识面一般,除本专业外,对自然科学和社会科学等方面的知识略知一二	知识面较广,除本专业外,对自然科学和社会科学知识都有较多的了解	知识面广,除本专业外,自然科学和社会科学知识都很丰富,对某些问题有较深的研究
自学能力	15	缺乏自学能力	自学能力较弱	有一定的自学能力	有较强的自学能力	自学能力强,能迅速获取新知识
综合分析能力	16	综合分析能力差,逻辑混乱,抓不住事物的本质和重点	综合分析能力较弱,有片面性,有时抓不住重点	有一定的综合分析能力,看问题较全面,一般能抓住重点	综合分析能力较强,对问题有敏感性,能分析较为复杂的问题,判断准确性较高	综合分析能力强,目光敏锐,善于系统、全面地分析问题,逻辑性强,判断准确性高
口头表达能力	17	口头表达能力弱,言语含糊,词不达意	口头表达能力较弱,言语欠清晰,尚能表达自己的思想	有口头表达能力,言语清楚,有一定的条理性	口头表达能力较强,言语清晰,条理性强,有一定鼓动性	口头表达能力强,重点突出,条理清晰,言语生动简练,有较强的鼓动号召力
书面表达能力	18	书面表达能力差,文章结构零乱,语病和错别字多	书面表达能力较差,文章不够通顺,有语病	有一定书面表达能力,文字通顺,表达清楚,语病较少	书面表达能力好,文章结构合理,文字简洁	书面表达能力很好,结构严谨,文字流畅、简练、生动,文章质量高
谋略能力	19	谋略能力差,遇到复杂的事时,束手无策,一筹莫展	谋略能力较差,工作点子少,计划不周,易于失误	有一定的谋略能力,能制订尚周全的工作计划,遇事也能出些主意,想些办法	谋略能力较强,有预见性,对工作能做出较周密的安排	谋略能力强,善于运筹全局,深谋远虑

续表

要素	编号	劣（下、中、上）	差（下、中、上）	中（下、中、上）	良（下、中、上）	优（下、中、上）
决断能力	20	无魄力,优柔寡断,缺乏主见	魄力小,遇事迟疑不决,不能当机立断	有一定魄力,能对一般问题做出决断	魄力较大,能在较复杂的情况下做出正确的决断	魄力大,有战略眼光,能在风云变幻中把握时机,做出高明的决断
指挥协调能力	21	指挥协调能力差,不善安排调度,协作配合很不得力	指挥协调能力较差,安排调度有时不够合理,使协作配合受到影响	有一定指挥协调能力,安排调度较合理,协作配合较好	指挥协调能力较强,安排调度合理,同各方面协调配合默契	指挥协调能力强,指挥自如,调度得当,能将各方力量拧成一股绳,协同工作,很有节奏
应变能力	22	待人处事刻板,适应性差	待人处事较刻板,适应变化的情况较吃力	待人处事有一定灵活性,一般能根据变化的情况采取相应对策	待人处事较灵活,能适应多种情况的变化,采取相应对策	待人处事很灵活,善于审时度势,采取相应对策,应付复杂多变的情况,取得主动
创新能力	23	无创新能力,因循守旧,墨守陈规	创新能力差,有创新愿望,但缺少办法	有一定创新能力,能提出改革设想,但步子不大	有较强创新能力,能探索新路子,在改革上已取得一定成绩	创新能力强,锐意求新,开拓进取,在改革方面有重大突破
任贤能力	24	任贤能力差,不会识人用人	任贤能力较差,尚能识人,但不善用人	任贤能力一般,尚能识别和使用人才	任贤能力较好,能较好地识别人才和使用人才	任贤能力好,知人善任,用其所长,十分注意培养和选拔符合"四化"要求的优秀人才
劝说能力	25	谈话说服力差,态度生硬,缺乏谈话技巧,难以被人接受	谈话说服力较差,不善疏导,有时不易被别人接受	谈话说服力一般,有一定疏导技巧,尚能为别人接受	谈话说服力较强,态度诚恳,善于疏导,说服效果较好	谈话说服力强,谈吐亲切和蔼,语言诙谐幽默,富有魅力,能自然而巧妙地说服别人

续表

要素	编号	劣（下、中、上）	差（下、中、上）	中（下、中、上）	良（下、中、上）	优（下、中、上）
交往能力	26	交往能力弱，社交面窄，很少与人交流	交往能力较弱，社会接触面不广，不善与人交流	交往能力一般，有一定社交接触面，能与人交流	交往能力较强，社交接触面较广，善于建立工作联系	交往能力强，社交接触面很广，能广泛建立工作联系
本职业务能力	27	本职业务能力差，难以胜任本部门日常工作	本职业务能力较差，在具体指导下能处理日常工作	本职业务能力一般，能独立处理本部门日常工作	本职业务能力较强，能独立处理较复杂的业务工作，是业务骨干	本职业务能力强，能妥善解决本部门关键复杂的业务问题，是业务上的带头人或尖子
工作效率	28	工作效率低，经常完不成任务	工作效率较低，需要别人帮助才能完成任务	工作效率一般，能按时完成任务，基本保证质量	工作效率较高，能及时地保质保量完成任务	工作效率高，完成任务速度快，质量高，效益好
工作成绩	29	工作成绩甚微，常处于落后状态	工作成绩平常，起色不大	工作有一定成绩，能较好地完成任务	工作成绩较大，能扭转被动局面，处于领先地位	工作成绩大，能开创新局面或有重大科研学术成果
群众威信	30	群众威信低	群众威信较低	群众威信一般	群众威信较高	群众威信高

表4-23中的各等级可进一步赋分量化，见表4-24。

表4-24 二次量化数值表

权重分\等级	优			良			中			差			劣		
	5			4			3			2			1		
	上	中	下	上	中	下	上	中	下	上	中	下	上	中	下
5	4.8~5分	4.5~4.7分	4.1~4.4分	3.8~4.0分	3.5~3.7分	3.1~3.4分	2.8~3.0分	2.5~2.7分	2.1~2.4分	1.8~2.0分	1.5~1.7分	1.1~1.4分	0.8~1.0分	0.5~0.7分	0.1~0.4分

（十）统计赋分

考评指标可以分成客观性考评指标与主观性考评指标。例如，出勤率、产品合格率、脉搏次数、身高等均为客观性考评指标，对于这种指标，大家考评的结果比较一致。但考评中有许多主观性指标，例如，开拓性、创造性、忠诚等企业家素质的考评指标，人们很难取得一致的考评结果。为了保证考评结果的相对客观与准确，考评者不能是一个人而往往是一个群体，因此需要进行统计赋分，即赋分多少并不是凭1至2个人的评判而定，而是通过统计得出。例如，25个考评者对某经理候选人"开拓性"的考评结果是：一等5分的4人，二等4分的9人，三等3分的5人，四等2分的7人，五等1分的没有。那么，最后的赋分结果是：

$$5 \times \frac{4}{25} + 4 \times \frac{9}{25} + 3 \times \frac{5}{25} + 2 \times \frac{7}{25} = \frac{85}{25} = 3.4$$

这里的赋分实际与计量同义。

（十一）分散赋分

上述十种方法基本上都是以指标内容为单位整体赋分。分散赋分则不同，它是把指标的内容再分成几个点分别赋分，对应这种分散赋分的计量形式即积分法。示例见表4-25。

表4-25 分散要点赋分示例

考评项目		考评内容及加、扣分标准
敬业精神	职业道德	1. 为集体或他人做好事，每做一件加2分 2. 发生不利团结的言行，每次扣2分 3. 按照(93)干字57号文件规定，私自对外搞技术咨询、服务扣10~20分
	遵规守纪	1. 受本单位通报批评，每次扣2分 2. 受行政警告处分扣3分；记过处分扣5分；记大过处分扣7分；留用察看扣10分 3. 违反工厂制定的规章制度，视情节轻重扣2~10分
	劳动态度	1. 迟到、早退每次扣2分 2. 事假一天扣3分；病假一天扣1分；旷工一天扣3分 3. 违反工厂纪律一次扣5分 4. 不服从组织分配一次扣2分

续表

考评项目		考评内容及加、扣分标准
生产工作成绩	任务完成	1. 完不成所下达的任务扣5分 2. 工具,原、辅助材料,按定额考核,每节约10%加5分,每超指标10%扣10分 3. 干部由主管领导对述职表进行核定,非常满意加2分,很满意加1分,满意不加分,还算满意扣1分,不太满意扣2分,不满意扣5分,很不满意扣10分
	工作质量	1. 生产、工作中失误一次扣5分 2. 各项原始凭证、报表等失误一次扣2分
	安全、文明生产	1. 每出现一起责任事故扣5分 2. 日常安全活动无故不参加一次扣2分 3. 不按要求使用劳保用品一次扣2分,违章作业一次扣5分 4. 违反工厂文明生产、定位安全防火规定,每次视情节扣2~5分 5. 设备维护、保养不好一次扣1分
	技术攻关	1. 每实施一项合理化建议:车间级加3分,厂级加5分,公司级加10分 2. 给企业创效益或节省资金,每实现千元加5分(有关部门鉴定) 3. 指导一名大、中专毕业生或带一名徒弟,每月加2分
	其他	受公司记功、记大功、特功、晋级或通令嘉奖,可根据奖励档次加10~100分

表4-25为负面积分示例,表4-26则是正面积分示例。

表 4-26 分散要点赋分示例

指标	考评着眼点	分值
纪律性	1. 严格遵守时间	2
	2. 临近下班时没有着急做回家的准备	2
	3. 服装、头发整洁	2
	4. 和上司、同事说话时有礼貌	2
	5. 遵守卫生值日等工作	2
	6. 遵守大家决定的事情	2
	7. 工作中没有曲解上级的指示	2
	8. 没有不顾上司意图或指示,独断专行进行工作之举	2

续表

指标	考评着眼点	分值
协作性	1. 他人有困难时积极帮助	2
	2. 在自己的工作中积极援助他人	2
	3. 能很好理解同事工作,尊重对方立场与意见	2
	4. 意见不一时,能及时调整自己的立场,开展工作	2
积极性	1. 所注意到的事情、收集到的情报能主动向上司汇报	2
	2. 想方设法改进工作	2
	3. 经常谈论工作	2
责任性	1. 从未忘记约会,不让客户或他人为难	2
	2. 失约后会及时主动采取补救措施	2
	3. 工作从未半途撒手不管	2
	4. 工作中没有责任推诿现象	2
	5. 没有将自己的失败转嫁他人之举	2

三、计分

计分与赋分有所不同,赋分是考评之前对每个考评指标的"标准状态"及其可能的差异程度的分数设定,是对指标的横向量化,而计分是考评时或考评后对考评结果的量化与表示,但两者往往交织在一起。计分的形式主要有以下几种。

(一) 统计法

参考前面"赋分"中的第十种统计赋分法。

(二) 计算法

例如,抽查某五个工人的100件产品,发现他们的废品件数分别是14,13,10,8,7,这里废品最多的是14件。若我们规定最多扣5分,那么,废品数为14的人扣5分,而废品数为13的人应减4.64分,它是根据公式$\frac{5}{14} \times 13 = 4.64$计算出来的,其余的以此类推为3.75分、2.86分、2.50分。

(三) 评判法

所谓评判法,即要求考评者根据自己对考评指标标准的理解与把握,根据自己对考评对象的印象与把握,进行主观的评定。一般是在赋分的等级中确定一个。确定的方式既可以自拟,也可以在已确定的几个赋分等级中选择一个适当的。示例见表4-27。

表4-27 选择式评判示例

指标名称	标度					评判
	A	B	C	D	E	
专业知识	丰富渊博	广泛	一般	不足	贫乏	A B ⓒ D E

上述结果表明,考评者最后是以选择方式评定为"C"的。

(四)选择式

所谓选择式,是把欲考评的对象特征一一列于指标体系中,将它们与指标标准相匹配,考评时考评者只要逐条选择即可。例如,"赋分"中第十一种分散赋分方法中的表4-26,这种方式将考评标准与考评对象直接对比,较为准确。强迫式选择量表也大都属于这种形式。例如表4-28,只要给每个选项赋予相应的分数即可。

表4-28 选择式计分法指标体系示例

[工作质量] 与期望水平相比较,工作的出色程度如何?
1. 很少需要修正或调整
2. 很少有不良情况
3. 完成的图表和字迹非常干净、漂亮
4. 表达简明扼要
5. 反映出工作中的勤奋与认真精神
6. 反映出工作内容的广博
7. 质量水平较低

[工作数量] 与期望值相比,工作数量如何?
1. 单位时间内完成的工作量很多(速度)
2. 在连续的工作期间中浪费和无效现象很少
3. 不同工作内容的转换很快
4. 新工作也能有条不紊地进行
5. 能够积极主动地协助或帮助他人做好工作
6. 能够代替上司或同事履行职责
7. 在执行重点业务时,特别能打破绝对量上的纪录
7. 工作量目标设定偏低

续表

| 期限 | 是否能够遵守期限,按期完成?
1. 认真负责地按期完成工作任务
2. 及时、正确地向有关方面报告进展情况和完成情况
3. 乐意加班加点
4. 倾向于通过加班加点来完成工作
5. 工作迟缓又不愿求助于他人
6. 期限设定过于宽容

| 效率 | 工作成果与经费、时间比值如何?
1. 工作手段高明,富有成效
2. 工作中具有成本意识和时间观念
3. 工作过程中井然有序,不出差错
4. 工作中注意请示汇报
5. 只干分内工作
6. 只干最低限度的工作量
7. 在工作中经常计算或权衡投入、产出之比
8. 在工作中理解并懂得快与慢、笨与巧的关系
9. 过于仔细,质量超标
10. 不知目的,不得要领

第四节 考评指标质量检验技术

为了保证考评指标的质量,在正式使用前,我们应对考评指标体系进行必要的质量检验。考评指标体系质量检验的项目及其方法技术,一般包括有效性及其检验方法、客观性及其检验方法、区分性及其检验方法、独立性及其检验方法、权重及其检验方法、准确性及其检验方法、赋分合理性及其检验方法等。上述检验项目较为抽象,必须在所有指标试用于考评对象之后才能进行操作。换句话说,所有检验工作必须在指标试用并取得足够数据的基础上进行。

一、有效性及其检验方法

有效性是指考评指标的内容能有效地揭示考评对象的特征。对于绩效考评的整个指标体系来说,有效性是指考评指标体系能够全面准确地反映绩效考评对象的全部特征与实际。

检验考评指标有效性的方法有三种,即经验判定、相关分析与多因素分析。

所谓经验判定,即依据绩效考评的实践经验,分析考评指标的结构、特点及其与考评对象某一特性的关系,评判考评指标的有效程度。

所谓相关分析,即首先确认或选择某一能够反映考评对象特性的公认标准,然后分析所拟考评指标的考评结果与公认标准的考评结果(相对同一考评对象)的相关程度,相关度越高则越有效。有效性也可以理解为用不同考评方法操作考评指标所得考评结果间的相关性。

所谓多因素分析,即把待检验的考评指标进行试用,通过多元统计分析中的因素分析法,可以分别确定各个考评指标对考评对象的影响和作用的大小(贡献率),那些影响与作用越大的指标,有效性越高。

二、客观性及其检验方法

所谓客观性,是指不同的考评者,无论他是否有经验,采用同一方法操作同一考评指标(体系)去考评同一对象,所得结果应该一致。考评结果越一致,说明这种考评指标越能抗拒考评者的主观因素影响,因而也就显得越客观。

检验考评指标的客观性最常用的是一致分析法,即分析不同考评者操作同一考评指标对同一考评对象考评结果的一致性系数。一致性系数越高,则说明该考评指标的客观性越强。

表 4-29 为用"有效工时利用率"表作为岗位考评指标的考评结果。

表 4-29　有效工时利用率

岗位	1	2	3	4	5	6	7	8	9	10	11	12	13	14	15	16	17	18	19
主管考	4	4	4	4	5	3	2	3	4	4	3	4	4	4	5	4	4	4	5
专家考	5	5	5	4	5	4	2	4	5	4	3	4	5	5	5	5	5	5	4
本人考	4	5	4	3	4	3	2	4	5	4	4	4	3	4	5	4	5	5	4

"有效工时利用率"作为劳动强度的一个考评指标,其客观性如何呢?

我们可以通过对主管、专家与任职者本人三方面的考评结果的一致性来检验,可以用符号检验法。我们先比较主管与专家的一致

性。具体比较方法如下:

当主管的考评结果大于专家时记"+";

当主管的考评结果与专家的相同时记"0";

当主管的考评结果小于专家时记"-"。

然后统计"+""0""-"的个数,并分别用"n_+""n_0""n_-"表示。

5=很高,4=高,3=一般,2=低。

比较表4-29中第二行与第三行的数据,可知$n_+ = 1, n_- = 12, n_0 = 6$。

令$N = n_+ + n_-, r = \min(n_+, n_-)$,则有:

$$N = 13, r = 1$$

根据N和显著性水平α,查符号检验表,可以找到临界值K,本例中$K=2$(取$\alpha = 0.05$)。

将r与K比较,当$r>K$时,两组考评结果无显著性差异;当$r \leq K$时,两组考评结果有显著差异。据此可知,本例中主管与专家的考评结果有明显差异;同样可知主管与任职者本人的考评结果比较一致,无显著差异;专家与任职者本人的考评结果不一致,有显著差异。

上述差异(一致性)分析表明,把"有效工时利用率"作为劳动强度的考评指标比较符合管理实际,因此主管与任职者本人的考评结果比较一致。专家之所以与主管和本人存在显著差异,考评偏高,很可能是因为其对"岗位"缺乏全面实际的了解而造成的。

考评指标客观性的检验还可以采用下述的肯德尔和谐系数检验法。

已知5位专家用4个考评指标对同一对象进行考评,考评结果如表4-30。

表4-30　专家考评结果统计表

专家＼指标	一	二	三	四
1	B	A	B	C
2	A	A	B	B
3	B	B	C	C
4	A	B	A	B
5	B	A	B	B

在表4-30中,专家1在四个考评指标中评价最低的是指标四,其秩次记为1;指标二评价最高,其秩次记为4;指标一与三评价相同,但占据2,3两个秩次,取其中间值$(2+3)/2 = 2.5$。同理,专家5

在一、三、四 3 条指标上的评价等级相同,取其平均值(1+2+3)/3=2。

对上述四个考评指标的客观性检验的步骤如下:

(1) 将表 4-30 转化为秩次表 4-31。

表 4-31 专家考评结果转化秩次表

专家\指标	一	二	三	四	
1	2.5	4	2.5	1	
2	3.5	3.5	1.5	1.5	
3	3.5	3.5	1.5	1.5	
4	3.5	1.5	3.5	1.5	
5	2	4	2	2	
R_i	15	16.5	11	7.5	$\sum R_i = 50$
R_i^2	225	272.25	121	56.25	$\sum R_i^2 = 674.5$

(2) 根据以下公式,求出 W。

$$W = \frac{S}{\frac{1}{12}n^2(m^3 - m)}$$

因为考评中有相同分数(等级)出现,故用校正公式:

$$W = \frac{S}{\frac{1}{12}n^2(m^3 - m) - n\sum_{i=1}^{n} T_i}$$

式中,n 为考评专家人数,m 为考评指标个数,S 为各被考评因素秩和的离差平方和,即:

$$S = \sum_{i=1}^{m}(R_i - \overline{R_i})^2$$
$$= \sum_{i=1}^{m} R_i^2 - \frac{1}{m}(\sum_{i=1}^{m} R_i)^2$$

$T_i = \frac{\sum(k^3 - k)}{12}$,$k$ 为同一专家考评结果中相同的秩次个数,例如专家 1 的考评结果中有 2 个秩次相同,所以,$T_1 = \frac{2^3 - 2}{12} = 0.5$,类似地,

$$T_2 = \frac{2^3 - 2}{12} + \frac{2^3 - 2}{12} = 1$$

第四章 绩效考评指标体系设计技术

$$T_3 = T_4 = 1$$

$$T_5 = \frac{3^3 - 3}{12} = 2$$

$$\sum_{i=1}^{5} T_i = 5.5$$

上述数据代入校正公式,有:

$$W = \frac{674.5 - \frac{50^2}{4}}{\frac{1}{12} \times 5^2 \times (4^3 - 4) - 5 \times 5.5}$$

$$= 0.508$$

（3）求 χ^2。

$$\chi^2 = n(m-1)W$$
$$= 5 \times (4-1) \times 0.508$$
$$= 7.62$$

（4）查表求出临界值。

$$\chi^2_{(3)0.05} = 7.81①$$

（5）判断。因为 $\chi^2 < \chi^2_{(3)0.05}$,由此可见专家考评结果不一致,说明这四个考评指标受考评者主观影响较大,不太乐观。

当我们检验发现不同考评者的考评结果有较大差异时,需要分析原因,及时加以修正。只有各项指标都比较客观时,大家的考评结果才比较一致。

总之,当我们将同一考评指标用于同一考评对象,经过多层次的考评者反复使用,其考评结果若无显著性差异,则说明考评标准定得合理准确；如果有显著差异,又不能做出令人信服的解释,则说明考评指标应加以改进。

三、区分性及其检验方法

所谓区分性,是指考评者依据考评指标,能够把不同水平的考评对象予以恰当区分与鉴别。检验方法如下。

若考评员用某个指标实际考评了 K 个（客体）对象,所得结果按从高分到低分的顺序排列,前三分之一的得分称为高分组,后三分之一的得分称为低分组。假如高分组的平均分为 m,低分组的平均分

---

① 括号中的 3 为 df（自由度）。

为 n，该指标的满分（最高分）为 L，则区分度 D 可以按下面的公式计算：

$$D = \frac{m-n}{L}$$

当 $D \geq 0.04$ 时，区分度很高；

当 $0.3 \leq D < 0.4$ 时，区分度较好；

当 $0.2 \leq D < 0.3$ 时，区分度一般；

当 $0 \leq D < 0.2$ 时，区分度较差。

例如，某计算机营销公司要求每个推销员一年内销售 100 台计算机新产品，全部完成者得分为"5"，完成数量介于 90 台与 100 台之间者得分为"4"，介于 80 台与 90 台之间者得分为"3"，介于 70 台与 80 台之间者得分为"2"，介于 60 台与 70 台之间者得分为"1"，不足 60 台者得分为"0"，低于 50 台者则要酌情扣发奖金。年终时 12 个推销员的考评结果为：2,1,1,0,0,0,0,0,0,0,0,0。该指标区分性如何呢？

因为这里 K 不大，仅为 12，故取前 6 个为高分组，后 6 个为低分组，由此则有：

$$m = 0.67, \quad n = 0, \quad L = 5,$$

$$D = \frac{m-n}{L} = \frac{0.67-0}{5} = 0.13$$

因为 $D = 0.13 < 0.2$，可见该指标区分性极差，要重新改写或删除。

上述考评指标区分度低的原因是什么呢？主要是因为标准太高，并非指标的标志与标度划分本身有问题。由此可知，考评指标的标准要求不能过高或过低，只有标准要求适中的指标，其区分性才会比较好。从这个角度来说，区分性也是对考评指标适合性的一种检验。

当然，效标参照性考评指标不能因为区分度不高而去修改迎合考评对象的低水平。因为这里的指标标准要求具有"刚性"规定，不能任意改变。还有一些导向性、目标性较强的考评指标，例如道德性、政治性考评指标，考评对象几乎都得满分或低分，但也不能因为区分度小而随意改变或删除。

四、独立性及其检验方法

独立性是指同级考评指标之间的相互独立程度，同质性是指下一级指标与上一级指标之间的相关性程度。这两种指标均可以通过相关系数或因素分析完成。

例如,已知初级指标(项目)A_0与次级指标A_1与A_2的试用得分情况如表4-32所示。

表4-32　A_0,A_1,A_2三个指标的考评结果

考评对象	1	2	3	4	5	6	7	8	9	10	11
A_0指标得分	75	88	85	72	67	90	78	80	70	86	70
A_1指标得分	22	27	29	24	24	30	26	26	20	30	27
A_2指标得分	53	61	56	48	43	60	52	54	50	56	43

其中,A_0进一步分解为A_1与A_2两个指标。三个指标结构的合理性检验步骤如下:

(1) 提出一个假设H_0:被检验的两个指标不相关;
(2) 利用相关系数计算公式分析两个指标的相关系数r;
(3) 根据显著性检验水平α及自由度$df=n-2$,查表找到临界值r_α;
(4) 比较$|r|$与r_α。当$|r| \leqslant r_\alpha$时,说明被检验的两个指标在检验水平α上没有相关关系,相互独立。当$|r| > r_\alpha$时,则可以否定原假设H_0,肯定在检验水平α上两个指标有相关关系,相互同质或交叉。

按照上面的步骤,我们分别计算了A_0与A_1,A_2的两个相关系数r_{01}与r_{02},还计算了A_1与A_2的相关系数r_{12}。

$$r_{01} = 0.7603, \quad r_{02} = 0.9382, \quad r_{12} = 0.4885$$

因为$n=11$,故$df=n-2=11-2=9$,查表知:

$$r_{0.05} = 0.6021, \quad r_{0.01} = 0.7348$$

因为$|r_{01}|$与$|r_{02}|$均大于$r_{0.01}$,可以肯定A_0与A_1,A_2均同质;因为$|r_{12}| < r_{0.05} = 0.6021$,可以肯定$A_1$与$A_2$是相互独立的。

当初级指标A_0分解后,次级指标不止2个而有3个以上时,相关系数的计算必须采用偏相关系数公式计算。偏相关系数公式是在剔除其他指标的影响之后再进行相关分析的,公式如下所示:

$$r_{12,3} = \frac{r_{12} - r_{13} \times r_{23}}{\sqrt{1-r_{13}^2} \times \sqrt{1-r_{23}^2}}$$

其中$r_{12,3}$表示是在剔除指标3对指标1与2的影响之后分析指标1与2的相关系数的。

例如,初级指标A_0分解为三个次级指标A_1,A_2与A_3,通过对42个考评客体的试用,得到有关数据:

$$r_{12} = 0.3848, \quad r_{13} = 0.5972, \quad r_{23} = 0.6786$$

因为 $n=42$，自由度 $df=n-2=40$，相关因素变量个数为 3，查表知 $r_{0.05}=0.419$（参考附录Ⅰ中的复相关系数检验表）。

因为 $|r_{12}|$，$|r_{13}|$，$|r_{23}|$ 均大于 $r_{0.05}$，故三个指标均是相关的，缺乏独立性。然而，采取偏相关系数公式计算，却得到了不同的结果：A_1 与 A_2 只是一种伪相关。

因为

$$r_{12,3} = \frac{r_{12} - r_{13} \times r_{23}}{\sqrt{1-r_{12}^2} \times \sqrt{1-r_{23}^2}}$$

$$= \frac{0.3848 - 0.5972 \times 0.6786}{\sqrt{1-0.5972^2} \times \sqrt{1-0.6786^2}}$$

$$= 0.0348$$

$|r_{12,3}|<r_{0.05}$，因此，指标 A_1 与 A_2 相互独立。

由此可见，偏相关系数的作用就在于鉴定两个指标之间是真正相关还是伪相关。

对于整个指标体系独立的分析与检验，还可采用因素分析法。当各指标的旋转矩阵为正交矩阵时，则说明各指标相互独立。

可以用多元回归分析来分析初级指标与次级多个指标间的同质关系。当回归系数均达到显著水平以上时，则说明次级指标 A_1，A_2，…，A_n 与初级指标 A_0 同质。

五、权重及其检验方法

权重是对指标体系纵向量化加权的结果，各指标的权重分配是否得当，关系到能否真正反映该指标的价值，关系到整个指标体系能否反映考评对象的客观实际，关系到把整个管理活动与员工行为导向何处，关系到整个组织的行为能否向总目标迈进。因此，我们应该对加权结果的合理性进行检验，检验方法如下。

（1）选择一些对考评对象非常熟悉且多次参加过考评实践、有一定经验的人组成一个权重分析小组。

（2）向每个成员同时发出两份内容相同但回答方式不同的指标体系权重咨询表。一份要求对各指标的权重应该是多少做出回答，但总和应为 1。另一份不要求回答各指标的权重是多少，仅根据自己的意见与经验对各指标的重要程度排出顺序：最重要的记为 1，第二重要的记为 2，第三重要的记为 3，以此类推。

（3）收回问卷，分别计算两份问卷的加权结果，以平均值为代表。排序结果平均后还要归一处理。

（4）将现有的加权与上述两种平均值作一比较，综合分析并提出建设性意见。

示例见表4-33。

表4-33 8个考评指标的三种加权结果对比

考评指标	1	2	3	4	5	6	7	8
现有权重	0.14	0.13	0.12	0.09	0.12	0.16	0.15	0.09
咨询权重	0.15	0.14	0.11	0.09	0.12	0.16	0.14	0.09
排序权重	0.18	0.16	0.10	0.06	0.10	0.19	0.15	0.06

注：排序权重即该指标排的自然顺序数除以所有指标排序自然数的总和。

从表4-33可以看出，咨询与排序方法对8个指标的加权与现方案完全一致（顺序上），说明现有加权比较合理；同时也表明6,1,2三个指标的权重值应考虑增加一些，而4,8两个指标的权重值可以降低一些。

咨询法是横向检验，排序法是纵向检验，因此应两者结合进行检验。

六、准确性及其检验方法

所谓准确性，是指考评指标对考评对象揭示的内容与形式的精确性。这与有效性和客观性有所不同。有效性是指考评指标对考评对象揭示内容的正确性，客观性是指考评指标对考评对象揭示形式的客观性。高准确性的指标就像一把"钢尺"，无论谁去操作、怎样操作，得到的考评结果总是一样的；而低准确性的指标就像一把"橡皮尺"，不同的人或同一个人用力不同，所得到的考评结果总会有出入，相互不同。因此，考评指标编制得准确清楚，无论谁用它去考评同一对象，都会得到一致的结果。如果考评指标编制得似是而非、模棱两可，那么不同的人或同一个人在不同情况下就会有不同的理解，对同一对象的考评结果也可能会相差甚远。

对于考评指标准确性的检验方法有二。一是让不同的考评者对考评指标所揭示的内容与形式做出自己的解释与说明，然后看大家彼此间的差异有多大，差异越小说明考评指标编制得越准确。二是让不同的人试用同一指标考评一些有代表性的对象，然后算出考评结果的标准差或平均差是多少，差异越小说明考评指标编制得越准确。

七、赋分合理性及其检验方法

赋分是对各条指标横向量化的过程,如果赋分是按照考评对象特征的实际差异分布赋予不同分数,那么赋分合理,考评结果就会与实际认识相一致;否则,就会出现不一致的情况。表 4-34 是对某一公司中层干部考评的三个素质指标按优、良、中、差分别赋分的结果。

表 4-34 三个指标的等级赋分

考评指标	优	良	中	差
B_1	10	8	6	4
B_2	10	7	4	0
B_3	10	6	3	0

36 位职员用 B_1,B_2,B_3 三个指标考评了公司的某位中层干部,统计结果是三项指标均为优的 5 人,三项指标均为良的 24 人,三项指标均为中的 3 人,三项指标均为差的 4 人。

从人们的直接感觉与公正考评来说,该中层干部至少应属于良好才对。因为有 $(5+24)\div 36\times 100\% = 80.6\%$ 的人认为该干部三项指标均在优良之列。

如果赋分合理,那么考评结果应与此结果一致,否则就可能是标度赋分不尽合理所致。

对于 B_1:$(10\times 5+8\times 24+6\times 3+4\times 4)\div 36 = 7.67$,接近该项指标的良好标准,人们不会提出异议。

对于 B_2:$(10\times 5+7\times 24+4\times 3+0\times 4)\div 36 = 6.39$,也接近该项指标的良好标准,人们不会有异议。

同样 B_3 的分析结果为 5.64,接近该项指标的良好标准,人们也不会有异议。由此看来,分项检验结果三项指标赋分均属合理。但是三项指标综合起来整体考评,却出现了意外现象。

因为 $(7.67+6.39+5.64)\div 3 = 6.57$,扩大 10 倍后成为百分制中的 65.7,与良好水平(一般应处于 75 分左右)相差较大。问题出在哪里呢?问题在于指标 B_2 与 B_3 的标度赋分比较随意,与人们习惯的 B_1 标度赋分模式不一致。如果 B_2 与 B_3 均按 B_1 标度赋分,那么综合考评结果就是 7.67 而不会是 6.57,扩大 10 倍即为 76.7,与 75 分的良好标准基本一致,大家就不会有异议了。考评结果就具有社会可接受性。

第四章 绩效考评指标体系设计技术

因此,各个考评指标标度赋分相互间应该保持一致,同时还要与总分的等级划分相一致;否则,赋分就不尽合理了。

一致并不意味着相同,除非所有的指标权重都一样,只要比例相同就可以。例如,B_1 的 10,8,6,4 与 B_2 的 5,4,3,2 虽然数值上不一样,但比例上却是一样的,因为 $\frac{10}{10}=\frac{5}{5},\frac{8}{10}=\frac{4}{5},\frac{6}{10}=\frac{3}{5},\frac{4}{10}=\frac{2}{5}$。

▶▶ 复习思考题

1. 分析比较考评要素拟定的各种方法。
2. 概述考评标度划分的几种方法。
3. 比较加权的几种方法与技术。
4. 比较赋分的几种方法与技术。
5. 比较计分的几种方法与技术。
6. 如何进行考评指标质量检验?

第五章

绩效考评信息获取技术

本章学习目标提示

- 理解绩效考评信息的相关概念
- 掌握信息抽样技术
- 掌握信息统计技术

在绩效考评过程中,确定了一套优良的考评指标体系后,接下来的事情就是进行实质性的考评工作了。考评的基础工作就是获取尽可能多的绩效考评信息。

第一节 绩效考评信息及其类型

绩效考评信息是指能够揭示绩效考评对象的各种资料、数据、消息、情报与事实、图像、现象的总称,一般包括静态的语言、文字、数据、图表和动态的图像、现象与声音等可参考的表征形态。例如,观察记录、面谈内容、测验分数、演讲录像、群众意见等均是我们在绩效考评中可参考的信息。

一、绩效考评信息的类型与特点

绩效考评信息的分类有多种形式,按照来源划分,主要有自我获取信息型和他人获取信息型,二者各自又分为若干亚型,具体关系如图 5-1 所示。

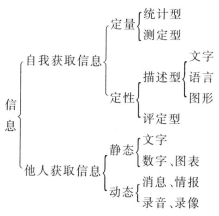

图 5-1 信息来源图

从信息的载体形式看,主要有声音型、语言型、文字型、数字型、图表型、电话记录型、思想观念型、体态型、行动型、现场事实型、第六感觉型。它们之间的关系如图 5-2 所示。

图 5-2 信息载体分类图

可传递信息是有关绩效考评对象过去的有关特征信息。这种考评信息获取的成本较低,范围广泛,经过他人研究与社会读者检验,较为可靠,有参考价值。这种绩效考评信息的特征是,可复制,传递性很强,比较稳定,可以反复加工与分析,不容易失真。获取这种信息的办法是查阅文献。

消息、情报是通过传闻获得的绩效考评信息形式。这种考评信息的特点是,获取具有偶然性,具有一定的传递性与可复制性,但不够稳定,容易在传递过程中失真。有关研究表明,当消息与情报经过 5 个人连续传递后,多达 80% 的信息将在传递过程中丢失。获取这种信息的有效方式是闲聊、会议讨论、调查访问座谈等。

统计型信息是一种在观察事实或现象的基础上统计的信息。这种信息的特点是:(1)数量性,如迟到早退的次数、废品率、工作持续时间等;(2)客观性,周围人对这种信息的认知与理解比较一致;(3)表面性,这种信息揭示的是对象特征的外延形式,是对象特征的现象形式;(4)可感实在性,这种信息任何人稍加注意都可以感觉与把握;(5)可信性,任何人对这种信息都有一种偏好信赖的倾向;(6)可运算性。获取这种绩效考评信息的有效方法是观察记录与统计分析。

测定型信息是一种通过一定的考评、仪器、量表等手段测量得到的信息形式。这种信息的最大特点是客观、可量化与深刻,它是对考评对象深层特征或隐蔽特征的数量揭示,不像统计资料仅限于外观形式的描述。由于它是借助一定的科学手段获取的数量化信息形式,因此很少受到考评者的主观影响,而且加工运算方便。这种信息获取的有效方法是测量与测定。

评定型信息是一种依靠考评者主观评价与评定的信息形式。这种信息的最大特点是它的深刻性、价值性与丰富性。因为它是一种经过考评者反复比较权衡评定或评价后获得的信息形式,所以其信息含量最大,也最为深刻。获取这种信息的最佳方式是评价、面试、投射等测评形式。

描述型信息是一种在观察基础上的事实描述形式,包括文字描述、语言描述与图像描述等。这种信息的特点是,含量大,容易理解与接受,同样具有表面性,但可加工性不如统计资料方便,而且较为模糊。获取这种信息的有效方式是观察写实或借助电化手段记录。

二、获取信息的基本程序

要获取足够有效的高质量的绩效考评信息,可参照以下程序进行。

(1) 选择与培养信息采集人员。所选择的信息采集人员,要熟悉考评对象的特征,要具有良好的观察认知能力、思维分析能力、记忆能力、记录统计能力,同时还要有独立的个性、客观求实的态度、稳定的情绪,具有认真负责、持之以恒、善于与人交往等素质。选择好信息采集人员后,还要加以适当的培训,使其熟练掌握有关手段方法,提高信息采集的效率与效果。

(2) 选择适当的采集方法与技术。

(3) 制订好采集信息的行动计划与方案。在制订的采集信息计划方案中,要充分保证信息采集点的数量与质量。要注意信息采集点数量上的充足性与分布上的代表性。

第二节 信息抽样技术

抽样技术是绩效考评中获取信息的一种基本技术,它由确定抽样总体、范围、样本数量和抽取样本及检验样本代表性五个基本环节组成。

第五章 绩效考评信息获取技术

一、抽样步骤

抽样技术操作的步骤主要按下述程序进行。

（1）确定抽样总体。分析考评客体的特点，明确考评对象的内涵与外延，界定考评内容的范围。例如，岗位考评，我们首先应分析所考评岗位的工作特点。看它是以年为周期、以季为周期、以月为周期、以周为周期还是以日为周期、以小时为周期。假定所考评的岗位是以日为周期，那么我们的考评对象的抽样总体就是一日内的工作。

（2）确定取样范围。分析并明确抽样总体内所有单位数，并对单位数逐个编号排列，形成抽样框。例如，对一个工作日内的工作以件为单位，进行编号形成抽样筐。

（3）确定样本数量。根据总体中单位间差异程度及抽样精确要求，按不同方法确定一个省人、省时、省钱的最佳样本数。例如，已知工作日内有效工时为80%，现要求在95%的可靠性水平上进行抽样，那么，由公式 $S_P = 2\sqrt{P(1-P)/N}$ 可知：

$$S_P = \pm 5\% = 2\sqrt{0.80 \times (1-0.80)/N}$$

由此得到：$N = 1600 \times (1-0.80) \div 0.80 = 400$。即要抽取400个样本点。由此看来，工作抽样的单位点应以每分钟内的工作内容为宜。

当可信度水平固定为95%时，$N = 4(1-P)/S_P^2$。式中 S_P 为期望的准确度，P 为活动单元出现的百分数。

（4）抽取样本。选取适当的抽样方法或采取不同抽样方法组合，从总体中抽取样本，作为考评信息的采集对象。

（5）检验样本的代表性。抽取样本后，要用计算法和比较法对样本的代表性进行检验，确保抽样精确度。

二、抽样方法

抽样方法可以分为两大类：随机抽样与非随机抽样。随机抽样的方法是要保证每个单位点在抽样过程中都有同等被抽到的机会，同时可以从样本统计值推算总体的特征值，并确定推算误差；非随机抽样又称判断抽样，是根据主客观条件而主观选择样本的一种方法，其优点是经济易行，但科学性差，对总体的代表性不易保证，且无法推算误差。

科学的绩效考评多以随机抽样为主。随机抽样的具体方式有以下几种。

（1）简单随机抽样。简单随机抽样适用于单位信息含量均匀的总体，它按随机原则直接从总体 N 个单位中抽取 n 个单位作为样本。这种抽样的特点是，抽样时既不分组，又不排列，使总体中的每一个单位都有均等的被抽取机会。常见的操作方式是抽签法，将编号拌匀，然后按样本数需要量任意抽取；也可以编号后按随机数表抽选所需样本数。

简单随机抽样适用于：样本数目在 30~150 之内，否则编码及抽取都不方便；总体内单位间的差异较小。

（2）等距抽样。这种抽样实质上是机械抽样。它是将总体内全部单位逐个按同一标志排列，然后按固定顺序与间隔来抽选单位。假设总体中有 N 个单位，需抽取一个容量为 n 的样本，则可以将 N 划分为相等的 n 个单位，使 $K=\dfrac{N}{n}$ 为抽样间隔。等距抽样的第一个样本是按随机抽样方式进行的。假设抽取号为 i，那么第 2~n 个样本号分别为 $i+K, i+2K, \cdots, i+(n-1)K$。

因为等距抽样需编号，所以不适于大容量的总体，同时要求总体内单位间差异不能过于悬殊，抽样间隔不能接近总体单位类别的分布间隔，否则会产生周期性偏差。

（3）分层抽样。这种抽样又称类型抽样。其特点是，先按类别主要标志分组（层），然后从各组中按随机原则抽选一定单位构成样本。

假设总体单位为 N，按主要标志分为 K 个类别（层），$N=N_1+N_2+\cdots+N_K$，然后从第 i 组 N_i 中抽取 n_i 单位构成样本容量为 n 的抽样总体，即有 $n=n_1+n_2+\cdots+n_K$。

当总体 N 中各单位差异较大时，可以先将主要标志值相近、差异小的归为一组（类别），使组内分布均匀，然后对每个组（类别）进行随机抽样。

分层抽样方法的关键是分层（类别），要尽量缩小层次内的差异，增大层次间的差异，分层不宜过多，保证层内单位数足够抽样。分层时分类要明确，避免混淆或遗漏。

（4）整群抽样。这种抽样方法是将总体各单位划分成若干群，然后再以群为单位从中抽取若干群，对所选中的群内所有单位进行全面的调查。

整群抽样与分层抽样有些类似，都是先将总体单位分组，但分组的目的及抽样方式有所不同。分层抽样的分组是划组为类，尽量缩小组内单位差异,抽样的基本单位仍然是原总体内的单位;而整群抽样,分组的目的是扩大抽样单位,最后抽样的单位不再是原总体内的单位而是分组后的群。

整群抽样适用于总体内各单位以群分布且群与群之间差异较小的对象。

(5)阶段抽样。阶段抽样也叫分步抽样,也就是抽样不是一步完成,而是分成几步进行。例如,欲对全国农民素质进行测评,直接对每个农民进行测评是相当困难的,要花费相当的人力、物力与财力,且效果不一定很好,而乱测、瞎测则不能真正反映农民的实际素质。对这样大的总体可以分阶段(步)进行:第一阶段从全国抽选县(市);第二阶段从县(市)中抽选乡;第三阶段从乡中抽选自然村;第四阶段从自然村中抽取到不同性别、年龄的农民。

分阶段抽样与分层抽样、整群抽样在化整为零的策略上是一致的,但在抽样的技术方式上却有所不同。分阶段抽样可以无限次地进行下去,直到满足需要为止;而分层抽样与整群抽样的阶段一般为两次。另外,每次抽取的单位数,分层抽样和整群抽样要求同一层次内各抽样总体一致(等量或等比),但分阶段抽样却没有要求,可以相等,也可以不相等。

三、样本数量的确定

在绩效考评信息的获取过程中,关键是要确定抽取样本的数量。抽取的样本数量过少,会影响样本的代表性,使抽样误差增大而降低考评信息的精确性;抽取的样本数量过大,则增加了操作的难度,同时费时而增大经费开支。

(一)简单随机抽样方法中样本数量的计算

当我们想获取的信息是某一考评对象总体的平均数时,可以用下面的公式来计算样本数量。

在重复抽样或总体样本无限时,

$$n = \frac{t^2 \sigma^2}{\Delta^2}$$

式中,t 为信度系数,可以由 α 推断(α 为置信度)。例如:$\alpha = 0.01$,$t = 2.58$;$\alpha = 0.05$,$t = 1.96$。σ 为总体标准差,可以利用以往的统计资

料或试验性考评的资料来估计，$\sigma = \sqrt{\dfrac{1}{N-1}\sum_{i=1}^{N}(X_i - \overline{X})^2}$。$\Delta$ 为误差范围，$\Delta = |\overline{X} - \mu|$。

例如，欲对 30 000 名技工素质进行考评，经小规模试验考评，平均成绩为 75 分，$S = 10$，$\Delta = 1\% \times 75$，$\alpha = 0.045$，要求在重复抽样条件下选取样本，试问抽取多少人合适？

已知 $\alpha = 0.045$，则 $t = 2$，因 $N = 30\ 000$，$\sigma = S = 10$，$\Delta = 75 \times 0.01 = 0.75$，

故
$$n = \dfrac{t^2 \sigma^2}{\Delta^2} = \dfrac{2^2 \times 10^2}{0.75^2} = 711(人)$$

在不重复抽样下且抽样总体为有限时，

$$n = \dfrac{t^2 N \sigma^2}{\Delta^2 N + t^2 \sigma^2}$$

仍用上例有关数据，则：

$$n = \dfrac{t^2 N \sigma^2}{\Delta^2 N + t^2 \sigma^2}$$

$$= \dfrac{2^2 \times 30\ 000 \times 10^2}{0.75^2 \times 30\ 000 + 2^2 \times 10^2}$$

$$= 695(人)$$

当我们想获取的信息是某一考评对象总体的百分比，并且为重复抽样时，可以用以下公式来确定样本数量：

$$n = \dfrac{t^2 P(1-P)}{\Delta^2}，$$

式中，P 为总体的百分比，但一般用以前的资料或试验性考评的资料推算，

$t = 2$，

S_P 为误差要求相对形式，

则有 $n = \dfrac{2^2 \times P \times (1-P)}{S_P^2}$。

当 $n \geq 100$ 时，$P_{总} \approx P_{样}$。

例如，欲考评某企业季度产品 2000 台电视机的合格率。要求误差范围 4%，$\alpha = 0.045$，小规模抽查检验的正品合格率为 45%，要求在重复抽样条件下选取样本，试问抽取多少台电视机合适？

$$n = \dfrac{t^2 P(1-P)}{\Delta^2}$$

$$= \frac{2^2 \times 0.45 \times (1-0.45)}{0.04^2}$$

$$= 619(台)$$

在不重复条件下抽样且总体为有限总体时,

$$n = \frac{t^2 \cdot N \cdot P \cdot (1-P)}{\Delta^2 \cdot N + t^2 \cdot P(1-P)}$$

仍用上例数据,

$$n = \frac{t^2 \cdot N \cdot P \cdot (1-P)}{\Delta^2 \cdot N + t^2 \cdot P \cdot (1-P)}$$

$$= \frac{2^2 \times 2000 \times 0.45 \times (1-0.45)}{0.04^2 \times 2000 + 2^2 \times 0.45 \times (1-0.45)}$$

$$= 473(台)$$

（二）等距抽样方法中样本数量的计算

等距抽样方法中样本数量的计算,可以按简单随机抽样方法中的有关公式计算确定。

（三）分层抽样方法中样本数量的计算

在分层抽样方法中,样本数量的计算公式也与简单随机抽样方法中的公式相同,但其中的 σ 与 P 有所不同。σ^2 要改为 $\overline{\sigma^2}$,$P(1-P)$ 要改为 $\overline{P(1-P)}$。其中,$\overline{\sigma^2}$ 为各层组内标准差平方的平均数,$\overline{P(1-P)}$ 为各层组 $P(1-P)$ 的平均数。

第三节 统计技术

统计技术是我们在获取绩效考评信息的过程中常用的第二种基本技术。统计技术从其功用来划分,大致有描述统计、推断统计、多元统计分析几种,下面我们将逐一介绍。

一、描述统计

描述统计主要是就所要考评的对象特征行为进行全面的资料搜集,然后将所得的大量资料通过分类、累计、制表、绘图与简单运算等技术把它们加以整理、缩简、制成图表,或就这些数据资料的分布特征,如集中趋势、离散趋势、相关程度等,计算出一些具有概括性的统计量,如平均数、标准差、相关系数等作为标志。借助这些概括性的数字,我们就可以从杂乱无章的资料中获取有意义的信息,便于对不同的考评对象做出比较,进行考评。

(一)数据的统计分类

数据的统计分类又称统计分组,这是对数据进行初步整理的第一步工作。分类时所依据的特征称为分类标志,按形式划分,有性质标志与数量标志两种。也就是说,资料分类按形式划分,有性质类别与数量类别两大类。如公司的职工可按性别或年龄来划分,前者属于性质类别形式,后者属于数量类别形式。

(二)统计表与频数分布表的编制

统计表是以表格的形式表达统计资料关系的重要工具。它可以化繁为简地反映表中各类事物的情况,便于分析、对比、计算与记忆。统计表通常有简单表、分组表和复合表三种。

制表的基本原则是:首先,表的结构要简单明了,一张表只能有一个中心,避免包罗万象的大表。其次,表的层次要清楚,项目排列要按照逻辑顺序合理安排。制表的具体要求是:(1)标题应简明扼要说明表的内容;(2)表的内容应分别以横、纵、总报等标题加以说明;(3)数据书写与精确度要整齐划一;(4)表中的横竖线条不宜过多,表两端的竖线可以省略。

频数分布表也称次数分布表,常见的有简单频数分布表、累积频数表和累积百分比分布表三种形式。

简单频数分布表编制的步骤是:

(1)求全距:$R=A-B$,A,B 分别为统计数据中最大、最小的数值。

(2)决定组数与组距。欲将所有数据划分为若干组时,要先确定组数与组距。组数一般以 10 个左右为宜。组数确定后,组距(i)可以根据下面的公式来求。

$$i = \frac{全距}{组数}$$

组距一般以 3,5,7 等奇数个单位为宜。但有时也可以先定组距 i 再求组数。

(3)决定组中值。组中值就是每组的起止范围的中点,每组的最低值为下限,最高值为上限。

第五章 绩效考评信息获取技术

$$\text{组中值} = \frac{\text{上限} + \text{下限}}{2}$$

（4）登记频数。分好组后，就可以将每个数据归入相应的组内，并以符号Ⅰ,Ⅱ,Ⅲ,Ⅲ,卌或"正"字逐个登记，然后求出每组内的总数f。这个总数f就称为频数或次数，记入第三列内。（参见附录Ⅱ中的数据整理分组表）

累积频数和累积百分比分布表的制作都可以在简单频数表的基础上进行。一般来说，在简单表制好后，只要再加上第5步，把表中第三列中的f按由上向下或由下向上的次序逐格累加，并把所得结果填写在第四列中，显然第四列中填写的第一个数值与第三列中的第一个数值相同。而第四列中最后填写的一个数字即为第三列中所有f的累加总和。（参见附录Ⅱ中的数据整理分组表）

累积百分比分布表的制作又可以在累积频数表的基础上进行。一般在累积频数表完成后，将第四列中各个数值除以总频数即第四列中最大的一个数，再乘以100并把相应的结果填入第五列中，就得到了累积百分比分布表。同时，也由此得到了简单频数、累积频数与累积百分比分布表的综合形式。（参见附录Ⅱ中的数据整理分组表）

（三）统计图、频数分布图的绘制

统计图是以点、线、面、体来表示各种数据间关系及其变动情况的重要工具，它形象直观，便于整体比较。常见的统计图有条形、圆形、曲线形和象形图几种。制图的基本规则有以下几条：

（1）根据资料的性质和分析的目的，选择适合的图形。

（2）图的标题要简明扼要，切合图的内容；标题一般写在图形的下方。

（3）图的尺度线与图形基线要垂直，尺度分点要清楚，以便于读数与计数。不能用同一尺度表示性质不同的两种计数单位。

（4）图的横坐标与纵坐标的数字分别按卡尔坐标的形式自左向右由小到大、自上而下由大到小分布。

（5）图中线条的粗细应依其重要性而有所区别。

（6）在同一个图例中比较两个事物时，使用的比例要相同，数量大小最好用条形图的长短来表示，其宽度保持一致。

（7）图形中如有必要另加解释的地方，可用图注加以说明。图注应简明扼要，字体偏小并写在图题的下方。

（8）为了美观易看，对于有横纵轴的图形，其宽度与高度之比以接近 5∶3 为宜。

频数分布图也称次数分布图,是以曲线或折线来表示相应的频数分布表的一种统计图。常见的有直方图与多边图两种(参见附录Ⅱ中的次数分布直方图、次数分布多边图)。

直方图以面积来表示频数的分布,即用位于横轴上各组上下限之间的矩形面积表示各组频数分布的情形。制图方法如下:

(1) 作横轴,然后把各组的上下限或组中值分别标于横轴上,但要在横轴的两端至少各空一个组距的位置。

(2) 作纵轴,在纵抽上标明尺度及单位以指示频数。

(3) 按各组的频数在纵轴上做出与横轴平行的直线。这一直线便与横轴上的上下限组成一个直立矩形。由于横轴上各组距之间是连续的,故所有的矩形组成一个并立的直方图。

多边图是以相应的纵轴上的高度点来表示频数的分布情况的图形。它的制作可以在直方图的基础上进行,所不同的是,它以各组的中值点为横坐标、以各组的频数为纵坐标描出相应的代表点来,然后用直线段把相邻的两点连接起来,最后形成一条起于或止于横轴的折线。当且仅当起、止点均在横轴上时,这一折线与横轴构成一个封闭的多边形。具体参考附录Ⅱ四。

(四) 集中量与差异量的计算

所谓集中量,指的是一个群体性的代表数值。它表明了某个群体的数量特征,一般用于群体间的比较,以分辨一群体与另一群体的差别。用来描述集中趋势的量数,常见的有算术平均数、中位数、众数等。

(1) 算术平均数。算术平均数就是某组数据的总和除以该组数据的总个数所得之商。即 $\bar{X} = \dfrac{\sum_{i=1}^{N} X_i}{N}$,常简写成 $\bar{X} = \dfrac{\sum X}{N}$。还有一种加权算术平均数,它是将每一数据 X 与相应的权数 W(或者数据出现的次数 f)之乘积加总之后,再除以权数(或次数)之和,即 $\bar{X}_t = \dfrac{\sum XW}{\sum W}$。平均数的计算有许多简便方法,可参考一般的教育统计学。

(2) 中位数。当一组数据按大小顺序排列后,那个居于中间位置的数就是中位数,记为 M_{dn}。当数组的个数为偶数时,中位数就是位于中间的那对数的平均数。当靠近中间那个数左右有相同的数时,确定中位数的大小就比较复杂了,这可以参考有关的教育统计学。

（3）众数。众数指的是在一组数据中出现次数最多的那个数,记为 M_0。在次数分布表中,众数常以出现次数最多的那一组数的组中值来代替。在次数分布图中,则以曲线上纵坐标最大的那个点相对应的横坐标为众数,可以用公式 $M_0 = 3M_{dn} - 2\bar{X}$ 来计算。

有关分组后的众数与中位数的计算,可以按下列公式进行：

$$M_{dn} = L_b + \frac{\frac{N}{2} - F_b}{f} \cdot i$$

$$M_0 = L + \frac{f_b}{f_a + f_b} \cdot i$$

式中, L_b = 中位数所在组的精确下限, F_b = 中位数所在组的精确下限以下的累积次数, f = 中位数所在组的次数, i = 组距, L = 众数所在组的精确下限, f_a = 众数所在组下限相邻一组数的次数, f_b = 众数所在组上限相邻一组数的次数。

然而,有时两个群体的集中趋势相同,但离中趋势不同。例如,两个人数相同的班级的数学平均分数均为 70 分,但甲班最高分为 95,最低分为 45,而乙班最高分为 85,最低分为 65,这说明这两个班的数学成绩并不是相同的。因此,还要考察分布的离散程度,即要计算出差异量。所谓差异量,指的是描述一组数据变异程度或离散程度的数量。集中量数指的是量尺上的一个点,差异量数指的是量尺上的一段距离。一个分布的差异量数越大,说明集中量数的代表性越小,反之集中量数的代表性就越大。通常用来描述分布离散性的差异量数有：两极差、方差与标准差、变异系数、百分位差、四分位差和平均差等。下面我们只介绍最常用的几种。

（1）两极差,即全距,记为 R, R = 最大数值 - 最小数值,它反映了整个数据资料分布的范围。

（2）方差与标准差。它们是最常用的差异量,一般与算术平均数相互配合使用。

方差,就是某数组中,每个数据与其算术平均数的差的平方和除以该组数据总个数之商,以符号 σ_X^2 表示,

$$\sigma_X^2 = \frac{\sum (X - \bar{X})^2}{N}$$

为了使差异量与数据的单位一致,将方差开平方即得到标准差,记为 σ_X,即 $\sigma_X = \sqrt{\dfrac{\sum(X-\overline{X})^2}{N}}$。对于分组后的数据资料,计算方差与标准差可利用下列公式:

$$\sigma_X^2 = \left[\dfrac{\sum f \cdot d^2}{N} - \left(\dfrac{\sum f \cdot d}{N}\right)^2\right] \cdot i^2$$

$$\sigma_X = \sqrt{\dfrac{\sum f \cdot d^2}{N} - \left(\dfrac{\sum f \cdot d}{N}\right)^2} \cdot i$$

其中 f 为各组的次数,N 为数据的总个数,i 为组距。$d = \dfrac{X_c - A}{i}$(A 为假定平均数,但 A 一般取众数或中位数所在组的组中值),X_c 为各个组的组中值。

当数据比较多时,通常是先分组,再利用上述公式求其标准差。但也可以采用下列公式通过小组的标准差来求总体标准差 S_t,

$$S_t = \sqrt{\dfrac{\sum N_i(S_i^2 + d_i^2)}{N_t}}$$

其中 S_t = 总体标准差

d_i = 各组平均数与总平均数之差,即 $d_i = \overline{Y_i} - \overline{X_t}$

$\overline{X_t} = \dfrac{\sum N_i \overline{X_i}}{\sum N_i}$ N_i = 第 i 组数据的总个数($i = 1, 2, \cdots, K$)

$N_t = \sum N_i$ ($i = 1, 2, \cdots, K$)

S_i = 各组的标准差。

(3) 变异系数。变异系数又称差异系数或变差系数,是标准差与平均数的比率,用符号 CV 表示,即 $CV = \dfrac{S}{\overline{X}} \times 100$。由这个公式我们不难看出,差异系数是相对差异量,而前面所讲的是绝对差异量。当两组数据单位相同且平均数相差不大时,可以直接用差异量来比较它们的离中趋势的大小。但是,如果比较的对象单位不同,或单位相同但平均数相差很大时,若用差异量来比较离中趋势就不行了。

例 5-1

某公司年终考评,所得员工销售额与销售量的分数如表 5-1 所示。

表 5-1　员工的销售额与销售量的数据

变量	$\overline{X}$	S	CV
销售额	135.01 万元	5.54 万元	$\dfrac{5.54}{135.07}\times100=4.10$
销售量	28.03 吨	3.40 吨	$\dfrac{3.40}{28.03}\times100=12.13$

显然,这里测量数据的单位不同,故不能用标准差来比较两组数据的离散程度。但若从标准差来判断,可能会误认为销售额的离散程度大,而实际上,从变异系数看,销售量的离散程度比销售额的离散程度要大得多。因此,在这种情况下,我们应以变异系数来比较。

(五) 相关系数计算

相关关系若从两组数据相互变化的增减趋势来看,可分为正相关和负相关;若从表现形式上来看,可分为直线相关与曲线相关;若从两组数据的相互关系上看,可分为完全相关、高度相关和零相关三种。分析相关的方法通常有图示法和计算法两种。计算法是最常用的一种方法,这种方法一般是通过相关系数的计算,从相关系数的大小来揭示相关程度。计算相关系数的方法很多,下面介绍积差相关、等级相关和点二列相关三种计算方法。

1. 积差相关系数的计算

计算积差相关系数的基本公式是:

$$\gamma = \frac{\sum xy}{N S_x S_y}$$

其中 $x = x - \overline{x}, y = y - \overline{y}$,$N$ 为成对的相关量数目。S_x 为以 x 为代表的数组的标准差,S_y 为以 y 代表的另一数组的标准差。

根据 $S_x = \sqrt{\dfrac{\sum x^2}{N}}, S_y = \sqrt{\dfrac{\sum y^2}{N}}$,上式又可以变为:

$$\gamma = \frac{\sum xy}{\sqrt{\sum x^2 \cdot \sum y^2}}$$

某公司 10 名员工能力与业绩相关系数如表 5-2 所示。积差相关系数计算步骤如下:

(1) 做表:用 $x_i, y_i, x, y, x^2, y^2, xy$ 以记载数据;

(2) 在表的第 1,2 列登入成对的 x_i, y_i 数据;

（3）分别求出 $\bar{x}, \bar{y}$；

（4）计算每对数据的离差 $x = x_i - \bar{x}, y = y_i - \bar{y}$，并分别列入第 3，4 列；

（5）计算离差的平方 x^2, y^2，并分别列入第 5，6 列；

（6）求 $\sum x^2, \sum y^2$；

（7）求 xy 并登于第 7 列，再求 $\sum xy$；

（8）最后根据公式 $\gamma = \dfrac{\sum xy}{\sqrt{\sum x^2 \cdot \sum y^2}}$，求出 γ。

表 5-2　10 名员工能力与业绩相关系数计算表

1	2	3	4	5	6	7
x_i	y_i	x	y	x^2	y^2	xy
74	82	-1.6	-1.7	2.56	2.89	2.72
71	75	-4.6	-8.7	22.16	75.69	40.02
80	81	4.4	-2.7	19.36	7.29	-11.88
85	89	9.4	5.3	88.36	28.09	49.82
76	82	0.4	-1.7	0.16	2.89	-0.68
77	89	1.4	5.3	1.96	28.09	7.42
77	88	1.4	4.3	1.96	18.49	6.02
68	84	-7.6	0.3	57.76	0.09	-2.28
74	80	-1.6	-3.7	2.56	13.69	5.92
74	87	-1.6	3.3	2.56	10.89	-5.28
总计				198.40	188.07	91.80

$$\bar{x} = 75.6 \quad \bar{y} = 83.7$$

$$\gamma = \frac{\sum xy}{\sqrt{\sum x^2 \cdot \sum y^2}} = \frac{91.80}{\sqrt{198.40 \times 188.07}} = 0.48$$

当原始数目量不大，或者能借助于电子计算器计算时，可由原始数据直接计算积差相关系数。公式为：

$$\gamma = \frac{N \sum XY - \sum X \sum Y}{\sqrt{N \sum X^2 - (\sum X)^2} \cdot \sqrt{N \sum Y^2 - (\sum Y)^2}}$$

2. 等级相关系数的计算

有时，主管对员工的评定不是用划分更小单位的百分制分数来记分，而是以优、良、中、可、劣的等级制来记分。计算类似这种顺序变量的相关系数就要用到等级相关系数计算法。这种方法是把两组

对象按某种顺序排列,并根据各变量所在等级的位置的差来计算相关系数。它的计算公式为:

$$\gamma_p = 1 - \frac{6\sum D^2}{N(N^2-1)}$$

其中 γ_p 表示等级相关系数,$D = R_x - R_y$,R_x 和 R_y 分别表示同一行配对的两个数据的等级数(参见表 5-3),N 表示等级的个数。

当 $N<30$,数据为连续变量,又希望采用较简捷的方法求相关系数时,只要把 N 个连续变量看成 N 个等级,便可采用等级相关法。其计算步骤如下:

(1)将 x 变量填入计算表的 X 列,把 x 变量按大小顺序排成等级(最大的变量为第 1 等,次大的变量为第 2 等,以此类推),填入表的 R_x 列;

(2)将与 x 变量相对的 y 变量填入 Y 列中,并把 y 变量的等级数填入 R_y 列中;

(3)分别求出对应等级的差数 D 及 D^2,并分别填入 D 列及 D^2 列;

(4)求 $\sum D^2$;

(5)将上述各数据代入公式求 γ_p。

例 5-2

求 10 名员工能力与业绩的等级相关系数。数据如表 5-3 所示。

表 5-3 能力与业绩等级相关系数计算表

员工	能力分数 x	业绩 y	x 等级 R_x	y 等级 R_y	(R_x-R_y) D	D^2
1	60	66	1	2	-1	1
2	46	59	2	3	-1	1
3	40	69	3	1	2	4
4	32	58	4	4	0	0
5	31	32	5	7	-2	4
6	30	37	6	6	0	0
7	26	7	7	10	-3	9
8	23	8	8	9	-1	1
9	19	21	9	8	1	1
10	15	41	10	5	5	25
$N=10$						$\sum D^2 = 46$

$$\gamma_p = 1 - \frac{6\sum D^2}{N(N^2-1)} = 1 - \frac{6\times 46}{10\times(10^2-1)} = 0.72$$

在把连续变量转为等级时,如果第一组变量中出现几个相同数据,那么每一数据给以平均等级。例如,假设员工 1 与员工 2 的能力分数都是 80 分,则员工 1 与员工 2 能力的等级都应是 $\frac{1+2}{2}=1.5$。因为这两个数已经占了第一、第二两个等级,所以其次一个数据(78 分)的等级是 3。

3. 点二列相关系数的计算

当一个变量属于连续变量,而另一个变量属于只分两个性质的二分名称变量,如男与女、是与否、对与错、已婚与未婚等,要考察这类二分变量与连续变量之间的相关,就需要计算点二列相关系数了。

计算公式如下:

$$\gamma_{pb} = \frac{\overline{Y}_p - \overline{Y}_q}{S_y}\sqrt{pq}$$

其中 γ_{pb} 表示点二列相关系数;p 表示二分变量中某项所占的比例;q 表示二分变量中另一项所占的比例,$q=1-p$;$\overline{Y}_p$ 表示与 p 部分相对应的连续变量的平均数;$\overline{Y}_q$ 表示与 q 部分相对应的连续变量的平均数;S_y 表示全体连续变量的标准差。

点二列相关系数的计算步骤如下:

(1) 以二分变量为 x 变量,分别求出二分变量的各项的比例数 p 及 q,$p=\frac{p \text{ 部分二分变量的个数}}{\text{二分变量的总个数}}$,$q=1-p$。

(2) 以连续变量为 y 变量,分别求出 $\overline{Y}_p$,$\overline{Y}_q$ 及 S_y;

(3) 代入公式求出点二列相关系数 γ_{pb}。

二、推断统计

推断统计也叫抽样统计,它是在描述统计的基础上发展起来的,即采取抽样方法,根据部分数据推断一般情况,通过局部分析把握全局情况的一种统计技术。这种统计的特点是,由小猜大,由少断多,由已知推断未知,由样本性质推论总体性质。

推断统计技术包括统计量推断与数据预测。

（一）统计量推断

统计量推断的技术有点估计与区间估计两种，但不论哪一种估计，都与标准误有关。

1. 标准误

假如我们从某一个总体中抽取一个样本容量为 25 的样本，当总体足够大时，每次所抽到的 25 个样点都不尽相同，这样由此产生出的平均数一般也不会是相同的。当抽样次数足够多时，所有这些样本的平均数就会构成一个分布。这个分布的中心平均数即为总体的平均数，这个分布的标准差即为标准误。

平均数这个统计量有标准误。样本的其他统计量同样也有标准误。

所谓标准误，就是出自同一总体、样本容量相同的各种抽样样本某一统计量分布的标准差。

例如，平均数的标准误即为样本平均数分布的标准差。其计算公式是：

$$\sigma_{\bar{x}} = \frac{\sigma}{\sqrt{N}}$$

式中：σ＝总体的标准差；N＝样本中的个案数。因此，知道了总体 σ 与样本容量 N，即可以求标准误 $\sigma_{\bar{x}}$；有了标准误 $\sigma_{\bar{x}}$，就可以通过任何一个抽样样本的平均数 $\bar{x}$ 推断总体的平均值 μ 了。

2. 点估计

点估计就是用某一样本统计量作为总体相应统计量的估计量。例如，1988 年高考成绩统计分析时，从历史学科考生成绩总体中随机抽取 3954 个考生成绩，算得平均分数 $\bar{x}=64.2$ 分，则 64.2 就是对全部学生 2 716 000 人历史学科平均考试成绩的点估计。

由我们已知样本的标准差 S，通常以下列公式来估计标准误 $\sigma'_{\bar{x}}$：

$$\sigma'_{\bar{x}} = \frac{S}{\sqrt{N-1}} \quad (\sigma'_{\bar{x}} \text{ 为 } \sigma_{\bar{x}} \text{ 的估计量})$$

点估计量的质量评价标准如下：

（1）无偏性。点估计法常用的是矩估计法与极大似然估计法（参考中山大学数学系编的《概率论及数理统计》），都是用某一样本统计量作为总体参数（统计量）的估计值。观察值不同，则估计值也不同，或高于或低于参数真值 θ。所谓无偏性，即要求所有可能的观察

值与参数真值 θ 的偏差平均为零。显然,样本平均数 $\overline{X}$ 作为总体均值 μ 的估计量时为无偏估计,而样本方差 S^2 则为总体方差 σ^2 的有偏估计。但 $S_{n-1}^2 = \frac{1}{n-1}\sum(X_i-\overline{X})^2$ 则是总体方差 σ^2 的无偏估计。

(2) 有效性。对于总体参数 θ 而言,其无偏估计量可能有很多个,因此我们还要找到其中最为有效的估计量。

如果 T_1, T_2 都是参数 θ 的无偏估计量,而 $\sigma^2(T_1) < \sigma^2(T_2)$,则认为 T_1 比 T_2 更有效。若存在某个 T_0 使下式成立:

$$\sigma^2(T_0) \leq \sigma^2(T_i) \quad (i=1,2,\cdots,n)$$

那么,T_0 为参数 θ 的最佳无偏估计。

显然,样本平均数 $\overline{X}$ 是总体均值 μ 的最佳无偏估计,而 S_{n-1}^2 并非总体方差 σ^2 的最佳无偏估计。

(3) 一致性。所谓一致性,是指样本容量无限增大时,估计值应能越来越接近它所估计的总体参数 θ。显然,样本均值 $\overline{X}$ 是总体均值 μ 的一致估计量,S^2 和 S_{n-1}^2 是总体 σ^2 的一致估计量。

然而,实践中很难找到同时满足上述三个标准的估计量,中位数 M_{dn} 作为 μ 的估计量就不是上述三个标准,但实践中却可用。

3. 区间估计

点估计是用一个具体的数值来对总体参数(统计量)进行推断,而区间估计则是用一个范围来对总体参数(统计量)做出推断。

此外,点估计中的估计值与真值 θ 之间的误差大小及可靠性程度都不知道,但区间估计却都能知道。

(1) 均值 μ 的区间估计。当总体方差 σ^2 已知,且总体服从正态分布(或样本容量大于等于30)时,置信度为 α(置信水平为 $1-\alpha$)的区间估计为:

$$\left[\overline{X} - Z_{\alpha/2} \cdot \frac{\sigma}{\sqrt{n}}, \overline{X} + Z_{\alpha/2} \cdot \frac{\sigma}{\sqrt{n}}\right]$$

当总体方差 σ^2 未知,总体分布服从正态或样本容量大于等于30时,置信度为 α 的估计区间为:

$$\left[\overline{X} - t_{\alpha/2(n-1)} \cdot \frac{S}{\sqrt{n-1}}, \overline{X} + t_{\alpha/2(n-1)} \cdot \frac{S}{\sqrt{n-1}}\right]$$

其中,$t_{\alpha/2(n-1)}$ 是由 t 分布中自由度为 $n-1$,概率为 α 所对应的 t 的双侧临界值。

例 5-3

某公司员工进行了计算机水平等级考试,现从中随机抽取了 28 名员工,由计算已知平均分数是 78 分,方差为 14 分,试求该公司员工计算机水平考试平均成绩的置信度水平为 0.95 的置信区间。

解:已知 $S^2 = 14$,故 $\sigma_{\bar{x}} = \dfrac{S}{\sqrt{n-1}} = \sqrt{\dfrac{14}{28-1}} = 0.72$,

已知 $1-\alpha = 0.95$,故 $\alpha = 1 - 0.95 = 0.05$,

因为 $n = 28 \leqslant 30$,故查 t 分布表($n \geqslant 30$ 时,可查正态分布表),

$df = n - 1 = 28 - 1 = 27$,

$\dfrac{\alpha}{2} = \dfrac{0.05}{2} = 0.025$。

查表可知:

$t_{0.025(27)} = 2.052$。

所以,$\bar{X} - t_{\alpha/2(n-1)} \dfrac{S}{\sqrt{n-1}} = 78 - 2.052 \times 0.72 = 76.52$,

$\bar{X} + t_{\alpha/2(n-1)} \dfrac{S}{\sqrt{n-1}} = 78 + 2.052 \times 0.72 = 79.48$。

因此,该公司员工计算机水平考试平均分 78 置信水平为 0.95 的区间估计为(76.52,79.48)。

(2)比例的区间估计。当置信度为 α,样本容量大于或等于 30,或者总体服从正态分布时,总体比例 p 的置信区间估计为

$$\left[p - Z_{\alpha/2} \sqrt{\dfrac{p(1-p)}{n}},\ p + Z_{\alpha/2} \sqrt{\dfrac{p(1-p)}{n}} \right]$$

例 5-4

从某公司随机抽取 50 个产品,合格产品数为 30 个,试求整个公司产品合格率的置信水平为 0.99 的置信区间。

解:已知 $p = \dfrac{30}{50} = 0.6$,$n = 50$,$\alpha = 0.01$,

因为 $n = 50 \geqslant 30$,故查正态分布表,知:

$Z_{\alpha/2} = 2.58$,

$p - Z_{\alpha/2} \sqrt{\dfrac{p(1-p)}{n}} = 0.6 - 2.58 \sqrt{\dfrac{0.6 \times 0.4}{50}} = 0.421$,

$p + Z_{\alpha/2} \sqrt{\dfrac{p(1-p)}{n}} = 0.6 + 2.58 \sqrt{\dfrac{0.6 \times 0.4}{50}} = 0.778$,

所以,该公司产品合格率 0.60 置信水平为 0.99 的区间估计为 (0.42, 0.778)。

(3) 相关系数的区间估计。当置信度为 α,总体相关系数 Z_p 的置信区间为 $[Z_r - Z_{\alpha/2} \cdot \sigma_{Z_r},\ Z_r + Z_{\alpha/2} \cdot \sigma_{Z_r}]$。式中,$Z_r$ 为 r 的标准化转换值,$\sigma_{Z_r} = \dfrac{1}{\sqrt{n-3}}$。

例 5-5

从某市随机抽取了 120 名公务员考生的专业考试与素质测评成绩,两种成绩的相关系数 $r = 0.45$,试求该市全体公务员考生两科考试成绩的相关系数 0.95 水平上的置信区间。

解:查表 $r = 0.45$,对应:

$$Z_r = 0.485,\ \text{因为}\ n = 120,\ \alpha = 1 - 0.95 = 0.05$$

所以　　$Z_{\alpha/2} = 1.96$　　$\sigma_{Z_r} = \dfrac{1}{\sqrt{127}} = 0.089$

$$Z_r - Z_{\alpha/2} \cdot \sigma_{Z_r} = 0.485 - 1.96 \times 0.089 = 0.30$$

$$Z_r + Z_{\alpha/2} \cdot \sigma_{Z_r} = 0.485 + 1.96 \times 0.089 = 0.67$$

再查表知 $Z_r = 0.30$ 对应的 $r_1 = 0.29$,$Z_r = 0.67$ 对应的 $r_2 = 0.59$,所以,该市公务员全体考生两科考试成绩相关系数 0.45 在 0.95 置信度水平上的区间估计为 (0.29, 0.59)。

(4) 方差估计区间。当置信水平为 α 时,总体方差 σ^2 的置信区间为 $\left[\dfrac{(n-1)S^2}{\lambda_2}, \dfrac{(n-1)S^2}{\lambda_1}\right]$。式中,$\lambda_1 = \chi^2_{1-\frac{\alpha}{2}}(n-1)$,$\lambda_2 = \chi^2_{\frac{\alpha}{2}}(n-1)$。

例 5-6

从干部素质测评分数中随机抽取出 15 人的得分,其结果如下:

　　75,　68,　72,　89,　86,　78,　91,　92,　79,
　　83,　88,　90,　85,　77,　82

试求该批干部素质测评分数的标准差在 0.95 上的置信区间。

解:$S^2 = \dfrac{1}{n-1} \sum (x_i - \overline{X})^2$

$$= \dfrac{1}{n-1}\left[\sum x_i^2 - \dfrac{1}{n}(\sum x_i)^2\right]$$

$$= \dfrac{1}{15-1} \times \left[(75^2 + 68^2 + \cdots + 82^2) - \dfrac{1}{15} \times (75 + 68 + \cdots + 82)^2\right]$$

$$= \dfrac{1}{14} \times \left[102\,431 - \dfrac{1}{15} \times 1235^2\right]$$

$$= \frac{1}{14} \times 749.33 = 53.52$$

因为　　$1-\alpha = 0.95$，$\alpha = 0.05$，$\frac{\alpha}{2} = 0.025$，$1 - \frac{\alpha}{2} = 0.975$

查表：　　　$\chi^2_{0.025}(14) = 26.12$，$\chi^2_{0.975}(14) = 5.63$

即：　　　　　　$\lambda_1 = 5.63$，$\lambda_2 = 26.12$

$$\frac{(n-1)S^2}{\lambda_2} = \frac{14 \times 53.5^2}{26.12} = 28.69$$

$$\frac{(n-1)S^2}{\lambda_1} = \frac{14 \times 53.5^2}{5.63} = 133.09$$

于是，　　　　　$28.69 \leqslant \sigma^2 \leqslant 133.09$

即：　　　　　　$5.36 \leqslant \sigma \leqslant 11.54$

所以，该批干部素质测评得分标准差 0.95 水平上的置信区间为 (5.36，11.54)。

(二) 数据预测

预测大致有四种类型：(1) 由其属性预测属性，例如由职业预测个性；(2) 由属性预测分数，例如由地域、性别预测身高；(3) 由分数预测属性，例如由测验分数预测性格类型与气质类型；(4) 由分数预测分数，例如由智力测验分数预测学业成绩分数。

数据预测是由分数预测分数。统计量推断是由少断多，由局部推断全局；而数据预测是由过去推断未来，由这方面推断另一方面。

用 x 预测 y：

$$y' = r\left(\frac{S_y}{S_x}\right)(x - \bar{x}) + \bar{y}$$

用 y 预测 x：

$$x' = r\left(\frac{S_x}{S_y}\right)(y - \bar{y}) + \bar{x}$$

式中，r——x 与 y 两组数据的相关系数；

S_x——x 组数据的标准差；

S_y——y 组数据的标准差；

$\bar{x}$——x 组数据的平均数；

$\bar{y}$——y 组数据的平均数。

例如，表 5-4 是某公司员工智力测验与业绩考评分数统计表。

表 5-4　智力测验的分数预测业绩考评分数

Y 测验	X 测验							f_y	$\overline{X}_r$	S_r
	60~64	65~69	70~74	75~79	80~84	85~89	90~94	95~99		
135~139								1	1	97.0	*
130~134				1	1	0	1		3	83.7	6.61
125~129				1	0	2	1		4	85.8	5.45
120~124			1	4	4	6	2		17	83.2	5.67
115~119			7	5	7	2	1		22	78.6	5.72
110~114	1	4	2	9	4	2			22	75.9	6.56
105~109	1	1	2	5	1				10	74.0	5.56
100~104	1	3	0	1	1				6	70.3	6.87
95~99		2							2	67.0	0.000
f_x	3	10	12	26	18	12	5	1	87 = N		
$\overline{X}_c$	107.0	105.5	114.9	114.5	116.4	120.3	124.0	137.0			
S_c	4.08	5.52	4.31	6.83	6.43	4.71	5.10	*			

*标准差不确定

由表 5-5 可得以下两个预测方程：

$y' = 0.63x + 66.05$

$x' = 0.591y + 10.02$

三、多元统计分析

当统计变量为两个以上时，对各变量之间的关系及其相互作用的分析尤为重要，因此多元统计分析的技术就成为现代统计的主要内容。相关分析、回归分析都属于多元统计分析中较为简单的情况。下面简单介绍一下聚类分析、因子分析和主成分分析。

聚类分析是建立一种分类方法，将对象按照它们在性质上的紧密程度进行分类。一般有两种方法：一种是把每个对象看作是空间中的一个点，然后定义点与点之间的距离；另一种是用某种相似系数来描述对象之间的紧密程度。当确定了对象或变量间的距离或相似系数后，就要对样本或变量进行分类。分类的方法很多，一种方法是在对象(样本)距离的基础上定义类与类之间的距离。首先，将几个对象各自看成一个类(共 n 个类)，然后，每次将具有最小距离的两类合并，合并后重新计算类与类之间的距离，再逐次合并，直到所有对象归为一个大类为止,这种方法称为系统聚类法。另一种分类方法是 n 个样本大致分为 k 类,然后按照某种原则逐步修改到比较合理为止,这种方法称为逐步聚类方法或动态聚类法。

因子分析是将多个相互联系的变量综合为少数几个"因子"。因子分析一般分两步进行:第一步是把原先多个变量缩减成数量较少的几个变量,缩减后的变量叫做"因子",它是抽象的;第二步是从各变量与因子的关系结构特点出发,取得对因子的解释。

主成分分析是将原来多个指标化为少数几个相互独立的综合指标的一种统计方法。

因子分析通过因素分解的思想,把每一个变量分解为公因素与特殊因素两部分,然后通过简化的公因素体系达到对原变量体系化简的目的;主成分分析则通过各变量的自身组合,建构出少数几个新综合变量达到对原变量体系化简的目的;聚类分析则只是对原变量体系的一种分类整理,并无化简的功能。

复习思考题

1. 试述分析抽样的具体步骤。
2. 简单随机抽样、等距随机抽样、分层随机抽样中样本数量是如何确定的?
3. 如何进行描述统计?试举例说明。
4. 如何进行推断统计?试举例说明。
5. 如何进行多元统计分析?试举例说明。

第六章

绩效考评信息综合技术

📖 **本章学习目标提示**

- 理解量化的概念
- 了解量化的形式
- 掌握数据的转化、简缩、转换和标准化技术
- 掌握绩效考评信息汇合技术

绩效考评信息的综合评判是整个绩效考评过程的中心环节。同样的绩效考评信息,综合的技术不同,所得到的结果也就不同。绩效考评质量的高低在很大的程度上取决于考评过程中信息综合评判的技术水平。因此,在这一章我们将介绍信息的量化技术、信息的转换与简化技术、信息的汇合技术。

第一节 绩效考评信息的量化技术

绩效考评的对象比较复杂,因此所需要的信息是大量、多方面、多形式的。当我们所获得的是定性或非量化的信息时,往往需要借助一定的量化技术对其进行量化,以便采取现代计算机技术对它们进行有效加工。

一、量化的概念与分类

所谓量化,即数量化,给事物以数学形式的描述。绩效考评信息量化是指用数学形式描述绩效考评信息的过程。数量化只是对事物赋予数值,所以它既不表示质的消灭,也不表示量的随意创造。

绩效考评信息的量化形式,从技术上来说,有一次量化与二次量

化、类别量化与模糊量化，顺序量化、距离量化、比例量化与当量量化等不同形式；从量化形式与内容的关系来看，有形式量化与实质量化，主观量化与客观量化。

所谓形式量化，是指信息的数学描述形式，与信息的内容没有直接联系。例如，性别的量化中以 0 表示"男"，以 1 表示"女"；在婚姻状况的量化中，以 1 表示"未婚"，以 2 表示"离婚"，以 3 表示"结婚"，这些量化均属于形式量化，这里的数量形式与所揭示的内容没有实质上的联系或关系。

所谓实质量化，是指信息的数学描述形式与信息的内容存在某种直接的关系。例如，"身高""体重""考试分数""测验分数"等均属于实质量化。这里的数量揭示了"身高""体重""学习水平"的实质。

所谓主观量化，是指信息的量化形式是量化者根据一定的规则主观规定的。例如，面试分数、学位量化（"博士"8 分，"硕士"6 分，"双学士"4 分，"本科"2 分，"大专"0 分）等均属于主观量化。

所谓客观量化，是指信息的量化形式完全依据于内容的实质决定，但实质量化并不一定是客观量化。例如，考试的"分数"虽然反映了"水平"的高低，但是属于非客观量化。当我们对每个题赋分不同时，同样的考试结果会有不同的分数形式。属于客观量化的绩效考评信息不少，例如，"年龄""工龄""旷工时数""工资"等均属于客观量化的信息。

二、一次量化与二次量化

对什么是一次量化、二次量化，人们似乎还没有定论。我们可以做两种解释。当"一"与"二"作序数词解释时，一次量化是指对绩效考评信息进行直接的定量刻画。例如，出勤次数、工作时间等。一次量化的绩效考评信息一般具有明显的数量关系，量化后的数据直接揭示了绩效考评信息的实际特征，具有实质性意义，因而也可称为实质量化。二次量化即对绩效考评信息的间接定量描述，一般先定性描述，再在定性描述的基础上做定量描述。例如，对旅店接待人员的礼貌行为，先依据有关的考评标准用"做到""基本做到""没有做到"三个词进行定性描述，然后再用 3 表示"做到"，2 表示"基本做到"，1 表示"没有做到"，这样对旅店接待人员的礼貌行为考评就实现了量化。二次量化的信息一般是那些没有明显的数量关系，但具有质量或程度差异的人力资源信息。

当"一"与"二"作基数词时,一次量化指绩效考评的信息量化可以一次性完成,绩效考评的最后结果可以由原始的考评数据直接转换。例如,有的调查、统计与量表测评,从实施到数据转换一气呵成,就属于一次量化,它们中间不需要补加任何其他计量手段。二次量化则不然,它是指整个的绩效信息的量化要分二次计量才能完成。例如,模糊数学综合评判法中的量化思想就属于二次量化。

三、类别量化与模糊量化

类别量化与模糊量化都可以看作二次量化(第一种解释的二次量化)。

所谓类别量化,就是将绩效考评信息划分到事先确定的几个类别中的一个,然后给每个类别赋以不同的数字。例如,性别、民族、职称等人力资源信息都可以采用这种方式。

类别量化的特点是每个人力资源信息属于且仅属于一个类别,不能同时属于两个以上的类别。量化是一种符号性的形式量化,"分数"在这里只有符号作用而无大小之分。

模糊量化则要求把绩效考评信息同时划分到事先确定的每个类别中去,根据该信息的隶属程度分别赋值。例如,公务员考评划分为"优秀""称职""基本称职""不称职"四类,但每个具体的公务员很难说他完全属于哪种类型,有些方面的能力可能属于"优秀"类,有些方面的素质则可能属于"基本称职"类,此时需要从隶属程度的角度来综合考评。若有60%的把握把他评判为"优秀",则赋值0.6;若有20%的把握把他评判为"基本称职",则赋值0.2。

模糊量化的特点是,每个人力资源信息同时且必须归属到每个类别中,量化值一般是不大于1的正数,是一种实质性量化。

由此可见,模糊量化一般适用于那些分类界限无法明确或令考评者认识模糊、无法把握的信息,类别量化则适用于那些界限明确且能够把握的人力资源信息。

四、顺序量化、距离量化与比例量化

在同一类别中,常常需要对其中的人力资源信息进行深层次量化,这就是顺序量化、距离量化与比例量化。它们都可以看作二次量化。

顺序量化也叫位置量化,一般是按照一定的标准,将所有的绩效考评信息两两比较,把其中最大/高/优者以1表示,次一点的以2表示,以此类推。

距离量化一般以绩效考评信息相互间的差距为依据进行赋分,而不以相互间的距离为依据。

比例量化比距离量化更进一步,它是以绩效考评信息相互间的比例或倍数为依据进行量化的。

表6-1为距离量化实例。

表6-1 有效工时利用率分级标准

有效工时利用率	0~25%	26%~50%	51%~75%	>75%
级别	1	2	3	4

表6-2与表6-3可以近似看作比例量化实例。

表6-2 劳动姿势分级标准

劳动姿势	坐姿占50%以上,偶有难适应姿势	站姿占50%以上,偶有难适应姿势	站姿占50%以上,难适应姿势占10%~30%	难适应姿势占30%以上
级别	1	2	3	4

表6-3 露天作业分级标准

露天作业时间所占比率	20%以上	40%以上	60%以上	80%以上
级别	1	2	3	4

五、当量量化

当我们需要对不同类别的信息综合时,采用当量量化的形式是比较好的。

所谓当量量化,就是先选择某一中介变量,把各种不同类别或不同质的绩效考评信息进行统一的数量转化,进行近似同类同质的量化。加权实际上可以看作是一种当量量化的例子,通过加权,使本来不同质不同类的考评指标在数量上得以比较。

第二节 绩效考评信息的转化与简化技术

当我们进行绩效考评信息的综合与比较时,往往要求数据类型一致,因此如何转化与简化数据是一项重要的绩效考评技术。

一、数据的转化

（一）二元定性数据的转化

二元定性数据只有 0 与 1 两个，当我们以 1 代替 0、以 2 代替 1 时，二元定性数据就转化为多元定性数据了，多个二元定性数据也可以组合成一个多元定性数据。例如，工作分析中的指标级别有 15 个，每个岗位只能是处于其中的一个状态，将所有 20 个岗位的分析结果合并即得到 15 种状态的多元定性数据。

当我们把二元定性数据 1 与 0 当作数值看待时，就可以直接与别的计量数据同样参加运算，不必做转化工作。如果允许将几种人力资源信息合并为较大的信息群，则可以将原来各种人力资源信息的二元定性数据累加，所得到的新数据就接近于离散性的数量数据。例如，某二元类别的信息在三次考评中的计量数据，可能有 $(0,0,0)$、$(0,0,1)$，$\cdots$，$(1,1,1)$ 等八种可能情况，三次考评结果合并为一种新信息时，其计量数据则可能为 0，1，2，3 四种情况，合并后的数据即为数量型数据。

（二）多元定性数据的转化

设有 $1,2,3,\cdots,N$ 共 N 个多元定性数据，其对应的类别特征分别为 $A_1,A_2,A_3,\cdots,A_n$。现将这 N 个数据分别按 A_1 与非 A_1，A_2 与非 A_2，A_3 与非 A_3，$\cdots$，A_n 与非 A_n 等分类 N 次，则 N 个多元定性数据就转化为 N 个二元定性数据了。例如，电话员工作的违纪行为考评，若按迟到早退、干和接电话无关的工作、其他违纪行为三类来评判，则这里所形成的三元定性数据 $(1,1,1)$ 可以转化为三个二元类别：迟到早退与非迟到早退；干和接电话无关的事与认真工作；其他违纪行为与无其他违纪行为。其数据表示如表 6-4 所示。

表 6-4 转化表

二元数据＼多元 二元	迟到早退	干和接电话无关的事	其他违纪行为
迟到早退与非迟到早退	1	0	0
干和接电话无关的事与认真工作	0	1	0
其他违纪行为与无其他违纪行为	0	0	1

当多元定性数据为有序时，N 个多元数据只需转化为 $N-1$ 个二元定性数据。例如，当我们把电话员违纪行为划分为严重违纪型、轻度违纪型、一般守纪型与严格守纪型四个类别时，则可以由此划分出三个二元类别组：违纪型与非违纪型、严重违纪型与非严重违纪型、严格守纪型与非严格守纪型。它们对应的二元定性数组如表6-5所示。

表6-5 转化表

二元\数据\多元	严重违纪	轻度违纪	一般守纪	严格守纪
违纪型与非违纪型	1	1	0	0
严重违纪型与非严重违纪型	1	0	0	0
严格守纪型与非严格守纪型	0	0	0	1

多元定性数据转化为定量数据是相当麻烦的，对于有序多元定性数据，可以酌情赋以适当的数值。例如，将"无违纪行为""有一般违纪行为""有严重违纪行为"三种状态赋值化为 0,5,10,迫不得已时，标记状态的序号 1,2,3,…，也可以勉强充做赋值用，因为它表现了信息间的顺序关系，但对于无序多元定性数据却不能这么处理。

当我们能够对所有类别之间的差异或相似性进行某种数值估计时，则以此为原始数据，可应用主坐标分析或位置向量排序的方法，求出各状态的数据，实现多元定性数据向定量数据的转化。

例如，我们根据长期的观察了解，在遵守公司制度方面，员工 A, B, C, D, E, F 等 6 人的行为表现，分别有把握评为 L, N, N, M, L, N 型，要求把这一评定结果转化为定量数据，与其他分数相综合。其中，L 为行为控制获得型，M 为行为模仿获得型，而 N 为规则理解获得型，它们三者之间无优劣之分。

这里重点介绍主坐标分析（PAA）转化方法。首先，建立 6 位员工在遵守公司制度行为特征上的相似结构，当其中任何两位（此处用 J 和 K 代表）遵守制度的行为特征同属一个类型，则令它们间的相似系数 $C_{JK}=1$；反之，若它们分属于不同类型，则令 $C_{JK}=0$。由上述评定结果，我们可以得到 6 位员工的相似矩阵（相对遵守公司制度的行为特征）：

$$C = (C_{JK}) = \begin{bmatrix} 1 & 0 & 0 & 0 & 1 & 0 \\ 0 & 1 & 1 & 0 & 0 & 1 \\ 0 & 1 & 1 & 0 & 0 & 1 \\ 0 & 0 & 0 & 1 & 0 & 0 \\ 1 & 0 & 0 & 0 & 1 & 0 \\ 0 & 1 & 1 & 0 & 0 & 1 \end{bmatrix}$$

再用公式 $d_{JK}^2 = 2 \times (1 - C_{JK})(J, K = 1, 2, \cdots, N)$，将 C 中的相似系数 C_{JK} 转化为相异指标 d_{JK}^2。例如：

$$d_{12}^2 = 2 \times (1 - C_{12}) = 2 \times (1 - 0) = 2$$
$$d_{15}^2 = 2 \times (1 - C_{15}) = 2 \times (1 - 1) = 0$$

于是就得到了对应的距离矩阵：

$$D = (d_{JK}^2) = \begin{bmatrix} 0 & 2 & 2 & 2 & 0 & 2 \\ 2 & 0 & 0 & 2 & 2 & 0 \\ 2 & 0 & 0 & 2 & 2 & 0 \\ 2 & 2 & 2 & 0 & 2 & 2 \\ 0 & 2 & 2 & 2 & 0 & 2 \\ 2 & 0 & 0 & 2 & 2 & 0 \end{bmatrix}$$

设 $D_{J\cdot} = \sum_{K=1}^{N} d_{JK}^2 (J = 1, 2, \cdots, N)$，即为 D 矩阵各行之和，

$D_{\cdot K} = \sum_{J=1}^{N} d_{JK}^2 (K = 1, 2, \cdots, N)$，即为 D 矩阵各列之和，

令 $D = \sum_{J=1}^{N} \sum_{K=1}^{N} d_{JK}^2$，即为 D 矩阵所有元素之和，

$S_{JK} = -(1/2)d_{JK}^2 + (1/2N)D_{J\cdot} + (1/2N)D_{\cdot K} - (1/2N^2)D (J, K = 1, 2, \cdots, N)$，

则由矩阵 D 即得到离差矩阵 $S = (S_{JK})$。

一般地，可以采用比上述公式更简化的公式 $S_{JK} = -\frac{1}{2} d_{JK}^2 (J, K = 1, 2, \cdots, N)$ 来求出离差矩阵 S。

$$S = (S_{JK}) = \begin{bmatrix} 0 & -1 & -1 & -1 & 0 & -1 \\ -1 & 0 & 0 & -1 & -1 & 0 \\ -1 & 0 & 0 & -1 & -1 & 0 \\ -1 & -1 & -1 & 0 & -1 & -1 \\ 0 & -1 & -1 & -1 & 0 & -1 \\ -1 & 0 & 0 & -1 & -1 & 0 \end{bmatrix}$$

求出对称矩阵 S 的非负特征根及相应的特征向量，有 $\lambda_1 = 2.483$，

$\lambda_2 = 1.284$，其余为 0 和负数的特征根不予考虑。

以 λ_1, λ_2 对应的特征向量为行，略去不考虑的零向量和对应于负数根的向量，可排成如下矩阵：

$$U = \begin{bmatrix} -0.4595 & 0.4303 & 0.4303 & -0.1498 & -0.1498 & 0.4303 \\ -0.3345 & -0.1394 & -0.1394 & 0.8472 & -0.3345 & -0.1394 \end{bmatrix}$$

于是 6 位员工在排序轴 Y_1, Y_2 上的坐标矩阵为：

$$Y = (USU^T)^{\frac{1}{2}} U = \begin{bmatrix} \sqrt{2.483} & 0 \\ 0 & \sqrt{1.284} \end{bmatrix} U \quad ((\lambda_i) = USU^T)$$

$$= \begin{bmatrix} -0.724 & 0.678 & 0.678 & -0.236 & -0.724 & 0.678 \\ -0.379 & -0.158 & -0.158 & 0.960 & -0.379 & -0.158 \end{bmatrix}$$

此时，我们既可以用每个员工在 Y_1, Y_2 上的两个坐标值去代替原来的表现行为的特征类型，也可以简单地用第一轴 Y_1 上的数值去代替原遵守制度行为的特征类型。如果用两个数，则反映了遵守制度行为特征类型间差异的全部信息；如果仅用 Y_1 上的坐标值，则反映了原信息的：

$$\lambda_1 / (\lambda_1 + \lambda_2) = 2.482 / (2.482 + 1.284) = 65.91\%$$

类似地，还可以采用位置向量排序(PVO)方法，将多元定性数据转化为定量数据。

这两种转化方法的优点是在转化的结果中既完成了转化的任务，又对原测评对象做出了顺序评判，一举两得；缺点是计算复杂，需借助于计算机。

二、数据的简缩

数据的简缩应首先考虑考评指标值种类上的缩减，其次是将考评后的那些"孤单"与"均衡"的数据删除。所谓"孤单"数据，是指那些个别岗位或人员考评中才有的，而大多数岗位与人员都没有的信息数据；所谓"均衡"数据，是指那些每个岗位或人员几乎都有并且差距不大的信息数据。最后，那些不准确、缺乏代表意义的或指标缺失较多的数据群（例如，某人只对头几项指标考评，后面大部分项目未考评）也应考虑删除。

数据的简缩主要依据考评的目的与要求而定，以解决问题为准，同时考虑调查和计算两方面的条件与需求。

三、数据的转换

所谓数据的转换,是将原始的每个数值按某种特定的运算,变成一个新值,而且数值变化不依赖于原始数据集合中的其他元素值。它与转化有所不同:转化的对象是整体,在转化中,所有的数据都要进行统一性的变换;而转换只是将信息数据中的某一部分进行局部性的变换。

数据转换的形式,常见的有平方根转换,即以 $\sqrt{x}$ 代替 x;对数转换,即以 $\lg x$ 代替 x,或以 $\ln x$ 代替 x;立方根转换,以 $x^{\frac{1}{3}}$ 代替 x 或以 $(x+c)^{\frac{1}{3}}$ 代替 x;倒数转换,以 $1/x$ 或 $1/(x+c)$ 代替 x;概率转换,以 P 代替 x(查表);角度转换,即以 $\arcsin x$ 代替 x;正态转换,即以 Z 代替 x(查表)。

显然,以上转换是将数值由大变为小。当我们想把数据由小变为大时,则应反过来用。

当我们应用数理统计公式综合考评信息时,因为各种统计方法一般都要求原始数据具有一定的分布形式(如正态分布),或者有一定的数据结构(如线性结构),当原始数据不合这些要求时,就要考虑用数据转换去解决。

在综合评判中,有的方法要求原始数据有一定的数据结构,例如,主分量分析方法只适用于线性结构。如果数据结构是非线性的,比如二次的,就可考虑用平方根转换为线性结构。另外,相对不同考评指标的数据相差悬殊时,必然影响考评信息的综合,如表6-6所示。

表6-6 四名员工在 A,B,C 三项指标上的考评结果

指标\员工	1	2	3	4
A	100	93	250	78
B	6	9	14	2
C	25	10	35	17

采取平方根转换,即得

$$x = \begin{bmatrix} 10 & 9.644 & 15.810 & 8.832 \\ 2.449 & 3 & 3.742 & 1.414 \\ 5 & 3.162 & 5.916 & 4.123 \end{bmatrix}$$

这样相对员工们在指标1与2上的数据的悬殊影响就得到了有效的控制。

四、数据的标准化

由于不同考评指标值的量纲不同,可能有的考评指标值很大,有的又很小,这样在最后的数据综合时,就突出了大数值的作用而压低了小数值的作用,数据的标准化有助于解决这一问题。

数据的标准化包括中心化与正规化,原则上也是一种转换。但是这种转换依赖于原始数据的整体综合值,根据对原始数据整体综合方式的不同而有各种不同的标准化形式,常见的有总和标准化、最大值标准化、极差标准化、模长标准化、数据中心标准化、离差标准化和标准差标准化等具体技术。

所谓总和标准化,就是以每列原始数据的总和去除该列各数据,即得到标准化后的数据,其值均小于 1。

所谓最大值标准化,就是先找出各列的最大值,然后将每列的各个数据除以本列的最大值,即得到标准化后的数据。这种标准化后的数据特点是:使每列最大值数据变为 1,其余均小于 1。

所谓极差标准化,是先从每列数据中找出最大值与最小值,两者之差称为该列数的极差,再将每列各数据减去该列最小值,然后除以该列的极差就得到标准化后的数据,最大的数据为 1,最小的数据为 0。

所谓模长标准化,就是先对每列数据求出其各数据的平方和的平方根,然后用它去除该列中的每个数据,即得到标准化数据。其特点是各列数据平方和为 1。

所谓数据中心标准化,是先求出每列数据的平均值,然后用每列的各数据分别减去该列的平均值即得到中心化后的数据。其特点是使每列数据之和均为 0。每列数据的平方和 $\sum_{i=1}^{n}(x_{ij}-\bar{x}_j)^2$ 是该列数据方差的 $n-1$ 倍。任何不同两列数据交叉积 $\sum_{j=1}^{n}(x_{ij}-\bar{x}_j)(x_{jK}-\bar{x}_K)$ 是这两列数据协方差的 $n-1$ 倍。这是一个很便于计算列间方差——协方差的方法。实际上,更常用的是对行(指标)进行中心化。

所谓离差标准化,又称正规化,就是先求每行数据的平均值,再求各行数据与其对应行平均值离差的平方和,离差平方和的平方根即为离差。最后将每行中的数据减去该行的平均数除以该行的离差即得到离差标准化后的数据。上述过程实际上可归为两个步骤:先将每行数据中心化,然后再进行模长标准化。转换后的数据特点是:每行数据之和为 0;每行数据平方之和为 1;任意两行数据的叉积是相应两个考评指标的相关系数。

所谓标准差标准化,是先对每行数据进行中心化,然后用该行数据的标准差代替离差去标准化。因为第 i 行数据的离差是 SS_i,其标准差是 $SS_i/\sqrt{N-1}$,所以正规化的结果是标准差标准化结果的 $1/\sqrt{N-1}$。转换后数据的特点是:每行数据的平均值为 0,方差为 1。因此,当某组数据均值为 0、方差为 1 时,即可称为正规化的数据。

第三节 绩效考评信息的汇合技术

绩效考评信息的汇合技术从手段上来划分,有人工分析与计算机自动汇合技术;从运算方法上划分,有累加、平均、加权平均、乘积汇合、矩阵运算技术等;从汇合对象上划分,有数量性(单组数据汇合、多组数据汇合)、符号性、等级性与内容性四种信息的汇合技术。

一、数量性信息的汇合

所谓数量性信息,是指绩效考评所取得的资料信息是以具有数量意义的数字作为其表现形式。

(一) 单组数据的汇合技术

常用的单组数据汇合方法有直接求和、加权求和、连乘汇合法、指数连乘法、加乘汇合法。

1. 直接求和

直接求和的公式是:

$$S = \sum_{i=1}^{N} x_i = x_1 + x_2 + \cdots + x_n$$

式中:S 为汇合值,x_i 为对应第 i 个指标的考评信息。

例如,某员工面试的结果分别为:

仪表风度	3 分	活力体力	4 分
分析表达	4 分	敏感反应	4 分
应变能力	3.5 分	性格	4 分
信心勇气	4 分	销售经验	3.5 分

该员工的总分 $S = 3+4+4+4+3.5+4+4+3.5 = 30$ 分。

直接累加法的优点是操作简单、便于掌握,但缺点是不考虑不同指标得分的相对重要性,等量齐观。此外,各指标得分最后汇合为一个,信息相互混杂,不利于有针对性地反馈信息与工作改进。

2. 加权求和

加权求和的公式是:

$$S = \sum_{i=1}^{n} w_i x_i = w_1 x_1 + w_2 x_2 + \cdots + w_n x_n$$

式中:S 为汇合值,W_i 为对应于指标 i 的权重值,x_i 为第 i 条指标上的得分。

例如,某公司认为"敏感反应""信心勇气""销售经验"对于"销售员"的招聘来说至关重要,因此要求在总评时增加它们的重要性。加权结果如下:

仪表风度	$w_1 = 0.1$	活力体力	$w_2 = 0.1$
分析表达	$w_3 = 0.1$	敏感反应	$w_4 = 0.15$
应变能力	$w_5 = 0.1$	性格	$w_6 = 0.05$
信心勇气	$w_7 = 0.15$	销售经验	$w_8 = 0.15$

则该员工的总分 $S = 0.1 \times 3 + 0.1 \times 4 + 0.1 \times 4 + 0.15 \times 4 + 0.1 \times 3.5$
$\qquad + 0.05 \times 4 + 0.15 \times 4 + 0.15 \times 3.5$
$\qquad = 3.35$

扩大 10 倍即 33.5 分,比 30 分多了 3.5 分。

加权累加法的优点是不但直观易懂,而且考虑了各种指标得分在总评中的相对重要性,更为合理;它缺点是汇合结果的区分性功能差,拉不开档次,有时可能削峰填谷,使不同特色的对象分值拉平。

例如,在"敏感反应""信心勇气""销售经验"上两个员工的得分如表 6-7 所示。

表 6-7 销售员考评结果比较

员工 \ 指标	敏感反应	信心勇气	销售经验
甲	4	2	2
乙	2	4	4

公司领导决定以这三项重要指标来甄选一名员工担任高级销售员,并且特别强调"敏感反应"方面的素质,所以分别对三项指标赋予 0.5,0.25,0.25 的权重。两人得分如下:

$$S_{甲} = 0.5 \times 4 + 0.25 \times 2 + 0.25 \times 2 = 3$$
$$S_{乙} = 0.5 \times 2 + 0.25 \times 4 + 0.25 \times 4 = 3$$

显然，员工甲与员工乙各有特色，但加权汇合后却分不出高低了。

在比较复杂的考评中，权重 w_i 有时需要随着得分值 x_i 的变化而变化，此时有 $w_i = f(x_i)$，即 $S = \sum_{i=1}^{n} f(x_i)x_i$，这叫变权加权累加法。

例如，某公司想招聘一批各方面素质都比较好并在某方面有特殊才能的员工。此时就需要采用变权加权累加法。

设该公司招聘员工有 n 条指标，相应的权重为 $w_i(i = 1,2,3,\cdots,n)$，对应得到的考评分数为 $x_i(i = 1,2,\cdots,n)$。

令 $w = \min\{w_i\}$，$x_t = \min\{x_i\}$，$x_k = \max\{x_i\}$，显然对不同的员工会有不同的 x_t 与 x_k。

对于 $x_t < 3$ 的员工，因为某些方面的素质太差，不宜录用；对于 $x_t \geq 3$ 的员工，则按汇合总评分值由高到低录用。为了使有某方面特长或才能出众的员工不至于因汇合分值不高而被淘汰，要进行一些局部变权处理。具体做法如下：

对于 $x_t \geq 3$，$x_k \geq 4.5$ 的员工，把第 k 项指标的权重由 w_k 增加到 $w'_k = w_k + w$，把第 t 项的权重由 w_t 减少为 $w_t = w'_t - w$，从而提高特长员工的汇合分值，增加他们被录用的可能性。

3. 连乘汇合法

连乘汇合的公式是：

$$S = \prod_{i=1}^{n} x_i = x_1 \cdot x_2 \cdots x_n$$

这种连乘汇合法的优点是可以把考评对象的距离拉开，便于划分档次，具有灵敏度高的特点；缺点是各种指标得分等量齐观，没有体现相对重要性。此外，当某个指标得分很小或很大时，容易造成极值影响与"失真"。

例如，某高校两名副教授在教学态度、教学能力与教学效果三项指标上的得分如表 6-8 所示。

表 6-8　两位教师考评结果比较表

教师＼指标	教学态度	教学能力	教学效果
甲	5	3	8
乙	2	4	10

依据累加汇合有：
$$S_甲 = 5 + 3 + 8 = 16$$
$$S_乙 = 2 + 4 + 10 = 16$$

此时 $S_甲 = S_乙$，分不出高低。但若采用连乘法汇合,则有：
$$S_甲 = 5 \times 3 \times 8 = 120$$
$$S_乙 = 2 \times 4 \times 10 = 80$$

4. 指数连乘法

指数连乘法的公式是：
$$S = \prod_{i=1}^{n}(x_i)w_i$$

令 $S' = \ln s, x_i' = \ln x_i$，则有
$$S' = \sum_{i=1}^{n} w_i x_i'$$

由此可见,指数连乘法是对连乘汇合法的改进,它不仅考虑了各指标的得分,也注意了各指标得分在指标体系总评中的地位。指数连乘法和加权求和法并无本质区别,只是指数连乘法有利于拉开距离,分出考评对象的档次。

5. 加乘汇合法

加乘汇合法的公式：
$$S = \prod_{j=1}^{m}\left(\sum_{i=1}^{n} w_i x_{ij}\right)^{\beta_j}$$
$$= \left(\sum_{i=1}^{n} w_i x_{i1}\right)^{\beta_1} \cdot \left(\sum_{i=1}^{n} w_i x_{i2}\right)^{\beta_2} \cdots \left(\sum_{i=1}^{n} w_i x_{im}\right)^{\beta_m}$$

二级或二级以上更小的考评指标系统得分均用加权求和,而一级考评指标之间的信息汇合则用指数连乘法。

一般来说,必要的条件素质指标得分的汇合适宜于连乘法,以表明缺一不可的要求：
$$当 x_i = 0 时， S = \prod_{i=1}^{n} x_i = 0$$

成果指标、绩效指标得分的汇合适用于累加法。

（二）多组数据的汇合技术

多组绩效考评数据的汇合原则上可以按两种方法汇合。一种是用分类单组汇合法,先把每一组汇合为一个数值,在此基础上再进行

一次单组汇合,即所谓进行二次单组数据汇合。另一种方法是矩阵汇合法,它是一步完成的。下面具体介绍一下统计矩阵汇合法和模糊统计矩阵法。

1. 统计矩阵汇合法

统计矩阵汇合法一般适用于多个考评指标对多个对象的考评数据汇合。假设我们要用 m 个考评指标考评 n 个对象,那么考评之后我们可以看到 n 组数据,每组 m 个。它们的排列如表6-9所示。

表6-9 统计矩阵原始表格形式

指标 对象	1	2	3	4	⋯	m
1	a_{11}	a_{12}	a_{13}	a_{14}	⋯	a_{1m}
2	a_{21}	a_{22}	a_{23}	a_{24}	⋯	a_{2m}
3	a_{31}	a_{32}	a_{33}	a_{34}	⋯	a_{3m}
⋮	⋮	⋮	⋮	⋮	⋮	⋮
n	a_{n1}	a_{n2}	a_{n3}	a_{n4}	⋯	a_{nm}

表6-9中的数据可以用矩阵表示为:

$$A = \begin{bmatrix} a_{11} & a_{12} & a_{13} & a_{14} & \cdots & a_{1m} \\ a_{21} & a_{22} & a_{23} & a_{24} & \cdots & a_{2m} \\ a_{31} & a_{32} & a_{33} & a_{34} & \cdots & a_{3m} \\ \vdots & \vdots & \vdots & \vdots & & \vdots \\ a_{n1} & a_{n2} & a_{n3} & a_{n4} & \cdots & a_{nm} \end{bmatrix}$$

显然,A 是一个 n 阶 m 列的矩阵,一般简单表示为:$A = [a_{ij}]_{n \times m}$,矩阵 A 我们称它为评价矩阵。

如果我们规定 m 个考评指标的权重系数分数为 $w_1, w_2, \cdots, w_m$,那么可以用权重矩阵表示如下:

$$w = \begin{bmatrix} w_{11} & w_{12} & w_{13} & \cdots & w_{1m} \end{bmatrix}$$

这个一行 m 列矩阵简记为:

$$w = (w_{ij})_{1 \times m}$$

n 个考评对象在 m 个考评指标上的得分可以采用如下矩阵运算方法得到:

$$B = w' \cdot A'$$

式中 w' 为 w 的转置矩阵,是一个 m 行 n 列的矩阵,即:

$$A' = \begin{bmatrix} a_{11} & a_{21} & \cdots & a_{n1} \\ a_{12} & a_{22} & \cdots & a_{n2} \\ a_{13} & a_{23} & \cdots & a_{n3} \\ \vdots & \vdots & \cdots & \vdots \\ a_{1m} & a_{2m} & \cdots & a_{nm} \end{bmatrix}$$

下面我们举例说明。

假设我们把国家机关公务员考评的指标确立为工作态度、工作能力、公务活动量与工作效果四个方面,某部委办公室5位公务员年度考评结果如表6-10所示。

表6-10　5位公务员考评结果统计表

姓　名	工作态度	工作能力	公务活动量	工作效果
李××	30	20	20	30
肖××	10	20	20	50
张××	20	20	30	30
王××	20	10	50	20
赵××	10	50	20	20

假设我们在总评中分别赋予工作态度、工作能力、公务活动与工作效果四个方面的权重依次为:0.2,0.3,0.2,0.3,那么,评价矩阵为:

$$A = \begin{bmatrix} 30 & 20 & 20 & 30 \\ 10 & 20 & 20 & 50 \\ 20 & 20 & 30 & 30 \\ 20 & 10 & 50 & 20 \\ 10 & 50 & 20 & 20 \end{bmatrix}$$

权重矩阵为:

$$W = (0.2 \quad 0.3 \quad 0.2 \quad 0.3)$$

考评矩阵为:

$$B = W \cdot A'$$
$$= (0.2 \quad 0.3 \quad 0.2 \quad 0.3) \begin{bmatrix} 30 & 10 & 20 & 20 & 10 \\ 20 & 20 & 20 & 10 & 50 \\ 20 & 20 & 30 & 50 & 20 \\ 30 & 50 & 30 & 20 & 20 \end{bmatrix}$$
$$= (25 \quad 27 \quad 25 \quad 21 \quad 27)$$

如果按排序评判,则肖某与赵某两位公务员考评结果为"优秀",李某与张某考评结果为"称职",而王某为"不称职"。

2. 模糊矩阵汇合法

模糊矩阵与统计矩阵中的数据是有区别的,因此模糊矩阵汇合技术与统计矩阵汇合技术的特点也是不同的。为了避免重复,请参考第七章第三节中的"模糊数学汇合评判技术及其应用"。在那里,我们具体地介绍了模糊矩阵汇合技术及其应用的实例。

二、符号性信息的汇合

所谓符号性考评资料信息,就是那些用打钩、画圈或其他标记表明考评结果的资料信息。例如,由检核表、多项选择式问卷等考评工具所获得的信息资料均属于这一类。其考评结果的表述形式通常是字母、数字或其他象征性符号。所有可能出现的考评结果都事先加以安排与限制。对于符号性考评资料信息的整理,主要有编码与登记归类。

(一) 编码

符号性考评资料信息整理简化的第一步,就是要将所有的考评资料信息进行编码。所谓编码,就是将每个考评点的资料信息及针对同一个考评点中可能出现的不同的结果转化为数字。实际上,也就是给每个考评点的不同水平等级和每个考评点可能出现的结果的所有类别,赋予一个不同的数字。这种转化至少有两个好处。一是有可能把有关的考评资料信息简化储存在电脑中,或借助数学工具进行整理归类。因为电脑储存和恢复数字比储存和恢复文字或词语要容易得多。二是可以为检索、总结和分析考评资料信息提供方便。如果我们每找一个考评信息资料,都要从头至尾翻一遍原始资料库,那将是非常费事的。

通过编码,那些借助封闭性问卷获得的考评信息,或者那些答案规范的问卷的考评结果,就能采取计算机来整理分析。但开放性的考评资料,例如,开放性问题的问卷、现场观察的笔记或其他非结构性内容的考评资料,尽管进行了编码,一般却难以利用计算机来分析。

编码按其时间顺序有先编码与后编码两种。在设计考评问卷与量表的同时就对可能出现的回答结果进行编码即先编码。先编码主要限于那些考评结果的形式、内容、类别事先比较明确的考评点考评资料。这些考评点上的考评结果比较规范,一般可以用是或不是,知道或不知道,好、较好、一般、较差、差这些等级来表述。那些考评内容本身就是有关数字与等级的考评资料信息,也可以采用事先编码的形式。先编码的优点是,既为考评者的考评与记录节省时间与精力,又给整理、归类者带来极大的方便。考评信息资料收集后,不必再翻那一大堆原始资料信息去编码了。

后编码是在考评的资料信息收集完以后,再对考评结果或考评资料信息逐个编码。一般来说,能够先编码的最好事先编码。后编码也有它的优点。首先,后编码允许编码者(考评者)在开始编码前断定哪些回答必须编码,哪些可以省略不用编码,从而使编码工作更简化一些。例如,某个考评点有多种可能的考评结果,但考评后却发现五种可能考评结果中,两头的全是空白,因此实际编码时只需要对中间状态的三种考评结果编码。其次,有时可以使考评试题简化一点。如要考评人们对某一项政策规定的态度,若采取先编码的形式,试题的内容应写成:

你对×××是赞成还是反对,请选择:
　　　　　赞成　1　　反对　0

若采取后编码的形式,试题的内容则可以简化为:

你对×××是赞成还是反对?＿＿＿＿

有些人对所考评的项目或问题,不做任何回答或记录,有的写上"不知道"或给出某个不适用的回答或记录,类似这些情况如何编码呢?我们一般可以用最小的数字"0"或最大的数字"9"来标记没有作任何回答或记录的编码,用"00"表示不适用回答的编码,用"99"作为对"不知道"信息的编码。

(二)登记归类

考评信息资料编码之后就是登记归类工作了。一般是采用一种叫考评资料总括表的表格对所有考评资料信息进行登记归类。所谓考评资料总括表,通常是一张经过编排的格子纸张,为了便于汇总用图表来表示统计的结果,考评资料信息总括表可以采取三种形式:速记表、逐人逐项登记表和计算机总括表。这里主要介绍前两种。

1. 速记表

速记表就是根据考评问题备选答案或所有可能的回答结果,分别设栏统计全体考评者总体或被考评者选择次数的一种统计表。它是根据每个考评问题或考评点指标来设定的,与考评问卷或考评量表相匹配。

例 6-1 问卷调查表及其速记总括表形式(见表 6-11)。

表 6-11 问卷调查表

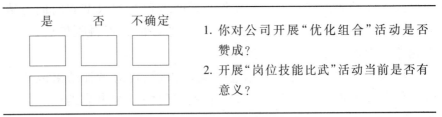

上述考评结果速记归总如下,见表 6-12。

表 6-12 速记表

考评项目\考评答案	是(1)	否(-1)	不确定(0)
1	卌 ‖‖	‖ ‖	‖
2	‖	卌 ‖	‖

例 6-2 观察考评量表及其速记统计表形式(见表 6-13)。

表 6-13 观察考评量表

请用此量表观察考评你所在科室的集体性,在每个项目前打"√",注明你评定的等级。

1.——不能令人满意
2.——差
3.——一般
4.——好
5.——非常好

1　2　3　4　5　——科室在各项活动中的互相协调程度
1　2　3　4　5　——所有成员对实现科室目标的努力程度

上述结果归纳如表 6-14。

表 6-14 符号性考评资料归纳统计表

考评项目\评定等级	1(不能令人满意)	2(差)	3(一般)	4(好)	5(非常好)
1	‖	‖	‖	‖‖	卌
2		‖‖	‖‖	‖	卌

速记表的优点是简洁、便于计算每种考评结果上的人次或百分比,也便于计算每个考评指标各等级人次的平均值、标准差。但这种速记表也损失了一些信息。例如,不知道每个人具体的回答内容,因而不利于诊断分析。

2. 逐人逐项登记表

逐人逐项登记表就是把考评的信息资料依据考评点指标按人逐一登记的统计表格。它有三个基本要求:(1)把每个考评点问题的答案或可能的评定结果编码量化;(2)把考评的指标(问题)横排,把被考者或考评者(操作表格者)竖排成一个方格表;(3)方格表中对应考评指标(问题)与被考评者交叉处的数据则为相应的考评结果。

下面是一个观察检核表的逐人逐项登记表的示例(见表6-15、表6-16)。

表6-15 检核表

请用此表评定你所负责的班组工作时的情况,并用"√"在相应的空格中注明你所评定的结果。

20××年6月5日上午车间	大多数	一些	几个人	无人
1. 埋头苦干的工人	4	3 √	2	1
2. 与别人打打闹闹的工人	1	2	3	4 √
3. 到处闲逛、无所事事的工人	1	2	3	4 √
4. 相互配合与帮助的工人	4 √	3	—	1

表6-16 考评信息汇合归纳表

考评信息编码 \ 考评项目 \ 被考班组	1	2	3	4	5	6	7	8	9
第一班组	3	4	4	4	1	2	4	3	2
第二班组									
第三班组									
第四班组									

上面检核表评判栏目中小格内的数字是相应这个等级的分数,也是编码,在检核表中不一定出现,这里是为便于说明而标出的。通过这些数字,我们可以获得许多信息。例如,第一行与第二栏交叉处的"3"就告诉我们,第一班组在第一个考评项目上的考评结果是3分,表示该班组在车间工作时,有一些人是埋头苦干的。

逐人逐项登记表还有下面的变化形式,即与平均数标准差结合起来的登记表,如表 6-17 所示。

表 6-17 考评信息逐人逐项登记表

考评员与被考评者	考评项目 考评信息编码	1	2	3	4	5	……
第一班组	1号考评员	3	4	4	3	4	……
	2号考评员	4	3	1	5	3	……
	3号考评员	3	4	2	4	2	……
	平均数	3.33	3.67	2.33	4	3	
	标准差						
第二班组	1号考评员						
	2号考评员						
	3号考评员						
	平均数						
	标准差						

三、等级性信息的汇合

所谓等级性考评信息,是指那些考评结果的表示形式均是 A、B、C、D 或甲、乙、丙、丁等顺序等级的资料信息。

对于等级性考评资料信息的汇合,我们在汇合之前必须进行等值转换,把只具有顺序关系的等级转换为单位相同、具有绝对数学意义的数字,才能计算它们的平均数与标准差。下面以实例说明。

例 6-3

年末,某机关公务员考评委员会对 150 名公务员进行了考评。考评委员会由人力资源部门、组织部门、处室主管与机关领导四个方面的人员构成。考评结果分为优秀、良好、称职、基本称职、不称职五个等级,考评结果如表 6-18 所示。

表 6-18 150 名公务员考评结果一览表

被考公务员	考评员考评等级	组织部	人事部	相关领导	处室主管
1		良好	优秀	良好	优秀
2		基本称职	不称职	基本称职	基本称职
⋮		⋮	⋮	⋮	⋮
150		优秀	良好	良好	优秀

如何把等级转换为分数并求出平均等级呢?其步骤如下:

（1）统计各考评员在五个等级上考评的次数分布情况，如表6-19所示。

表6-19　各考评等级次数分布表

次数　考评员 等级	组织部	人事部	机关领导	处室主管
优秀	6	30	31	15
良好	34	35	29	25
称职	60	50	50	45
基本称职	40	25	20	35
不称职	10	10	20	30

（2）求各等级中点以下的累积次数。即参照表6-19将该等级次数的一半加上位于它以下各等级的次数。例如，表6-20第一行第二栏交叉处的 $147 = \frac{6}{2} + (34+60+40+10)$。

表6-20　各等级中点以下次数累积表

累积次数　考评员 考评等级	组织部	人事部	机关领导	处室主管
优秀	147	135	134.5	142.5
良好	127	102.5	104.5	122.5
称职	80	60	65	87.5
基本称职	30	22.5	30	47.5
不称职	5	5	10	15

（3）求各等级中点以下的累积次数与总次数的比率，即用总次数150分别去除表6-20中的各个次数并统一取五位小数即得表6-21。例如，表中第一行与第二栏交叉处的0.98=147/150。

表6-21　各等级中点以下累积次数比率

次数比率　考评员 等级	组织部	人事部	机关领导	处室主管
优秀	0.98000	0.90000	0.89667	0.95000
良好	0.84667	0.68333	0.69667	0.81667
称职	0.53333	0.40000	0.43333	0.58333
基本称职	0.20000	0.15000	0.20000	0.31667
不称职	0.03333	0.03333	0.06667	0.10000

（4）通过查表（正态分布表），把表 6-21 中的每个数值转化为 Z 值，即得表 6-22。

表 6-22　考评结果的 Z 值转化表

Z 值等级 考评员	组织部	人事部	机关领导	处室主管
优秀	2.05	1.28	1.26	1.64
良好	1.02	0.48	0.51	0.90
称职	0.08	-0.25	-0.17	0.21
基本称职	-0.80	-1.04	-0.80	-0.48
不称职	-0.83	-1.83	-1.50	-1.28

（5）求汇合平均值。通过以上四步，就把四方面考评员考评的等级对所有公务员考评结果所形成的正态分布转换为单位相对统一的 Z 值，就可以直接进行代数运算了。例如，根据表 6-20 内的数值，我们可以求出四方面考评员对 1 号公务员考评等级的相应 Z 值分别为：1.02（良好），1.28（优秀），1.26（优秀），0.90（良好），其平均汇合值：

$$Z = (1.02 + 1.28 + 1.26 + 0.90)/4 = 1.12$$

类似地，可以算出其余 149 名公务员的平均汇合值（见表 6-23）。若有必要还可以再把它们转回等级。

表 6-23　考评结果 Z 值转化表

标准汇合值 考评员 公务员	组织部	人事部	机关领导	处室主管	平均分（Z）
1	1.02	1.28	1.26	0.90	1.12
2	-0.80	-1.83	-0.80	-0.48	-0.98
⋮	⋮	⋮	⋮	⋮	⋮
150	2.05	0.48	1.26	0.80	1.15

四、内容性信息的汇合技术

所谓内容性考评信息，是指那些无法用符号或数字表示的考评信息。例如，通过面谈、自由问卷或轶事记录等考评手段获取的信息，以及专家考评的评语，都属于用文字记述的内容性资料信息。

第六章 绩效考评信息综合技术

内容性资料信息的整理与归纳,同样要经历编号、归类与总括三个阶段。

(一)编号

内容性资料信息的编号,一般只能采用后编码方式编码,而且常常是在分类之后才能进行。在这之前,能先编号的内容充其量就是根据不同考评客体、对象或考评员进行一个顺序编号。

(二)归类

归类是内容性资料信息整理中最为复杂和最为关键的一步。归类的方式有以下几种。

1. 开放式归类

所谓开放式,是指对于所获得的考评资料要归成几类,事先并不做规定。根据开放的程度,又有全开放式与半开放式两种。

全开放式归类的方法如下:

(1)取几张普通的纸作为标记之用。将每张纸用线分成四格,如图6-1、图6-2所示,有纵划分与四格划分两种形式。

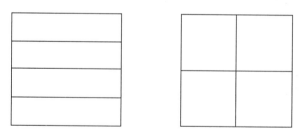

图6-1 纵划分形式　　图6-2 四格划分形式

(2)自上而下或按编号顺序逐份审阅考评结果记录的纸卷。假设现在审看的是一些考评员对某个工作岗位的考评结果记录表,恰好第一份是1号考评员的考评记录表,仔细审看其考评中记录的内容,分析归纳其中所叙述的观点、意见或内容的种类。每种观点、意见与内容都简要记录在标记纸上。一般每种观点、意见或内容一格,并在其右上角记下考评员考评表的编号。另外,再用画短线"—"的方式插记与统计该观点、意见或考评结果被各个考评员提及的次数。

(3)审阅其余答卷或考评记录。每当遇到一种与前面所列考评观点、意见或结论不同的新内容,包括形式相同但实质不同的新观点、新意见时，立即在另一空格中做简要记录，并同样标记；若所遇到的观点或意见前面已有考评员提到，则找到前面有关内容的记录格，在其右上角记上所审阅的考评资料信息编号，并增加"一"表示该观点、意见又有一个考评员提到。如此下去，直到审完最后一份答卷。

半开放式归类的步骤如下（仍以上例说明）：

（1）抽取30%左右的考评结果记录表。仔细审看每份考评结果记录表中的意见、观点与内容，并把其中不同的意见一一列出，制成观点（意见）要点一览表。

（2）按答卷编号顺序逐份审阅，把考评表中的所有观点都近似地归入观点（意见）要点一览表相应的项目之下，并在对应的空格中记下考评表的编号（必要时便于复查），并以"一"画记次数。

（3）每次遇到观点（意见）要点一览表中所没有的新观点、新意见，则另外再开设新栏目予以记载，纳入原来的观点（意见）要点项目之中，并在对应的空格中记录考评表号与登记画线"一"。

2. 封闭式归类

仍以上例说明。首先，把所有的专家评语按对某个方面（指标）评定的意见的强烈程度分成固定的几种。例如对于业务能力的评语，分成高度评价、评价较好、评价一般、评价较差等几个级别，然后逐份审阅分析每个考评专家的评语，把它们归入到相应的级别中。

（三）总括

对于内容性的考评资料总括，一般有两种形式：一是内容总结，即要求总括者提出一份纯粹是描述性的书面总结；二是对持相同观点、意见的考评员的人次统计。

书面总结一般要求用简洁的文字，把那些突出的观点或意见以及出现最为频繁的内容概括到报告中。

▶▶ 复习思考题

1. 什么是量化？请具体阐述量化的形式。
2. 如何进行信息的转化、简缩、转换和标准化？
3. 数量性信息的汇合技术有几种？
4. 符号性信息的汇合技术有哪几个步骤？
5. 如何进行等级性信息的汇合？
6. 内容性信息的汇合技术有哪几个阶段？

第七章

绩效考评评判技术

📎 本章学习目标提示

- 掌握印象评判技术
- 掌握相对比较评判技术
- 掌握因素分解综合评判技术
- 掌握常模参照与效标参照评判技术

通过信息的收集、分析与综合,对考评对象有了一个基本的认识之后,就需要做出考评结论,这种做出考评结论的过程就叫做评判。为了提高评判的效率与效果,我们有必要研究绩效考评的评判技术。

绩效考评实践中的评判技术可以概括为印象评判、相对比较评判、因素分解综合评判、常模参照与效标参照评判技术等。

第一节 印象评判技术

所谓印象评判技术,是指考评者在考评过程中依据自己形成的价值标准或对有关考评标准的理解,对考评客体与对象平时形成的印象,做出有关评判的方式。印象评判技术除了在印象评判法中经常用到外,在面试、专家推荐、人物推选等中也经常会用到。

印象评判技术的具体形式有闭目浮现评判、排空意念形象评判、回忆形象评判、第一印象评判以及其他印象评判(印象归因评判、印象类比评判、最后印象评判、总体印象评判)。

绩效考评与管理方法

一、闭目浮现评判

所谓闭目浮现,是指在绩效考评时,排除眼前信息的干扰,闭上眼睛自然浮现要考评的客体与对象的形象,依据有关价值标准做出评判的活动。

闭目浮现评判的技术要求考评者对考评客体与对象有较为长期的接触与认识,或有过专门的观察与了解,脑海中留下了大量的有关考评对象及其客体的形象特征信息,否则效果不好。

二、排空意念形象评判

所谓排空意念形象评判,是指考评员排空头脑中的一切杂念与无关信息,保持大脑当前的意念——寻求考评客体对象的单一性,提高考评对象的有关特点及其信息在印象中的清晰度。

这种技术应用的前提与闭目浮现评判的要求差不多,均要求考评员对所考评的客体或对象有足够的信息积累。

三、回忆形象评判

所谓回忆形象评判,是要求考评员进行考评前,尽一切努力回忆起与考评对象或客体有关的特征信息,以建构出一个较为清晰的考评对象或客体的意象,并依据有关评判标准进行评判。

回忆形象评判除了要求考评员与考评对象或客体有较多的了解与接触外,还需要考评员在记忆信息方面具有一定的技能与技巧。

四、第一印象评判

所谓第一印象评判,是指考评员主要依据对考评对象或客体获得的第一印象感觉做出有关的绩效考评。

这种凭第一印象感觉做出评判的结果有时是相当准确的,尤其对一些经验丰富的考评员来说,更是如此。

这种凭直觉的反应评判对于有经验的考评员来说,是建立在长期反复考评实践基础上的一种经验概括,是多次考评实践过程的简缩。

这种技术应用的前提不但要求考评员对考评对象或客体有足够的感性认识,而且要求具有一定的考评实践经验。

五、其他印象评判

其他印象评判包括印象归因评判、印象类比评判、最后印象评判和总体印象评判。

所谓印象归因评判,是指考评员把自己所要考评的客体与对象归结为自己原先熟悉的某个类别,然后再做出评判的活动。

所谓印象类比评判,是指考评员把自己原先熟悉的几个"模特"的形象特征加以演绎,作为考评眼前有关客体与对象的标准,然后以此为依据进行考评的活动。

所谓最后印象评判,是指考评员主要根据最后所形成的有关对象或客体的形象特征,做出考评的活动。一般来说,第一印象比较深刻,而最后印象或最新印象比较清晰,因而据此做出的评判都是可行的。关键在于考评员在考评过程中需克服晕轮效应的影响。

所谓总体印象评判,是指考评员依据自己对考评对象或客体所形成的总体印象和有关评判标准而进行的考评活动。总体印象是一种长期累积信息与认识的过程,具有全面性、整体性的特点。要求考评者对考评客体或对象有一个长期、全面的了解与接触。只有在这种基础上形成的印象,才是有效的,否则就可能是片面的。

第二节 相对比较评判技术

相对比较评判技术是把所有的考评客体或对象作一全面的相互整体比较,直观地做出高低、大小、优劣等评判。

相对比较评判技术有组内对象比较评判、组间对象比较评判;有排序法、两两比较法;根据比较的具体形式,又可以分为:代表人物比较、两极排序考评、成对比较考评、分级考评、比例控制考评等。下面结合公务员考评内容来说明有关相对比较评判技术的特点及其应用。

一、代表人物比较

代表人物比较技术有两种具体形式:一种是整体代表人物比较,另一种是分项代表人物比较。

所谓整体代表人物比较,在公务员考评中,是先在被考评的公务员当中确定几个优秀、称职与不称职的代表人物,然后把每一个被考评的公务员与这些典型代表人物相比较,他与哪一个代表人物最接近,就把他考评为该代表人物代表的等级。

所谓分项代表人物比较,是先把公务员的考评内容确定为德、能、勤、绩或其他几个因素,然后每个因素均选定优秀、称职与不称职的几个代表人物,再按各因素的顺序,把每一个被考评的公务员与这些代表人物相比较,与哪一级人物最接近,就把他考评为该代表人物代表的等级,最后综合各因素所考等级的情况,得出一个总的等级。

整体代表人物比较与分项代表人物比较相比,前者不如后者准确全面,但前者不存在最后综合总评的问题,后者却存在一个各因素综合总评的问题。为了改进这一缺点,可以给不同因素、不同等级以不同的数字标记,简称分数。

例 7-1

我们假设公务员的考评因素、等级代表人物及数字标记如表 7-1 所示(其中,"优秀"为数字 3,"称职"为数字 2,"不称职"为数字 1)。

设公务员陈××"德"类同肖××,考评为"称职";"能"类同赵××,考评为"优秀";"勤"类同钱××,考评为"称职";"绩"类同王××,考评为"优秀",那么陈××最后考评为什么等级呢?可以用下列方法综合决定。

$$D = \frac{\sum xf}{\sum f} = \frac{2 \times 3 + 3 \times 3 + 2 \times 1 + 3 \times 3}{3 + 3 + 1 + 3} = \frac{26}{10} = 2.6$$

表 7-1　公务员考评分项代表人物数字标记

因素＼等级	优秀		称职		不称职		因素加权
	代表人物	数字	代表人物	数字	代表人物	数字	
德	李××	3	肖××	2	邓××	1	3
能	赵××	3	孙××	2	胡××	1	3
勤	张××	3	钱××	2	温××	1	1
绩	王××	3	江××	2	康××	1	3

如果我们规定 2.5~3 为优秀,1.5~2.4 为称职,0~1.4 为不称职,那么陈××最后考评为优秀。当主考有几个人时,式中的 x 则为平均分数,f 仍为各考评因素的权重。

二、两极排序考评

排序考评技术可以看作代表人物比较的变化形式。在代表人物比较技术中,每次用作比较的"标准"是固定不变的,都是同一个"代表"人物。而在排序考评中却不然,每比较一次,"代表"人物就得换一次。随着比较的次序,这些"代表"人物的等级依次降低。排序考评技术在绩效考评中可以描述为一种由考评者凭着自己的判断,根据各个考评对象在考评标准上的优劣状况,进行高低次序排列的活动。以公务员考评为例,其操作步骤如下:

(1) 将所有待考评的公务员进行编号。若时间允许的话,最好把各个待考评的公务员的特征与实绩简要地写在编有对应号码的卡片上。

(2) 在所有待考的公务员(或卡片)中挑选出最优秀与最不称职的两个公务员。最优秀的赋予数字1,排在第一个位置,最不称职的赋予最大的数字N(假设有N个待考公务员),排在最后一个位置。

(3) 在余下的$N-2$个公务员中重复(2)的工作,找出排在第二个位置与第$N-1$个位置的人,以此类推,直到所有的待考评公务员都一一排好了位置。

(4) 寻找两个适当的"切点",把N个待考评公务员排好的序列划分成优秀、称职与不称职三个区段。

(5) 当主考者有几个人时,最后的排序按平均数进行。

例 7-2

表 7-2 是三位主考对七位公务员按照排序考评法考评的结果。

表7-2 排序考评法考评结果统计表

被考评公务员	李××	张××	赵××	肖×	陈×	江×	康×
甲主考排序	1	3	4	2	5	6	7
乙主考排序	2	1	4	3	—	5	—
丙主考排序	1	—	2	3	6	4	5
平均序数	1.3	2	3.3	2.67	5.5	5	6
目对次序	1	2	4	3	6	5	7

如果我们选择 2 与 5.5 为两个"切点",则李××与张××考评为"优秀",康×考评为"不称职",其余的均为"称职"。

这种方法还可以依据每个考评因素排序,最后加权综合评定。

三、成对比较考评

成对比较考评技术在人员考评中,就是把被考评的人员与其他所有的人员逐一比较,如果比别人强,则得一分,否则得零分。最后把全部分值加总,进行顺序排列,并选择"切点"把序列分成优秀、称职与不称职三个区段。

例如,有 A,B,C,D,E 五位公务员,那么采用成对比较考评技术的结果如表7-3所示。

表7-3 成对比较考评记录表

	A	B	C	D	E	∑	序列名称	等级
A	0	0	1	1	0	2	2.5	称职
B	1	0	1	1	1	4	1	优秀
C	0	0	0	1	1	2	2.5	称职
D	0	0	0	0	1	1	4.5	称职
E	1	0	0	0	0	1	4.5	称职

表7-3的意思是,以最左边纵列作为参照,从上至下逐个轮流做"轴"。例如,第一行的数字的来由是,A与A相比同样"强",故记为"0";A与B相比,A更弱,记为"0";A与C相比,A强于C,故记为"1";A与D相比,A强于D,故记为"1";A与E相比,A更弱,故记为"0"。其余各行数字以此类推。

成对比较技术的操作还可以采取层次分析法(简称AHP)进行,其结果较上面精确些,但是计算更复杂,有分数与小数。

成对比较技术也可以看作代表人物比较技术的变形,在这里所选的代表人物,每比较一次就换一次,不是固定不变的。换句话说,在代表人物比较考评技术中,用来作比较的"代表人物"是比较的"中心",被考评的人员是不断变换的;而在成对比较考评技术中,被考评的人员是相对不变的,是"中心",用作"标准"的人员却不断变化。

成对比较技术的特点是每次考评的范围小,准确度较高。被考评的公务员越多,比较的工作量就越大。假设被考评的人数为 N,则比较的次数为 $\frac{N(N-1)}{2}$。因此,成对比较考评技术只适合在小范围内应用,一般被考评的人数在15人以下比较适宜。

成对比较考评技术也可以与分项考评法结合运用,只不过最后多了一步加权综合。

四、分级考评

分级考评技术在人员考评实践中,就是以人员是否称职为尺度,考虑全部待考评人员的实际表现,预先定出等级(3~9个),然后决

定某一人员属于哪一等级,最后确定哪几个等级属于优秀,哪几个等级属于称职,哪几个等级属于不称职。其具体操作步骤如下:

(1) 成立考评委员会。

(2) 每个考评委员细心调查研究被考人员的现状,对考评中的分等级数进行讨论,并取得一致意见。

(3) 把待考评的人员定到适当的等级中去。这一步又可以按下列小步骤操作:

第一,详细研究或查看某一人员的工作行为表现情况。

第二,详细研究或查看另一人员的工作行为表现情况,并决定他是否与第一个人考评为同一等级,或更高等级,或更低等级。

第三,详细研究或查看第三个人员,并与第一、二个比较,做出等级归属规定,以此类推,直到其他人员全部归属到相应的等级中为止。

第四,根据人员考评的目的与需要,确定哪些等级归属到哪一类别中(优秀、称职与不称职三类)。

分级考评技术也可以采取以下三三分类法进行。

(1) 给所有待考评的人员编号,对应地把其特征与绩效简单写在编号卡片上。

(2) 把所有的卡片分成上、中、下三等,并检查每一等级中的卡片,把不适当的卡片调整到合适的等级中。

(3) 在每一等级(上、中、下)中重复上述工作,再把其中的卡片分成上、中、下三等,检查并作调整,直到满意为止。这样一共就得到上上、上中、上下、中上、中中、中下、下上、下中、下下九个等级。

(4) 根据考评目的与需要,把上述九个等级归结为优秀、称职与不称职三个类别。

五、比例控制考评

所谓比例控制考评技术,就是考评开始之前,即对优秀、称职与不称职各等级的人数有一定的比例限制。

上述各种相对考评技术的共同点是,对各等级人数的分配无任何限制。绩效考评实践中常会发现实际的考评结果往往出现失控的"偏态"现象,"好的"、"优的"等级偏多,"不好的"一个也没有。为了控制这种现象,人们提出了比例控制考评技术。例如,某控制标准规定:优秀占15%,称职占80%,不称职占5%。假设某单位公务员总数有80人,那么该单位考评为优秀的人数应该是80×15% = 12

人,不称职的人数应该是 80×5%＝4 人,其余 64 人为称职。

这种考评技术的优点是拉开了被考评对象之间的等级差距,便于相对比较,又可以有效控制各等级的人数分布,保持分配合理,避免盲目考评与失控现象;缺点是容易产生表现相似的公务员因比例限制而被划分到不同的等级中去的偏差。

按照正态分布的理论,在人员数量足够多的团体中,特别优秀与极不称职的人员均不会超过 5%,如果把优秀的人数控制在 15% 以内,是较为合理的,这等于把特别优秀之下的 10% 的优秀人员也包括进来了。由于对不称职的人数未作任何限制,故这一等级大多数单位可能会出现空白。这样实际人员的考评成了优秀与称职两个等级。如果真要设定一个比例,可能又会出现负效应,也不一定合理。因此,可以考虑采取以下几种办法调剂一下。

(一) 高额限制技术

所谓高额限制技术,即对最高分数(等级)及同一分数(等级)的人数有明确限制。例如,某部委机关有 200 名公务员,规定除特殊情形外,考评分数最高不得超过 90 分,同一分数的人数不得超过 10%,亦即同一分数的人数不得超过 20 名。这样,考评的结果将在两个方面受到控制:一是所有的考评分数必须是从 90 分往下排列;二是分布均匀,同一分数的人次都在 20 人以下。这就有效地防止了优等和中等人数过多的不良现象。

(二) 总体常态分配技术

统计学研究表明,我们在分析任何一种个体特征差异时,只要符合随机抽样原则,且选取的样本足够大,那么个体差异的分布就会呈现常态分布,如图 7-1 所示。当一个部门或系统的人数足够多,且各个层次均有代表(即从最高层机关到基层人员都有一定的代表)时,其考评结果分布应该呈常态。

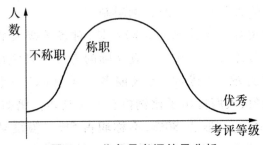

图 7-1 公务员考评结果分析

如果所有的人员都经过了严格的选拔录用,那么考评结果的实际分布也可能都在称职以上。换句话说,不称职的人一个也没有。

根据上述原理,可以给各单位配赋一定的分值,各单位主管在配赋的总分数内可以对每一人员进行不同的评分或评等,但总分数不能超出配赋的分数。例如,某单位有10个公务员,每人的配赋分76分,则总分为760分,如果规定优秀的基准分为90分,称职的基准分是70分,则优秀的人数不能超过3人,因为$3 \times 90 + (10-3) \times 70 = 760$。这种技术可以控制各单位滥评优等人员的现象。

(三)整体绩效优劣控制技术

所谓整体绩效优劣控制技术,即依据单位总体的年度绩效来确定该单位优等的人数的基本分。整体绩效好,则考评优等的人数可以多些,给每个人员的基本分可以高些。这种技术主要分为等级和人数控制、配赋分数控制两种。

所谓等级和人数控制,是指人员考评列为优秀的人数,视单位群体的工作总绩效而定。例如,某单位考评为甲级,则该单位内列为优秀的人数可达50%;如果某单位考评为乙级,则该单位内考评为优秀的人数不能超过40%。

所谓配赋分数控制,是指每个单位人员的个体基准分的多少要依据该单位的整体绩效来确定,在这里对单位内优秀的人数的多少并不做什么限制。例如,某单位整体工作绩效考评为甲等,那么每个人员的基准分可定为800分,200个人的总赋分为16 000分,这200人内优秀多少个、称职多少个,完全由单位自己确定,只要总分控制在16 000分以内即可。如果某单位整体工作绩效考评为乙等,那么每个人的基准分可以定为700分,200个人的总分则为14 000分。

整体绩效优劣控制技术的优点是,突出了集体观念,把每个人的绩效考评与整个集体的绩效考评联系起来,具有教育学意义,有其合理之处。事实也是这样,一个单位绩效的好坏,是由其中个体工作的情况来决定的。整体绩效好的单位,要么其中有一些优秀人物起了重要作用,要么大多数人工作都比较好。此外,这种技术也充分体现了总体宏观控制、具体考评自主灵活的特点。但缺点是可能把领导人的错误分摊到每个人身上。

六、组间对象比较评判

前面一至五主要是关于组内考评对象或客体的纵向比较评判技术。实际上，我们常常需要对不同组的对象做一横向比较评判，以便考评的结果更具有比较性。

组间对象的横向比较，可以采取标杆层次分析技术，下面结合有关实例予以说明。

假设某公司下有三（甲、乙、丙）个分公司，由于经营项目不同，各自独立对本公司的员工进行考核。虽然考核方案与内容相互统一，都是按总公司的要求进行，但各自的宽严程度不尽一致，甲公司的"优等"员工与乙公司的"优等"员工水平上有差异，此时甲、乙、丙三个公司的员工相互之间的考评结果如何比较呢？

（1）三个分公司分别推选优秀、称职、基本称职与不称职四个等级的"最佳"代表。

（2）同一等级（优秀、称职、基本称职与不称职）中用层次分析法对三个"最佳"代表排序。

（3）每个分公司对同一等级内的人依照层次分析技术进行排序。

（4）把"最佳"代表分析的组间层次分析系数与组内的层次分析系数相乘，即为总得分。

这样就把不具比较基础的对象转化为可以比较的对象了。

第三节 因素分解综合评判技术

所谓因素分解综合评判技术，就是先把考评对象或客体进行因素分解，然后针对每个因素进行比较评判，最后综合对象或客体在各个因素上的顺序得分做出评判。比较评判是一种对考评对象直观整体的评判，而因素分解综合评判则是先分项比较评判再综合评判。因素分解综合评判的特点是先化"整"为"零"再积"零"成"整"。

一、因素综合评判技术

因素综合评判是岗位考评中常用的技术方法。这种技术方法是在全面分析考评对象或客体特点的基础上，把考评的标准具体细化到每个参照因素，根据每个考评对象在所有参照因素上的比较结果，综合评判每个考评对象的位置顺序。以美国专家的研究成果为例，他们把工作岗位考评的参照因素确定为8个：工作性质（种类），所受监督，所循例规，所需创造性，与人接触的性质与目的，工作效果的性质与影响范围，所予监督，资格条件。

其具体的操作步骤为：

（1）分析每个岗位的参照因素，并在此基础上把每项工作的参照因素归为几个统一的类别——分类因素；

（2）针对所有分类因素进行综合评估；

（3）确定职级，凡是工作性质、难易程度、责任轻重与资格条件相似相近的岗位，则评判为同一职级。

这种方法要求比较时所依据的参照因素不能太多。

二、因素比较技术

因素比较技术在岗位考评中也是常用到的。它先选择若干标准的考评对象（客体），比较确定若干共有的基本考评因素，然后将其他考评对象（岗位）与之比较，确定其价值与等级。操作步骤如下：

（1）选择15种至20种工作职务与工资报酬二者关系合理的岗位作为标准岗位。这些被选的岗位的等级应该是明显的，或以大家所公认的顺序排列。

（2）分析标准岗位，找出它们共有的因素。

（3）把每个标准岗位的工资或所赋的总分，分配到相应的共有因素上。

（4）通过与标准岗位每个因素的比较，确定待考评岗位在某一共有因素上的工资或分数。

（5）将待考评的岗位在各共有因素上的工资或分数总量与标准岗位工作的总量比较，并归入大体相当的标准岗位等级中。

显然，因素比较评判技术应用的关键在于对标准考评对象或客体的选择要有代表性。

除因素比较技术外，加权综合评判技术与模糊综合评判技术也是人员考评中常用的技术方法，当然也可以应用到岗位考评中。下面结合公务员考评的实例做具体介绍。

三、加权综合评判技术及其应用

加权综合考评法是首先确定公务员考评的基本因素，然后把每个考评因素分解为一系列考评项目，最后综合总评时，对不同的考评指标、不同的考评主体及不同时空中考评的结果给予不同的比重，以此来显示它们各自在最后总评中的重要性。

下面的例子就是这一方法的具体展现。

首先,把公务员的素质确定为两个方面16个考评指标(见图7-2)。

公务员考评项目
- 德
  - 政策水平:对党和国家的方针、政策的理解、贯彻程度及政策理论水平
  - 进取意识:对党的事业的追求及牺牲精神、竞争意识和工作主动程度
  - 务实精神:对工作的踏实、勤奋、负责程度及奉公、求实精神
  - 遵纪守法:知法、守法、自身廉洁、坚持原则
  - 民主作风:深入群众、集思广益、民主意识
  - 团结同志:心胸宽广、与人为善、人际关系融洽
  - 全局观念:考虑问题、处理问题以大局、长远为重
  - 自知之明:自我保护适当,不卑不亢
- 能
  - 宏观决策能力:战略眼光和宏观思维能力及决策的周密、合理、科学程度
  - 组织指挥能力:对人、财、物的指挥调度和应变处事能力
  - 识人用人能力:知人善任、合理接权和善于发挥群体功能的能力
  - 协调交际能力:社会活动以及沟通纵、横向关系的能力
  - 语言表达能力:口头表达的逻辑严密和语言清晰程度及鼓动性
  - 调研表达能力:调查研究、综合分析及判断事物的能力
  - 创新开拓能力:开拓创新的意识和打开新局面的能力
  - 工作适应能力:岗位必备知识的掌握程度及迅速适应新岗位的能力

图7-2 考评项目示例

其次,各考评指标权重分配如表7-4所示。

表7-4 指标加权表

德 0.5							
x_1	x_2	x_3	x_4	x_5	x_6	x_7	x_8
0.1	0.05	0.1	0.05	0.05	0.05	0.05	0.05
能 0.5							
x_9	x_{10}	x_{11}	x_{12}	x_{13}	x_{14}	x_{15}	x_{16}
0.1	0.1	0.05	0.05	0.05	0.05	0.05	0.05

具体考评时,把每个考评指标划分为优、良、中、较差、差五个等级,考评者可根据所考评公务员的实际情况确定一个适当等级。

考评组一般10人左右,由直接主管、中层主管、高层领导和公务员代表组成。在把拟定的考评表发给每个考评员后,可以按以下程序操作。

(1) 收集被考评公务员的资料,按考评要求,从头至尾判定一

遍,即每个考评项目评定一个适当的等级。

(2) 赋分,一般优、良、中、较差、差五个等级可以分别赋以 5,4, 3,2,1 分。

(3) 用 $\bar{x} = \sum x/N$ 计算考评组成员对同一考评项目的平均分数。其中 N = 考评组人数,$x_i (i = 1,2,3,\cdots,N)$ 是考评组内各个成员对某个考评指标的不同考评分值,$\bar{x}$ 是 N 个考评员对同一考评指标考评的平均分值。

例如,3 个人对某公务员第一个考评指标的考评,分别是优、中、良,则 $x_1 = 5, x_2 = 3, x_3 = 4, \bar{x} = \dfrac{\sum x}{N} = \dfrac{5+3+4}{3} = 4$。

(4) 确定权数,从权重分配表中查找。

(5) 运用加权平均数公式 $\bar{x} = \dfrac{\sum f_i \bar{x}_i}{\sum f_i}$ 计算每个基本因素的考评分值。

(6) 再根据基本因素权数计算出总考评分值。

(7) 转化为 Z 分数或 T 分数。

(8) 确定考评等级。T 分数在 65 分以上定为优秀,35~64 分定为称职,34 分以下定为不称职。

这种方法的优点是,以统一确定的数学模型保证各种考评因素(主体、指标、时间、空间)在综合总评中能真正地发挥其适当的作用,以改进后面基准加减评分法与积分考评法的不足。这种改进具体地表现为以下几个方面。

首先,在基准加减评分法与积分考评中,每个考评指标在总评中一般是等量齐观的;然而,各个考评指标在不同类型的考评中所起的作用并不等量齐观。因此,通过不同权数把它们适当区分是更为合理、更为科学的。

其次,在其他考评方法中,虽然考评主体也有多个,但最后大家认真考评的结果并不一定能够在综合中发挥作用,相互发生争议与矛盾时就更难处理了。但在加权综合考评法中,通过给不同主体分配适当的权重,把它们合理地统一起来,则能始终保持各方考评的结果在总评中发挥它们所应发挥的作用。即使各考评结果之间发生矛盾,也能公平合理地得到解决。

这种方法的缺点是,有时难以定出一个合乎实际情况、合情合理的权重分配方案。因为各人所处的社会空间位置不同,有关的考评因素十分复杂,难以用一个固定的权重分配数学模型进行统一描述。

四、模糊数学综合评判技术及其应用

所谓模糊数学综合评判技术,就是应用与吸取模糊数学中综合评判的思想,全面合理地考虑所有影响考评对象的因素,在统一的数学模型下采取计算的形式综合出考评结果。在人员考评实践中,这种技术的基本操作程序如下。

(1) 确定人员考评的因素体系。人员考评因素体系是以人员考评内容与考评对象特征为依据,制定出的一系列可考评标志特征,一般以考评指标表示。

(2) 考评因素体系量标化。考评指标的量标化包括两个方面:一是纵向量标,二是横向量标。纵向量标通过每个考评指标在整个考评指标体系的权重系数来确定,而横向量标通过划分考评等级标准来确定。一般所有的考评指标都是划分为3~5个等级,每个等级都有具体的标准与分值。但是真正的模糊评判,每个考评指标的分值并不是一个确定的数,而可以是0~1中的任何一个数。

(3) 选择并组建考评团体。一般来说,考评团体应由被考评者的上位、同位、下位等三个方位的观察人员构成。对于一般员工的考评,其考评团体应由上级主管、直接主管、同级代表及下属人员共同组成。

(4) 考评计量。考评团体中每个成员均根据人员的实际表现和考评表上的规定逐项评判。一般只要求在所评判的等级下打"√"注明即可。每个指标都要求评判,不能遗漏(如果是严格意义上的模糊评判,则考评者可以用0~1中的任何一个恰当的数字来表示所评判的结果)。然后,统计出每个考评指标中各等级的人次,把人次数除以小组成员个数,即得出每个等级被判定的比例数,这些比例数按等级的顺序排列就成了一个评判行。所有的评判行按考评表上考评指标的顺序对应排列,即成了一个评判矩阵。

(5) 计算考评值并确定最后等级。设考评表上有 n 个考评指标,每个考评指标均有 m 个考评等级。把 n 个考评指标的权重系数顺次横排成一个1行 n 列的权重矩阵,设为 $A_{1\times n}$,原来的评判矩阵则为 n 行 m 列的一个长方形矩阵,设为 $B_{n\times m}$,考评结果由权重矩阵与评判矩阵根据普通乘法或模糊矩阵乘法运算即可以得到,即 $C = A_{1\times n} \cdot B_{n\times m}$。显然,$C$ 仍然是一个1行 m 列的矩阵。我们最后的考评等级就是这个矩阵中数值最大的那个元素所对应的等级。然而,有时最后计算的矩阵 C 中有两个相等的最大值,这时按前面的方法就难以确定哪一个是最后的评判等级。另外,最后评判等级的确定仅仅是根据 C 中四个数值的横向比较,缺乏纵向比较。例如,公务员甲根据 C = (0.8　0.1　0.1)确定为优,而公务员乙是根据 C = (0.45　0.25　0.30) 确定为优的。显然,公务员甲、乙同样都是优等,但实际差别很大。因此,我们一般还应该进行"归一化"处理(这里归一化是指把多个数量变成一个数量的过程)。常见的方法是以百分制加权矩阵 D = (90　60　30)的转置矩阵 D' = (90　60　30)$'$去乘 C,则 $E = CD'$ 即为一个数量了。这样,纵向的可比性也就显示出来了。例如,公务员考评因素设为德、能、勤、绩四个方面,其权重因素对应 0.3,0.3,0.1,0.3 即 A = (0.3,0.3,0.1,0.3)。10 名群众、5 名同级领导与 1 名主管领导的考评结果如表 7-5 所示。

表 7-5　对某处长考评结果人次统计

人次 因素	群众(10名)			同级领导(5名)			主管领导(1名)		
主体	优秀	称职	不称职	优秀	称职	不称职	优秀	称职	不称职
德	5	3	2	2	2	1	1	0	0
能	5	2	3	1	2	2	1	0	0
勤	2	3	5	3	1	1	0	1	0
绩	3	5	2	1	3	1	0	1	0

从表 7-5 中可以看出,10 名群众对"德"考评为优秀、称职与不称职的人的百分比分别是 50%,30%,20%。如果用模糊集表示,则"德"项的考评结果可以表示成:

B_{11} = 0.50/优秀 + 0.30/称职 + 0.20/不称职

该模糊集可以进一步简化成:

B_{11} = {0.50,0.30,0.20}

同样,可以得到群众对其他三个因素考评的模糊集:

B_{12} = {0.50,0.20,0.30}

B_{13} = {0.20,0.30,0.50}

B_{14} = {0.30,0.50,0.20}

$N_1 = A_{1×4} \cdot B_{4×3}$ = {[(0.30∧0.50)∨(0.30∧0.50)∨(0.10∧0.20)∨(0.30∧0.30)][(0.30∧0.30)∨(0.30∧0.20)∨(0.10∧0.30)∨(0.30∧0.50)][(0.30∧0.20)∨(0.30∧0.30)∨(0.10∧0.50)∨(0.30∧0.20)]}

　　= (0.30　0.30　0.30)

"标准化"处理后即得：

$$N_1 = \left(\frac{0.30}{0.30+0.30+0.30} \quad \frac{0.30}{0.30+0.30+0.30} \quad \frac{0.30}{0.30+0.30+0.30} \right)$$
$$= (0.33 \quad 0.33 \quad 0.33)$$

同样，还可以得到 5 名同级领导（处级）以及 1 名主管领导对该公务员的模糊考评结果：

$$N_2 = (0.33 \quad 0.33 \quad 0.33)$$
$$N_3 = (0.50 \quad 0.50 \quad 0)$$

如果群众、同级领导与主管领导的考评结果在最后总评中的权重分别是 0.30,0.30 与 0.40，则得总评权重矩阵 $M = (0.30 \quad 0.30 \quad 0.40)$，那么大家对该处级公务员考评的结果就是：

$N = MA$（这里 A 为群众、同级与主管三方共同考评矩阵）

$$= (0.30 \quad 0.30 \quad 0.40) \begin{bmatrix} 0.33 & 0.33 & 0.33 \\ 0.33 & 0.33 & 0.33 \\ 0.50 & 0.50 & 0 \end{bmatrix}$$

$$= (0.40 \quad 0.40 \quad 0.30)$$

标准化后即得：

$$N_x = (0.36 \quad 0.36 \quad 0.27)$$

如果再假设优秀、称职与不称职的标准分分别是 90,60 和 30，则该处级公务员最后考评的分数为：

$$X = (0.36 \quad 0.36 \quad 0.27) \times (90 \quad 60 \quad 30)'$$
$$= (0.36 \quad 0.36 \quad 0.27) \begin{bmatrix} 90 \\ 60 \\ 30 \end{bmatrix}$$
$$= 62$$

故考评等级为称职。

因素综合考评法与其他方法相比，显得比较客观、公正、科学与准确，它是受主观影响较小的一种综合考评方法。但是它的计算相对复杂一些，如果采取光电阅读与计算机计算，这一缺点是可以得到克服的。

第四节 常模参照与效标参照评判技术

常模参照评判是一种宏观评判技术。它把所有待考评的对象或客体作为一个团体。任何一个具体的考评对象或客体都是这个团体中的一员。

考评对象团体依据一定的考评内容或标准排定顺序后,任何一个特定考评对象或客体,依据其在团体中的位置很容易就能做出水平高低的评判。

当考评对象相当多时,对所有的对象排定顺序是比较复杂而难做的工作。因此一般采取抽样的方式,抽取团体中少数有代表性的考评对象建构出一个近似于考评对象团体的"小团体",这种"小团体"即称为"常模"。

这种"常模"并非教育心理测量中的常模,它有表格形式、曲线形式、直方图形式与数字形式。其数字形式一般是用平均数与标准差等统计量来表示。有了平均数与标准差,对于任何一个考评对象(分数),都能很快推算出它的位置(标准分数)。

例 7-3

已知某公司员工能力水平的常模:平均分数为 75,标准差为 10,那么能力分数为 85 的员工,其能力水平位置可以由下面的公式推算:

$$Z = \frac{85-75}{10} = \frac{10}{10} = 1$$

一看便知为中上水平。

效标参照评判技术一般是依据考评对象与评判标准的相对距离做出评判的,而常模参照评判依据考评对象的位置顺序关系做出评判。

下面结合公务员考评方法的实例介绍效标参照评判技术的特点与运用。

一、目标等级考评

所谓目标等级考评技术,指的是考评者把管理目标分解为一系列具体的可考评的项目,然后规定每个项目的标准等级,其级别一般是 1 级至 5 级不等。当级别只有一个的时候,目标等级考评法则成为特定的目标检核考评法,每个项目的考评只区分为达成或未达成。下面是一个公务员四等级目标考评法实例,结合这个实例,具体介绍目标等级考评法的操作步骤。

(1) 把处级领导职务的公务员职责要求具体为一系列的考评项目。简单起见,这里仅列出了德能考评的五个项目:科学决策与组织领导能力、识才用人能力、进取心与尽责态度、果断性与民主性、对待个人利益的态度。

（2）针对每个考评项目，提出具体的四个等级标准，具体内容见表 7-6。

表 7-6　处级公务员考评项目与等级标准

	科学决策与组织领导能力
A 级	能正确地确定工作目标和选择最佳方案并对重大问题做出科学决策，有较强的组织能力，领导班子有战斗力，工作指挥有度，安排得当，使被领导者目标明确、职责分明，充分调动积极性
B 级	能较正确地确定工作目标和选择最佳方案，能对一般问题做出较科学的决策，工作有秩序，指挥基本准确，能较合理地安排人力、物力，发挥各级组织和干部的作用
C 级	能按上级指示确定工作目标和选择方案，尚能从实际出发，工作较有秩序，有组织领导能力
D 级	在确定工作目标与选择方案时，有时有盲目倾向，决策也有些失误，组织领导能力较弱，工作安排不够合理，影响群众的积极性
	识才用人能力
A 级	善于用人之长，知人善任，能积极举荐人才，大胆起用德才兼备的优秀干部，并有计划地做好选拔、培养、教育、管理干部的工作
B 级	能用人之长，知人善任，注意推荐人才，能较好地进行选拔、培养、教育和管理干部工作
C 级	基本上重视识才用人，也较注意推荐、选拔干部工作，但在培养、教育、管理干部方面抓得一般
D 级	政治理论水平不高，做细致、深入的思想政治工作不够，效果较差
	进取心与尽责态度
A 级	有旺盛的工作热情，竞争意识强，有开拓性和实干精神，工作尽心尽责，勇于创新，能出色地完成各项任务
B 级	有奋斗目标和工作热情，进取心和竞争意识较强，也有一定的开拓性和实干精神，工作尽责，能较好地完成任务
C 级	有一定的工作热情，能注意提高自己的领导水平，主观上比较努力，尚能完成各项任务
D 级	有进取的愿望和行动，但有时忽冷忽热，尽责态度一般，有时不敢承担责任，完成任务不够理想
	果断性与民主性
A 级	平等待人，尊重他人，心胸开阔，善于调动各方面的积极因素，集中各方面的有益意见，集思广益，多谋善断，办事效率高，在群众中有很高的威信
B 级	尊重他人，能与他人友好合作，主动听取各方面的意见，办事效率高，在群众中有较高威信

续表

C级	能听取各方面的有益意见和注意调动各方面的积极性,有时办事欠果断,在群众中威信一般
D级	听取各方面意见不够,心胸不够开阔,不善调动各方面的积极因素,办事不够果断
对待个人利益的态度	
A级	能正确对待个人利益,严于律己,顾全大局,吃苦在前,享受在后,廉洁奉公,不谋私利
B级	能正确处理集体利益和个人利益的关系,不计较个人得失,不以权谋私
C级	尚能以国家利益为重,对自己有一定要求,但有时计较个人得失
D级	有患得患失思想,对自己要求不高,平时思想问题较多,不能正确地处理集体利益和个人利益的关系

(3) 自我考评。被考评者自己根据所制定的目标等级考评表,逐项实事求是地进行等级考评。

(4) 民主考评。民主考评会由被考评者的主管或上级主持,参加考评会的人是经常与被考评者"打交道"的上下左右人员,并有一定的代表性。在民主考评会上,要求被考评者向会议述职,着重谈职责目标的完成情况及工作思路与实施情况,对未完成的职责目标要说明原因,突出个人在完成整个部门工作目标过程中所起的作用。

(5) 主管考评。民主考评后,主管领导根据自我考评、民主考评的情况,对那些把握不大或有顾虑的地方,应作进一步的调查与考评,汇集各方面的意见,在自考、述职、他考等基础上,做出最后的等级总评。

(6) 反馈指导。考评结果确定后,主管应将考评结果反馈给被考者或通报。反馈工作包括三个方面:一是反馈信息;二是让群众监督审查;三是要给以具体指导,肯定成绩,找出不足,指明努力的方向。

二、基准加减评分

所谓基准加减评分技术,实际上是一种基本标准加减评分技术。在人员考评中,它是考评者根据管理目标对人员日常行为的要求,提出一系列说明句式的考评项目,然后对每个考评项目做出一些具体规定,指明达到什么程度加多少分,违反什么减多少分。每个人事先都被指派一个相同的起始分数,然后在此基础上进行加分或减分,日积月累，年底时每个人的得分并不一样，我们就可以依据得分的多少来确定考评等级。一般来说，得分多的为高等级，得分少的为低等级。

基准加减评分技术的特点是，把考评者对人员定性的评判转化为定量的评分。其优点具体如下：

第一，评判结果比较客观。这种方法把评语考评中的"软"评判变成了"硬"评分。无论是同一个被考评人员的不同行为，还是不同被考评人员的同一种行为，其每次判断给分都被统一、具体而明确的等级标准所规定。对每个人的考评，都要经过本人自评、同事评议、主管评定，这既发挥了主管领导的主导作用，又有群众评议的基础，因而大大控制了评语中的随意变化性，提高了考评结果的客观性。

第二，能比较灵敏地反映被考评者日常工作行为的变化，并便于横向比较。评语鉴定一般难以反映被考评者工作行为上的渐进变化。换句话说，评语鉴定主要反映质变而难以反映量变。基准加减评分法由于评判项目多，能反映被考评者在各个方向上的行为表现，每个项目都有几个等级，因此任何工作行为上的一定变化都可以通过分数的差别反映出来。另外，由于考评结果表现为数量形式，不同被考评者的同一行为及总评结果都能得到直接的比较，其可比性远远优于评语考评法。

第三，能使人力资源、绩效考评与培训教育一体化。由于基准加减评分法采取了加分与扣分的对比方式，有具体的考评标准要求，一看就明白组织与主管提倡什么、反对什么，怎样做是正确的，怎样做是错误的或不允许的，人们会自觉地教育自己、控制自己，使个人的自我管理与目标管理的要求统一起来。通过考评，及时发现长处与不足，扬长避短。

第四，使平时考评与年度考评自然接轨，考评活动贯穿于人力资源管理工作的始终。

事物总是一分为二的，这种考评法也有它的缺点与不足。

第一，容易出现以考评代替管理的做法。实行基准加减评分法，显然可以激起人们的良好行为动机并控制不良行为的出现，但有些主管领导因此放松了自己的管理工作，平时不闻不问不指导，直到年终考评，一起给人"算总账"。基准加减评分技术（包括其他考评方法）只是人力资源管理的一种辅助手段，绝不能代替对员工的日常管理与教育。对个人违纪行为采取简单的禁止办法，常常无助于其思想的转变，对符合规范要求的行为加几分也不足以使其充分认识该行为的具体价值,并由此树立进一步发展的信心。因此,主管领导对于绩效考评应有一个正确认识。

第二,如果考评结果仅用一个分数或等级报告,那么就起不到反馈信息、改进管理的目的,就无法了解好在哪里、差在哪里。如果附上全部的评判项目与标准,报告又往往显得繁琐复杂。

第三,基准加减考评项目的表述、分数的分配及等级标准的规定都带有很大的主观随意性。项目多了评判繁琐,项目少了又会遗漏许多重要的考评信息,各项目分数之间采取简单累加形式,其结果也并不完全合理。

第四,这种方法还有刺激作用,容易引导某些人追求分数,弄虚作假,出现高行为分数、低思想动机的反差现象。此外,又有约束个人创新行为的负效应,听任"照章办事"。

三、积分考评

所谓积分考评技术,一般是先将管理目标具体化为一些具体的项目,用可操作性行为表示,每个考评项目定出几个间隔相等的等级分数,然后向任职者公布(或年初公布),并定期考评,最后累加起来即得到某一时期的考评分数。这种考评方法在实践中有不同的变形,如划等赋分累积法、分等累积法、分块累积法等。

积分考评技术实际上是基准加减评分技术的一种变形,因此它具有基准加减评分技术的大多数优缺点。不同于基准加减评分技术的地方是,它更加注重平时考评信息的积累,注意被考评者的自我考评,注意发挥各考评主体的作用。在人员考评中,积分考评技术的优点具体表现为以下几个方面。

(1)有利于个人自我管理。根据积分考评技术的要求,个人首先应知道考评项目即管理目标的具体要求,被考评者因此会产生自我改善的愿望,找出自我努力的方向,加强平时检查、自我监督、自我分析和自我控制。

(2)对被考评者改"过"从"善"具有激励作用。与基准加减评分技术相比,积分考评技术更具激励作用。它变基准加减评分技术中"扣分"的压抑性为"积分"的激励性;它重视的不是过程中的具体过失,而是行为发展的趋势与最后的结果。因此,积分考评技术更能激起被考评者改"过"从"善"。

积分考评技术也像基准加减评分技术一样,列出的项目再多都无法穷尽被考评者的行为表现,而且项目一多,考评就显得非常繁琐。

此外，积分项目的具体分解过程能否保证管理目标的全面实现，完全取决于分解者的能力与水平，取决于绩效管理目标的内在要求能否表现为操作行为。勉强与错误的分解最终都无法保证管理目标的实现。

▶▶ 复习思考题

1. 什么是印象评判技术？它有哪些具体形式？
2. 简述相对比较评判技术。
3. 什么是因素分解综合评判技术？它有什么特点？
4. 简述模糊数学综合评判技术的基本操作程序。
5. 什么是常模参照评判？
6. 什么是效标参照评判技术？它在公务员考评中是如何应用的？

第八章

绩效管理的阶段与相关方法

📖 本章学习目标提示

- 理解绩效诊断、绩效计划以及绩效反馈的相关概念
- 掌握绩效诊断的内容、流程与方法
- 掌握绩效计划的特征、内容与作用
- 掌握绩效反馈的策略与方法
- 了解绩效辅导的概念与实施流程

绩效考评过程从信息收集到综合评判,获得了考评结果,至此考评过程并未完结,我们还需要对考评结果的有效性与可靠性等质量问题进行再考评,以便改进与提高现有的绩效考评质量。

第一节 绩效诊断

一、绩效诊断的内涵

(一)绩效诊断的概念

所谓绩效诊断,就是分析引起各种绩效问题的原因,通过"望、闻、问、切"等观察、沟通,寻求支持与了解的过程。但是,根据理查德·A. 斯旺森(Richard A. Swanson)的观点,如果绩效分析仅仅停留在这个层面是不能算作完整的绩效诊断的,而且这种绩效诊断对于现状的改善几乎毫无帮助。

斯旺森认为,绩效诊断可以看作一个界定问题或寻找机会的方法。通过这种方法将形成:对组织、流程、团队和/或个人层面的现实

绩效和期望绩效的确认,以及改进绩效的具体干预措施。①

本节将重点关注斯旺森所说的绩效诊断的第一方面,也就是多数人所熟知的较为狭义的绩效改进,即分析引起绩效问题的原因并了解组织的绩效现状以及期望实现的绩效水平的过程。

(二)绩效诊断的类型

根据诊断的不同方面来划分,绩效诊断可分为直接绩效诊断与间接绩效诊断。直接绩效诊断是指直接对绩效管理活动中的各个环节及其相关因素进行全面的分析和判断的过程。间接绩效诊断是在绩效诊断活动中,找出绩效管理存在问题的同时,及时发现企业组织上存在的各种各样的问题的过程。

(三)绩效诊断的其他相关概念

在绩效诊断中,存在着一些概念,它们指导着组织中的绩效诊断工作,但这些概念的准确内涵会因为情境的不同而不同。下面,我们将对这些概念做一个简要的介绍。这既有助于强化对绩效诊断的概念模型的理解,也有助于开展绩效诊断工作。

1. 绩效诊断的框架

绩效诊断专家借助系统构架来寻找绩效问题的原因和改进绩效问题的方法。无论是分析诊断人员还是管理人员,都不可能一开始就有一个非常清晰而明确的诊断框架。一些管理人员会求助于分析诊断人员,请他们帮忙来进行分析。这些管理人员请求分析诊断人员帮助的原因是他们只有不着边际的想法而没有基于系统框架的思考。这种笼统、不明确的分析构架没有多大用途。另一些管理人员则非常有自信地提出他们自己认为的死板的框架。但是,需要注意的是,过于死板的分析框架有可能把一些重要的相关因素都排除在了这个框架之外。在这一过程中,无论是绩效诊断人员还是管理人员,都要防止过早地对绩效问题做出过于明确的界定。在绩效诊断过程中,保持对绩效问题的非完全界定状态,同时又有某些侧重点,有利于为进一步的绩效诊断提供方向和必要空间。

作为诊断过程的一部分,分析诊断人员需要通过提问、观察、审阅记录和分析问题等方法对绩效诊断框架进行不断的检查和调整,

---

① 〔美〕理查德·A. 斯旺森:《绩效分析与改进》,孙仪、杨生斌译,中国人民大学出版社2010年版,第56页。

以确保能够囊括组织系统中的相关要素。在过于宽泛或者过于狭隘的框架下进行绩效诊断分析都会出现问题。诊断框架的边界设定得过宽,意味着需要收集过多的、不必要的数据来填充这个框架,从而导致低效或者无效;反之,如果框架的边界过窄,则意味着数据的收集不够充分,对绩效问题或绩效提升的可能性及其根本原因难以准确识别,也会导致无效或者低效。慎重的分析人员可以通过以下三个问题来反复检查:"我使用的框架太过狭窄吗?""我使用的框架太过庞大吗?""我使用了合适的分析框架吗?"

除了如何确定诊断框架和框架的边界之外,我们还要关心的问题是:如何界定组织系统或其子系统的框架,以便能够把真正影响绩效的因素都囊括在这个诊断框架内?即使有经验的绩效改进专家,有时也会在设定绩效诊断的边界上犯错误。如果绩效改进的干预措施来自错误界定的诊断框架,针对的往往是绩效的表面症状,而不是绩效问题本身。即使这些绩效改进措施看上去完美无瑕,一旦偏离了目标,也将被证明只是一副既无效又费钱的"花架子"。

2. 组织特性、决策者特性和分析人员的特性[①]

自始至终贯穿绩效诊断过程的一条主线就是需要对特定的组织、组织中的决策层和绩效分析人员的特性予以识别、监督并在必要时做出回应。

组织特性:诸如组织内部和外部环境,对组织现状产生影响的系统要素、组织文化和组织政治,以及影响员工行为的组织习惯用语等。这些微妙而又抽象的维度很难在绩效分析的初始阶段就显现出来。

决策者特性:包括单个决策者的期望,也包括多个决策者之间的共识程度以及他们对绩效改进干预措施的支持程度。

分析人员特性:包括其从事绩效诊断的专业水平和信息收集的全面性和客观性。分析专家与其他领域的专家一样,其工具箱中有种类齐全的工具。这些专家会根据不同的情况选择使用最好的方法和工具,而不是仅仅根据自己的喜好来选择。

在绩效诊断过程中,密切关注组织特性、决策者特性和分析人员的特性,对在真正的绩效问题和适当的解决方案面前达成共识是非常重要的。归根结底,分析诊断人员和组织决策人员最后必须在绩

---

① 〔美〕理查德·A.斯旺森:《绩效分析与改进》,孙仪、杨生斌译,中国人民大学出版社2010年版,第50页。

效的诊断方面达成一致,这样才可以做出比较公正而又全面客观的绩效诊断。

3. 绩效诊断中的政治因素——谁来做绩效诊断

组织是人为设置的机构,自然也就有人性的优点和弱点。因此,在绩效诊断的过程中,还要考虑人的因素,就是我们一般所说的公司政治或者组织政治。公司政治最后总是浓缩为以自我为中心夺取权力。这在组织绩效诊断的过程中是一个不小的挑战。

成功的绩效诊断所面临的最大障碍就是组织的领导者已经失去了员工的信任。大家认为这个领导者是缺乏道德、不关心员工和不公正的。大家怀疑,这些领导者只是为了窃取组织的财务利润来满足自己个人的利益,并不关心此外的一切事情。当组织的领导者暴露出贪得无厌、不关心员工的本性时,员工和股东往往会采取不配合的态度和行为,拒绝继续支持该领导并拒绝为其提供有关信息。领导者不能够获得正确的一手信息,其做出的绩效诊断就往往是不可取的。即使该领导者能力卓越,做出的绩效诊断十分正确,也会由于员工对其的不信任而导致绩效改进无法真正实施。

伴随着绩效诊断整个过程的政治因素也说明了为什么很多情况下分析诊断人员都是局外人。这些外部人员有时是来自本组织其他部门的员工,有时是来自组织外部的顾问。由于外部人员在进行分析诊断时会客观一些,他们除了追求事情的真相之外并没有什么过多的利益牵扯,做出的绩效诊断往往更具有说服力并能获得该组织员工更高的认同感。外部人员也较少受到组织内部争权夺利和各种利益的影响,而内部人员却很少能够抵制这种诱惑而做出客观的绩效诊断。

从以上两个方面来说,在进行绩效诊断时,应尽量采取管理者和外部分析诊断人员相结合的诊断主体来进行诊断,这既有助于信息的了解,也有助于减少组织内部争权夺利的现象发生。除此之外,管理者和外部分析诊断人员互相监督、彼此互补,更有利于保证绩效诊断的公正性和客观性。当然,这并不意味着普通员工就不参加绩效诊断。普通员工对于自身岗位的现状和面临的问题有着直接的体会,更能看到在绩效管理实施过程中要诊断和改进的部分。因此,员工应主动与自己的管理者或者外部的绩效诊断人员进行沟通,说出自己的真实感受和问题。所以,可以说,绩效诊断是全员参与的过程。

（四）实施绩效诊断的意义和作用

绩效诊断的作用在于帮助员工制订绩效改善计划，作为上一循环的结束和下一循环的开始，连接着整个绩效管理循环，使之不断循环上升。绩效诊断无论对企业还是员工个人都是十分重要的，通过诊断分析，既有利于改进企业系统，也有利于提高员工的素质和员工的工作质量。

绩效诊断是企业绩效改进的一个风向标和方向盘。它通过查找企业各环节存在的问题分析企业效益低下或者存在绩效差距的原因。绩效改进是绩效管理链条中非常重要的一环，即通过绩效诊断，查找绩效差距，查明原因，制订有针对性的计划和策略来提升员工和组织的绩效。影响绩效的原因非常多，除了员工的能力素质之外，还受到企业内外部环境的影响，要使得绩效改进做到目标明确、有的放矢，建立绩效诊断系统非常重要。

企业进行绩效诊断，能够帮助企业找出自身绩效管理过程中存在的问题和漏洞，并制订有针对性的计划和策略，从而有效地改善企业绩效水平低、管理落后的局面。找到企业经营不利的病因才能对症下药，以恢复企业的健康发展。对于企业来说，一味追求高效益而忽视潜在的问题可能导致企业长远发展无力，适时的企业绩效诊断才能确保企业持久的发展势头。

二、绩效诊断的内容

绩效诊断的内容包括六个方面，分别是对于组织绩效管理制度、组织管理体系、绩效考评指标、考评者全面全过程、被考评者个人全方位、组织中被考核者整体的诊断。

第一，对组织绩效管理制度的诊断。绩效管理制度是组织进行绩效管理的标准与规范，也是公司管理体系中的重要组成部分。因此，进行绩效诊断的首要任务就是对绩效管理制度的诊断。例如，现行的绩效管理制度在执行的过程中，哪些条款得到了落实，哪些条款遇到了障碍难以贯彻，绩效管理制度存在着明显不科学、不合理、不现实的地方需要修改调整。这个诊断过程可以从制度的层面发现企业的绩效管理是否存在不适应组织发展或者不科学不合理的地方，属于一种深层次的诊断。

第二，对组织管理体系的诊断。组织的管理体系是组织在一定的价值观念和价值取向的指导下建立的组织制度和管理制度的总称,它可以包括多个子系统,如管理方式、生产方式等。对组织的管理体系进行诊断包括分析绩效管理体系在运行中存在着哪些问题,各个子系统之间健全完善的程度如何,各个子系统相互配合协调的情况如何,目前亟待解决的问题是什么,等等。

第三,对绩效考评指标的诊断。绩效考评指标是组织按照一定的标准,采用科学的方法对员工的工作绩效、能力、态度和品德等进行的综合评价,以确定其工作业绩和工作潜力。这个环节在绩效管理中最为重要,绩效考评指标的科学完善与否以及是否能够与组织的战略目标相一致直接关系到组织的绩效管理甚至是核心竞争力的提升。因此,要对绩效考核指标进行诊断,包括诊断其是否全面完整、科学合理、切实可行,有哪些指标和标准需要修改调整,是否根植于组织本身的土壤中等。

第四,对考评者全面全过程的诊断。在绩效考核阶段,虽然有一定的指标作为考核的依据,但是具体的实施过程还是需要人的参与。由于进行考核的人在能力、经验等方面存在着很大的差异性,因此考核结果受到人为因素的影响很大。在执行绩效管理的规章制度以及实施考评的各个环节中,有哪些成功的经验可以推行,有哪些问题亟待解决,考评者自身的职业品质、管理素质、专业技能存在哪些不足、有哪些亟待提高等,是我们进行诊断的主要内容。

第五,对被考评者个人全方位的诊断。在组织的绩效管理活动中,对于被考评者的诊断是全方面、全阶段的,具有全局性。绩效诊断不是仅限于某一阶段,而是贯穿绩效计划、反馈、辅导、实施的全过程。不仅要分析员工在绩效管理过程中的表现,也要分析参与绩效管理活动前后被考评者态度的转变、职业品质和素养的提高。这种对于被考评者全方位的诊断有利于组织绩效管理的改进与完善。

第六,对组织中被考评者整体的诊断。被考评者个体是影响绩效管理的一个重要因素,但是个体的影响力远不及一个被考核者整体对于企业的作用力。作为组织最主要的一个部分,被考核者整体的问题可能是导致组织绩效低下的根本原因。

三、绩效诊断的流程

绩效诊断过程一般包括四个步骤,开始于确立绩效改进的初始目标,后面的三个环节——考核绩效变量、细化绩效考评和确定绩效需求相互联系,并无先后顺序之分。考核绩效变量、细化绩效考评和确定绩效需求这三个环节常常根据具体情形同步进行。拟定绩效改进方案是进行绩效诊断的目的,也是其最后的综合成果,经过组织批准后就可付诸实施。虽然图8-1将拟定绩效改进方案放进了绩效诊断的流程之中,但是其并不算在狭义的绩效诊断之中。下文将详细介绍绩效诊断过程的四个步骤。对于绩效改进,第四节中有详细描述。

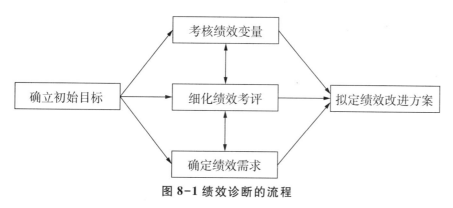

图8-1 绩效诊断的流程

(一)确立初始目标

绩效诊断的流程要从明确绩效改进的初始目标开始。如果绩效改进的前期意图不明确,往往会无果而终,或者离题万里。诊断人员可以借助对绩效相关因素的确认来明晰自己的初始意图。这种明确初始目标的方式,可以引导分析人员从模糊不清和自相矛盾的信息中走出来。相关因素包括:确定绩效问题的初始症候、确定绩效问题的类型、确定绩效目标的层面。

1. 绩效问题的初始症候

如果仅从引发的关注来看,绩效问题的最初症候往往来自于某组织的负责人,也就是这个问题的发起人。这些初始绩效症候的形成最典型的是围绕着某个关键事件、某个人或者某种外部条件的变化。例如,生产量的下降、员工的抵触情绪、领导者对员工的不满,等等。

在很多情况下,管理人员报告的绩效问题的初始症候都与分析人员提出的绩效类型或绩效层次难以吻合。因此,在诊断过程中,对早期的印象进行反思和整理是一件重要的事情。人们早期的印象和感觉往往先入为主,很顽固,但并不准确。作为分析诊断人员的职责就是在得出结论之前,要有"打破砂锅问到底"的精神,并保持客观中立的态度。而且,要保持开放的思维,这可以增加可靠结论形成的可能性。事先需要考虑两个问题,即下面要提到的绩效问题的类型和绩效目标的层面,这有助于提出更多的问题并使分析诊断人员对问题的认识超越自己的第一印象。

2. 绩效问题的类型

绩效问题可以划分为以下三种类型:当前的绩效问题;对当前绩效的改进;将来的绩效需求。将绩效问题归纳为上述三种类型中的某一种,有助于分解多维的绩效问题,以及使组织诊断的目的变得更加清晰。

这种绩效问题的具体分类是以时间变量为基础的。组织中任何时候都有可能存在复杂的绩效问题,但问题的紧迫性有所不同。当前的绩效问题主要围绕那些根据计划和预期没有完成的绩效产出,也就是没有实现的绩效目标。这种绩效问题的出现是组织挖掘潜能、改进绩效来获得丰厚回报的绝佳时机。但值得注意的是,这种状况也为组织成员的相互指责和消极怠工提供了机会。当前绩效问题最初的数据来源就在于公司日常运营的基本业绩记录中。

对当前绩效的改进和将来的绩效需求并不像当前的绩效问题那样紧迫。这两种类型的绩效问题通常需要细致、从容不迫地去完成。这两种绩效问题的最初数据来源存在于市场动态信息、组织实践以及员工和顾客的满意度调查结果之中。

既然组织没有面临危机,那么在组织、流程、团队和个人层面的当前绩效改进工作就可以更加理性、细致和稳步地进行和推进。而且这种类型的绩效问题的工作核心和其他两种绩效问题相比,更加倾向于吸引更多的具有合作理念的专家。但是,如果组织面临的是非紧迫的状况,会导致这些专家提出一些可有可无、与组织业绩没有紧密联系的措施和方案,这反倒造成了资源和时间上的浪费。

而将来的绩效需求则是另一种形式的情景转化。有时候,将来的绩效需求和对当前绩效的改进是非常类似的,只是时间的跨度不同而已。但需要注意的是,未来具有很大的多变性和不确定性,这种高度的不确定性会给组织带来巨大的压力。

3. 确定绩效目标的层面

明确绩效诊断的目标所需要考虑的另一个问题就是绩效目标的层面。在本部分中,所描述的是以下四个层面:组织、流程、团队、个人。

组织层面强调组织与其市场以及组织与其架构中具有核心功能

第八章 绩效管理的阶段与相关方法

的主要构成部分之间的关系。在流程层面,分析诊断人员必须跨越组织结构图中的各项职能边界来了解工作流程,认识整个工作是如何完成的。在这个层面,必须认为流程的设计主要是为了满足顾客的需求,流程运行既是有效率的,也是有效果的。在团队层面,团队被认为是工作职能上相互依赖并拥有共同目标的同一组员工。这些员工围绕组织的流程或职能被组织起来,有些团队成员具有可以相互替换和彼此重叠的责任。在个人层面,工作流程可以理解为是由承担各种各样不同工作的个体所操作和管理的。

(二)考核绩效变量[①]

所谓绩效变量,就是一种能从根本上作用于系统绩效的因素。绩效问题通常可能由以下五个变量中的一个或者多个引起,这几个变量分别是:使命/目标、系统设计、产能、激励以及专业技能。在这里,第一步就是通过扫描各个绩效变量的现有数据来了解各个绩效变量在所诊断的组织中目前的运作情况。这就要求分析诊断人员运用绩效层面、绩效需求以及绩效衡量的有关知识,来探寻这些数据和五个绩效变量之间可能的关联。

在该阶段,诊断专家很可能已经明确了绩效问题属于某一个绩效层面或者几个绩效层面——也就是上面所说的组织、流程、团队、个人层面。贯穿这四个绩效层面的五个绩效变量,为绩效诊断提供了一个非常有效的框架。通常,某个绩效层面的效率目标往往会与另一个绩效层面上的质量目标发生矛盾。表8-1的绩效诊断矩阵根据绩效层面和绩效变量所提出的问题,对重叠或者相抵触的绩效目标进行修正。

表8-1 绩效诊断矩阵

绩效变量\绩效层面	组织层面	流程层面	团队层面	个人层面
使命/目标	该组织的使命/目标与经济、政治及文化方面的社会现实相契合吗?	该流程的目标与整个组织及个人的使命/目标相吻合吗?	该团队的目标与工作流程及个人的目标相协调吗?	该组织员工和专业人士的个人目标/使命与组织目标相一致吗?

[①] [美]理查德·A. 斯旺森:《绩效分析与改进》,孙仪、杨生斌译,中国人民大学出版社2010年版,第62页。

续表

绩效变量＼绩效层面	组织层面	流程层面	团队层面	个人层面
系统设计	该组织系统是否具备支持期望绩效的结构和政策？	该流程是不是以系统的工作方式来设计的？	该团队的工作方式是否有助于合作和提高绩效？	个体员工是否清楚可能会遇到哪些完成工作绩效的障碍？
产能	该组织是否具备完成其使命/目标的领导力、资本及基础设施？	该流程是否具备足够的产能（数量、质量、时限）？	该团队是否具备快速高效地完成绩效目标的综合能力？	个体员工是否具备工作所需的智力、体力及情商？
激励	该组织的政策、文化及奖惩提示是否支持期望的绩效？	该流程是否具备持续运作所需的信息及人力因素？	该团队是不是在彼此尊重、相互支持的原则下工作？	个体员工是否在任何情况下都愿意工作？
专业技能	该组织是否建立并保持了员工遴选和培训制度及相关资源？	专业技能开发的流程是否能满足该流程的不断改进变化的需求？	该团队是否具备团队运作流程的相关技能？	个体员工是否具备工作所需的专业知识和技能？

这个四维矩阵作为一个相对独立的绩效分析辅助工具，对组织绩效诊断工作具有巨大的功用。它既可以作为团队诊断工作参考的通用性工具，也可以作为收集数据时用于记录的便利工具，还可以借助这种记录形式报告数据分析中的重要发现。

识别不同的绩效层面和绩效变量的初始关联性，仅仅使用现成的信息是不够的，还需要通过调研收集更多的数据，以确认并完善对运行中的各个变量的认识，之后是具体描述在绩效矩阵中哪些绩效变量是有缺陷和缺失的，进而对这些变量进行改进。

绩效诊断矩阵可用于对诊断结果的总结。把通过诊断获得的关键的实际信息填写到诊断矩阵的相应空格中，就形成了一份出色的诊断报告。经验表明，一份填写完整的矩阵表格对于沟通诊断结果并获得管理层的认同，是一个非常有效的工具。

（三）细化绩效考评

在具体的绩效考评过程中，绩效诊断人员需要牢记两点：一是绩效层面观点，即组织、流程、团队和个人的观点，包括每个层面的系统产出；二是绩效单位，可以通过参照时间、数量、质量、成本等指标做进一步的考虑。

时间可以定义为对两个事件之间的间隔或对某些活动持续期间的衡量。在工作场所，绩效通常是根据时间来衡量的。减少产生同样绩效所用的时间一般会给组织带来重要的财务成果。[1]

数量是对个体员工、团队或流程的绩效产品、服务或者是其他产出量的衡量。数量单位比较容易界定和监控。绩效的四个层面都应该被量化，但只有员工或工作小组产出的数量维度可以通过简单计算获得，通常也可以观察得到。[2]

质量特征指产品或服务获得某种具体的认可这一特点。产品或服务的质量特征通常涉及设计、采购、制造、营销、销售、服务、客户培训和最终的评估，质量特征可以通过价值来衡量和评价。

成本是指特定组织中根据该组织的会计程序来确定的某项努力所花费的支出。[3] 成本可能包括固定成本、变动成本、直接成本和间接成本。

在绩效诊断中，绩效考评包括三个步骤：首先，如果组织存在多个层面，要确定组织相关层面的绩效系统产出；其次，选择恰当的和可测量的绩效考评单位；最后，对这些绩效单位的适合性做一个简单的确认。

在进行绩效考评之后，把绩效考评的信息和前面对于绩效变量的考察结合在一起，就可以开始着手考察绩效需求了。

（四）确定绩效需求

为了在诊断中确定绩效需求，这里介绍三个步骤：首先，根据绩效层面和类型进行绩效需求的分类；其次，确认绩效层面和类型的划分；最后，根据绩效层面和类型细化绩效需求。

---

[1] R. A. Swanson, *Assessing the Financial Benefits of Human Resource Development*, Cambridge, MA: Perseus, 2001.

[2] Ibid.

[3] Ibid.

为了确定绩效需求,要从绩效层面和绩效类型两个维度来进行考量。首先是前面讨论过的绩效层面,每个层面的绩效都可以从完全不同的角度开始考察,了解了这一点,再与绩效类别相结合,就可以更深刻地理解绩效需求。

绩效类别可以分为五个层次——理解、操作、排疑解难、改进、创新。这种分类也可以归纳为两大类:维持系统和变革系统。由于几乎每个组织都致力于维持和变革它们的组织系统,同时又尽力在两者间取得平衡,因此会经常感到来自两者的困惑。如果没有原则地从一种境地到另一种境地随意改变,那么很可能会导致组织绩效改进工作的无序和分裂。绩效分类为我们提供了一个透镜,有助于决策者在复杂多变的组织中运用系统理论。

对绩效层面的判断,连同绩效分类,必须根据反馈到诊断过程中的数据和关键人员来确认。一旦获得确认,诊断人员就可以按已经确认的绩效层面和绩效类别来细化绩效需求。

绩效诊断的上述流程模型展示了贯穿绩效诊断的主要构成部分,但值得注意的是,并不是任何时间、任何情况下都可以使用该模型。在不同的绩效诊断场合,任何可能的绩效诊断起点都可能被抛给分析诊断人员,并且要求这些诊断人员跳出组织绩效诊断的固定模式,以便既有效果又有效率地到达最后的绩效改进方案。完备的模型有助于保障绩效诊断的有效性,但经验和阅历的积累也是必不可少的。

四、绩效诊断的方法

绩效诊断就是寻找产生绩效差异的原因,员工突出完成绩效或者与绩效标准相差较远时,往往是由多种因素造成的。从不同的因素角度进行分析也就形成了不同的绩效诊断方法。

(一)知识、技能、态度、外部障碍四因素分析

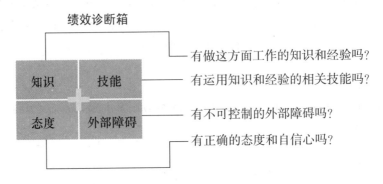

一般而言,导致员工绩效差的原因可以从知识、技能、态度和外部障碍这四个方面进行考虑,判断其真实的原因,然后有针对性地采取措施进行改善和解决。

其中,知识是指员工是否具备做这方面工作的知识和经验;技能是指员工是否具备运用知识经验的技能;态度代表员工是否有正确的态度和足够的自信心;环境则是指是否有不可控的外部障碍。

如果判定是知识和技能方面的问题,应采用发展策略进行改善;如果是态度和外部障碍的问题,就应该用管理策略进行解决。

如果缺乏知识、经验和技能,可以通过在职培训、导师带徒、岗位练兵、岗位竞赛等在职训练方式和自我启发、脱产培训等方法解决。

如果存在态度问题,评价者必须在解决其他问题之前加以解决。态度问题不解决,一切预期的变化就不可能发生。

如果存在外部障碍,评价者首先应该在本人的权限范围内,最大限度地排除它们,或尽量减少其影响,然后寻求更高层次领导的支持。

评价者应该在与被评价者的讨论中,对解决问题的方法达成一致。不能用解决发展问题的办法来处理管理问题。把态度不好的员工派到外地进行脱产学习只会导致更多员工的态度变坏,而对知识技能不够的员工进行态度教育也只会适得其反。

(二)员工、主管、环境三因素分析①

三因素法提出从员工、主管和环境三方面来分析绩效问题,认为绩效未达到预期的水平,要综合考虑这三方面的因素。

在员工方面,可能员工所采取的行动本身是错误的,也可能是应该做的而没去做。原因或是由于主管要求的不明确,或是因为员工知识、技能不足,或者是因为缺少动机,等等。

在主观方面,可能是主管的管理行为不当导致下属能力无法发挥,或是主管没有帮助下属改进其工作。通常,我们从两个方面分析主管的管理行为:一是主管做了不该做的事情,比如监督过严、施加不当的压力;二是主管没有做该做的事情,比如没有明确工作要求,不给下属提供教育和培训的机会,对下属的建议不予重视,等等。

环境方面包括下属的工作场所和工作气氛等因素。可能对员工绩效产生影响的方面有:工具或设备不良,原料短缺,不良的工作条

---

① 方振邦、孙一平:《绩效管理》,科学出版社2010年版,第183页。

件,与同事关系紧张,工作方法或设备的改变造成下属工作困难,等等。

第二节 绩效计划

一、绩效计划概述

(一)绩效计划的概念

计划是指对未来的预想及使其变为现实的有效方法的设计,是对未来进行预测并制定行动方案。简而言之,计划就是设立目标和编制方案。计划既是制订目标的过程,也是这一过程预期达成的目标。计划是管理的重要职能之一,全面而又细致地了解计划的内涵,对于理解绩效计划有着非常重要的意义。绩效计划作为计划的一种非常重要的形式,具有计划的一般特点和功能。绩效计划是被评估者和评估者双方对员工应该实现的工作绩效进行沟通,并将沟通的结果落实为正式书面协议即绩效计划和评估表的过程,它是双方在明晰责、权、利的基础上签订的一个内部协议。绩效计划既包括对绩效有目的地进行规划的过程,也包括这一过程形成的计划协议。绩效计划是整个绩效管理过程的起点,将个人目标、部门目标和组织目标结合起来,是员工全面参与管理、明确自己职责和任务的过程,是绩效管理的一个至关重要的环节。但这并不意味着绩效计划一旦制订就无法改变,由于外部环境和内部环境在不断发生变化,绩效计划在实施的过程中往往会根据实际情况的变化不断调整。

(二)绩效计划的特征

绩效计划作为计划的一种形式,与其他的计划过程和其他的计划类型相比,具有以下特点。

1. 绩效计划是领导者和员工之间双向沟通的过程

传统的计划制订方式基本上是组织中的最高管理者制订总目标,然后根据组织的层级逐层分解,制订次级目标,是一个由上自下的单向制订过程。而绩效计划的制订则强调通过互动沟通,使管理者和员工对绩效目标的内容和实现途径达成共识,信息不仅自上而下传递,同时自下而上传递,是双向沟通的过程。[1] 如果管理者单方

---

[1] 李文静、王晓莉等:《绩效管理(第三版)》,东北财经大学出版社2015年版,第75页。

第八章 绩效管理的阶段与相关方法

面布置任务,员工被动地接受,不仅制订的绩效计划是不够全面的,而且即使绩效计划具有可行性,员工完成了这一绩效计划,也无法发挥出员工的积极性。在制定各级目标时,要保证每个员工有发言权,而且要激发员工的主动性来积极参与计划的制订,建言献策。组织的预定目标从上而下层层分解,同时又从下而上层层承诺,各层次的目标从而得到相互支撑并最终实现。①

在绩效计划这个双向沟通的过程中,管理者和员工双方都负有责任:管理者需要向员工做好解释和说明工作,员工则应主动就本职工作与管理者进行沟通和交流,发表自己的意见和看法,以便管理者全面了解该职位特点并提供帮助和支持,同时也使得员工能够"对绩效计划执行进行主动控制"②。

2. 绩效计划是关于目标和标准的合约③

在绩效周期开始的时候,管理者和员工应该对员工的工作目标和标准达成一致的契约。在员工的绩效契约中,至少应该包含以下内容:本次绩效期间内员工所要实现的工作目标是什么?达成目标的结果是怎样的?这些结果可以从哪些方面去衡量,采用什么样的评判标准?员工工作结果的信息从何处获得?员工的各项工作目标,其权重各是多少?

3. 绩效计划的制订是全员参与的过程

这一特点和第一点大体相似,绩效计划的制订是组织中的所有人都参与到绩效计划制订的过程之中,组织中的每个人都为绩效计划的制订做出贡献。一旦员工参与到绩效计划的制订中,不仅可以使绩效计划更加全面、客观、贴近实际,而且员工在实施绩效计划的时候,其抵触感会大大降低,积极性会大大提升。

社会心理学家进行了大量关于人们对某件事情的态度形成和改变的研究,结果表明,人们坚持某种态度的程度和改变态度的可能性主要取决于两大因素:一是他在形成这种态度时卷入的程度,即是否参与态度形成的过程;二是他是否为此进行了公开表态,即做出了正式的承诺。④

因此,在绩效计划阶段,让员工参与绩效计划的制订,并且签订

---

① 李文静、王晓莉等:《绩效管理(第三版)》,东北财经大学出版社2015年版,第75页。
② 方振邦、冉景亮:《绩效管理(第二版)》,科学出版社2016年版,第36页。
③ 高毅蓉、崔沪:《绩效管理》,东北财经大学出版社2015年版,第51页。
④ 杜映梅:《绩效管理(第二版)》,中国发展出版社2011年版,第39页。

正规的绩效合同,就相当于让员工对绩效计划中的内容做出了会遵守的公开承诺。这样,员工就会更加倾向于遵守这些承诺,履行自己参与制订、认可度更强的绩效计划。

(三)绩效计划的类型

根据不同的标准,可以将绩效计划分为不同的类别。根据绩效层次的差别,可以将绩效计划分为组织绩效计划、部门绩效计划、个人绩效计划;根据不同人员在组织系统内人员岗位层次的不同,可以将绩效计划分为高层管理者绩效计划、部门管理者或团队领导绩效计划、一般员工绩效计划;根据绩效周期的差别,可以将绩效计划分为任期绩效计划、年度绩效计划、半年绩效计划、季度绩效计划、月度绩效计划、周计划甚至日计划等。各类绩效计划并不是独立的,而是相互影响、相互渗透、相互融合的。绩效管理实践中最普遍的分类方式仍然是组织绩效计划、部门绩效计划、个人绩效计划。[①]

1. 组织绩效计划

组织绩效计划是对组织战略目标的分解和细化,组织绩效目标通常都是战略性的目标。组织的绩效目标通常可以说是绩效计划体系的指挥棒和风向标,决定着绩效计划体系的方向和重点。

2. 部门绩效计划

部门绩效计划的核心是从组织绩效计划分解和承接而来的部门绩效目标,是在一个绩效周期之内部门必须完成的各项工作任务的具体化。同时,部门绩效计划还需要反映与部门责任相关的工作任务。

3. 个人绩效计划

从广义上讲,个人绩效计划包含组织内所有人员的绩效计划,即高层管理者绩效计划、部门管理者绩效计划和员工绩效计划。高层管理者计划直接来源于组织绩效计划,是对组织绩效目标的承接;部门管理者绩效计划直接来源于部门绩效计划,是对部门绩效目标的承接;员工绩效计划是对部门绩效计划的分解和承接,同时也反映个人岗位职责的具体要求。从狭义上讲,个人绩效计划就是指员工绩效计划。

---

① 方振邦、冉景亮:《绩效管理(第二版)》,科学出版社2016年版,第33页。

（四）绩效计划的作用[①]

1. 绩效计划是绩效管理系统中最重要的环节，具有指向作用

绩效计划是绩效管理的起点，是进行绩效管理的基础和依据，同时也是对绩效管理的全面的系统设计。绩效计划不但为管理者的管理活动提供了依据，更重要的是确定了绩效管理的活动方向，帮助员工找准路线，认清目标。

2. 绩效计划可保证员工和组织目标的顺利实现，具有操作作用

通过绩效计划，组织目标被层层分解，落实到每个部门和每个岗位，确保了员工的工作目标和组织目标协调一致，从而使整个绩效管理过程的目标明确。通过绩效计划，管理者和员工进行双向沟通，员工对绩效实施过程中可能存在的问题及碰到的困难已经较为清晰，双方就员工的绩效目标，实现目标的行为、方式、过程和手段，以及需要组织提供的资源和支持也达成一致。整个绩效管理过程具有可操作性。

3. 绩效计划具有弥补作用

绩效计划通过科学的预测，可以帮助管理者在需要的时候对计划做出必要的修正，采取一些补救的措施。

二、绩效计划的主体

由谁来做绩效计划的制订者是绩效计划制订中的关键问题之一。由于绩效计划分为不同的层级（组织、部门、个人），通常不同层级的制订者是不同的。由于绩效计划涉及如何控制实现预期绩效的问题，员工的直接上级和员工本人都必须要参与到绩效计划的制订过程之中。因此，绩效计划的制订需要人力资源管理人员、直接管理者和员工三者共同承担。

在绩效计划的制订阶段，人力资源管理人员的主要任务是帮助相关人员制订绩效计划。员工虽然对自身职业非常了解，但是并没有关于制订绩效计划的专业知识。人力资源管理人员会提供政策框架、开发相关培训资料、指导直接管理者和员工进行绩效计划制订工作，并且解决员工与管理者之间的冲突，确保绩效计划工作围绕如何更好地实现组织的目标顺利进行。在这个过程中，人力资源管理人

[①] 高毅蓉、崔沪：《绩效管理》，东北财经大学出版社 2015 年版，第 52 页。

员有责任向全体员工提供必要的指导和帮助,以确保整个组织内绩效计划中确定的绩效结构和绩效标准有相对的稳定性,从而保证整个绩效管理系统的战略一致性。① 总而言之,人力资源管理人员的主要任务就是帮助相关人员确保绩效计划工作顺利进行。

由于直接管理者能够掌握其具体管理的职位的详细信息和要求,而且非常了解每个职位的工作职责和具体负责人的特质需要,因此,直接管理者在绩效计划制订方面起到了非常重要的作用。由他们与员工协商并且制订绩效周期的计划能够使得整个计划更加符合现实情况,更有利于部门内部人员之间的合作。② 例如,他们能够根据每个绩效周期的特定工作安排修订各个职位的工作职责和绩效标准,以确保本绩效周期工作任务得以顺利完成。

员工参与是绩效计划得以有效实施的保证。目标设定理论认为,员工参与到制订计划的过程中有助于提高员工的工作绩效。通过参与绩效计划的制订,员工会对计划有更高的认同感,进而能够对如何更好地实施绩效计划有更加深刻的了解,以便更好地实现目标。调动员工积极性,让其参与绩效计划的制订,有助于增加组织的凝聚力,使员工对组织有深刻的参与感和认同感,使组织的运转更加高效。因此,绩效计划的制订应该是员工全面参与的过程。

三、绩效计划制订的原则

绩效计划的制订应遵循以下原则:

(1) 价值驱动原则。绩效计划要与提升公司价值和追求股东回报最大化的宗旨相一致,突出以价值创造为核心的企业文化。

(2) 流程系统化原则。绩效计划应该与战略规划、资本计划、经营预算计划、人力资源管理等管理程序紧密相连、配套使用。

(3) 一致原则。制订绩效计划的最终目的,是保证公司总体发展战略和年度生产经营目标的实现,所以在考核内容的选择和指标值的确定上,一定要紧紧围绕公司的发展目标,自上而下逐层进行分解、设计和选择。

(4) 突出重点原则。员工的工作职责越多,相应的工作成果也越多。但是在设定关键绩效指标和工作目标时,切忌面面俱到,而是要突出关键、突出重点,选择那些与公司价值关联度较大、与职位职

---

① 高毅蓉、崔沪:《绩效管理》,东北财经大学出版社2015年版,第52页。
② 李文静、王晓莉等:《绩效管理(第三版)》,东北财经大学出版社2015年版,第75页。

责结合更紧密的绩效指标和工作目标,而不是整个工作过程的具体化。通常,员工绩效计划的关键指标最多不能超过6个,工作目标不能超过5个,否则就会分散员工的注意力,影响其将精力集中在最关键的绩效指标和工作指标的实现上。

(5) 可行性原则。关键绩效指标与工作目标,一定是员工能够控制的,要界定在员工职责和权利控制的范围之内,也就是说要与员工的工作职责和权利相一致,否则就难以实现绩效计划所要求的目标任务。同时,确定的目标要有挑战性,有一定难度,但又可以实现。目标过高,无法实现,不具有激励性;目标过低,则不利于公司绩效增长。另外,在整个绩效计划制订过程中,要认真学习先进的管理经验,结合公司的实际情况,解决好实施中遇到的障碍,使关键绩效指标与工作目标贴近实际,切实可行。

(6) 全员参与原则。在绩效计划的设计过程中,一定积极争取并坚持员工、各级管理者的多方参与。这种参与可以使各方的潜在利益冲突暴露出来,便于通过一些政策性的程序来解决这些冲突,从而确保绩效计划制订得更加科学合理。

(7) 足够激励原则。在绩效计划的设计过程中,应该使考核结果与薪酬及其他非物质奖惩等激励机制紧密相连,拉大绩效突出者与其他人的薪酬差距,打破分配上的平均主义,做到奖优罚劣、奖勤罚懒、激励先进、鞭策后进,营造一种突出绩效的企业文化。

(8) 客观公正原则。在绩效计划的设计过程中,要保持绩效透明性,实施坦率、公平、跨越组织等级的绩效审核和沟通,做到系统地、客观地评估绩效。对工作性质和难度基本一致的员工的绩效标准的设定,应该保持大体相同,确保考核过程公正、考核结论准确无误、奖惩兑现公平合理。

(9) 综合平衡原则。绩效计划是对职位整体工作职责的唯一考核手段,因此必须通过合理分配关键绩效指标与工作目标完成效果评价的内容和权重实现对职位全部重要职责的合理衡量。

(10) 职位特色原则。与薪酬系统不同,绩效计划针对每个职位来设定,而薪酬体系的首要设计思想之一便是将不同职位划入有限的职级体系。因此,相似但不同的职位,其特色完全由绩效管理体系来反映。这要求绩效计划内容、形式的选择和目标的设定充分考虑到不同业务、不同部门中类似职位各自的特色和共性。

四、绩效计划的内容

绩效计划的主要任务是谋划一个绩效周期内应该"做什么"和"怎么做"。"做什么"在绩效计划中具体体现为确定绩效目标、绩效指标和绩效评价标准。这需要管理者和员工通过沟通，确保组织战略目标能分解到部门目标和个人目标，最终实现组织战略目标。"如何做"的问题主要体现为行动方案。其保障绩效计划内容的完整性、系统性、科学性和可操作性，对绩效计划环节乃至整个绩效管理系统的成果都有非常重要的意义。

首先，经过绩效计划之后，管理者和员工通常应该就下列问题取得共识：(1)员工在本绩效周期的职责和主要工作内容是什么？(2)应该取得哪些工作结果？(3)这些结果可以从哪些方面来衡量，评判标准是什么？(4)应该如何设定员工的各项工作目标的权重？(5)关于员工工作的信息如何获得？(6)为了完成工作任务，员工拥有哪些决策权限？可以支配哪些资源？(7)在绩效周期内，员工应如何分阶段地实现各项目标，从而达成整个绩效周期的工作目标？(8)在实现目标的过程中，员工可能遇到哪些障碍和困难？应该怎样应对？(9)管理者和员工对工作的进展情况怎样进行沟通？如何防止出现偏差？(10)管理者能为员工提供哪些支持和帮助？怎样与员工保持沟通？(11)为确保完成工作任务，员工是否需要学习新技能？

其次，在绩效计划过程中，管理者和员工之间要保持双向沟通与互动。在这个过程中，管理者应该向员工说明下列主要事项：(1)组织的整体目标是什么？(2)为完成组织的整体目标，员工所在部门的目标是什么？(3)为实现组织整体目标及各个部门的目标，对员工的期望是什么？(4)对员工的工作应该制订怎样的标准？(5)应如何确定完成工作的期限？

最后，员工应该向管理者说明的是：(1)自己对工作目标及如何完成工作的认识；(2)自己对工作不理解的地方及困惑之处；(3)自己对工作的打算和计划；(4)在完成工作过程中，可能遇到的各种问题及需要何种帮助。

五、绩效计划制订的步骤

（一）准备阶段

1. 信息准备

为了使绩效计划顺利达到预期效果，不论是管理者还是员工都需要在沟通之前进行一些准备，事先准备好相应的信息，否则就难以取得理想的效果。应该准备的信息主要分为三类，分别是组织、部门和个人信息。

（1）组织信息。

员工的绩效计划必须与组织的目标紧密结合，因此，管理者与员工在绩效计划的会议上需要就组织的战略目标、发展计划、组织的经营计划进行沟通，确保双方没有分歧。因此，在召开会议之前，管理者和员工需要重新回顾组织的目标，以确保双方都已经熟悉并了解了组织的目标。

组织信息准备工作的核心是让组织内部的所有人员都熟悉组织的使命、核心价值观、愿景和战略，使其日常行为与组织战略保持一致。传递这些信息的形式有很多，如举办专门培训、年度总结大会、高层领导的走访，或者通过各种文件、通告、组织内部网以及内部刊物等。[1]

（2）部门信息。

部门的目标是根据组织的整体目标分解而来的，它与每个部门的具体职能和任务紧密联系，进而与员工个人的绩效标准密切结合，甚至就是个人绩效任务的直接来源。作为部门负责人，应该将本部门所承担的绩效任务和绩效信息向员工进行详细说明，以使员工能够就任务的分解和目标实现的问题达成共识。需要提供的部门信息主要包括在组织战略指导下的部门运营计划、部门职责相关材料、部门上一绩效周期的绩效情况等。

（3）个人信息。

关于个人信息的准备，主要包括员工所在职位的工作分析和上一个绩效周期的评估结果两个方面。在员工所在职位的工作分析中，通常规定了员工的主要工作职责，以工作职责为出发点设定工作目标，可以保证员工个人的工作目标和职位的要求紧密联系起来。

---

[1] 方振邦、冉景亮：《绩效管理（第二版）》，科学出版社2016年版，第59页。

工作分析需要不断地修订,根据变化的环境调整工作描述非常重要。除此之外,在制订绩效计划之前,需要对工作分析进行回顾,确保员工对自己的工作有深刻的了解,进而制订出明确的绩效计划。

员工在每个绩效周期中的工作目标通常是连续或者是有关联的,因此,在制订本次绩效周期中的工作目标之前有必要回顾上一个绩效周期的评估结果。而且,在上一个绩效周期内出现的问题和有待改进之处在本次绩效计划的制订中可得以体现。

2. 沟通方式准备[①]

采取什么样的方式对绩效计划的内容进行沟通,需要考虑不同的环境因素,这主要是看组织的文化氛围、员工的特点以及所要达成的工作目标的特点。如果希望借绩效计划的机会向员工做一次动员,不妨召开员工大会;如果是一个团队的任务,那么可以开一个团队会议讨论关于工作目标的问题,这样有助于在完成目标时团队成员之间的协调配合。

即使是采取主管人员与员工单独交谈方式的计划,也需要进一步考虑交谈的程序和所采用的表达方式,要根据具体的情况来选用不同的方式。

总之,管理人员必须在最初的绩效计划沟通时使员工了解绩效管理的目的,了解绩效管理对自己有怎样的好处,营造一种良好的合作氛围。否则,员工很容易将绩效管理的重点集中在对绩效的评估方面,容易产生担忧和敌对的情绪。

(二)沟通阶段

绩效计划的沟通阶段是整个绩效计划的核心阶段。在这个阶段,管理者和员工经过充分的交流,对员工在绩效周期内的工作目标和计划达成共识。在沟通阶段,要做到以下三点。

1. 营造良好的沟通环境

营造良好的沟通环境非常重要,轻松愉悦的沟通环境能够让沟通的双方在心理上得到放松,减轻抵触情绪。管理者和员工都应该确定一个专门的时间用于绩效计划的沟通。在沟通的时候,尽量不要有其他人的干扰,沟通双方尽量专心致志地去做这件事情。绩效计划的沟通基本上在办公室中进行。

---

① 杜映梅:《绩效管理(第二版)》,中国发展出版社 2011 年版,第 44 页。

第八章 绩效管理的阶段与相关方法

2. 明确沟通的原则①

在沟通的过程中,通常应该遵循如下原则:第一,管理者和员工在沟通中是一种相对平等的关系,他们是共同为未来业务的成功而作计划;第二,承认员工是真正最了解自己所从事工作的人,员工是其所在工作领域的专家,在制订工作衡量标准时应该更多地发挥员工的主动性,更多地听取员工的意见;第三,管理者影响员工的主要领域是如何使员工个人的工作目标与整个业务单元乃至整个组织的目标结合在一起,以及员工如何在组织内部与其他人员或其他业务单元的人进行协调配合;第四,管理者应该是与员工一起作决定,而一定不是代替员工作决定,员工自己作决定的成分越多,绩效管理就越容易成功。

3. 设计沟通过程

第一,回顾有关信息。在进行绩效计划沟通时,首先需要回顾一下已经准备好的各种信息,包括组织的经营计划信息、员工的工作描述和上一个绩效周期的评估结果。

第二,确定关键绩效指标。在组织的经验目标基础上,每个员工需要设定自己的绩效目标。同时,要针对自己的工作目标,确定关键绩效指标。

第三,制定衡量的标准。绩效的标准是衡量员工是否成功实现目标的标准。绩效标准应该具体、客观、方便度量,在员工经过努力之后可以达到。

第四,讨论主管人员提供的帮助。在绩效计划沟通的过程中,主管人员需要了解员工在完成计划中可能遇到的困难和障碍,并提供可能的帮助。

第五,讨论重要性级别。要明确计划目标或者每项任务的重要性级别。管理者和员工必须在哪些目标重要、哪些次要上达成一致,这样员工才可以根据情况自主分配时间。

第六,当所有沟通基本结束时,应安排制作相关的文档,保留沟通的结果。同时,在沟通将要结束时,双方要约定好下一次的沟通时间。

---

① 方振邦、冉景亮:《绩效管理(第二版)》,科学出版社 2016 年版,第 39 页。

（三）审定阶段

在经过了周密的准备并且与员工进行沟通之后，绩效计划就初步形成了。但仍需要审定一些绩效计划的工作是否成功地完成了。当绩效计划制订结束的时候，应该看到如下结果：

首先，员工的工作目标与公司的总体目标紧密相连，并且员工清楚地知道自己的工作目标和组织的整体目标之间的关系；

其次，员工的工作职责和描述已经按照现有的组织环境进行了修改，可以反映本绩效周期内主要的工作内容；

再次，经理人员和员工对员工的主要任务、各项工作任务的重要程度、完成任务的标准、员工在完成任务过程中享有的权限都已经达成了共识；

最后，经理人员和员工都十分清楚在完成工作目标的过程中可能遇到的困难和障碍，并且明确经理人员所能提供的支持和帮助。

（四）绩效协议的签订

绩效协议是绩效计划的最终表现形式，是指关于工作目标和标准的契约。具体来说，管理者和员工经过充分沟通，对绩效协议的核心内容达成共识，经过双方确认之后，签订了绩效协议，这就标志着绩效计划工作的完成。

绩效协议的签订包括对初步拟定的绩效计划的再审核和确认。这个阶段可以根据绩效计划的复杂程度或者层次的不同确定具体期限。一般组织绩效计划和部门绩效审核的时间更长、修订次数更多，个人绩效计划审核的时间较短、修订次数较少。绩效协议审核主要是针对绩效计划拟定过程中的未尽事宜进行增补或修订，是对细节的进一步确认。管理者和员工都有完善初步的绩效计划的义务，都需要对一些细节问题进行深入思考、反复推敲和最后确认。

在经过严密的审核之后，管理者和员工都应在绩效协议上签字确认。绩效协议的签订标志着绩效计划的完成。绩效协议的签订，不仅仅是书面协议的签订，也代表了管理者和员工在心理上做出的一种承诺。

六、绩效计划制订需要注意的问题

首先，绩效计划应该由主管和员工通过不断的交流和沟通来共同制订，就绩效目标、考核标准达成一致的意见。

其次，设定的目标要明确具体，可以达到。根据目标管理理论，设定的目标既具体又具有足够的难度才能起到激励作用，还应该既具有挑战性又有实践的可能性。

再次，尽量让员工对所指定的计划做出承诺。心理学研究表明，一个人如果做出了明确的、公开的承诺，那么他就会倾向于努力履行该承诺。因此，在制订绩效计划时，要让员工对计划做出承诺。

最后，绩效计划可以根据实际情况进行调整。企业与环境相互作用、相互影响，环境的变化有时候不可避免地会对企业的经营目标产生影响，企业目标的改变和修正会影响到部门目标的改变，进而个人的目标也要随之改变。因此，制订的绩效计划并不是一成不变的，在必要的时候，要根据实际情况进行调整。

第三节　绩效反馈

一、绩效反馈概述

（一）概念

绩效反馈是指在绩效计划实施后，管理者通过各种管理手段使被管理者了解自身的绩效水平，是绩效管理的重要环节。绩效反馈最重要的实现手段就是管理者与被管理者之间的有效沟通，通过沟通，对被管理者积极的方面进行肯定、强化，对不足之处提出改进方案与措施，从而实现被管理者绩效的提升。

（二）重要性

1. 引导被管理者自我改进

心理学反馈效应等实验表明，人有及时了解对自身表现的评价的愿望，反馈对人的优秀表现产生积极的强化作用。如果没有及时、具体的反馈，被管理者就难以对自身水平有深入的认识，也就难以对自身行为进行修正，丧失继续努力的方向，因而无法得到改进和提高。有学者认为，缺乏具体和阶段性的反馈是绩效不佳的最普遍原因之一。

2. 促进信息对称

被管理者作为绩效管理的对象，往往处于信息劣势，如果没有绩效反馈，被管理者就无法明确组织和管理者对自己的期望，无法做出有利于双方的合理行为，绩效管理流于形式。及时的绩效反馈在管理者与被管理者间架起沟通的桥梁,增进双方的信息交流,促使双方信息对称,减少工作过程中不必要的曲折延误,从而大大提高效率。

3. 促使管理者负责

如果不进行绩效反馈,就为管理者消极怠工或者滥用职权创造了一定的客观条件;如果要将绩效管理结果反馈给员工本人,那么管理者就必须对自己的行为负责,对自己给出的反馈提供充分的理由,从而为管理者积极负责提供了动力。

4. 排除目标冲突

绩效反馈能协调目标冲突,增强组织竞争力。任何一个组织都有组织目标,而组织中的个体也有个人目标。两者中组织目标处于主导地位,个人目标要服从于组织目标。如果个人目标符合组织目标,那么整个组织就是协调的,能促使双方目标的实现和整体的发展,反之则会产生负面影响,阻碍双方目标的实现。有效的绩效反馈能通过激励和沟通促使被管理者的个体目标向组织目标方向发展,在大体上与组织目标一致,排除个体目标中会对组织目标产生不良影响的不和谐因素,达成和谐,增强组织的核心竞争力。

5. 增加绩效管理透明度

如果缺乏有效反馈,就容易造成被管理者对绩效管理公正性和公平性的怀疑。及时、准确的绩效反馈能增强绩效管理的透明度,确保其公正性,增强管理者和被管理者对整个绩效管理体系的信任感和认同感。

6. 完善绩效管理体系

绩效管理体系的完善是一项复杂且长期的工作。既要避免盲目照搬其他组织的成功经验,充分考虑本组织的实际情况,也要根据外部环境以及组织目标和组织任务的变化及时做出相应的调整,否则绩效管理体系就无法产生实际作用,甚至还有负面影响。绩效反馈能深入了解被管理者对绩效管理体系的看法,并获得一些有效的、可行的建议,从而推动绩效管理体系的完善。

二、绩效反馈原则

绩效反馈应遵循以下原则:

(1) 经常性原则。绩效反馈应该是经常性的、及时的。一方面,经常性的绩效反馈能在较短时间内纠正被管理者的缺陷,最大限度

第八章 绩效管理的阶段与相关方法

地减少损失,获得持续性改进;另一方面,经常性的绩效反馈能避免长时间带来的不确定性,更能得到被管理者的认同。

（2）战略性原则。绩效反馈不应是心血来潮或一时冲动下的产物,而应当有计划地进行。在某些情况下,管理者和被管理者由于种种原因失去理智,在这种情绪失控状态下进行的反馈是无实际作用的,甚至可能会产生负面影响,不利于将来的绩效管理和工作开展。因此,在进行绩效反馈前应做好充分的计划与准备,明确反馈目的,组织好思路和语言,避免反馈过程失去控制。

（3）对事不对人原则。绩效反馈中管理者与被管理者沟通的内容应该能体现工作绩效的工作行为和事实表现,而非被管理者的个人特质。个人特质不能作为评估绩效的依据,除非该特质对绩效造成了关键性影响。

（4）尊重对方原则。管理者在对被管理者进行绩效反馈时要尊重对方,维护其自尊,避免消极批评。同时,充分了解被管理者的想法,最好遵循2/8法则:80%的时间留给被管理者,20%的时间留给自己,而自己在这20%的时间内,可以将80%的时间用来发问,20%的时间才用来指导、建议。总之,要充分尊重被管理者的价值,引导其自己思考和解决绩效问题,而不是发号施令,居高临下地告诉被管理者应该如何做。除此之外,还要重视保护被管理者的隐私,选择合适的反馈场合和时机,尽量避免使其处于尴尬的局面。

（5）灵活原则。绩效反馈不应该是一成不变的,管理者采取的反馈方式应当因人而异、因时而异、因地而异,灵活地调整反馈策略。首先,同样的问题反馈给不同岗位、不同性格的被管理者应当采用不同的反馈技巧;其次,反馈的时间要考虑问题的严重程度以及管理者和被管理者的具体事务安排;最后,进行反馈也应当选择适当的环境,根据反馈目的选择单独进行或者团队进行等。

（6）着眼未来原则。绩效反馈中很大一部分内容是对过去的工作绩效进行回顾和评估,使被管理者了解过去的绩效水平,但其目的并不是揪住错误不放、停留在过去,而是通过过去的事实总结出一些对未来绩效改进有益的东西。任何对过去绩效的反馈都应着眼于未来,核心目的是提高被管理者的未来绩效。

（7）正面引导原则。不论被管理者绩效水平如何,都要给予一定的鼓励,要使其认识到:即使绩效水平不理想,也能获得一个客观认识自己的机会,找到应该努力的方向,并且在努力过程中会得到组织与管理者的辅导与帮助。总之，要让被管理者树立一种积极向上的工作态度。

（8）制度化原则。绩效反馈必须建立一套制度。只有将其制度化，才能保证公正性，得到管理者与被管理者的认同，从而能够持久地发挥作用。①

三、绩效反馈分类

反馈包括反馈信息、反馈源和反馈接受者三个要素。在绩效反馈中，反馈源为管理者，反馈接受者为被管理者，反馈信息就是管理者向被管理者传达的有关其绩效水平方面的内容。一般根据绩效反馈信息的内容和反馈源沟通方式的不同，可以将绩效反馈分为三类：负面反馈、中立反馈和正面反馈。其中，负面反馈和中立反馈针对的是被管理者的错误行为表现，正面反馈针对的是被管理者的正确行为表现。②

（一）针对被管理者的错误行为表现

对被管理者的错误行为表现进行反馈的目的是让被管理者认识到自身存在的问题，纠正原有错误，从而促进绩效改进。但在指出被管理者存在的问题时也存在不同方式，即负面反馈和中立反馈。

在负面反馈中，管理者一般没有提供具体的证据和理由，而是直接对被管理者的错误进行批评，带有针对个人的倾向，也不提供建议，只是一味指责，容易使被管理者在心理上产生抵触情绪，丧失信心和积极性。

在中立反馈中，管理者首先让被管理者认识到其工作职责的重要性和错误带来的严重后果，在对事不对人的批评中，明确组织和管理者的要求，并提出改进的目标和建议，在被管理者认同批评后给予积极反馈。这种反馈方式明显优于较为极端的负面反馈，更具有建设性实际意义。

（二）针对被管理者的正确行为表现

一般情况下，管理者倾向于关注被管理者的错误行为表现，而忽

---

① 全刚、李鹏：《绩效反馈的原则和方法》，《人力资源管理》2007 年第 10 期。
② 方振邦、孙一平：《绩效管理》，科学出版社 2010 年版，第 171 页。

视了对其正确行为表现的反馈。实际上,对被管理者正确行为表现的正面反馈也十分重要。对错误行为表现的反馈通过纠正错误来改进绩效,对正确行为表现的反馈则通过强化正确的行为来提高绩效。

管理者较少对被管理者的正确行为表现进行反馈的原因涉及两个方面。一是对正确行为表现的理解不全面。事实上,除了在某些工作上表现优秀外,被管理者犯错误的数量或频率减少也应该得到管理者的正面反馈。二是管理者认为缺乏合适的方法进行正面反馈。但实际上对被管理者的优秀表现和进步的直接认同与赞扬也能取得较好的效果。

管理者在进行正面反馈时应当遵循以下策略:(1)用正面的肯定来认同被管理者的进步,更多地强调其行为表现积极的一面;(2)要具体、明确地指出受称赞的行为,从而达到对正确行为的强化作用;(3)给予的正面反馈应当及时,以持续性地改进绩效;(4)正面反馈应当使被管理者知晓其正确行为给团队、部门乃至整个组织带来的效益,增强其成就感和积极性。

四、绩效反馈策略

针对不同表现、不同类型的员工,管理者在进行绩效反馈时所采取的策略也应该不同。在绩效反馈中,管理者应该对员工的绩效水平和性格特质等有一个清楚的认识,理解员工绩效行为及对绩效评估结果的反应,在此基础上把握员工对于反馈的需要,从而采取恰当的反馈策略。

根据员工关注度的不同,可以将其分为三个不同的层次。第一层次是总体任务过程的层次或称自我层次。在这个层次上,员工关心的问题是:我做的工作怎样能够为组织发展做出贡献?我在组织中的位置是什么,这对自己提出了什么样的要求?第二层次是任务动机层次,该层次的员工关心的是他所执行的工作任务本身:这项工作怎么做?有没有更好的办法来完成这项任务?第三层次即最低层次,是任务学习层次,员工关注工作执行过程中的细节和自身的具体行动。[①]

基于员工关注的层次性,以及其实际绩效水平和个性特质,员工对反馈的需求也不一样,表8-2中涉及了对不同绩效水平、不同类型

---

① 李立国、程森成:《绩效反馈面谈的 SMART 原则》,《中国人力资源开发》2004年第2期。

的员工应采取的绩效反馈策略。

表8-2 员工绩效反馈策略①

	员工	策略
针对不同绩效水平员工的反馈策略	高绩效:表现佳,是创造团队绩效的主要力量,具有较大潜力;个人愿望较强烈;自信,有提升或者加薪的要求;最需要维护和保留	1. 充分肯定其做出的成绩,强调其在团队和组织中的重要性 2. 给予其自由开放的空间,与其建立良好的信任关系 3. 考虑个人特质,共同制订个人发展计划,对其提出更高的目标,重点培养 4. 关注其提出的建议和意见,了解其主导需求,条件允许下尽可能满足 5. 不能盲目做出奖励和升职承诺,而是应通过面谈或心理测评,在其真正具备相关能力时再提升
	中绩效:绩效无明显进步,工作表现处于中游;个人动能不足,工作方法可能有问题	1. 反馈时真诚与其交流,让其意识到自身存在的问题,共同找到没有进步的原因 2. 为其可以改进的地方提出建议,帮助其制订绩效问题解决方案和未来目标 3. 肯定其付出,让其感到受重视 4. 为其树立一个标杆,激励其积极性
	低绩效:绩效低下,难以完成既定目标;可能有自卑或者不愿承认自身问题的情绪	1. 陈述问题的严重性,使其意识到自身绩效存在很大问题 2. 帮助其分析绩效低下的原因,并确定之后要采取的改进行动 3. 为下一步行动提供必要的资源和帮助 4. 监督其工作过程并给予及时的反馈,对工作中有进步的员工应进行适度鼓励和及时表扬 5. 反馈后绩效仍不佳的人,应予以降薪或者辞退
针对不同类型员工的反馈策略	过于雄心勃勃:自信心过度膨胀,只看到自身的优点和成绩,急于得到提升和奖励,但实际上仍存在一些问题,达不到晋升和奖励的标准	1. 反馈时态度客观、耐心开导,说明晋升和奖励标准的客观性,通过事实依据表明其存在的差距和问题,使其意识到自身的缺陷 2. 肯定其付出与优点,共同商讨未来发展的可能性,并帮助其制订现实可行的计划 3. 使其意识到并非达到某一目标就一定能马上获奖或晋升,还需要一定时机

---

① 赵路:《掌握绩效面谈的艺术》,《中国人才》2010年第6期。

第八章 绩效管理的阶段与相关方法

续表

	员工	策略
针对不同类型员工的反馈策略	沉默而情绪化:比较内向,很少与他人交流沟通,不善于表现自己;碰到问题与困难很容易失去信心,陷入低潮,还会使低落情绪影响他人	1. 发掘其优点,给予赞扬,激发其潜能 2. 多征询其意见和建议,耐心启发,并给予反馈,促使其做出反应 3. 其绩效出现问题时及时沟通,多加鼓励,给予其需要的帮助与支持 4. 当他们陷入低潮影响工作绩效时,可与其分享自己的经历或改善情绪的经验,增强其信任感,帮助其尽快树立信心
	妒忌他人:只看到别人得到的奖励和晋升,忽视对方的付出;觊觎别人获得的成果,愤愤不平;有时还可能失去理智,言行受到负面嫉妒情绪摆布,对他人恶言相向或恶意中伤他人,甚至做出一些不良行为	1. 严肃地向其陈述对方获得评估的客观性,提供事实依据 2. 告诫他不要因为嫉妒丧失理智,做出不良行为 3. 鼓励他通过自身努力公平地获得回报,帮助其制订绩效改进计划
	暴躁易怒:缺乏理智和自控力,遇到不满或者不符合其期待和要求的事容易失去控制,情绪反应激烈,变得愤怒、暴躁,甚至产生过激行为,常通过吵架、发脾气等方式解决问题	1. 进行反馈时注意说话技巧,减少激怒对方的可能性 2. 当其情绪激烈时也要耐心地听他把话讲完,尽量不要立即与他争辩,待其冷静下来后再同他一起分析原因 3. 找出建设性地解决问题的方法,为其提供改进绩效的帮助 4. 也可以运用情境转换的方式,如引导其离开发怒的场合,转移注意力使恢复理智
	年龄大、工龄长:对年龄比自己小且资历轻的管理者缺乏尊重,认为其不过尔尔,自尊心很强,对他们未来的出路或退休感到焦虑	1. 给予他们充分的尊重,肯定其过去做出的贡献 2. 使其意识到自己作为下属的身份,过去的成绩不代表现在或将来的成绩,仍然要接受绩效考评 3. 要对他们表示关怀,为其退休和未来出路提供一些建议

五、绩效反馈方法

采用适当的绩效反馈方法是取得良好反馈效果的重要保证。绩效反馈方法包括绩效面谈、绩效公示、电话反馈、邮件反馈等。最有

绩效考评与管理方法

效的方法是管理者与被管理者一对一地进行绩效面谈,而电话、邮件反馈等都应该只作为绩效面谈的铺垫或者补充。绩效公示能带来较强的刺激效果,但也存在很多风险和问题。以下对绩效面谈和绩效公示两种方法进行重点描述。

(一)绩效面谈

绩效面谈是实施绩效反馈的主要方法,通过面谈的方式,使被管理者了解自身绩效,强化优势,改进不足;同时,也可将组织的期望、目标和价值观进行传递,形成价值创造的传导和放大。绩效面谈是最直接的反馈方式,沟通程度较深,可以对某些不便公开的事情进行交流,使被管理者容易接受,管理者可以及时对被管理者提出的问题进行回答和解释,减少沟通障碍。

1. 绩效面谈的目的

第一,对绩效考评的结果达成共识。绩效考评虽然会尽可能地设定客观的评估指标,但不可避免地会包含很多管理者主观判断的因素,对获取客观数据的手段的选择也存在主观成分。即使是对于同样的绩效行为和绩效结果,管理者和被管理者由于立场和视角的不同,做出的判断也会存在很大差异。因此,通过绩效面谈,双方可以表达观点,交换信息与意见,对考评结果达成共识。

第二,使被管理者进一步认识和总结自身绩效水平,明确优点和缺陷。被管理者由于主观思维限制,对自身情况难免认识不足。通过与管理者面谈沟通,被管理者能产生更加深入和客观的认识。一方面,被管理者可以得到管理者对其优点的肯定,满足其对认同和赞赏的需要,其积极性也得到激励;另一方面,被管理者也希望管理者指出其需要改进之处,共同分析绩效问题的原因,以获得更好的绩效。

第三,制订绩效改进计划。在对考评结果达成共识、被管理者对自身水平也有了较为清晰和准确的认知后,双方可就面谈中总结的问题制订绩效改进计划,明确未来将要达成的目标、解决问题的方法、将要采取的措施以及需要管理者提供的支持和帮助等。

2. 绩效面谈的准备

在正式绩效面谈前所做的充分准备是有效达成绩效面谈目标的前提条件。由于绩效面谈是双向的互动,因此不仅管理者需要做好准备,而且被管理者同样需要做好准备。

对于管理者而言,首先需要收集全面而详细的绩效面谈参考资料,包括被管理者的绩效计划、绩效目标、职位说明书、绩效自评表与绩效考核表、日常工作记录与总结、被管理者的个人信息等[①],并且要充分熟悉这些资料,避免因不了解情况影响正式面谈的效果。其次,应拟订详细且周全的面谈计划,包括时间、地点、内容、面谈人员、顺序等。时间上要充分考虑双方的工作安排,选择恰当的时间段,既要避免因为太长而导致被管理者注意力不集中、产生烦躁感,也要避免因为过短而导致面谈难以深入、匆忙收场的现象。面谈场所要安静,选择封闭式空间,以免被打扰。座次安排也要合理,尽量避免直接相对,容易给双方尤其是被管理者造成较大心理压力,应该营造较为轻松、缓和的环境。再次,合理规划面谈的程序和进度,包括如何开场、如何协调要谈论的内容、如何结束面谈等。最后,应当将面谈计划提前通知被管理者,以便其做好准备。

对于被管理者而言,也要收集整理好自己的绩效自评和总结,以及一些能表明自身绩效情况的事实依据。同时,还可以准备个人关注的问题和未来发展规划等与管理者深入沟通,以便获得管理者的支持和帮助。被管理者还应协调好自身的工作时间,尽量将重要事务与面谈时间错开。

3. 绩效面谈的内容

绩效面谈的内容应该以被管理者在上一个绩效周期的工作表现为核心,做出点评并提出改进意见和下一步的期望。一般而言,大致可以分为三个阶段。

第一阶段是铺垫阶段。这个阶段中,管理者首先要感谢被管理者之前的努力付出和取得的工作成果,并说明谈话的目的和程序,让被管理者明白此次面谈的内容。同时,要注意尽量使用积极的语句,营造良好的氛围,使被管理者放松。

第二阶段是主要的面谈阶段。首先,管理者应该采用开放式问题进行引导,鼓励员工对自身的优点和不足进行总结。接着,管理者从被管理者的优点开始进行点评,充分肯定其努力和进步,并分析其存在的问题。管理者在说明绩效评估程序后,根据客观的事实材料告知被管理者的绩效考评结果。然后,管理者鼓励被管理者发表意见与建议,包括对团队、部门、管理者个人的意见和对整个绩效管理体系的建议,商讨双方存在分歧的地方。管理者在充分理解被管理

---

① 方振邦、孙一平:《绩效管理》,科学出版社2010年版,第177页。

者的意图和情绪的基础上给予反馈,争取达成共识。最后,管理者咨询被管理者的个人发展规划,在提供自身建议后双方共同确立下一阶段的目标和绩效改进计划,并承诺向被管理者提供支持与辅导。

第三阶段是结束阶段。管理者与被管理者双方对以上谈话内容加以总结和确认,管理者对被管理者的参与和配合表示感谢,之后由管理者或被管理者整理出面谈记录。

4. 绩效面谈的技巧

第一,认真倾听被管理者解释和发表意见,使用开放式提问。面谈中管理者常犯的错误是以自我为中心,只顾指责和命令,这会使绩效面谈成为单方面讲话而非双向的信息沟通。管理者应摒弃对被管理者个人的偏见,控制情绪,耐心听取被管理者的观点,同时保持积极的回应,并时常提供鼓励。这样管理者才能更全面地了解被管理者绩效的实际情况,进而有助于分析绩效问题的原因。同时,管理者应该多使用开放性问题进行引导,激起被管理者的兴趣,使其排除戒备心理、放松情绪,调动其主动性和积极性。

第二,避免冲突和对立。由于管理者和被管理者双方角色和立场不同,所以很有可能在面谈过程中产生分歧。管理者不能纵容这种分歧激化,因为发展下去很有可能演变为争辩和冲突。由于双方地位不对等,管理者有较大权威,所以管理者往往能获得"胜利"。但这种"胜利"的代价是显而易见的,它破坏了被管理者对管理者的认同感和信任感,阻碍双方之后真诚、深入地沟通,影响未来的绩效管理。因此,在绩效面谈过程中,管理者面对不同观点时不要急于反驳或直接下结论,而应始终保持自由开放的氛围,务必在准确理解所有信息后再与被管理者进行深入的沟通,互相理解,达成共识,满足双方的需求而非单方面的需求。

第三,评价时采用三明治法则。在告知考评结果时,管理者不应该对绩效行为和结果进行简单的定性判断,而是应该进行具体的描述,采用先表扬、后批评、再表扬的三明治法则[1],多使用正面方式表达,这样能减轻被管理者的抵触心理和消极情绪,使其更容易接受批评。一方面,对被管理者的优秀表现给予肯定与鼓励,以扩大正面行为带来的积极影响,强化被管理者的积极性;另一方面,对被管理者的不佳表现给予真诚的指正,帮助其进步。

第四,差别化对待不同类型的被管理者。对于不同类型的被管

---

[1] 胡劲松:《绩效管理从入门到精通》,清华大学出版社 2015 年版,第 66 页。

理者,管理者应该适当调整面谈的方式与重点,以达到更好的面谈效果。对工作绩效和态度都很好的被管理者,应该充分肯定其成绩,并重点关注未来更高目标的制订;对工作绩效好但态度不好的被管理者,应重点关注其提出的意见和建议,探求态度不好的原因,并尽量给予安抚;对工作绩效不好但态度很好的被管理者,重点应帮助其分析绩效不好的原因,制订绩效改善计划;对工作绩效和工作态度都不好的被管理者,则应该重申工作目标,强调问题的严重性。

第五,以积极的方式结束面谈。如果面谈中由于言语等不当导致信任关系出现裂痕,或由于其他意外事情发生被打断,管理者应立即结束面谈,暂时忽视分歧,肯定并感谢被管理者的付出和努力,并在随后的工作中抽时间去鼓励被管理者,给予应有的关注。如果面谈顺利实现了信息沟通,管理者要尽量采取积极的、正面的方式结束,进一步调动被管理者在未来的工作积极性,增加配合度。

(二)绩效公示

绩效公示是指在经过管理者的考虑和审核后,将被管理者的绩效考评结果在某个范围内公示,并征求大家的意见和建议。绩效公示的目的是通过社会性力量,一方面增加被表扬者的成就感和荣誉感,强化其优秀表现;另一方面也树立榜样,刺激和鞭策绩效落后者,鼓励和引导其向优秀者学习。但同时绩效公示也存在很多风险,对于被管理者而言,公布绩效可能导致在团队内部形成不良竞争,绩效优秀者可能会被孤立,绩效不佳者可能形成巨大的心理压力,影响和谐的人际关系和团队合作。对于管理者而言,要保证绩效公示的公正性和客观性,否则可能影响被管理者对管理者和组织的信任感及认同感。因此,绩效公示应具备一定条件并使用一些策略以尽可能规避这些风险。

1. 绩效公示条件

第一,具有完善、合规的绩效考评程序和清晰的绩效标准。绩效考评的程序和标准越客观、清晰,越能排除管理者的主观影响,得出公正的绩效考评结果,这样绩效公示的公正性才不会被大家质疑,被公示者也更容易接受公示结果。

第二,被管理者对绩效管理体系特别是绩效考评和反馈有充分理解,抱有信任感和认同感。如果被管理者缺乏对绩效考评和反馈的正确认识,将其视为管理者行使上位者权力、树立权威的工具,那么绩效公示就会带来极大的问题,激化管理者和被管理者之间的矛盾,影响之后的绩效管理和发展。如果被管理者对绩效考评和反馈抱有认同感,将其视为个人绩效持续改进的动力和监督管理者行使考评权力的合理途径,那么绩效公示就能取得较好的效果。

第三,具有推崇绩效、良性竞争的团队氛围。如果团队内部并不推崇绩效、气氛消极,那么绩效优秀者可能会被孤立或被要求能者多劳,或是团队内部不良竞争激烈,绩效公示反而进一步激化矛盾。只有在大家都追求高绩效且形成良性竞争时,绩效公示才能发挥标杆作用,引导被管理者进一步提高。

第四,要考虑团队、整个组织甚至整个地区的文化和法律环境。如果整个环境十分重视隐私权的保护,那么绩效公示就可能与员工理念甚至相关法规产生冲突,造成负面影响。

2. 绩效公示策略

第一,被管理者的绩效水平包含能力、态度、行为、结果等多个因素,但公示的内容应该以绩效行为为主。一方面,绩效行为更为客观、更有事实依据,不易受到管理者的主观影响;另一方面,绩效行为也更易被学习,起到更好的引导作用。

第二,初期绩效公示应以绩效优秀者为主,树立标杆,尽可能避免矛盾。在逐渐形成绩效公示的氛围与文化并获得大多数成员的认同后,再逐步扩大公示人群的范围。对于低绩效人员的公示,应该尤为慎重。

第三,公示的范围应该根据团队人员的特点和具体实际情况考虑,寻求最适当的规模。公示范围太大,人员间缺乏了解且绩效考评存在太多差别,不能起到树立标杆和学习导向的作用,没有实际意义;公示范围太小,可能使矛盾集中激化,影响团队团结。因此,应充分考虑各方面因素,选择适当范围。

第四节 绩效辅导

一、绩效辅导概述

(一)概念

绩效辅导是指管理者为帮助被管理者完成绩效计划,通过沟通、交流或者提供机会,给予被管理者指示、指导、支持、监督、纠偏以及鼓励等帮助行为。它要求管理者采取恰当的领导风格,在充分的绩效沟通的基础上,针对被管理者在工作中存在的问题和遇到的困难,激励和指导被管理者,从而帮助其实现绩效计划和绩效目标,并确保其工作不偏离组织战略目标。①

(二)内容

1. 关键要素——管理者提供支持和帮助

管理者向被管理者提供的支持和帮助是绩效辅导的关键。被管理者在执行绩效计划时可能会遇到困难和阻碍,在得到绩效反馈后也可能产生问题和不确定未来的个人规划,在这些时候,管理者应该对被管理者的各种要求做出积极有效的回应,及时提供必要的支持和帮助。在此基础上,管理者作为绩效辅导的主导者和推动者,还应该能前瞻性地发现潜在危机并在其出现前予以解决。② 管理者提供的支持和帮助也不能仅仅停留在问题本身,还应该为被管理者提供学习和培训的机会,使其掌握改进绩效、完成绩效计划的知识和技能,着眼于提升被管理者持续获取高绩效的能力。

2. 基本要素——对被管理者的激励和培养

实现对被管理者的激励和培养是绩效辅导的基础。绩效辅导并不是管理者包办一切、越俎代庖,绩效改进的主要责任人归根到底还是被管理者自身。管理者无原则、盲目地支持和帮助反而会助长被管理者的依赖心理和消极作为,不利于绩效的持续改进。管理者应该注重培养被管理者的责任意识和自主完成绩效计划的意识,帮助其树立自信心和完成绩效目标的成就感,激励被管理者自主解决问题、提升能力和绩效水平,为实现个人目标和组织目标不断超越自我。

3. 重要影响因素——领导风格

领导风格对绩效辅导的效果具有重要影响。领导风格由管理者决定,不同领导风格对相同被管理者会产生不同影响,相同领导风格对不同被管理者也会产生不同影响,所以管理者应该根据被管理者的特质、当时的实际情况等选择恰当的领导风格,使领导风格与绩效辅导相匹配,达到最优的绩效辅导效果。

---

① 方振邦:《战略性绩效管理(第四版)》,中国人民大学出版社2014年版,第212页。
② 方振邦、冉景亮:《绩效管理(第二版)》,科学出版社2016年版,第91页。

4. 保障要素——沟通

管理者和被管理者之间及时有效的沟通是绩效辅导达成良好效果的基本保障。这要求管理者与被管理者进行经常性的沟通，全面收集绩效管理各阶段的信息和被管理者的详细资料，在熟悉情况的基础上做出正确的辅导决策，对绩效进步的被管理者及时给予表扬和肯定，鼓励其为实现更高的绩效目标不断努力，对绩效不佳的被管理者给予及时的辅导，为其提供学习和培训的机会。被管理者也要及时将自己的现状和遇到的问题与被管理者交流，以获得更有效、更有针对性的辅导。

（三）作用

1. 增进被管理者对绩效管理的认识，消除偏见

被管理者在一开始由于对绩效管理缺乏深入了解和认识，很可能会对绩效管理产生很多误解。例如，有的人认为绩效管理是形式主义，无实际意义，只会增加工作量；有的人对任何形式的评估都不满，认为是在找麻烦，是对自己能力和品行的质疑；有的人质疑绩效管理的公正性，认为其存在暗箱操作，担心自己受到不公正的评估；有的人一直对管理者缺乏信任，自然对管理者的评估产生抵触心理。

如果不消除这种误解和偏见，那么绩效管理的实施就会存在很大的难度与压力。绩效辅导能够使员工对绩效管理有一个全面正确的理解，并意识到实施绩效管理不但对公司有利而且对个人也有益，主动积极地支持配合实施绩效管理。绩效辅导能够消除掉被管理者对绩效管理的误解和认识上的偏差，使其对绩效管理树立正确的认识，并且积极主动地参与到绩效管理的过程中来，提高绩效满意度。

2. 使工作过程变为学习过程，促使被管理者改进绩效

被管理者在实现绩效目标的过程中，由于工作条件和环境处在不断变化中，不可避免地会遇到计划外的情况，产生一些困难和问题。管理者要对这种情况给予充分理解，针对被管理者的实际情况给予有效的指导和适当的帮助，同时在自身权力范围内调动资源，给予被管理者相应的支持，不仅要帮助被管理者解决问题，使其掌握解决问题的方法，还要指导其学会如何自主克服困难，提高解决问题的能力。被管理者也要及时与管理者沟通自身工作的进展情况，了解自己的优点和不足，从而进行有针对性的改进。通过绩效辅导，被管理者的工作过程同时也成为一个不断提升、不断进步的学习过程,有利于被管理者能力的提升和绩效的改进。

3. 使管理者掌握更多信息

对于管理者而言,绩效辅导可以使其掌握更多有关被管理者实际情况、整体工作进程和组织绩效管理方面的信息,对被管理者个人和整个组织有更深入和客观的认知。首先,管理者可以及时发现被管理者在工作中的表现和遇到的困难,及时发现并纠正偏差,避免小错误、小偏差累积以至酿成大错或者造成无法挽回的损失,同时及时发现高绩效行为,总结推广先进工作经验,使部门甚至整个组织所有员工的绩效都得到提高。[1] 其次,管理者可以及时掌握被管理者的工作状况和进程并做好记录,作为绩效考评的事实依据,保障绩效考核评估的公正性、客观性。最后,管理者可以对整个组织的目标完成情况和遇到的障碍有更清晰的认识,从而在大方向上进行及时调整。

二、绩效辅导要素

绩效辅导包括以下要素:

(1) 了解和反馈。管理者通过观察等方式了解被管理者的行为和绩效水平,并将观察得到的结果反馈给被管理者,使其对自身的优点和不足有清楚的认识。管理者一方面给予被管理者肯定与激励,希望其保持优点;另一方面要求被管理者改正缺点,进一步提高绩效水平。

(2) 探求原因。如果被管理者的绩效水平仍然存在问题,管理者就应当进一步探求深层次的原因,找出影响绩效水平提高的障碍,从根源入手,提出改进绩效的意见和建议,帮助被管理者克服障碍。

(3) 具体指导和帮助。如果被管理者的绩效仍然没有得到改善,管理者应该对被管理者的行为改变做出具体要求,避免其主观失误和偏差。同时,根据被管理者的需要和客观实际情况给予支持和帮助。

(4) 改善计划。在帮助被管理者找出并解决问题、提高绩效、改进绩效流程后,管理者应该总结其中的经验,将这些方法与流程确认并固定下来,着眼于更为长远和更为广泛的员工绩效发展计划。

---

[1] 高毅蓉、崔沪:《绩效管理》,东北财经大学出版社2015年版,第130页。

三、管理者的作用

在绩效辅导中,管理者是服务提供者,但这并不意味着管理者要事事插手或包办一切,具体工作的主要责任人仍然是被管理者。相对于被管理者而言,管理者并不需要对所有的具体工作有深入和细致的了解,只需要在以下几个方面发挥作用。

(1)密切沟通。管理者应该与被管理者建立一对一的密切联系与沟通,及时了解被管理者的工作进程以及遇到的困难和障碍,对其绩效计划的实现情况和绩效目标的达成程度有较为确切的认知,并向被管理者提供具体的反馈。

(2)提供支持。管理者应该对被管理者的需求具有敏感性。被管理者可能产生各种需求,例如解决在执行绩效计划时遇到的困难和阻碍、解答绩效评估和反馈后产生的疑问、制订未来个人发展计划等。管理者应该对被管理者的合理要求做出积极有效的回应,及时提供必要的支持和帮助。

(3)营造氛围。管理者应该在团队和组织中营造一种追求高绩效和良性竞争的氛围;鼓励被管理者承担责任、勇于创新,不断自我改进,并寻求获取新知识和新技能的机会;号召被管理者从过去的经历中反思总结出经验,并向优秀绩效者学习,吸取其长处;使被管理者树立追求高绩效和进行良性竞争的意识。

(4)搭建平台。管理者应该为被管理者搭建交流和沟通的平台。被管理者由于自身能力和所处环境的局限,能够接触到的人和情境是有限的。管理者应该为他们提供与自身难以接触到的人和环境互动的机会。一方面,使被管理者与不同的人交流和合作,使他们能够与有助于其未来发展的人联系在一起;另一方面,为他们提供新的具有挑战性的工作和机遇,以获得更多对于未来绩效改进有益的经验。

四、绩效辅导风格

(一)重要性

绩效辅导风格是指管理者在实现对被管理者的绩效辅导中所采用的领导风格。绩效辅导风格会对绩效辅导的效果产生十分重要的影响。如果管理者采用了合适恰当的领导风格,那么绩效辅导效果就可能达到最优,最大限度地促进被管理者绩效的改进;如果管理者

第八章　绩效管理的阶段与相关方法

采用了不恰当的领导风格,那么绩效辅导就可能收效甚微,甚至产生负面影响。

管理者作为领导风格的主导者,应该重新审视其在组织中扮演的角色,对自身职能有充分认识,根据不同时期、不同人员的特点,选择与其相适应的领导风格,这样才能将被管理者的绩效活动与组织当前的目标和需求有机结合,最大限度地提高绩效,推动组织目标的实现。

(二)领导风格的分类和选择

管理者面临着准确判断被管理者在什么情况下需要怎么样的绩效辅导的技术性问题。根据不同学者提出的领导理论,领导风格可以从多个角度进行分类,并根据实际情况的不同加以选择。这些理论作为基石,为管理者做出正确的判断、选择恰当的绩效辅导风格提供了理论指导。下面将对领导情境理论和路径—目标理论进行重点介绍。

1. 领导情境理论

领导情境理论是1969年由保罗·赫西(Paul Hersey)和肯·布兰查德(Ken Blanchard)提出的。在该理论中,管理者根据其行为的组合划分出不同领导风格,被管理者根据其成熟度的高低划分出不同类型,然后管理者与被管理者形成情境互动,构成领导情境理论的基本框架。领导情境理论的核心就是将管理者的领导风格和被管理者的成熟度相匹配,管理者根据下属的不同绩效表现做出适当回应并提供相应的帮助。[1]

管理者的领导风格从管理行为的角度进行划分。行为可以划分为任务行为和关系行为两个维度,每一维度有高低之分,并可以组合成四种具体的领导风格:第一种为高任务—低关系的指示型领导风格,向员工解释工作内容以及工作方法,同时继续指导员工去完成任务;第二种为高任务—高关系的推销型领导风格,对员工的角色和目标给予详尽的指导,并密切监督员工的工作成效,以便对工作成果给予经常的反馈;第三种为低任务—高关系的参与型领导风格,领导者和员工共同面对问题,制订解决方案,并给予鼓励和支持;第四种为低任务—低关系的授权型领导风格,提供适当的资源,完全相信员工的能力,将工作任务交由员工全权负责、独

---

[1] 方振邦:《战略性绩效管理(第四版)》,中国人民大学出版社2014年版,第213页。

立作业。

被管理者的类型通过成熟度来度量,即个体完成工作任务的能力和意愿程度,包括工作成熟度和心理成熟度两个要素。根据成熟度,可将被管理者划分为由低到高的四种阶段类型:第一阶段类型的下属缺乏执行某项任务的技能和能力,不胜任工作,而且他们又不情愿去执行任务,缺乏自信心和积极性。第二阶段类型的下属目前还缺乏完成工作任务所需的技能和能力,但他们愿意执行必要的工作任务,具有积极性。第三阶段类型的下属有较高的工作技能和较强的工作能力,但他们却不愿意干领导希望他们做的工作。第四阶段类型的下属既有能力又有很高的工作意愿。

这四个连续的阶段实际上反映了一个被管理者从不成熟到成熟的成长过程。当被管理者刚刚接手一项陌生的工作时,出现第一种情况是很普遍的:他往往感觉自己处于一种无所适从的状态,处于一种消极被动的尴尬地位。当他对工作的性质和基本内容有了比较全面的了解之后,他接着就会产生一种希望能够尽快适应和胜任工作的愿望——在这个阶段,他虽然还缺乏必要的能力,但会积极主动地去提高自己。在第三个阶段,一个人在长期的工作中获得了能力与经验,因此也拥有了一定的资本。这时,他可能会提出一些有利于自己职业发展的要求,寻求广泛的参与机会,试图在参与中体现自己的价值并得到组织或上级的肯定。如果这些愿望得不到满足,他会深深陷入一种挫折感之中。当然,如果这些愿望得到满足,他会更加努力和主动地工作。不过,这时他可能产生更高的自我实现的要求,试图控制局面、获得独立决策和行动的机会。

管理者应该根据处在不同阶段的被管理者的需要来确定恰当的领导风格。随着被管理者成熟度的提高,管理者不但可以减少对工作任务的控制,而且可以减少关系行为。[①] 具体来看,对于处在第一阶段的被管理者,应该采用高任务—低关系的指示型领导风格,给予其明确指示;对于处在第二阶段的被管理者,更需要高任务—高关系的推销型领导风格;对于处在第三阶段的被管理者,低任务—高关系的支持型领导风格最有效;对于处在第四阶段的被管理者,管理者不需要过分干预,只需要授权,即采用低任务—低关系的授权型领导风格。

---

① 方振邦:《战略性绩效管理(第四版)》,中国人民大学出版社 2014 年版,第 214 页。

2. 路径—目标理论

路径—目标理论是罗伯特·豪斯(Robert House)提出的关于管理者如何选择领导风格激励被管理者达到指定目标的理论。对管理者而言,最重要的就是要根据被管理者的特点和环境等因素采用一种最能激励被管理者的领导风格。如果管理者能够选择适当的领导风格,就可以弥补被管理者和工作环境方面的不足,提升被管理者的工作绩效和满意度。

路径—目标理论的主要组成部分包括领导者的行为、下属的个性特征和素质、任务的特性以及领导者的激励等。路径—目标理论认为每一类领导者的行为都对员工的前进动力有着不同的影响。特定的领导行为是否能够激励员工与员工的个性特征以及任务特点有关。

该理论根据领导者的行为划分出四种领导风格:

第一种是指导型领导风格。管理者给予下属员工相关工作指示,包括对他们的期望、如何完成工作以及任务完成的时间期限。管理者总是为下属员工设定清晰的行为标准,并制定明确的规章制度。下属不参与决策。

第二种是支持型领导风格。管理者对待下属友好亲切,关心下属的福利,并满足其一些人性化的要求。通过支持行为,管理者可以使下属更加愉快地工作。此外,支持型管理者还平等对待员工,并给予员工应有的尊重。

第三种是参与型领导风格。管理者通常会邀请下属员工参与决策制订。他会经常征求员工的意见,并了解他们的观点和看法,在制订团队进一步的发展计划和战略时会考虑他们的建议和意见。

第四种是目标导向型领导风格。管理者以实现目标为导向,注重对员工的激励,并使其尽可能最完美地达成目标。该类型的领导者为员工建立了一个很高的标准,并希望他们能够持续地发展和完善。除了对员工有较高的期望以外,这类领导者通常还显示出很强的信心。他们认为自己的下属有能力完成这些富有挑战性的任务。

管理者在选择领导风格时,应该与员工特性和工作任务的特点相适应,这样才能达到最优的辅导和激励效果。

指导型领导风格最适合员工独立性弱、压力较大、任务描述模糊不清、组织规则和职权体系混乱无力、工作群体内部有激烈冲突的情况。这种情况下,指导型管理者通过为员工提供工作上的指导和心理上的支持来完成工作。但对于能力强或经验丰富的下属,指示型领导风格会被视为累赘。①

而在任务框架结构已较为明确,但却令人不满意甚至是令人沮丧的情况下,管理者减少指示行为、采用支持型领导风格会得到比较高的绩效和满意度。当员工从事一项重复且没有挑战的工作时,支持型管理者可以通过教育培训等行为来激励员工,使得那些从事平凡、单调工作的员工产生"人性化"的感觉。

当任务进行到瓶颈期的时候,参与型领导风格会带来较好的效果。因为它能够集思广益,获得多角度、多立场的看法和观点,为解决问题提供新的思路。另外,参与型领导风格在员工的自主性和支配欲都比较强的时候能起到积极的作用。因为这种风格满足了该类员工参与决策制订和工作体系建设的需要,能够充分调动其积极性。

此外,路径—目标理论认为以实现目标为导向的领导风格运用在要求员工完成描述不明确的任务的情况下最合适,因为其能够清楚地解释特定的路径与特定的目标之间的关系,使得员工明确什么路径能够达到什么目标。管理者对员工的能力提出挑战,为其制订了较高的标准,从而唤起员工对于完成工作的信心和决心。而当工作结构清晰时,这一类型的领导风格无法有效地唤起员工对工作成就的期待。

从路径—目标理论可以看出,管理者在选择绩效辅导风格的时候,需要根据下属的全部因素和环境的全面因素这两方面的管理情境,选择适当的领导风格,从而确保通过有效的绩效辅导来弥补下属的不足,更好地实现绩效目标。②

五、绩效辅导实施

(一)绩效辅导流程

管理者首先需要采取合适的监控方法,对被管理者绩效计划的执行情况和实现程度进行监督。对顺利完成绩效目标的被管理者,

---

① 方振邦:《战略性绩效管理(第四版)》,中国人民大学出版社2014年版,第215页。
② 同上。

管理者应给予及时具体的赞扬与肯定,对其进行激励,并帮助其对内在潜力进行持续开发。如果发现其中存在问题,管理者就应及时为被管理者提供支持和帮助。一方面,管理者提供直接有效的支持和帮助以解决当前现实面临的问题;另一方面,管理者也提供学习和培训的机会,提升被管理者的知识和技能,从而有助于未来绩效问题的解决。绩效信息的收集是贯穿整个绩效辅导阶段的,在问题解决后,还要注意对收集到的绩效信息进行全面的汇总和整理,为之后的绩效管理提供参考。

(二)绩效辅导时机选择

为了最大限度地帮助被管理者,更好地实现绩效计划与目标,管理者必须恰当选择进行指导的时机,以确保绩效辅导的及时性和有效性。一般来说,在以下时间进行绩效辅导会带来比较好的效果:(1)被管理者刚入职对很多情况缺乏了解时;(2)被管理者正在学习一项新技能时;(3)被管理者面临新的发展机会时;(4)被管理者在参与一项有重大意义的项目时;(5)被管理者的行为和表现严重影响团队绩效时;(6)被管理者绩效水平未达到标准时;(7)被管理者缺乏对工作重要性的认识时;(8)被管理者在完成学习和培训准备应用时。[①]

为了准确选择绩效辅导的时机,管理者应该进行持续的绩效监控以获得有关被管理者情况的信息,根据不同时期被管理者的不同需要,进行与之相适应的绩效辅导。

(三)绩效辅导存在的问题

1. 忽视绩效辅导的应有之义

绩效目标设定之后,管理者的主要工作就是给予被管理者辅导,从而提高其绩效水平,实现绩效计划。在这个过程中,管理者需要帮助被管理者提高知识和技能,纠正潜在和已经产生的偏差,并对目标按需要和实际情况的变化进行修订。但在绩效管理的实践中,组织及管理者往往只重视绩效考评结果,而忽视了在这一过程中需要对被管理者进行绩效辅导,既没有提供必要的支持和指导以解决问题,也没有重视培训以提升员工能力。

[①] 高毅蓉、崔沪:《绩效管理》,东北财经大学出版社2015年版,第131页。

2. 缺乏绩效辅导的工作规划

绩效管理的主旨是组织目标的达成，手段是通过被管理者个人目标的实现从而带动组织整体目标的达成。所以，应该根据组织目标确定对个人绩效辅导的工作规划，以确保个人目标与组织目标相一致，通过绩效辅导使得组织目标更快更好地实现。但实际上，很多组织的绩效辅导还处于混乱状态，缺乏必要的符合组织目标的规划。这样就可能造成得到绩效辅导的个人目标与组织目标的背离甚至是冲突。所以，绩效辅导需要组织管理者高瞻远瞩，根据组织的总体战略目标和面临的环境等因素来制定具有前瞻性、创造性和竞争性的绩效辅导规划，然后去组织实施。

3. 忽视绩效辅导的共同参与

许多管理者和被管理者对绩效辅导的认知存在偏差，认为绩效辅导就是管理者单方面地给予指示、发号施令。这种错误的认知会导致绩效辅导得不到被管理者的广泛认同，使得管理者和被管理者关系紧张，绩效辅导背离其原有的作用和意义，也无法切实推行下去。管理者和被管理者双方都要树立正确的认识，意识到绩效辅导需要双方的相互沟通和共同参与，这样绩效辅导才能发挥最大的效果。

4. 缺乏绩效辅导的适宜方法

管理者在刚开始进行绩效辅导时，很难对被管理者在什么情况下需要怎么样的绩效辅导进行准确的判断，因而可能会采取不恰当的绩效辅导方法，影响绩效辅导的效果。所以，管理者也应该不断进行理论的学习和实践的积累，提高自身的判断力。在进行绩效辅导前，管理者应充分收集被管理者的个人特点和环境因素的资料，在此基础上选择适宜的绩效辅导方法，争取绩效辅导效果最优化。

（四）绩效辅导有效实施的策略

1. 突出绩效辅导的功能定位

绩效辅导在绩效管理体系中扮演着十分重要的角色，应该强调和突出绩效辅导的功能。首先，绩效辅导并不仅仅是一个管理者对被管理者的教育过程，而是被管理者在管理者的支持和指导下的学习过程。被管理者在制订绩效计划后努力达到预期目标，在管理者的支持和帮助下不断学习和提高。其次,绩效辅导是一个沟通过程,沟通内容涉及组织的价值、使命和战略目标。通过绩效辅导,被管理者可以了解组织和管理者对其的期望和评估标准以及如何达到该结果,同时还增进了组织间信息和资源的流通。最后,绩效辅导是一个测控过程。被管理者个人目标的实现对组织目标的成功是至关重要的,需要管理者对其进行持续的监测。日常性的绩效辅导是管理者进行监测的主要手段和重要方法。通过绩效辅导,管理者可以收集信息、分享信息并就实现绩效目标的计划达成共识。如果有必要,还可以对设定的目标进行调整。[①]

2. 确立绩效辅导的战略目标

绩效管理应该以组织战略的目标、期望、定位和行为特征等为基础,构建完整有效的体系来实现预期的效果,激励和引导员工产生有利于组织战略目标达成的有效行为。为了实现组织的战略目标,组织制订相应的绩效管理战略,当然也包括绩效辅导战略。

绩效辅导问题的存在从本质上说就是因为绩效辅导战略的缺位,战略决定战术,只有明确了战略目标,绩效辅导的行为才有方向和动力。绩效辅导战略目标的制订,能够把组织的管理思想、方法、手段等与组织的特点及面临的具体状况等方面结合成为一个有机的整体,促进组织绩效管理水平的提升,推动组织目标的实现。

3. 完善绩效辅导的长效机制

绩效辅导是管理者在被管理者实施绩效计划过程中不断给予支持和指导的过程。但如果缺乏文化与制度的支持,绩效辅导就容易流于形式。绩效辅导制度是为了规范和约束管理者和被管理者的绩效辅导而建立的一套制度框架,它直接作用于人的行为,带有较强的刚性。其作用和影响是短暂的、非持续性的,往往是制度变则行为变。而绩效辅导文化是一种人性化的管理方式,它通过影响人的观念进而影响人。社会文化和组织文化会对绩效管理体系包括绩效辅导产生非常大的影响,组织绩效管理体系包括绩效辅导的缺失在一定程度上也受制于组织文化。文化影响态度,态度决定行为,行为决定绩效。所以,组织文化会对组织绩效产生十分重要的影响。为了实现组织绩效的持续稳定的增长,必须建立

---

① 皮菲寒:《绩效管理中绩效辅导的现状分析与对策研究》,《人力资源管理》2016年第1期。

以绩效为导向的组织文化。

4. 创新绩效辅导的路径选择

面对不同的工作环境、不同的员工等因素,绩效辅导应当注重创新。绩效辅导的创新路径选择应当遵循以下原则。第一,及时性原则。这使得绩效辅导更易获得全面、具体和准确的信息。第二,平等性原则。管理者与员工平等对话和沟通,获取的信息才更客观、更有价值。第三,完整性原则。有问必答,有惑必解,有难必帮,形成绩效辅导的闭环系统,促进员工素质、绩效与组织绩效一同提升。第四,单独性原则。一对一地进行访谈和交流,便于更深入了解员工的情绪、工作动态和面临的问题。第五,激励性原则。激励员工开发潜能,在工作中精益求精,不断改善业绩,形成争先进位的良好氛围。第六,目标性原则。不同的沟通目标应采用不同的辅导方式和行为。第七,和谐性原则。在绩效辅导中,实事求是、认真分析,避免不必要的冲突,促进和谐、整体推动、提升绩效。①

第五节 绩效管理的组织与实践

一、绩效管理实践的特征要素

一旦绩效管理开始实践和实施,员工就必须努力去达成他们之前在绩效计划中所设定的目标。在绩效管理实践的过程中,主要的责任承担者应当是员工。当然,员工不仅在这一过程中是主要的责任承担者,在前四节所描述的绩效诊断、绩效计划、绩效反馈和绩效辅导中,也是积极的参与者。在绩效管理的实践阶段,必须具备下面这些特征要素。②

(1) 对达成目标的承诺。员工必须承诺达成已经设定的目标,强化员工承诺的方法之一,就是让员工积极地参与到设定目标的过程中来。这一点和第二节绩效计划中的一些观点比较一致,绩效计划是全员参与的过程,员工尤其如此。员工参与制订绩效计划、设定绩效目标,有助于强化员工的参与感,增强责任感并强化他们

---

① 皮菲寒:《绩效管理中绩效辅导的现状分析与对策研究》,《人力资源管理》2016 年第 1 期。
② D. Grote, *The Complete Guide to Performance Appraisal*, New York: American Management Association, 1996, pp. 22-24.

的承诺。

（2）持续性的绩效反馈和指导。员工不一定要等到绩效评价结束时才能获得绩效反馈；同时，也不能等到已经出现严重问题时才去寻求上级的指导。员工在向其上级寻求绩效反馈和指导时，要扮演一种积极的角色，而不是消极地等待管理者或者上级来主动找自己沟通和询问。

（3）和上级之间的交流。管理者总是忙于应付各种事务。因此，员工有责任与自己的上级进行坦率的、经常性的沟通。这种沟通应该是主动地寻找，而不是消极被动地接受。这一点和第二点有异曲同工之处。

（4）收集和分享绩效信息。员工应该经常向自己的上级汇报关于绩效计划实现程度的最新进展情况，汇报的内容既要包括行为方面的情况，也要包括结果方面的情况。这种随时汇报进展的行为，有助于员工在实施绩效计划时有更明确的指导，在遇到问题时也能获得比较客观的解决与帮助。

（5）为绩效反馈做好准备。员工不应等到绩效周期结束时才准备接受绩效反馈。相反，员工在工作的过程中应该坚持进行持续性、现实性的自我评价，以在必要时采取相关的纠正行动。通过从同事和客户那里搜集一些非正式的绩效信息，员工自我评价的有效性会得以加强。

虽然员工对绩效的执行管理的实践负有主要责任，但是管理者也在绩效实践中承担了一定的责任，也需要履行自己的职责。作为管理者，应该在四方面承担主要的责任。这四方面分别是：每天观察和记录员工的绩效；根据情况变化不断更新绩效计划和目标；经常和员工进行沟通并给予反馈；向员工提供各种资源以及参加开发活动的机会。

二、绩效管理的组织与职责

在绩效管理中，不同职位的人由于组织对其的要求不同和个人能力的不同，所起的作用和所担负的责任是不同的。为了更好地实施绩效管理，正确地划分组织决策者、直接管理者和被管理者等在各方面的职责是不可或缺的，模糊混乱的职责定位必然会导致绩效管理中的主体缺失和责任推卸。

绩效管理是自上而下涉及整个组织和全体员工的管理活动，其在具体实施过程中应该与组织的管理层级相一致。绩效管理主体应该是员工的直线领导,因为直线领导是员工岗位工作的设定者、工作要求和标准的制订者、工作实施的指导者,对员工本身和组织要求都有较为深入的理解,因而也最有资格进行直接的绩效管理。在绩效管理实施过程中,人力资源部门是考评、培训等活动的组织者,对这方面绩效管理的技术和方法的科学性和实用性负责,同时为各级绩效直接管理者提供技术指导,但不直接对员工进行绩效管理。以下对组织中各种角色在绩效管理中的职责进行具体描述。

(一)专门的绩效管理委员会/组织的总负责人

在大型组织中,可能会设立专门的绩效管理委员会之类的机构来作为绩效管理重大事项的最终决策机构;而对于中小型组织,为了节约成本、提高效率,可以由组织的总负责人来进行绩效管理决策。绩效管理委员会或组织的总负责人需要批准有关绩效管理的所有方案,并对方案提出修改意见;确定整个组织的阶段性绩效目标,并将目标分解给下一管理层级的负责人;进行阶段中期绩效目标的调整审批和最终绩效结果的审核确认。同时,绩效管理委员会和组织总负责人作为管理者,也需要对下一级分管领导实施直接的绩效管理,并对相对高层级的管理者的绩效申诉进行裁决。

(二)人力资源部门

人力资源部门是绩效管理实施的组织机构。它是很多具体绩效管理工作的归口管理部门,主要职责包括改进和完善组织的绩效管理体系、提供绩效管理培训、组织绩效考核、收集考评信息并统计汇总考评结果、根据评估结果和组织人事政策向决策者提供人事决策等方面的建议、接受管理者和员工对于绩效管理的申诉和建议并反馈给高层级管理者等。同时,它也是很多绩效管理流程的主要推进者,负责在绩效管理中同各业务部门和数据支持部门进行联系和对接。

(三)业务部门管理者

业务部门管理者是绩效管理的具体执行者。绩效管理对上级分解给本级部门的目标达成具有重大影响,所以各级业务部门管理者应该经营好自己的团队,对部门内部人员的绩效管理负责。各级业务部门的管理者应该在绩效管理体系设计初期就提出适合本部门实际情况的绩效管理的建议,在建议得到批准后,负责具体的绩效管理,执行专门的绩效管理委员会或组织总负责人的绩效管理决议。具体职责包括与员工进行持续的绩效沟通,评估员工绩效并解决发现的问题,向员工提供绩效反馈和辅导,协助其制定绩效目标、制订绩效改进计划和未来发展计划。同时,还负责向上级部门或人力资源部门提供员工的绩效管理建议,根据绩效评估结果和组织人事政策做出职权范围内的人事建议或决策。①

(四) 员工

员工是绩效管理的具体落实者,如果没有员工的具体行动,绩效管理也就不能产生应有的效果。员工首先应该对绩效管理体系有充分的认识和理解,在此基础上与直接管理者进行持续的绩效沟通,确定绩效计划;在执行过程中,既要肯定并发扬自身优势,也要对自身的不足有清楚的认知;积极面对自身的不足,认真接受管理者的辅导并参与组织的培训,努力提升自己的能力,改进绩效;同时,积极为组织绩效管理体系的改进提出自己的建议。

(五) 各数据支持部门

各数据支持部门包括财务部、运营部以及各业务部门的上下游周边部门等,是绩效管理数据的提供机构。在绩效管理实施中,这些数据支持部门应该根据实际需求,及时、准确地提供相应的参考数据。②

三、绩效管理实践的试点与准备

绩效管理的实践很可能会导致组织的大规模变化。实践的系统适用范围越大,所需要实践任务的规模也就越大。即使把实践有选择地局限在以员工为核心的方式上,绩效管理的实践仍然是一项非常艰巨的任务。同时,绝不能认为实践所涉及的内容会按照之前所制订的计划来运行,因为影响绩效管理的因素太多,只要有一个部分发生变化,就会引起绩效管理实践的变化。因此,应该分阶段进行实践,先从小范围的试验开始,即对绩效实践的运行进行试验,这是我们通常所说的"以点带面""搞试点"。

---

① 胡劲松:《绩效管理从入门到精通》,清华大学出版社 2015 年版,第 40 页。
② 同上书。

绩效考评与管理方法

（一）选择试验单位或者部门[①]

在选择适当的试验单位或部门时，需要根据下面的问题进行：

（1）所选择单位的规模是否适当？该单位的规模既不能为了便于进行研究而过大，也不能为了便于进行各种必要的概括而过小。

（2）该单位的结构是否具有典型性，是否能代表其他单位？

（3）能否对该单位的功能进行概括？

（4）根据试验的原则，该单位是否可以被接受？其他单位是否认为它是一个有代表性的试验地点？

（5）该单位是否因有一些与众不同之处（如生产率最高、管理最松散、工作最努力、雇员最懒惰等）而著称？

（6）高层管理者是否支持该试验的实施？试验的提出是十分艰苦的，而且对组织原有的结构可能有一定的破坏性，因此，如果没有高层管理者的支持，就很可能在尚未得出任何结论之前不得不半途而废。

通过对这些问题的回答，我们可以看出，没有任何一个单位或者部门能够满足上面的全部要求。在这种情况下，最好是在几个比较具有代表性的部门同时进行试验。这些试验不仅可以检验实践的可行性，同时还可以在不同部门的试验结果之间进行对比，以确定更为全面的绩效实践系统。

（二）对相关人员的培训

在绩效管理实践之前，要对相关人员进行相应培训，以便其更清楚地了解绩效实践的流程和内容、自身需要采取的行动及需要达到的目标。对这些相关人员的培训分为对管理者的培训和对员工的培训。

1. 对管理者的培训

对管理者的培训，应该根据绩效管理系统的具体内容予以确定。培训应该包括但不限于下面所列的项目：(1)目标设定和工作计划的制订，包括绩效考评手段的确定，不仅包括单纯的"技术"，还应该包括激励及相关的人际关系的技巧；(2)对工作环境的管理——协助寻找并消除现有制约的方法；(3)对能力、行为尺度的理解——组

[①] 石金涛:《绩效管理》，北京师范大学出版社2007年版，第225页。

第八章 绩效管理的阶段与相关方法

织中使用的特殊能力或行为尺度;(4)收集绩效信息和进行绩效衡量——目的、目标、结果、行为和能力;(5)提供反馈、接受反馈、对反馈做出反应;(6)检查、明确绩效产生的原因——区分系统因素和个人因素;(7)指导;(8)讨论雇员的发展;(9)进行非正式的绩效检查和正式的绩效检查;(10)对奖励制度进行管理。

值得注意的是,如果培训的内容仅仅是一些比较宽泛的人际关系技能培训,那么,这些培训根本就没有什么实际上的意义。由于经理本身也是雇员,因此,对他们进行培训可能具有双重作用,虽然这种作用并非是培训的本意。

2. 对员工的培训

下面列出了雇员培训可能包括的内容:(1)参与目标设定——工作目标和开发目标;(2)对能力/行为的理解——在组织中使用的特殊能力/行为;(3)自我检查/自我评价;(4)自我管理行为;(5)提供自上而下的反馈;(6)接受反馈。

总的来说,在选定了试点部门之后,对于相关人员的培训是一项必不可少的工作。培训的主要内容除了绩效管理的理念和方法之外,还要包括对于参与绩效管理人员的动员。有些组织的绩效管理实践在试点阶段没有收到应有效果的主要原因,就是因为试点部门认为它们只是"试点",不论是员工还是主管都没有对这件事情有足够的重视,这就使得试点的效用大打折扣。另外,培训的对象不能仅限于试点部门的管理者和员工,还应该包括全体管理者和员工,尤其是与试点部门工作密切相关的部门的人员,因为绩效管理实践的试点即使只在一个部门试行,也离不开其他部门的配合。

绩效管理的实践在试点部门取得成功之后,就要在整个组织上下全面地推广,这是绩效管理的实践能否立足于组织的关键期。在这一推广的过程中,组织管理者需要注意循序渐进的原则,人力资源部门要及时提供专业支持,并且要提高员工参与的积极性,发挥多主体参与和配合的优势,使实践的推广顺利且平稳。

四、绩效管理实践的实施与监控

(一)实施

绩效管理实践是绩效管理中耗时最长的环节,它贯穿于整个绩效管理期间,绩效计划是否能够落实和完成主要依赖于绩效管理的实践,绩效考评的依据也来自于绩效管理的实施过程,所以绩效管理实践的实施是一个重要的中间过程,这个过程做得怎么样,直接影响到整个绩效管理系统的成败。在制订绩效计划之后,绩效管理实践的实施过程中需要做的事情主要有两件:一是持续的绩效沟通,二是收集员工相关工作表现的信息。

1. 绩效沟通

(1) 绩效沟通的含义。

绩效沟通是指管理者与员工在绩效管理实践的过程中持续不断的讨论工作进展情况、潜在的障碍和问题、解决问题的办法措施以及管理者向员工提供相应的帮助并在必要时修订绩效计划等的管理过程。管理者与员工之间能否持续地做好绩效沟通,是决定绩效管理能否发挥作用的重要因素。只有管理者与员工之间就各种绩效问题进行了充分的沟通,才有可能达到绩效管理的目的。[1]

在绩效沟通中,需要注意以下三点。首先,绩效沟通是一种持续的沟通。绩效沟通贯穿于整个绩效管理的过程,是其他环节的桥梁和纽带。其次,绩效沟通是一种有效的沟通。管理者和员工就工作进展情况、存在的障碍和问题、可能的解决办法和措施等与员工进行沟通和交流,以保证员工工作绩效的水平和效果。最后,绩效沟通是一种平等的沟通。管理者和员工要坚持换位思考,这样才能理解对方的立场和观点,找到最佳的沟通方式。

(2) 绩效管理的目的。

在绩效实践的过程中,管理者与员工进行持续沟通的目的主要有以下三点。

第一,管理者通过持续的沟通对绩效计划进行调整。现今社会,竞争的需要迫使组织不断地调整自身以适应外部环境,生产和经营的模式、工作的设计和任务的内容越来越灵活。管理者和员工需要面对随时可能发生的变化,并及时对自己的绩效实行过程进行调整。在这种情况之下,就需要管理者和员工通过双方之间不断的沟通来探讨解决所出现的问题。

第二,通过持续的沟通,可以为员工提供信息。在与管理者持续不断的沟通中,员工可以了解自己应该如何解决工作中出现的问题和困难,并且能够得到自己工作的反馈,使得员工能够保持自身工作的积极性并更好地改进工作。

---

[1] 高毅蓉、崔沪:《绩效管理》,东北财经大学出版社2015年版,第124页。

第三,通过持续的沟通,也可以为管理者提供信息。管理者在与员工的不断沟通中,可以得到他们想要的有关员工工作情况的各种信息,以便他们能够更好地协调员工的工作。当员工工作遇到问题时,管理者可以通过沟通来及时了解并提供解决方案。除此之外,管理者通过持续沟通来了解员工的工作进度,以便向更高层管理者汇报。

（3）绩效沟通的内容。

绩效沟通最主要的内容就是了解员工的工作情况。管理者要通过沟通来询问员工在完成绩效目标的过程中所做的工作和遇到的各种问题,员工也要及时向管理者反映其在工作中遇到的困难。双方需要沟通的内容包括工作进展、所用的手段、遇到的问题、问题的原因等。①

第一,了解工作进展。了解员工的工作进展一般在关键节点上进行。基于绩效计划中的行动方案,管理者应当对下属员工的目标完成过程中的关键节点、关键路径心中有数。在关键时间节点,管理者需要适时监督员工的工作进度和阶段性成果。如果没能在关键节点上进行沟通,或者员工隐瞒进度及问题,就有可能严重影响目标的达成。

第二,了解目标实现所用的手段。管理者要对下属员工实施目标的手段进行监督,防止员工为了达到目的而不择手段,采取短视、危害企业长远利益的行为。

第三,了解实践过程中的困难及其原因。管理者在绩效计划制订之后,在绩效管理实践环节不能什么都不管,要对员工的绩效完成情况负责。当员工在实践过程中出现问题和困难的时候,管理者应该主动了解情况,帮助其分析原因。找出背后真正的原因,是进一步给予绩效辅导的基础,要让员工相信管理者,从而有信心和勇气去克服困难。

2. 绩效信息收集

绩效考评不是凭感觉进行的,其依据来自于绩效管理实践的实施过程。换句话说,绩效实践是为绩效考评准备必要的、有价值的信息。因此,在绩效实践的过程中,要对员工的绩效表现做观察和记录,收集必要的信息。

---

① 郭晓薇、丁桂凤:《组织员工绩效管理》,东北财经大学出版社2008年版,第142页。

(1)绩效信息收集的目的。①

管理者进行绩效信息收集的目的有以下几点。

第一,绩效信息是进行绩效考核与评价的事实依据。绩效评价结果的判定需要明确的事实依据作为支撑,尽管初期确定的工作目标或任务可以反映一些问题,但不足以证明员工完全按照流程、制度实施了操作。通过绩效实施过程中记录和收集的信息,能够为员工的绩效考核和评价提供客观依据。

第二,绩效信息是绩效诊断与改进的有力依据。绩效管理的目的是为了解决绩效问题、提高绩效水平,而问题的解决首先要明确问题是什么以及引发问题的原因。对绩效信息的收集可以帮助积累影响绩效的关键事件和数据,从而发现优秀绩效背后的原因和不良绩效背后的问题,对员工的绩效水平做出客观、公正的诊断,并且有的放矢地指出其不当之处和改进措施。

第三,绩效信息是劳动争议解决的重要证据。一旦员工对绩效评估或者人事决策产生争议,就可以利用这些记录在案的事实依据作为仲裁或诉讼的证据来源,避免企业的利益和形象受到损害,也可以保障当事员工的利益。

(2)绩效信息的内容。

通常来说,绩效信息收集的主要内容包括:工作目标或者任务完成情况的信息;证明工作绩效优秀或不良的事实依据;来自内外部客户的积极和消极的反馈信息;与员工进行绩效沟通的记录;员工因工作或其他行为受到表扬或批评的情况。

除此之外,在进行绩效信息收集时,需要注意以下几点:首先,要有目的地收集信息;其次,要收集信息而不是对信息做出自己的判断;再次,要让员工参与收集信息;最后,要采用科学、先进的方法收集信息。

(二)监控②

组织人力资源管理的核心任务,就是形成企业的动力系统、建立一个高绩效的工作体系,所以,上至对企业战略的支撑,下至每个员工的个人利益,在很多重要的管理环节,绩效管理都发挥着至关重要的作用。然而,很多企业面临的一个共同的问题却是:建立起了一个

---

① 李文静、王晓莉等:《绩效管理(第三版)》,东北财经大学出版社2015年版,第95页。
② 石金涛:《绩效管理》,北京师范大学出版社2007年版,第233页。

符合企业自身特点的绩效管理体系,但在实施过程中问题百出。归结起来,就是绩效管理体系实践的实施环节出了问题。其中一个主要的原因就是没有对绩效管理体系的实施进行有效的监督和控制。在实施过程中,需要进行多个层次的监控。对于最基础的层次,可以通过程序上的监督和及时的检查实施有效的控制。

绩效的监控始终关注员工工作绩效,旨在通过提高个体绩效水平来改进部门和组织的绩效。一个优秀的管理者必须善于通过绩效监控,采用恰当的领导风格,进行持续有效的沟通,指导下属的工作,提高其绩效水平。因此,管理者的管理水平和对下属的辅导水平,往往也构成对其绩效进行评价的一个重要方面。

绩效监控的内容和目的具有高度的一致性。换言之,绩效监控的内容一般是在确定的绩效周期内员工对绩效计划的实施和完成情况以及这一过程中的态度和行为。因此,管理者绩效监控的具体内容就是在绩效计划环节中确定的评价要素、评价指标和绩效目标,而监控过程中得到的信息也正是绩效周期结束时评价阶段所需要的。

这样,绩效监控与前面的绩效计划环节和后面的绩效评价阶段在内容上保持了一致,保证了整个绩效管理系统的有效。由此可知,对不同性质的组织、不同类型的部门、不同特点的职位、不同层级的管理者而言,绩效监控的具体内容并非固定统一的,而是根据工作实际的不同具体确定的。但也应该看到,在绩效管理实践中,不同管理者针对具体工作和下属员工实施绩效监控的过程中有一些共通之处,这些就是绩效监控的关键点。

五、绩效管理实践中的常见问题

(一)绩效管理与战略管理实施脱节

绩效管理是战略实施的有效工具,但实际上却存在各部门绩效目标都较好地完成而组织整体绩效不好的情况,这是由于各部门在绩效管理中只注重本部门的目标、能力与利益,而忽视了组织的整体战略及其对部门提出的新要求,所以本部门努力完成绩效的结果可能对组织整体战略目标的实现价值不大甚至没有价值。因此,各部门绩效管理的目标不能只从各自的工作内容和实际需要中提出,而是应该从组织的战略逐层分解获得,将组织战略目标层层分解落实到每个员工身上,在绩效管理中促使每个员工都为组织战略目标的实现承担责任,不断引导员工趋向组织的战略目标。

(二) 绩效管理流于形式

绩效管理在实际应用中往往流于形式，没有产生实际意义，绩效考核结果不存在差别，并且结果好坏对员工个人也不产生任何影响。绩效管理要成为一种有效的管理工具，就必须与组织中其他管理板块相互配合，将绩效管理与任职资格制度、薪酬管理制度等联系起来，对员工目前的待遇和未来的发展都产生影响，这样才能产生实际价值。

(三) 绩效管理核心目的不明确

很多组织往往对绩效管理的目的存在认识上的误区，仅仅将其作为考评环节。事实上，不同的目的决定了不同的绩效管理形式，如通过绩效评价为分配价值提供事实依据，或是作为管理的工具寻找组织经营的短板并不断改进。[1] 只有对绩效管理的目的进行明确定位，才能有针对地设计相应的绩效管理体系和制度。

(四) 人力资源部门承担所有绩效管理职责

如前文所述，绩效管理是自上而下的涉及整个组织和全体员工的管理活动，组织中的所有成员都要承担相应的绩效管理职责，这样绩效管理才能协调推进。将绩效管理职责全部推给人力资源部门就会导致绩效管理实际实施中的主体缺失和责任推卸。人力资源部门在绩效管理中所起的只是组织、支持、服务和指导方面的作用，并不是绩效管理的主体。业务部门管理者是绩效管理的具体执行者，员工是绩效管理的具体落实者，同时还需要其他部门提供各种信息和数据的支持和配合。

(五) 组织绩效、团队绩效、个人绩效间存在分歧

在具体绩效管理实践中，常常出现组织绩效、团队绩效、个人绩效间存在分歧的现象，三者未能形成有效的衔接。这是由于三者的绩效目标出现了脱节。无论是组织、团队还是个人，在制定绩效目标与计划时，应当以组织战略为基础。组织目标、团队目标、个人目标三者之间应该是层层分解和细化的关系，通过组织战

---

[1] 周文成：《人力资源管理：技术与方法》，北京大学出版社 2010 年版，第 247 页。

略将个人、团队和组织的绩效有机统一起来,最终实现组织战略目标。

(六)绩效管理指标缺乏重点

绩效管理指标的设置并不是要追求全面和完整,太多和太复杂的指标容易使管理者和被管理者出现混乱,增加绩效管理的难度和降低员工满意度,无法对员工行为起到有效的引导作用。因此,绩效管理指标的设置应该根据组织的特点和实际需要有所侧重,能够简单明了地引导员工行为趋向组织的战略目标。

(七)缺少绩效沟通和反馈

绩效管理实践过程中,由于机制不完善、认识不足等原因,绩效管理的参与者之间缺乏有效的信息反馈与沟通。尤其是管理者和员工之间,沟通和反馈的缺乏会使得员工不知道自己的工作中存在的问题和今后努力的方向,绩效管理就无法达到改进绩效的目的。要做好绩效管理工作,就必须建立良好的沟通与反馈机制,让员工充分了解组织绩效管理的目标、作用及成果。管理者必须对员工的发展和提高真正承担责任,通过沟通和反馈积极引导员工参与到绩效管理活动中,实现对员工的指导和开发,推进绩效改进。

(八)只追求短期绩效,忽视长期绩效

很多组织在设计绩效管理体系时只考虑和强调了短期绩效,这势必会导致管理者和员工采取一些短期行为,虽然可能在一定时期内产生巨大成效,但会给组织的未来发展带来很多负面影响。因此,最好建立起多方面考虑的综合绩效管理体系,将组织的长期绩效与短期绩效协调起来,实现组织绩效的持续发展。

六、绩效管理实践的实施关键

(一)开展工作分析,设定可行的绩效目标,增强绩效管理的可操作性

绩效目标应通过管理者与员工的沟通和协调合理可行地设定。目标来源于组织目标的层层分解和职位应负的责任,既不能太高使人望尘莫及失去信心、产生挫败感,也不能太低使人感觉缺少挑战性、失去努力的动力。

绩效管理中涉及的指标首先应该尽可能量化,无法量化的也要做到尽可能细化,并科学地确定指标的权重,以提高绩效管理的可操作性,确保绩效管理实施过程的客观性、公正性[①];其次,绩效管理指标要考虑组织的特点和实际的需要,制定有针对性的、具体简洁的、高低适宜的指标。

(二)营造良好的平等沟通氛围,客观进行绩效评估,建立完善的绩效反馈机制

绩效沟通是贯穿绩效管理体系的重要内容。首先,绩效沟通可以增进管理者和员工之间的信任感和认同感,利于之后绩效管理工作的开展;其次,管理者和员工可对员工的优点和不足以及现阶段的工作表现有更深入、客观的了解,并达成共识;最后,管理者可以明晰员工发展的需要,为其提供机会。

绩效评估是绩效管理的核心环节,管理者应该依据考评标准和显示员工实际绩效水平的事实依据做出判断,遵循客观性、公正性原则。

绩效反馈可以进一步推动管理者和员工间的深入沟通,使员工对自身的绩效评估结果有明确认识,同时也是确定未来绩效目标和改进计划的主要方式。

(三)及时进行绩效辅导,创新绩效激励体系

绩效辅导是对绩效评估和绩效反馈得来的信息的应用,根据其确定的员工目前的水平与未来的个人发展和绩效改进计划,可以确定员工所需要的支持和帮助,并给予及时有效的辅导。

绩效激励体系是绩效管理的开发阶段,将绩效管理与激励机制有机结合,能够相互促进,实现组织的全面和可持续发展。

▶▶ 复习思考题

1. 绩效计划的主体有哪些?它们分别承担什么样的角色?
2. 除了本章中提到的内容,绩效计划还有哪些作用?
3. 试述绩效诊断的流程。
4. 请列举两种常用的绩效诊断方法,并比较二者的异同。

---

① 周文成:《人力资源管理:技术与方法》,北京大学出版社2010年版,第250页。

第九章

绩效考评结果的转换、等值与调整技术

本章学习目标提示

- 掌握各类分数的等级转换技术
- 掌握分数的等值技术
- 掌握分数的调整技术

绩效考评的质量不仅取决于考评结果获得过程中的有关技术,还取决于考评结果获得之后的分数的等级转换、等值与调整技术。

绩效考评的结果无论是建立在主观的评价基础上还是建立在客观的测量基础上,最后大都要求以分数来反映。换句话说,在这种情况下,分数成了对绩效考评对象的一种度量与反映。这就要求分数本身具有客观、可靠与准确的特点。然而,绩效考评实践中出现的情况却不尽如人意。目前许多机关、企业中的人员考评分数或等级,常常见到的情况是高分多、低分少甚至没有。打分过程中掺杂许多人情分、关系分,以至最后出现"分数贬值"现象。

我们还曾发现,同在一个机关或企业中,水平大致相同的两个部门,评出的分数结果却大不相同。例如,在甲部门中优秀与良好的人数占63%以上,而在乙部门中优秀与良好的人数却只占26%。同一个部门,上半年的考评分数在80分以上的有66%,而下半年的考评分数在80分以上的却只有28%。因此,绩效考评结束后,如何对有关的考评分数进行转换、等值与调整至关重要。这涉及绩效考评中公平、公正与严格、严谨的原则能否得以贯彻实现的问题。

第一节　分数的等级转换技术

是否进行分数的等级转换,对于考评的结论有着重大的决定意义。表9-1是五位员工在七个考评指标上的得分(均以百分制评定)。

表 9-1　五位员工在七个考评指标上的得分

分数\指标\员工	1	2	3	4	5	6	7	原始分	标准分
A	76	49	70	58	78	32	82	445	5.897
B	81	36	76	57	78	25	81	437	5.114
C	65	55	100	74	78	29	32	433	5.353
D	85	72	92	48	85	36	14	432	6.464
E	80	73	78	63	87	30	10	429	6.544

从表9-1中可见,当我们按原始总分(见后面的解释)排序时,依次为A,B,C,D,E,但如果按标准分数排序,则依次为E,D,A,C,B,这两种结果大相径庭。

上述两种排序中哪一种更为合理呢?我们可以细致分析比较一下五位员工在七个考评指标上排序的情况。

员工E在两个指标上考评第一,一个指标上考评第二,三个指标上考评第三,实际是五位员工中的较好者,但由于在第七个考评指标上得分最低而在原始总分排序中最差。员工A则相反,因为在第七个考评指标上得分最高,尽管其余六个指标考评均为第三名以后,但在原始总分排序中却是第一名。这显然是不合理的。B,C,D三位员工在各个指标上的排序,总体上也是与标准总分的排序接近,而与原始总分的排序大不相同。因此,相比之下,标准总分的排序结果较为科学。因为它考虑了其他被考者的得分情况,更为全面合理。由此可见,进行标准分数转换,具有重要意义。

一、原始分数

原始分数是直接反映被考评者考评结果的一种数字或等级。原始分数存在以下缺点。

(1) 缺乏独立意义。当一个被考评者知道自己考评的原始分数

第九章 绩效考评结果的转换、等值与调整技术

为90之后,他无法判断这是一个高分数、中等分数,还是差分数。如果60%的人都在90分以上,那么90分就不能算是个好分数或中等分数了。如果只有10%的人在90分以上,那么90分就应该算是个好分数。因此,只有在知道了别人的分数之后,才能明确90分的含义。

(2) 分数单位不等值,可比性差。我们从原始分数上来看,如果某位员工在指标1上得了85分,在指标2上得了70分,我们不能因此说这位员工在指标1上的表现优于指标2。

(3) 不可加。不同的考评指标,内容与要求不尽相同。例如,在"态度""能力""业绩"三方面的得分就不等值。要想在"态度"方面多得一些分数是比较容易的,而想在"能力"与"业绩"上多得几分则是比较困难的。因此,"态度"的1分≠"能力"的1分。

(4) 误导性。使用原始分数容易使人产生一些不合理的感觉。考评中习惯以60分作为及格标准,实际上这是不尽合理的。指标要求高,大家普遍得分就低;指标要求低,大家普遍得分就会高一些。例如,某计算机销售公司因为计算机价格定得太高,销售员的月考核业绩分数均在60分以下,能由此认为每个销售员都是无能的吗?

二、导出分数

为了克服原始分数的缺点,人们导出了种种不同的分数形式,例如Z分数、T分数、百分位分数和综合分数等。

(一) Z分数

为了克服原始分数无法独立与可比性差的缺点,人们提出了Z分数,它是一种基本的标准分数,是原始分数的一种转换形式。它的转换公式是 $Z = \dfrac{X - \bar{X}}{S}$。式中$X$代表原始分数,$\bar{X}$代表全部原始分的平均分,$S$代表它们的标准差,$S = \sqrt{\dfrac{\sum (X - \bar{X})^2}{N}}$(标准差为所有原始分与其平均分之差的平方和除以原始分个数商的算术平方根)。

例9-1

甲考评结果为60分,乙考评结果为74分,全体员工平均分数为65,标准差为5,那么甲、乙的Z分数是:

$$Z_{甲} = \frac{60-65}{5} = -1$$

$$Z_{乙} = \frac{74-65}{5} = 1.8$$

Z 分数具有较强的独立意义，它用不着与其他分数作比较，就能确切地知道被考评者成绩的优劣程度。若某位职员的 Z 分数为零，即 $Z=0$，则说明该职员的成绩在全体职员中属中等；若 $0<Z\leq 2.5$，则说明该职员的成绩在全体职员中属中上水平；若 $Z>2.5$，则说明该职员的成绩在全体职员中属优秀水平。

Z 分数具有较强的可比性。同一职员同一指标前后不同考评的分数可以相互比较，同一职员不同考评指标上的得分也可以相互比较。

原始分数之所以可比性差，主要是因为它缺乏统一的标准或单位。Z 分数却不同，它把各种参照点（平均数）不同、标度（标准差）不同的正态或接近正态分布的原始分数全部置于参照点为 0、标度为 1 的标准正态分布之下，进行统一的比较，因而可比性就显示出来了。

例 9-2

某位干部届中实绩考评分数为 80，同级干部的平均分为 75，标准差为 10；届末实绩考评分数为 60，同级干部的平均分为 50，标准差为 5。试问该干部的实绩在后半截任期内是提高了还是下降了？

$$Z_{届中} = \frac{80-75}{10} = 0.5, \quad Z_{届末} = \frac{60-50}{5} = 2,$$

$2>0.5$，显然这位干部在后半截任期内实绩大有提高。如果我们仅从原始分数来判断，则会得出完全相反的错误结论。

另外，Z 分数等值可加。各考评指标上的得分转换为 Z 分数后，就可以直接相加了。

然而，Z 分数也并非十全十美，它也有缺点。例如，0 在 Z 分数体系中表示成绩中等，这与大家习惯认为 0 分最差的看法不尽一致。另外，Z 分数中还有负数与小数，会给计算带来一定的麻烦。

（二）T 分数

为了克服 Z 分数的不足并发扬它的优点，人们又提出了一种 T 分数。实际上它是再次把 Z 分数置于另一个以 50 为参照点、以

10 为标度的正态分布之下。从数学角度来说,它是 Z 分数的一种线性再转换。其转换公式是:

$$T = 10Z + 50$$

经过转换后的 T 分数,高分可以在 80 分以上,最低分在 40 分以下,平均分为 50。由于 T 分数既具备 Z 分数的优点,又克服了它的缺点,因此它是被广泛采用的一种分数形式。

Z 分数还可以通过公式 $C = 10T = 100Z + 500$ 转换成 CEEB 分数。它是国际上英语托福考试使用的一种分数,也是美国大学入学考试使用的一种分数。

(三) 百分位分数

把原始分数转化为 Z 分数或 T 分数的基本前提是,其总体分布为正态或接近正态。当考评项目要求适中时,考评分数自然会接近正态;当考评项目要求偏高或偏低时,考评分数就很难保证接近正态了。如果此时把它们强行转换为 Z 分数或 T 分数就不合要求了,因此我们要考虑把它们转换为别的分数形式。

百分位分数是一种把原始分数转换为 100 个等级的顺序分数形式。其转换步骤是,先把考评分数按从大到小的顺序排出名次等级,用 R 表示,然后把每个等级 R 通过公式 $P_R = 100 - \dfrac{100R - 50}{N}$ 转换为百分位分数。式中 N 为待转换的原始分数个数,R 为相对某个原始分数的顺序。

例 9-3

李明考评分数为 90,在 40 位员工中排名第 8,那么他的百分位分数就是:

$P_8 = 100 - \dfrac{100 \times 8 - 50}{40} = 81.3$。这表明 40 位员工中有 81.3% 的人(约 32 人)的考评分数低于李明。

这种分数形式对原始分数分布没有什么要求,易于理解,易于计算,便于比较。然而,细心的读者也许会问:百分位分数只是一种排序分数,既知名次顺序,再由此求它有何意义呢?名次顺序在不同的总体之间缺乏可比性,而百分位分数却可以在不同的总体之间进行比较。

例如,A 与 B 分别是两个公司的职员,年终考评分数分别是 85 与 86。A 在公司 40 名职员中排名第 8,B 在公司 80 名职员中排名

第8,他们的百分位分数分别是:

$$P_A = 100 - \frac{100 \times 8 - 50}{40} = 81.3$$

$$P_B = 100 - \frac{100 \times 8 - 50}{80} = 90.6$$

如果仅从名次顺序上看 A 与 B 均为第 8 名,但两者是有差异的,百分位分数更能反映实际。

(四) 综合分数

当直接把各次 Z 分数或 T 分数相加时,有时难以合理反映各次考评的实际关系,难以正确地评价每个人的实绩。于是,需要根据各次 Z 分数或 T 分数在总分或总评中相对的重要性赋予不同的数值 $\alpha_i(\alpha_1+\alpha_2+\cdots+\alpha_n=1)$,以公式 $C=\sum \alpha_i x_i$ 来总计或总评各次分数,由此得到的分数称为综合分数。

综合分数可以是不同时间下考评分数的综合,也可以是不同考评者考评分数的综合。

例 9-4

某职员平时考评分数 $Z_1=1$,半年度考评分数 $Z_2=1.5$,年度考评分数 $Z_3=-1$,若公司规定平时、年中、年末考评分数在总评中的比重分别是 10%,30% 与 60%,那么,总评分数的具体计算方式如下:

$$C = 0.1 \times 1 + 0.3 \times 1.5 + 0.6 \times (-1) = -0.05$$
$$T = 10C + 50 = 49.5$$

如果公务员录用考试中规定笔试总分 120 分,口试总分 70 分,实践考试 100 分,试问三项分别转化为 T 分数后再合成时是否应加权? 三项的加权系数各应为多少?

三、正态化标准分数

如果原始分数的分布不符合正态分布,一般不宜把它们转换为 Z 分数或 T 分数,可以把它转换为百分位分数。但百分位分数仅仅是一种顺序量数,不适用于平均数、相关及其他统计量的计算。正态化标准分数却不然。

正态化标准分数的转换步骤如下:

(1) 将原始分数从低到高(或从高到低)排列,在大型的考评中以一分作为组距;

(2) 每一组的次数累加得到累积次数;

(3) 计算每一组累积次数的百分等级;

(4) 以百分等级为 P 查正态分布表,即得到正态化标准分数 Z,得到正态化标准分数后,还可以根据需要进一步转换为 T 分数。

反之,有了 Z 分数,也可通过正态分布表求出对应的百分位分数。

例 9-5

某机关年度考评,平均分数 $\bar{X}=65$,$S=12$,某位干部得分 77,试确定该干部在全体被考中所处的位置。

$Z=\dfrac{77-65}{12}=1.00$,查正态分布表知 $P=0.34134$,

$P'=0.5+P=0.84134$,由此可知这位干部的考评分数在 84.134% 的人之前,是一个较为优良的成绩。

四、分数的等级转换及讨论

最为常见的等级有优、良、中、差四级制和优秀、良好、中等、尚可、较差五级制。定量分数转换为等级分三种情况考虑。

(1) 当考评为常模参照性考评时,转换关系如下:

$X < \bar{X} - 1.5S$ 时,记为较差;

$\bar{X} - 1.5S \leq X < \bar{X} - 0.5S$ 时,记为尚可;

$\bar{X} - 0.5S \leq X < \bar{X} + 0.5S$ 时,记为中等;

$\bar{X} + 0.5S \leq X < \bar{X} + 1.5S$ 时,记为良好;

$\bar{X} \geq X + 1.5S$ 时,记为优秀。

式中 X 代表原始分数,$\bar{X}$ 代表原始分数的平均分,S 代表原始分数的标准差。

(2) 当考评为目标参照性考评时,转换关系如下:

当原始分数为满分的 95%～100% 时,记为优秀;当原始分数为满分的 85%～94% 时,记为良好;当原始分数为满分的 75%～84% 时,记为中等;当原始分数为满分的 65%～74% 时,记为尚可;当原始分数低于满分的 64% 时,记为较差。

(3) 当考评结果为等级时,如何把它们转为分数呢?这是一般书上很难找到答案的问题。下面举例(见表 9-2)说明。

表 9-2 国家某部委 150 名干部年度考评等级

被考评者	1	2	3	4	5	6	7	8	9	10	11	12	13	14	…	150
考评等级	良	差	优	良	中	中	优	良	差	劣	优	良	中	中	…	优

如何把上面的等级转换为分数呢？

（1）统计"优""良""中""差""劣"各考评等级的次数分布（见表 9-3）。

表 9-3 各考评等级次数分布及转换表

考评等级	优	良	中	差	劣
分布次数	6	34	60	40	10
累积次数	147	127	80	30	5
累积次数比率	0.98000	0.84667	0.53333	0.20000	0.03333
Z 分数	2.05	1.02	0.08	-0.80	-0.83

（2）求各考评等级中点以下的累积次数。参照表 9-3，从最低等级开始，将该等级次数的一半加上位于它以下各等级次数之和。例如，表 9-3 中第二行的第一个数"147"，其求法是：$147=\frac{6}{2}+(34+60+40+10)$。

（3）求各等级中点以下的累积次数与总次数的比率。用总次数 150 去除累积次数行中的每一个数即得到累积次数比率。

（4）把累积次数比率当作 P 查正态分布表，即得到对应的 Z 分数。

这种等级分数的优点是级别差异明确、区别性良好、便于理解；缺点是准确性不够，在同一个等级中存在着不同的差异。

在分数的形式上，历来存在两种趋向。一种是认为等级越少越好，主张由五级减少为四级，甚至只保留及格与不及格两级。这些人认为使用更少的等级能使考评问题简化并减少考评结果的不一致性。然而，这样难以适当地区分不同的被考评者，只注重易于考评，却把分数准确性的原则丧失了。因为等级数目少而标度范围宽，增加了不同人对同一对象考评的一致性，误差减少。但是另一方面却是非常危险的，一旦有错就是大错特错了。对于某个干部，如果把他从"不及格"档次误判为"及格"，或从"中"误判为"良"，这种一念之差的后果远远大于将 86 分误评为 89 分的错误。

另一种是主张等级越多越好，他们认为 100 个等级都不够，有人还认为需精确到小数点后几位数。这种密集等级的好处是对于每个考评对象,均能找到合适的分数加以标记与区分,分数具有较好的准确性。但是,等级与等级之间的差别却十分模糊与含混。评分时不同的考评者缺乏一致性,容易出现误差。

五、合格分数

合格分数又叫资格分数,它与及格分数有所不同。及格分数一般是效标参照性考评中采用的一种阈限分数,被看作达标率为60%的那个分数值。常见的对合格分数的解释有以下几种。

（1）合格分数是每个被考评者都必须取得或有能力争取到的最低限度的分数。

（2）合格分数是低于百分之百的某种正确度。一般把合格分数定义为75%,70%甚至65%的正确度。

（3）合格分数为全部分数上部的50%,60%或90%的分数。这意味着最差的$\frac{1}{2}$,$\frac{1}{3}$或$\frac{1}{10}$的被考评者未达到这个分数线,而不管他们实际考分的绝对值如何。

这种定义的特点是合格分数的活动性,允许合格分数根据特定考评中被考评者平均分数的变化而变化。如果被考评者水平普遍较高,则某些实际水平可以合格的人的分数也可能达不到合格分数线。如果被考评者水平普遍较低,则某些实际水平并不合格的人的分数也可能在合格分数之上。

考评中的合格分数到底如何确定？是采取绝对形式,以内容达标率为依据,还是采取相对形式,以人数百分比为依据？这多半取决于考评要求（难度）与被考评者水平稳定性的对比情形。如果考评者对考评要求（难度）稳定性的信任超过对被考者能力水平的信任,则可以用内容达标率作为合格分数的依据；否则,就很可能选择被考者总数的某个百分比作为合格分数。

（4）合格分数是考评内容达标率的75%,但同时规定高于这一分数的被考评者应控制在总人数的60%~80%之间。倘若比75%的分数高的人少于60%,则合格分数就要改定在75%的分数与能做到60%的被考评者超过的那个分数这两者之间的中点上；倘若比75%的分数高的人高于80%,则合格分数应改定在75%的分数与80%的被考评者超过的那个分数这两者之间的中点上。

这种定义的目的是把定义2与定义3的方法结合起来而保留它

们的某些优点,以便使分数代表的能力实绩与通过合格分数的被考评者都处在一个合理的范围之内。

(5) 以已经取得证书或实际工作合格人员的平均考评分数作为合格分数确定的依据。

第二节 分数的等值技术

分数的转换一般是在同一时间与空间条件下对相同分数的不同解释,导出分数对原始考评结果能做出更为直观明了、全面合理的解释。当我们想对不同时间、空间条件下的考评分数进行比较时,会受到众多因素的影响,如被考评者水平的变化、考评内容与要求的变化及相互作用产生的变化影响等。因此,对不同情况下的考评分数进行等值是必不可少的,否则我们就无法对参加不同的绩效考评的考评对象差异做出公平合理的比较和评价。

一、等值技术概论

所谓考评分数等值,是对反映同一考评对象相同内容的分数,通过一定的数学模型,转换成同一单位系统中的量数,以达到能够互相比较的方法。

(一)等值条件

进行等值的分数必须符合一定的条件:一是被等值处理的两种分数必须反映同一内容与对象;二是被等值处理的两种分数必须具有较高的信度或相同的信度,分数内涵的同质性保证了等值的可能性;三是被等值的两种分数具有某种数值对应的关系。例如,百分位分布相同,考评分数等值实际上是分数参照系的转换,将其中一个分数转换为另一个与它等价的分数形式。等值技术就是寻找一系列对应等价的参数或分数点,在两种分数之间建立起一种客观存在的等价关系。

(二)等值作用

等值技术具有重要的作用。它可以让不同时间、不同地点、不同对象的考评分数得到较为一致的比较与评价。对于公务员录用资格考试分数来说,规定考试成绩可以保持二年,若不经等值处理,则考生今年的考试成绩就无法与明年的考试成绩相比较。组织内部考核也一样,同样一次年度考核,有的部门考得松些,有的部门考得紧,如果不进行等值处理,也无法相互比较。

(三)等值的类型与特点

等值类型一般有两种:一种是横向等值,另一种是纵向等值。横向等值主要指同一时间内不同地点或不同形式考评分数之间的等值。例如,A卷考评分数与B卷考评分数的等值,不同部门考评分数之间的等值。纵向等值主要指不同时间、不同要求(难度、水平)之间的分数等值。例如,干部培训前后考评分数的等值、管理人员与业务人员考评分数的等值、国内考评与国际考评分数之间的等值等。

横向等值的特点是考评的难度要求可比,被考评者的水平分布类似。例如,当两个部门之间考评要求相同、员工水平大体相同时,就属于横向等值类型。纵向等值的特点是考评的难度要求不同且不可比,被考评者的水平分布也不相同。例如,管理人员与工人的考评分数等值。

(四)等值分数的特点

经过等值的两种分数之间具有以下三个特点:

(1) 公平性。两个或多个彼此等值的分数,以其中任何一个作为基础转换,彼此应该一致,具有可逆性。因此,被考评者在其中任何一种分数形式上进行比较的结果都是一致的。

(2) 普遍性。等值方程的建立虽然源于少数分数的样本,但方程所揭示的关系却是两个被等值分数总体间普遍存在的。也就是说,两种等值分数之间的等值关系普遍存在于任何两个对应的等值分数之间。

(3) 对称性。对称性又叫双向性。即等值的两种分数,只要知道其中一种,即可以知道另一种,反之亦然,而且结果唯一。等值的分数彼此间具有双向可逆性,这与回归关系有所不同。

二、等值形式

一般书中介绍的等值技术基本都是事前等值,是对考评工具的等值或对考评分数的预等值。考评分数预等值的技术形式有四种。设 X 与 Y 分别为待等值的两种考评形式,通过以下四种等值设计,X 与 Y 中的一种考评形式的分数(a)就可以在另一种考评形式中找到它的对应等值分数(b)。

设计 A：分组等值。若要对两种考评形式的结果进行等值，可以从全体被考评者中随机选取两个样本组，使这两个样本组在水平上大体相同。每个样本组只接受一种考评形式。然后根据公式

$$\frac{x-\bar{x}}{S_x}=\frac{y-\bar{y}}{S_y} \tag{9.1}$$

进行等值推导。

式中 $x,\bar{x}$ 与 S_x 分别为样本组接受 X 考评形式后得到的分数、平均分与标准差；$y,\bar{y}$ 与 S_y 分别为另一个样本组接受 Y 考评形式后得到的分数、平均分与标准差。

设计 B：同组等值。即让全体被考评者中的样本组先后接受两种考评形式，为了减少两种考评形式在先后次序安排上的影响，可以说服每个被考评者随机地选择接受两种考评形式的先后次序，然后按照上述公式(9.1)进行等值推导。

设计 C：交叉等值。从全体被考评者中随机抽取两个样组，这两个样组在水平分布上可以不同。先让其中一个样组顺次接受两种考评形式，先 X 后 Y，然后让另一个样组按相反的次序接受两种考评形式，先 Y 后 X，最后按照前面的公式(9.1)推导等值分数。

设计 D：铆钉等值。从全体被考评者中随机抽取两个样组分别接受两种考评形式中的一种，但是两个样组最后都还要再接受一个公共的考评形式。这个公共考评形式与前两种考评形式要有内在相关性，公共考评形式一般叫"铆"。"铆"的考评项目或指标数量不能少于前两种考评项目总量的 $\frac{1}{5}$，并且要合理、恰当地包含前两个考评中的项目与指标内容。

最后，两种考评形式下的分数按照下列公式进行等值推导：

$$y=bx+a=\frac{S_B}{S_A}x+M_B-\frac{S_B}{S_A}M_A \tag{9.2}$$

其中，

$$M_A=\bar{x}+\gamma_{xZ_\alpha}\cdot\frac{S_x}{S_{Z_\alpha}}(\bar{Z}-\bar{Z}_\alpha)$$

$$M_B=\bar{y}+\gamma_{yZ_\beta}\cdot\frac{S_y}{S_{Z_\beta}}(\bar{Z}-\bar{Z}_\beta)$$

$$S_A^2=S_x^2+\gamma_{xZ_\alpha}^2\cdot\frac{S_x^2}{S_{Z_\alpha}^2}(S_Z^2-S_{Z_\alpha}^2)$$

$$S_B^2 = S_y^2 + \gamma_{yZ_\beta}^2 \cdot \frac{S_y^2}{S_{Z_\beta}^2}(S_Z^2 - S_{Z_\beta}^2)$$

γ_{xZ_α} 是 α 组被考者在考评形式 x 与"铆"考评形式下得分的相关系数;

γ_{yZ_β} 是 β 组被考者在考评形式 y 与"铆"考评形式下得分的相关系数;

$\overline{Z}$ 是 α,β 两个样组中的被考者在"铆"考评形式下得分的平均数;

$\overline{Z}_\alpha$ 与 $\overline{Z}_\beta$ 分别是 α 与 β 在"铆"考评形式下得分的平均数。

S_Z^2 是 α,β 两个样组中的被考评者在"铆"考评形式下的得分方差,$S_{Z_\alpha}^2$ 与 $S_{Z_\beta}^2$ 分别是 α 与 β 样组中被考者在"铆"考评形式下得分的方差。

上述四种设计形式如表 9-4 所示。

表 9-4 四种等值设计形式比较表

设计形式	第一组 α	第二组 β
A	X	Y
B	不分组,X 与 Y 在不同对象上随机实施	
C	X,Y	Y,X
D	X,Z	Y,Z

三、等值实例及方法

上面我们所介绍的仅仅是分数等值的四种设计形式,事实上我们在考评实践中遇到的情况常常是事后等值的情况。下面结合几个实例介绍具体的事后等值方法。

例 9-6

某组干部候选人分别接受了模拟答辩与现场办公能力两种形式的考评,考评分数统计结果如表 9-5 所示。

表 9-5 某组干部候选人两种考评结果统计

第一次模拟答辩考评(x)		第二次现场办公考评(y)	
平均分	标准差	平均分	标准差
56.3	14.6	60.1	13.5

如果我们决定以第二次现场办公考评分数作为录用依据并规定60分为录用线,但某单位的干部 A 现场办公考评的分数丢失了,只知道他第一次模拟答辩的分数是50,试问这个干部能否录用?

这个问题可以采取线性等值的方法来解决。所谓线性等值,即通过前面的公式(9.1)来推导。

根据有关信息已知:

$$S_x = 14.6 \quad \bar{x} = 56.3$$
$$S_y = 13.5 \quad \bar{y} = 60.1$$

因此有:

$$\frac{y - 60.1}{13.5} = \frac{x - 56.3}{14.6}$$

$$y = \frac{13.5}{14.6}x + 60.1 - \frac{13.5}{14.6} \times 56.3$$

$$= 0.925x + 8.042$$

又已知 $x = 50$,所以

$$y = 0.925 \times 50 + 8.042 = 54.292$$

由此可知这位干部不能录用,因为他未能达到录用分数线。

例 9-7

在某集团公司员工年度考评中,有的部门是采用集团统一的考评方案,而有的部门则是根据集团的考评要求结合自身情况采用自己制定的方案考评。假设 A 与 B 是工作性质相同、职工水平相当的两个部门,其中部门 A 采用的是自己的考评方案,而部门 B 则采用的是集团的统一方案,如果想对这两个部门考评的结果进行等值比较,则可以采用百分位分数等值法。这种等值方法具体操作如表 9-6 所示。

表 9-6　A,B 两部门考评分数频率分布表

分数段	A 部门			B 部门		
	频率	累积频率	百分位分数	频率	累积频率	百分位分数
90~94	11	510	100	29	379	100
85~89	28	499	97.80	46	350	92.30
80~84	37	471	92.40	43	304	80.20
75~79	40	434	85.10	44	261	68.90
70~74	45	394	77.30	47	217	57.30
65~69	42	349	68.20	36	170	44.90
60~64	57	307	60.20	34	134	35.40

续表

分数段	A 部门			B 部门		
	频率	累积频率	百分位分数	频率	累积频率	百分位分数
55~59	55	250	49.00	24	100	26.40
50~54	47	195	38.20	20	76	20.10
45~49	38	148	29.00	18	56	14.80
40~44	36	110	21.60	11	38	10.00
35~39	34	74	14.50	11	27	7.1
30~34	17	40	7.8	6	16	4.2
25~29	12	23	4.5	5	10	2.6
20~24	7	11	2.2	3	5	1.3
15~19	3	4	0.8	2	2	0.5
10~14	1	1	0.2	0	0	0

（1）统计每个分数段上 A 与 B 部门对应的人次，记入频率一栏中。

（2）至表体底端向上逐个分数段累积人次，把相应的累积结果填入"累积频率"栏目。

（3）用表体顶端最大的累积频率值去除每个累积频率数，把得到的比值乘以 100 后填入百分位分数栏内。

（4）把频数分布表绘制成频数分布曲线图，如图 9-1 所示。

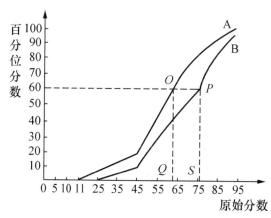

图 9-1　A,B 两部门考评分数-百分位分数曲线图

（5）根据百分位分数找出等值的原始分数。

例如，百分位分数是 60 的两个等值分别是 64 与 76。具体方法是先在纵轴上找到 60 的百分位分数点，然后作一条与横轴平行的直线,分别与 A,B 两曲线相交于 O,P 两个点,再从 O,P 两点作与纵轴平行的两条直线,与横轴交于 Q,S 两个点,Q 与 S 对应的分数即为等值的两个原始分数。

例 9-8

已知两个公司的员工分别接受 X,Y 两种考评之后,同时又接受了公共考评形式"铆"考评 Z,有关考评分数统计结果如表 9-7 所示。

表 9-7　α,β 两公司员工考评分数统计表

	考评 X	α 公司接受 Z 考评	考评 Y	β 公司接受 Z 考评	α,β 公司接受 Z 考评
平均分	41.4258	15.7799	35.7500	15.7451	15.7627
标准差	5.2657	2.5825	5.1849	2.8360	7.3478
相关系数	$\gamma_{xZ_\alpha}=0.5375$		$\gamma_{yZ_\beta}=0.4760$		

将表 9-7 中的有关数据代入公式(9.2)中,即得:

$$y = 0.8541x + 0.4006$$

因此,当已知 α 公司的考评分数为 60 时,则 β 公司对应的等值分数是 52。由此可见,如果考评要求相同且 α 公司员工与 β 公司员工水平相当的话,那么可以断定 β 公司的考评比 α 公司更严格。

等值方法除了上面的线性等值、百分位分数等值、"铆"等值技术外,还有潜在特质等值技术。

第三节　分数的调整技术

考评分数的转换、等值与调整实际上是对绩效考评误差事后控制的三种技术。任何考评都难免存在这样那样的误差,关键在于发现误差后能否采取有效的手段去控制误差。分数调整技术就是考评后对误差控制最有效的手段。

分数调整技术可以划分为以下四种形式:整体调整、内部等值调整、平衡系数调整与最大接近度调整。

一、整体调整

所谓整体调整,就是把每个考评分数或每种形式下的考评分数都置于全部被考评者整体分布的情况下进行调整,使每个分数更为准确、直观与合理。整体调整方法可以采取分数转换技术与母分布

第九章 绩效考评结果的转换、等值与调整技术

调整技术。

借助于分数转换技术,把原始分数转换为 Z 分数、T 分数和百分位分数,实际是依据所有原始分数分布的整体及每个原始分数的位置,通过转换公式,对原始分数做出的一种标准化量表调整。一般来说,Z 分数、T 分数和百分位分数与对应它的原始分数是相互不同的。前者是对后者的一种调整。

所谓母分布调整技术,就是把欲调整的分数看作一个随机抽样子分布,力求找到比它更大的母分布常模系数(平均数与标准差),然后根据等值关系进行调整。

例 9-9

已知 A, B, C, D, E 五个同类科室(工作性质相同、人员水平整体分布相当)接受了同一种考评,考评分数统计结果如表 9-8 所示。

表 9-8 五个同类科室人员考评分数统计

科室	A	B	C	D	E
平均分	30	25	35	30	30
标准差	10	10	10	12	8

要对这五个科室的考评分数做出适当的调整,方法如下:

(1)把每个科室看作全体人员考评分数中的一个样本。

(2)求出全体人员考评分数的常模系数。假设全体人员考评分数的平均分与标准差如下:

$$\overline{X} = 100 \quad S = 20$$

(3)根据每个科室人员考评分数分布与全体人员考评分数分布的同构关系(将每个科室看作全体人员的一种随机样),建立相应的调整公式。

根据 $\dfrac{x-\overline{x}}{S} = \dfrac{y-\overline{y}}{S_y}$(式中,$\overline{y}$ 与 S_y 分别为科室人员考评分数的平均分与标准差),有:

A: $x_A = 2 y_A + 40$

B: $x_B = 2 y_B + 50$

C: $x_C = 2 y_C + 30$

D: $x_D = 1.67 y_D + 50$

E: $x_E = 2.5 y_E + 25$

(4)依据调整公式对每个科室人员的考评分数进行调整。

例如，A科室得60分的人员，通过调整公式，可以调整为：

$$x_A = 2y_A + 40 = 2 \times 60 + 40 = 160$$

C科室60分的人员，调整后分数为150分。

二、内部等值调整

所谓内部等值调整，是指通过等值关系式对考评分数的内部结构进行适当的调整。

下面结合一个实例说明如何进行内部等值调整。

例9-10

某市人事局招聘456名公务员，但报名的人高达2000多人，经过笔试筛选出1368人参加面试。笔试全部为多项选择题，考评的内容与面试一致，都是有关公务员任职的一些基本素质。面试分为10个小组进行，每个组所面试的考生都是随机抽取的。笔试、面试的分数统计如表9-9所示。

表9-9 1151名*考生笔试面试成绩统计表

面试小组	考生人数	笔试平均分	面试平均分	笔试标准差	面试标准差	笔试面试相关数	预测平均分	预测标准差
1	138	75.57	11.71	15.06	3.66	0.38	11.14	3.89
2	128	75.16	9.66	15.8	4.45	0.41	11.1	3.91
3	128	73.88	10.33	15.33	3.88	0.33	10.98	3.9
4	123	74.04	11.63	13.92	3.6	0.31	11	3.85
5	114	75.32	11.6	15.4	3.96	0.27	11.12	3.9
6	123	74.65	11.89	15.58	3.75	0.44	11.05	3.9
7	115	74.11	11.1	14.24	4.19	0.41	11	3.86
8	102	74.82	10.13	13.82	2.76	0.28	11.07	3.84
9	89	76.35	10.26	14.16	3.62	0.39	11.21	3.85
10	91	73.18	12.37	15.28	3.57	0.32	10.92	3.89
平均	1151	74.71	11.06	14.9	3.88		11.06	3.88

*有些考生收到了面试通知书，但实际未能参加，故实际考生只有1151名。笔试成绩占80%，面试成绩占20%。

由表9-9可知，每个小组的面试考官相对固定，考生随机分配，且都在100人左右，因此每个小组考生的水平分布情况与总体分布情况应该是一致的；又因为笔试都是客观性试题且由机器阅卷，所考评的内容与面试相同，因此面试结果应该与笔试成绩一致。如果不

第九章 绩效考评结果的转换、等值与调整技术

一致,那么很可能是面试评分有问题,应该进行适当调整,具体步骤如下。

(1)面试之前考生随机分配、人数大致相等、每组考官水平相互平衡,保证10个面试小组条件的一致性。同时,对所有的考官进行集中培训,统一思想,并发给面试评分细则。

(2)面试完毕,把每个组面试的结果依次输入电子计算机,由电子计算机绘出整体分数分布曲线和容许误差,并分别标出每个面试小组的评分曲线,以观察每个面试小组与总体评分的差异。

(3)由电子计算机根据每组考生面试与笔试分数的相关系数、平均数、标准差,算出对应每个面试小组评分的平均分与评分的标准差。

(4)由电子计算机对面试评分偏严或偏宽的小组的评分做出适当的调整。

预测平均分 PM 与预测标准差 PS 的计算公式如下:

$$PM = \gamma \cdot \frac{\left(\frac{\sigma_y}{\sqrt{N}}\right)}{\left(\frac{\sigma_x}{\sqrt{N}}\right)} \cdot (M_x - \mu_x) + \mu_y$$

$$PS = \gamma^2 \cdot \frac{\left(\frac{\sigma_y}{\sqrt{2N}}\right)}{\left(\frac{\sigma_x}{\sqrt{2N}}\right)} \cdot (S_x - \sigma_x) + \sigma_y$$

式中:γ = 相关系数;

σ_y = 全体考生面试分数的标准差;

σ_x = 全体考生笔试分数的标准差;

N = 全体考生的个数(实到面试现场人数);

M_x = 某个面试小组考生笔试成绩的平均分;

μ_x = 全体考生笔试的平均分;

M_y = 某个面试小组考生面试分数的平均分;

μ_y = 全体考生面试平均分;

S_x = 某个面试小组考生笔试分数的标准差。

在求得 PM 与 PS 的基础上,可以根据下面的公式对某个面试小组的面试分数做出调整:

$$y = \frac{PS}{S_y} \cdot (x - M_y) + PM$$

式中：y = 调整后的面试分数；

x = 调整前的面试分数；

S_y = 某面试小组对考生面试分数的标准差。

从表9-9中可以看出，第8面试小组考生面试分数的标准差只有2.76，而全体考生面试分数的标准差为3.88，这说明第8面试小组的考官区分能力差。根据公式

$$y = \frac{PS}{S_y} \cdot (x - M_y) + PM$$

可以得到如表9-10所示的调整分数。

表9-10　第8面试小组考生面试分数的调整表

原始分	0	1	2	3	4	5	6	7	8	9	10	11	12	13	14	15	16	17	18	19	20
调整分	0	0	0	1	3	4	5	7	8	9	11	12	14	15	16	18	19	20	20	20	20

上述调整工作看似复杂，实际上只要一开始就把面试分数连同笔试答卷纸一同由光电阅读机读入电子计算机，其他的运算、列表、调整均可以自动生成。

这种方法调整只适用于局部偏差调整。如果出现整个考生评分普遍偏高或偏低，那么这种方法也无能为力。

三、平衡系数调整

所谓平衡系数调整，即通过将原始分数乘以某个系数达到调整分数的目的。当某个单位考评分数普遍偏高时，将每个分数乘以一个小于1的系数；当某个单位考评分数普遍偏低时，将每个分数乘以一个大于1的系数。既可以针对每个考评指标的得分进行调整，也可以针对每个被考评者的总分进行调整，关键是每个分数都要乘以这个系数，而不是只对其中少数几个进行调整。表9-11即为一个实例。

表9-11　平衡系数调整法实例

姓名	态度	知识	能力	业绩	总分	平衡系数	调整分数
章××	32	25.6	29	30.1	116.7	0.95	110.9
李××	34	27.1	31.4	32	124.5	0.95	118.3
肖××	35.1	25	32.4	30.7	123.2	0.95	117.0
文××	32.4	20	34	35	121.4	0.95	115.3
董××	30.8	28	31.9	30	120.7	0.95	114.7

四、最大接近度调整

这种方法适用于多个分量的综合评判调整。其数学模式如下：

设 $F=(F_1,F_2,F_3,\cdots,F_n)$ 为最后综合评判的结果，其中 F_i 对应等级 i，$F_k=\max\limits_{1\leqslant i\leqslant n} F_i$。

如果 $\sum\limits_{i=1}^{k-1} F_i$ 与 $\sum\limits_{i=k+1}^{n} F_i$ 均小于 $\frac{1}{2}\sum\limits_{i=1}^{n} F_i$，则 F_k 所对应的等级为最后评定的等级；

如果 $\sum\limits_{i=1}^{k-1} F_i \geqslant \frac{1}{2}\sum\limits_{i=1}^{n} F_i$，则 F_{k-1} 所对应的等级为最后评定的等级；

如果 $\sum\limits_{i=k+1}^{n} F_i \geqslant \frac{1}{2}\sum\limits_{i=1}^{n} F_i$，则 F_{k+1} 所对应的等级为最后评定的等级。

如果 $F=(F_1,F_2,F_3,\cdots,F_n)$ 中有 $q(q\leqslant n)$ 个相等的最大数，则仍按上述方法先分别做移位计算。如果移位后的评定等级仍然离散，则取移位后的中心等级评定；如果中心等级有两个，则取权重大的所属等级为最后评定等级。

例如，$F=(F_1,F_2,F_3,F_4)=(0.20,0.20,0.20,0.20)$，移位计算后可按 F_2 与 F_3 所属等级评定。假设左边权重大些，则应按 F_2 所属等级做最后评定。

又如 $F=(0.20,0.201,0.245,0.352)$，因为 $F_k=F_4=0.352$，

$$\sum_{i=1}^{3} F_i = 0.646 > \frac{1}{2}\sum_{i=1}^{4} F_i = 0.5$$

所以，最后评定的等级应该由 F_4 所对应的等级调整为 F_3 所对应的等级 3。

如果 $F=(0.282,0.223,0.273,0.096)$，则因为 $F_k=F_1=0.282$，

$$\sum_{i=2}^{4} F_i = 0.223+0.273+0.096=0.592 > \frac{1}{2}\sum_{i=1}^{4} F_i = 0.437$$

所以，F_2 所属的等级为最后评定的等级。

如果 $F=(0.0366,0.063,0.413,0.356)$，因为 $F_k=F_3=0.413$，而 $\sum\limits_{i=4}^{4} F_i = 0.356$ 与 $\sum\limits_{i=1}^{2} F_i = 0.0429$ 均小于 $\frac{1}{2}\sum\limits_{i=1}^{4} F_i = 0.5$，因此 F_3 所属等级 3 仍然为最后评定的等级。

复习思考题

1. 什么是原始分数、导出分数、正态化标准分数、等级分数、合格分数?它们的特点是什么?
2. 什么是考评分数等值?等值分数的特点是什么?
3. 等值形式有哪些?请具体说明。
4. 为什么要进行分数调整?分数调整有哪些技术?

第十章

绩效考评结果的反馈与解释技术

📄 本章学习目标提示

- 掌握分项、概括、口头反馈与解释技术
- 掌握图表解释与反馈技术
- 掌握分数的等级、评语解释与反馈技术

当我们对绩效考评结果做了系统分析与检验之后,剩下的工作就是反馈与解释考评结果了。

从信息论的观点来看,绩效考评实际上是一个搜集信息、处理信息、输出信息或反馈信息的过程。因此,绩效考评结果的报告作为考评信息的输出或反馈的一种形式,是绩效考评过程中的一个重要环节。

绩效考评结果反馈与解释的方法,按内容分,有分项反馈与解释、概括反馈与解释;按形式分,有口头反馈与解释、图表反馈与解释、分数反馈与解释、等级反馈与解释、评语反馈与解释、综合反馈与解释等,如图 10-1 所示。

图 10-1 绩效考评结果反馈与解释

第一节 分项、概括、口头反馈与解释技术

一、分项反馈与解释

分项报告的方式在绩效考评中经常用到。评语报告、模糊综合评判结果的直接报告，大都属于分项报告。分项报告的主要优点是可以比较全面详细地报告绩效考评的信息。例如，关于绩效考评客体内个别差异的信息，关于绩效考评客体与其他考评客体或在绩效考评指标之间差异的信息，都可以比较充分而适当地反映出来。因此，分项报告方式比较适用于诊断性的绩效考评与形成性的绩效考评。

分项报告能够做到"因材施评"，不同的考评对象能够从不同的侧面去考评，为人力资源开发中的"因材施教"提供了科学依据。

分项报告有利于充分反映并促进对象个性特征的发展。人力资源开发工作是以员工现有的水平为起点和根据的。以改进与加强人力资源开发工作的科学性为目的的绩效考评，非常需要分项报告的方式，能够客观地反映每个员工素质的独特性，帮助开发者及被开发者有针对性地培养与发展自我意识，促进被开发者从开发客体向开发主体迅速转化，从而加速其开发的过程。

分项报告可以避免名次排列带来的不良影响。由于分项报告并不给出最后的总评定值，而是客观地反映有关方面的事实与情况，而这些事实与情况大多是被考评者的个性特征，情况因人而异，因而难以进行纵向比较。这样报告的结果也就不可能引发人们去排列名次了。

分项报告还能使人们对考评对象有全面的了解。一般来说，报告结果综合程度越高，它丢失的信息量就会越多，也就越不利于全面地解释与科学把握绩效考评结果，分项报告有助于克服这一问题。

但分项报告也有不足之处：它没有揭示出被考评者在整体上所处的水平位置，由于可比性不强，减弱了绩效考评的激励作用。

二、概括反馈与解释

概括性报告一般在总结性、安置性与选拔性绩效考评中最为常用，例如用一个分数、一个等级综合地表示绩效考评的结果。其特点是，把绩效考评中的各种信息进行高度抽象，综合成某一个非常简洁

第十章 绩效考评结果的反馈与解释技术

的数字、量词、符号或等级。这种报告方式的优点是,能使第三者迅速而直觉地从总体上把握考评对象所处的水平位置,把握各考评对象之间及它们与考评标准之间的关系或差异。这种报告方式可比性强,有利于分清优劣、区分等级,有较强的指挥作用与激励作用。这种报告方式还便于采用电脑等现代化手段来辅助分析,建立各种常模。但是,概括报告的诊断性与开发性不如分项报告方式。它要求人们更多地注意统一,注意共同性,因而对个性反映不够。在综合的过程中,概括报告会遗漏、丢失许多信息。而且,概括的内容越复杂则可能产生的误差越大,概括的结果越抽象则丢失的信息越多。例如,甲、乙两个员工在学习、劳动、生活、社会工作、文明礼貌、组织纪律6个方面的得分情况见表10-1(其中5分最好,1分最差,3分一般)。如果以累加总分或算术平均分来概括考评结果,两个员工的考评结果相同,给我们的印象即两个员工一样好。实际上,从分项分数中可以看出,甲在劳动与生活方面的表现行为比较好,而乙在生活与文明礼貌方面表现比较好。如果把两个人按概括总分报告反映不出他们的特点,而按分项报告,则能清楚地反映他们的特点。

另外,概括报告由于可比性强,容易造成被考评者心理上的焦虑情绪或被动感觉。一般来说,分项报告尽可能多用,概括性报告尽可能少用。

表 10-1 考评结果统计表

姓名	考评分数						总分	平均
	学习	劳动	生活	社会工作	文明礼貌	组织纪律		
甲	3	4	4	2	2	3	18	3
乙	3	2	4	2	4	3	18	3

三、口头反馈与解释

口头反馈与解释即以口头语言向被考评者或其他关心绩效考评结果的人介绍绩效考评结果的一种方式,也称口头报告。它既可以是分项的系统报告,也可以用简洁的分数或等级做一个概括性的报告,还可以是既分项又概括的综合性报告。口头报告一般是在报告听取人有可能集中的情况下采用的一种报告方式。例如,在情况汇报会上及其他职员会议上,都可以采用口头形式来报告有关的绩效考评结果。

为了增加口头报告的效果,报告人要注意以下几点:

（1）使报告介绍有趣味并且形式多样。为了使报告听取人注意听取报告的内容，口头介绍应有足够的形式变化，可以采取一些技巧。例如，可以先放幻灯片，显示一些数字、引文、动画片、图画、照片等内容，然后再加以解释，或采取讨论会、答辩会的形式报告绩效考评的结果；还可以先进行五分钟演讲、四分钟伴有放幻灯的表演、放一分钟不带评论的幻灯片、四分钟问答与最后一分钟讲解总结，使报告形式多样化。

（2）使表达显得轻松自如。口头报告人报告绩效考评的结果时，必须流畅、熟练而有信心。如果紧张或不自然，那么听取人会把注意力集中在报告人身上而忽略报告内容，或者会引起听取人对报告与解释内容的怀疑。

（3）使显示的直观材料尺寸大而简单。口头介绍时，经常要辅之以一些图表或幻灯片，要注意其大小与色彩，保证听取人都能看清。要做到这一点，最好的办法是先试坐一下离直观材料演示最远的座位，以它能清楚地看见为标准来设计直观材料的演示和布置。一般不要在图表或图片上写过多的字，最好不要超过 15 个字。用来辅助口头报告的幻灯片，不要包含过多的内容。听取人不可能有充分的时间去思考所看见的东西，要浅显易懂，否则就起不到辅助解释的作用了。

（4）要想办法使报告听取人置身于你的介绍之中。即要千方百计找到一个好办法，使听取人随着你的介绍进入角色，采用的办法既可以是隐含的，如开场时讲句笑话使他们大笑，也可以是公开地请他们扮演角色。例如，在作介绍之前，请他们先预测一下有关绩效考评的结果，请他们帮助解释考评结果。还可以在报告过程中插入听取人的活动。例如，分发卡片，要求听取人在卡片上做笔记，提问题与要求，并注意其中某些重要部分，然后要求他们把这些卡片交上来。采取这样一些措施能比较有效地把报告听取人置于你的报告介绍之中。

第二节 图表反馈与解释技术

在绩效考评中，我们也可以采用表格或图形的形式来报告绩效考评的结果。表格报告的优点是简洁、便于比较，它通过表格中的总标题、主词与宾词等避免其他报告形式中的重复啰唆现象，使之更醒目，便于各项内容之间的互相比较；也容易从中看出有关绩效考评内容的差异与重点，便于在短时间内，从有限的视野中把握全部考评结果,便于检查各考评的内容有无遗漏。表格报告的缺点是,不能详细反映每个具体的考评对象的情况,信息量受到一定的限制。表 10-2、表 10-3 是几个绩效考评结果表格报告的简单形式。

表 10-2　某公司实施人力资源开发方案前后技能测验的平均分数

方案实施前			方案实施后		
1月	2月	3月	4月	5月	6月
20	25	30	50	55	60

表 10-3　各部门达到开发目标的百分率　　　　（%）

部门	设计工艺方面	创意方面	技术改进方面	行为操作方面
1	99	85	83	70
2	98	87	82	60
3	98	80	78	65
4	90	78	60	69
5	95	82	72	79
6	99	90	87	80
7	92	85	60	65
8	98	82	90	76
9	99	87	84	70
10	99	87	81	62

如果规定,以 80% 的员工通过为标准,通过的用"+"号表示,未通过的用"-"号表示,则表 10-3 可以变为如表 10-4 这样更简洁、更直观的表格。

表 10-4　10 个部门 80% 以上员工达到开发目标的情况

部门	设计工艺方面	创意方面	技术改进方面	行为操作方面
1	+	+	+	−
2	+	+	+	−
3	+	+	−	−
4	+	−	−	−
5	+	+	−	−
6	+	+	+	+
7	+	+	−	−
8	+	+	+	−
9	+	+	+	−
10	+	+	+	−

注:"+"表示达到考评目标要求的员工数等于或高于 80%,"-"表示达到考评目标要求的员工数低于 80%。

用图形来报告绩效考评结果,更为明确、生动、形象,更易于为人们所了解。尤其对于那些工作十分繁忙或文字理解力差的人来说更有意义。

图形报告绩效考评结果的基本形式有:条形图、直方图、圆(扇)形图、曲线图、分布次数图与象形图等。其优点具体说来有以下两点:(1)把绩效考评结果的报告通俗化、形象化,使人一目了然。(2)可比性强。由于图像一般是在统一的条件下,故能准确、形象地表现考评结果。缺点是,信息量损失大、很难具体知道某个个体的情况,只能了解总体情况。图10-2是关于某人力资源开发方法改革试验的效果考评条形报告图。

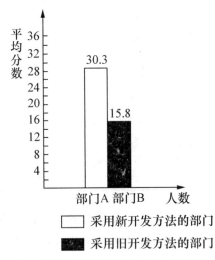

图10-2 同一单位采用新开发方法与采用旧开发方法的部门平均得分条形对比图

当我们采用这种直方图来报告绩效考评结果时,要特别注意以下几点:

(1)要把主要的比较对象就近安排,以便于比较。如图10-2中,把同一个分公司中采用新开发方法与采用旧开发方法的部门放在一起做对比,而不是把不同分公司放在一起做对比,因而中心突出。

(2)注意提供条形图的图解。

(3)为了改进图形报告精确度差的不足,可以在图中的直方图上方标出每个直条形的精确数值。

(4)表和图都要表明部门人数。当被比较的两个部门人数相同时,也可以像图10-2那样不标明具体人数。

第十章 绩效考评结果的反馈与解释技术

条形图对于报告有关达到目标的绩效考评结果特别有用。当我们把每一个考评目标都用一个条形图表示时,只要浏览整个图形,一眼就能看出新方案的长处与短处。从图10-3的条形图中,通过空白直方与阴影直方图高度差异的比较,我们就可以很快看出在哪个目标上达到的人数有了增长。不难看出,在5,6,7,8这四个目标上人数增加较大。这就表明,新方案特别适用于这四个目标的实现。

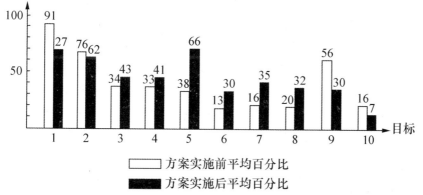

图 10-3 开发方案实施前后 23 个部门员工在 10 个开发目标上达标人数的平均百分比

用图形报告考评总体结果的不足是它不能显示分数或考评结果的相对意义。例如,考评结果(分数)偏离一般水平或常模的程度。为了改进这一点,我们可以采取以下图形来报告绩效考评的结果。

从图10-4中,我们可以知道这个员工第一个绩效考评指标上的80分位于全公司的中上水平,第二个绩效考评指标上的88分位于全公司的上等水平,第三个绩效考评指标上的75分位于全公司的中上

常 模		考 评 指 标									
等级	标准分	1	2	3	4	5	6	7	8	9	10
上	2.5 2.0		⑧⑧								
中上	1.5 1.0	⑧⓪		⑦⑤			⑧⑤				
中	0.5 0					⑦⑤					
中下	-1.0 -1.5										
下	-2.0										

图 10-4 某员工在年度考评中五个指标的考评结果

水平,但第四个绩效考评指标上的75分却位于全公司的中等水平。由此,我们不但可以知道这个员工在各个绩效考评指标上的得分情况,而且还可以知道有关分数的相对意义,知道分数代表的真实成绩。

一般来说,报告任何一种绩效考评的数量或等级成绩,都有适用的图形可采用。例如,当我们要报告被考评者在某个或全体绩效考评指标上的考评成绩时,一般采用条形图比较好;当我们要报告某个被考评者在各方面考评成绩的比例构成情况时,采用条形图、扇形图和圆形图比较好;当我们报告被考评者在开发过程中的发展情况时,采用折线图比较好;当我们要报告某个被考评团体在各个绩效考评指标上符合标准的人次时,采用次数分布图较好。特别是类别(也叫名称)量表考评的结果,最适合用图形报告形式。但是对于那些无法以分数或等级表达的考评结果,一般不宜采用图形报告形式。

第三节 分数的等级、评语反馈与解释技术

一、分数的等级反馈与解释

在绩效考评中,尤其在总结评定或选拔性绩效考评中,往往需要用一个可比性很强的分数或等级来表示考评结果。在达标加减评分法、积分法、模糊综合评判法中,一般都是用分数或等级来表示考评的结果,简单明了。对它们进行不同的数学综合分析,所获得的信息可能远远超出单个分数本身所显示的信息。这使我们既能从单个的分数中把握总体人力资源开发与管理成绩的质与量,又能加深我们对单个分数意义的理解。

报告绩效考评结果的分数形式一般有以下两种。

(一)目标参照性绩效考评分数

所谓目标参照性绩效考评分数,是用以表示被考评者实际水平与某种绩效考评标准、差距或"比例"的一种标记形式。它有百分制、5分制、等级记分制三种形式,其中后两种可看成由前一种转换而来。例如,美国在目标参照性考评中,常常按照下列关系把百分制转换成字母等级:

A^+:98~100;　　　　　　A:93~97;

A^-:90~92;　　　　　　B^+:88~89;

$B: 83\sim87$； $B^-: 80\sim82$；
$C^+: 78\sim79$； $C: 73\sim77$；
$C^-: 70\sim72$； $D: 65\sim69$；
$F: 0\sim64$。

百分制、5分制和等级记分制也常用于形成性与诊断性的绩效考评中,因为它们是原始考评结果的直接反映,能帮助我们把握有关情况。表10-5即为某员工一年内四次考评的成绩(5分制)报告。

表10-5 某员工四次考评成绩报告表

考评指标	第一次	第二次	第三次	第四次
1	4	3	2	4
2	2	3	4	5
3	2	2	2	2
4	5	4	3	2
5	2	3	4	5
6	3	3	3	3
7	5	4	2	5
合计	23	22	20	26

从表10-5中,我们可以看出这个员工在2与5两个绩效考评指标上的发展呈进步趋势,在1与7两个绩效考评指标上的发展不稳定,总体发展呈上升趋势,但中间第二、三次有倒退现象,这提示我们应分析其原因。在绩效考评指标4上的发展为退步,应引起主管者的注意,在3与6两个绩效考评指标上稳定不变,也应分析其原因。从四次考评的合计分数来看,这个员工整年内的考评成绩得到了提高。

（二）常模参照性绩效考评分数

所谓常模参照性绩效考评分数,是用以表示被考者与被考评团体中一般水平(平均成绩)之间差异的数字或等级。常见的具体形式有 Z 分数、T 分数、名次、百分位数、等级等,这些分数通常是由某种原始分数或资料转换而来。它们以原始考评结果为依据,着重反映被考评者之间的水平差异。目标参照性绩效考评分数比较适用于反映原始的绩效考评结果,其概括的水平较低,因而反馈的信息较多,但可比性差。而常模参照性绩效考评分数的概括水平较高,丢失的信息较多,但可比性强。为了全面、准确地反映绩效考评的信息,最好同时采用两种类型的分数形式来报告绩效考评结果,其中目标参照性绩效考评分数反映考评结果相对绩效考评指标的意义,而常模或效标参照性绩效考评对象时,可以后一种分数为主同时参考前一种分数报告考评结果。当我们要诊断分析人事管理工作的问题时,可以前一种分数为主同时参考后一种分数来报告考评结果。

绩效考评的几种分数形式,第九章第一节已有所介绍。下面补充介绍几种常模参照性绩效考评分数。

(1)名次:根据考评对象或客体符合某种绩效考评指标体系要求的程度,用自然数表示其优劣好坏的先后顺序。当我们仅仅进行某个单项指标的测评时,常常采用这种分数形式,例如,看谁今天完成任务最早,看哪个部门今天工作秩序最好,类似此种考评内容,都可以采取名次形式来报告其考评结果。

(2)标准九分:把整个绩效考评原始分数划分成九段,从最高分数开始逐个往下划段,取开头的4%(显然是最高分数段)分段为9分,其次的7%分段为8分,再其次的12%分段为7分,接着的17%分段为6分,中间分段的20%为5分……最低分段的4%为1分,具体见表10-6。

表10-6 标准九分比率分布表

分数	1	2	3	4	5	6	7	8	9
所占分布比率	4%(最低)	7%	12%	17%	20%(中间)	17%	12%	7%	4%(最高)

(3)C量表分数:这是吉尔福德提出并使用的一种分数,类似于标准九分,也是从高分到低分排列,按原始分的分布比率来划分,但分段不同,见表10-7。

表10-7 C量表分数比率分布表

分数	0	1	2	3	4	5	6	7	8	9	10
所占分布比率	1%	3%	7%	12%	17%	20%	17%	12%	7%	3%	1%

(4)斯坦分数:首先把所有的原始考评分分作两半,与上述两种分数相比,它没有最中间的分数,但按分布比率划段定分的做法与前面相同,具体见表10-8。

表 10-8 斯坦分数比率分布表

分数	1	2	3	4	5	6	7	8	9	10
所占分布比率	2%	5%	9%	15%	19%	19%	15%	9%	5%	2%

另外,还有按年龄与工龄导出的分数。

二、评语反馈与解释

转换后的分数(包括标准分数)提供的信息是相对的,它们只报告了一个被考评者是否取得了与其他考评对象一样高的成绩,是否达到了某一考核目标的要求,而并没有告诉我们这个被考评者实际表现如何。就百分制分数与5分制分数来说,它们也只告诉我们这个员工在总体中的水平位置如何,并没有告诉我们他在哪些方面做得更好些,在哪些方面做得还远远不够。因此,在绩效考评结果报告中,常常需要采用评语的形式来补充报告有关的具体情况。

所谓评语解释,即采用文字的形式来说明绩效考评的结果。其优点是能把考评对象的独立性、差异性、过程发展性等情况全面而扼要地报告介绍,既可以全面而论,又可以侧重描述某一方面,灵活机动。

评语解释的内容至少应包括以下四个方面:

(1)对综合评定分数或等级的解释。一个分数或等级符号所能传递的信息毕竟有限,许多人对分数的真正含义也不很清楚,因此,在报告中最好能对绩效考评的综合结果给予明确的语言解释,使人们知道绩效考评结果的真正含义。

(2)指出绩效考评对象的具体个性特征或优缺点。也就是说,不要把考评对象的优缺点模式化、一般化。这些优缺点既要相对绩效考评对象外部的标准来分析,又要针对其内部差异和根据其个性特征来分析。

(3)对于绩效考评对象的变化,如进步或退步,应给出原因解释,并向被考评者及其管理与开发者提出补救与改进的建议。

(4)提醒被考评者及其开发与管理者注意某些重要的考评结果或信息。

评语解释应注意的基本原则是:

(1)评语解释应针对同一个统一的绩效考评指标体系或标准来表述。这种绩效考评的指标体系或标准使得评语解释在某种程度上具有统一的教育指导性与可比性。

（2）评语解释要与对比评价相结合，概括被考评者现在的发展与过去的变化情况，尤其要对过去被考评者的背景以及现在的发展条件做出一定的介绍，以充分反映现在绩效考评结果的意义。

（3）评语解释要与预测评估相结合，即要根据现在的绩效考评结果及其发展趋势对将来可能的情况做出一定的展望或评估。

（4）评语解释要与整体评价相结合，即要对被考评者的整个系统因素做出全面而概括的评价，要指出实际的绩效考评结果与绩效考评指标体系的相对差距，指出某一被考评者与其他被考评者的相互位置关系，指出被考评者各个方面相对优劣的情况及个性特征，使评语解释既有诊断性又有教育性。

（5）评语解释要与分数等级及图形报告等形式相结合。分数与图形需要评语做出进一步解释。反过来，评语解释也需要分数及图形来概括，常有"一图抵千字"之说。

显然，我们这里讲的评语报告与一般的评语鉴定不同，它是一种综合的语言报告，常用于年度结束时对整个工作期间的各方面绩效考评结果做出全面、完整而详细的解释与报告。

复习思考题

1. 试分析分项解释的优缺点。
2. 口头报告应该注意哪些事项？
3. 简述图形报告的特点。
4. 什么是常模参照性绩效考评分数？请介绍几种常模参照性考评分数。
5. 评语解释的内容一般有哪些？基本原则是什么？

第十一章

绩效考评技术在人力资源管理中的应用

📔 本章学习目标提示

- 掌握绩效考评在人力资源开发中的应用
- 掌握某汽车集团评价性绩效考评方案与技术分析
- 掌握绩效考评技术在管理型企业中的应用

进行绩效考评并非我们的最终目的,目的在于通过考评提高管理的效率与质量,为管理决策提供科学的依据,为人力资源开发提供有效的手段。

第一节 绩效考评在人力资源开发中的应用

一、绩效考评在人力资源诊断与"治疗"中的应用

以下是借助绩效考评手段诊断企业内部人事问题症结,并积极采取"治疗"对策较为成功的几个实例。

案例1

企业:墨西哥城辛特克斯公司

成立年代:1996年

问题:科技人员的革新干劲没有得到发挥,没有被运用到工作中去。

治疗对策:成立革新成果推广工作小组,并让职工在班组中自行规定标准和定额。

效果:

(1)根据副总经理的报告,"怀疑态度少了,自我反省和主动精

神多了。反馈及时,经理们更关心职工的事业心,关心其专业计划,广大职工更加专心致志地工作"。

(2) 经济效益明显。销售量增加116%。

案例2

企业:美国PPG公司

成立年代:1969年

问题:由于清洁框架工作是一种脏活,是重复性的和例行的工作,工人感到老做不完、厌烦,因而效率降低了。

治疗对策:取消专人清洁工作,清洁框架工作由机器操作工接管。这种清洁工作占每天工作时间的15%。

效果:

(1) 人事经理和生产经理报告说:"士气很高。"

(2) 生产率比前两年提高12%。

案例3

企业:美国电信公司

成立年代:1965年

问题:离职率和缺勤率高,士气低,生产率低。

治疗对策:对工人的监督减少一些,让工人们自主地工作。工人可以自己写信诉说问题,不必经过领导批示。

效果:

(1) 工人们对集体成就感到自豪,经过测量,工人的工作满足感提高了。

(2) 经过一年的试验,缺勤率由20%降到1.4%,离职率实际上等于零。

二、绩效考评在工资管理中的应用

工资管理形式多种多样,有岗位工资、技能工资、职能工资、职务职能混合工资、年功工资等不同形式。这些工资管理形式都在不同程度上依赖于绩效考评作用的发挥。

岗位工资管理形式是建立在工作评价或岗位考评的基础上。岗位考评即根据各项工作对技术、努力程度、经验、责任感等方面的不同要求,将它们归类定级。这就为建立合理的工资结构提供了基础,相同或相似价值的岗位被合并在一起,对于完成这些工作的人支付相同的工资。岗位考评为贯彻同工同酬的原则提供了科学依据。

技能工资管理形式是建立在技能考评的基础上。技能考评通过一定的方法把工作中的人具有的技能,依照实际水平划分为不同的等级,然后依据每个人所处的技能级别付给相应的工资。这种工资管理形式体现了以人为中心的管理思想。

职务职能混合工资管理形式是先按每种职务所需的能力种类与程度以及责任大小、难易程度把所有的职务分门别类,定出每个等级的薪资标准,然后在对每种职务任职者能力发挥水平考评的基础上,付给相应的工资。每种职务上的任职者虽然具备了相应的任职资格,但是有些任职者具备的实际水平远远高于任职要求,而有些任职者的实际水平刚达到任职要求。即使是素质水平相同的两个任职者,由于主客观条件不同,实际发挥出的效果也大不一样。因此,事先设定的职务工资标准要依据事后的能力发挥情况来裁定与支付。职能工资制的运行要求以严格的绩效考评制度作保证。因为工资报酬的多少是由任职者当前所担任的工作内容和完成该工作时能力所发挥的程度决定的。某一职务的任职者应得到多少工资,首先要明确其职务内容及其要求属于哪一级水平、任职者工作过程中实际发挥的能力水平如何,这些并不是人们能够一眼看出来的,需要建立一种客观标准,予以严格考评,并根据考评所得到的结果来确定。

三、绩效考评在人力资源开发中的应用

如何使绩效考评过程成为一个管理过程、指导过程、教育过程与开发过程呢?下面所设计的考评表(见表11-1)即能在某种程度上体现这一点。

表11-1 绩效考评——开发表样例

所承担的工作	难易等级	自我考评			主管考评			主管考评事实依据
		完全胜任	胜任	不能胜任	完全胜任	胜任	不能胜任	

续表

起始目标与想法	事后考评结果		指导与反省	
	自我考评	主管考评	自我反省	主管指导
1. 2. 3. 4. …… 15.			1. 坚持现有方向 2. 改变现有方向 3. 事实原因 4. 方案与措施 …… 15.	

第二节　某汽车集团评价性绩效考评方案与技术分析

在这一节，我们将介绍某汽车集团有关部门实行的评价性绩效考评方案与实践经验，并对方案做一些技术分析与建议。

一、员工考评方案

为了深化企业人事制度改革，加强职工考评管理工作，准确、客观地评价职工履行岗位职责情况，特制订本办法。

1. 考评原则。

(1) "三公"原则。

公平：考评标准公平合理，人人都能平等竞争。

公开：考评实行公开监督，人人掌握考评办法。

公正：考评做到公正客观，考评结果必须准确。

(2) "四严"原则。

严格考评标准：即考评要素的标准必须具体、明确、客观、合理。

严格考评方法：即考评的形式和方法必须符合科学、严谨的要求。

严格考评制度：即考评的规程和考评的准则要严格，使考评工作有法可依，有章可循。

严肃考评态度:即考评的思想要端正,态度要认真,反对好人主义和不负责的态度。

(3) 一级考评一级原则。

采取上级考评下级的方法,最终考评结果由上级的主管领导审核。

2. 考评范围。

属公司在职职工均由工作所在单位进行考评,最终考评结果归入工资关系所在单位。

3. 考评内容。

考评内容分为两个部分。

(1) 通项考评。通项考评内容包括职业道德、劳动态度、工作成果和其他管理。

通项考评由公司制订制定考评条件及考评标准,各单位可在此标准的基础上继续细化。

(2) 专项考评。专项考评内容包括工作效率、工作质量和定性测评。

工作效率主要考评:岗位定额、任务指标或工作内容的完成情况及时间保证程度;临时任务的完成情况及时间保证程度;对部门的领导者或组织者实施部门工作计划的完成情况也作为该项的考评指标。

工作质量主要考评:产品质量的保证情况;基础工作(工作准备及有关记录、凭证、报表等)质量;岗位专业知识要求、技能要求。

定性测评主要考评服务类型人员的服务态度、服务质量和服务效率等。

专项考评由各单位和各专业系统制定考评条件及考评标准。

4. 考评评分标准。

(1) 每月每名职工的基础分为100分,通项考评和专项考评都在此分的基础上进行加、扣分。

(2) 通项考评按照公司制订的考评标准进行评分。

(3) 专项考评按照各单位制订的考评细则进行评分。

其中,定性考评可首先采取问卷调查的形式,然后由主管领导认定。例如:非常满意加2分;很满意加1分;满意不加分;还算满意扣1分;不太满意扣2分;不满意扣5分;很不满意扣10分。

5. 考评方法。

(1) 以车间或科室为单位进行考评。车间或科室要建立职工日常考评数据台账,对有加、扣分人员的考评内容进行记载,作为职工考评的原始凭证。

（2）没有加、扣分项目的职工只得基础分。

6. 考评程序。

（1）每月5日前,职工本人将上个月的加、扣分项目填入《职工月考评评分表》（略）中,交车间、科室领导（或主管领导）。没有加、扣分的职工可不填报此表。

（2）车间、科室领导（或主管领导）根据职工个人报表和基层班、组日常记载进行核分。

（3）职工的扣分项目超过20分时,其主管领导要找职工本人谈话,讲明扣分原因,做好思想工作。

7. 考评结果处理。

（1）考评结果作为职工奖金分配、晋职晋级、上岗聘任、在职培训和评选先进的主要依据之一（简称五挂钩）。

（2）每月考评分数的平均值作为年终考评的结果。

（3）在一年内扣分项目超过120分,在本年度内不能晋职晋级。

（4）在一年内扣分项目超过240分,应予以低聘或解聘。

（5）在一个月内考评分数不足60分,不予分配奖金。

（6）在一个月内扣分超出100分的部分延续到下一个月。

8. 考评要求。

（1）各单位和各专业系统的主管单位要在本办法的基础上制订符合本单位（系统）特点的考评细则,报公司人事部,经批复备案后实施。

（2）凡是对考评结果提出异议的人员,本单位人事部门应予以复查。

（3）考评工作严禁弄虚作假,一经发现应给予主要责任者严肃处理。

（4）各单位主要领导和人事部门要对本单位的考评工作进行定期检查,发现问题及时解决。

（5）每月的考评结果要报本单位人事部门备案。

（6）公司人事部随时到各单位检查指导考评办法的实施工作,对考评制度不健全、考评工作不认真的单位提出限期改正。

9. 有关问题处理。

（1）各单位科级以上干部由本单位人事（组织）部门进行核定分数。

(2)处级领导干部要按照组织部制定的考评细则执行。

(3)因公出国人员,由出国团(组)长进行考评,回国后将考评结果交给其所在单位。

(4)脱产学习或进修人员,由学习或进修所在单位进行考评,考评结果要定期返回工资关系所在单位;对半脱产学习人员,可根据占用工作时间的长短和结业成绩进行考评,酌情给分。

(5)为了加强职工学习培训的基础管理工作,给学习培训考评提供准确的依据,公司制定了《职工学习培训登记管理办法》(略)。

(6)其他。

病假和长休哺乳假无考评分。

职工亲属的伤病护理,按照公司有关规定执行。属于公假护理者,可给部分考评分,不符合上述规定的,按事假处理。

10. 此办法从发文之日起执行,解释权归公司人事部。

二、考评特点与技术分析

上述中国某汽车集团的绩效考评方案,有以下几个特点:

(1)目的明确,条例规范。考评方案开门见山地点明了整个考评办法制订的目的是为了评价员工、加强管理,而且整个方案的内容都是为这一目的而展开的。

整个考评方案包括考评原则、范围、内容、标准、方法、程序、结果处理、要求等八个方面,内容比较全面和规范。

(2)主、附件分开处理,突出主件的布局合理性。在制订考评方案过程中,我们要考虑与说明所有的考评行为规范。有些方面要详细说明,有些方面则可以简单一些。如果不区分处理,则整个考评方案有可能出现"头重脚轻""头小腰大"等布局不合理现象。虽然内容上都有,但看上去很不舒服。在该考评方案中,对于"考评标准""月考评表""学习培训办法"等重要内容,均采取主、附件分开的办法制订。这样既保持了主件布局的协调与合理,又让人们对有关的附件予以高度注意与重视。

(3)通项标准与专项标准并用。该汽车集团有职工12万多人、300多个专业,不同单位具有不同经营特点,在这种情况下,要想用一个统一的考评方案全面评价所有的职工与专业是很难的。该考评方案采取"通项"加"专项"的标准体系使这一矛盾得到解决。

"通项"指标是对各专业的共性管理要求,也是最基本的管理要求,而"专项"指标是对各专业各部门管理上的特殊要求。"通项"标准先由集团统一制订,再由各部门具体细化;"专项"标准则由各部门自己制订。

(4) 以量化为手段,加大管理力度。该考评方案对所有的考评标准,基本上都实行量化考评。每个职工都是给予 100 分的底分,然后视其在每条考评标准上的行为进行加分或减分。实际上,这是一种目标管理考评法的具体形式,有利于把全体职工的工作行为统一到企业的目标要求上来。

但是,上述考评方案各个部分在内容上有交叉。"考核要求"可以考虑与"有关问题处理"合并,进一步简化。

第三节 绩效考评技术在管理型企业中的应用

在本节,我们将介绍绩效考评技术在管理型企业 TF 公司的应用。

1993 年,正值外资在中国沿海城市的投资热潮,开发区招商引资形势一片大好,土地需求骤增。广东省 M 市开发区政府打算引进外资,以加速和提高其土地开发进程和质量,并按国际惯例进行土地开发和转让。在这种背景下,TF 公司在广东省 M 市开发区政府的撮合下成立。

TF 公司是中外合资企业,广东与香港的投资者投资近 3 亿元人民币,在开发区内划片开发 4 平方公里的 TF 工业园。广东省投资者系开发区政府的企业化身。TF 公司来自投资双方的近 3 亿元的注册资本足额到位。合资公司董事会委托广东方面经营和管理合资公司。

该公司的特点是:(1) 公司是管理型公司,员工总数不超过 50 人;(2) 除部门经理从开发区政府机构中选取外,以任人唯贤的原则,通过数次严格的测试和面试公开招募公司员工,公司职员被公认为高素质人才;(3) 公司参考外资企业的模式,建立了完整的规章制度以及员工行为规范;(4) 公司十分注重企业文化建设,并注重向员工灌输经营理念;(5) TF 工业园设计方案向国内外公开招标;(6) TF 工业园建设工程公开招标。

TF 公司 1993 年中期注册成立,经过半年的筹备,1994 年年初正式开业。由于公司具有雄厚的资金实力、与区域政府的特殊关联,加之招商和土地转让形势势不可挡,因此,TF工业园在原本寸草不生的荒滩上迅速崛起。公司拥有的资本除用于土地开发之外,尚有大量资本闲置。一方面,基于充分利用大量剩余资金的目的,期望通过短期投资获利,将近亿元资金投入融资套利活动中;另一方面,公司急于在新的产业中寻求发展,1995年分别在金融、商贸、能源和科技等与公司主业非紧密关联的产业中,一股脑地成立了十家下属公司。尽管当时宏观经济已经开始新一轮调整,招商势头也在明显下滑。

TF工业园土地开发基本完毕,已经成为基础设施完善、能源供应可靠、投资环境良好的工业园;十余家世界知名、跨国公司入驻TF工业园,投资总额近6亿美元。TF公园是TF公司斥巨资在不毛的荒滩上建造起来的占地22万平方米的公益性景观公园,用以营造自然环境和改善投资环境,此举堪称杰作,成为开发区耀眼的一颗明珠,也是TF人"无法谦虚的骄傲"。

然而,辉煌过于短暂,由于当时国内的金融秩序不规范,企业间严重的信用危机,在经济巨大变革期人们对社会道德伦理的困惑,宏观经济的调整等因素,TF公司大量的短期投资本利不全,不仅成为固化资产,而且使公司卷入非正常融资诉讼中,财务部门经办人涉嫌经济犯罪逃离公司,公司中层管理人员更迭;多数下属公司经营不善,成为不良资产,"毁了一个公司,富了几个人"的现象普遍存在。公司迅速陷入严重的危机中,盲目扩张的一系列后果一股脑地反射回来,TF公司被重重地击倒在1997年。香港回归也未能给TF公司带来好运,东南亚金融危机对于TF公司来说更是雪上加霜。

TF公司跌跌撞撞进入1998年。TF公司以往既定的目标似乎已经实现,然而新的目标在哪里?此外,从1997年中期开始,公司以往的大额短期投资不能按时回收,造成公司流动资金严重匮乏,企业贷款规模接近警戒线,公司日常收支捉襟见肘;数千万元的工程欠款随时可能将TF公司拖进万劫不复的深渊;下属公司也变成TF公司沉重的包袱,同时下属公司也有游离于TF集团之外的趋势;开发区招商形势大幅度下滑,以往国外投资一直由政府引荐,这一做法的负面效应就是TF公司招商部门的应有功能萎缩,因此,当经济形势进入低谷的时候,理应有所作为的公司龙头部门却无所事事,招商工作无从下手,对TF公司的直接影响表现为没有实现土地转让,没有现金收入。

面对如此困境,TF人以往对企业王国的憧憬被彻底打碎,失去了前进的目标。TF 公司原有的信念和企业文化似乎随着公司的蹒跚前行而丧失殆尽。公司怎么了？自己该做什么？公司的方向在哪里？一系列问题困扰着员工。TF 人对公司、对自己的未来茫然。此时的 TF 公司如同一辆陷入泥塘的巨型战车，进退维谷。

为了使公司摆脱困境，改善公司的管理和经营状况，公司在完善土地招商条件、积极运作新项目的同时，特别在人事管理的员工考评制度方面进行了重新调整和完善，希望通过考评能够保证公司目标的实现，提高员工的工作绩效。

根据以往的考评制度实行情况，公司认为考评的内容一成不变、考评流于形式，不能真实地反映员工的工作绩效，也不能促进工作绩效的改进。因此，人事部门全面修订了考评制度，重新编制了考评表。1998 年，新的考评制度开始实行。公司对员工的考评分为自我考评、上级考评和人事部门考评；对部门经理的考评也包括自我考评、上级考评和人事部门考评，同时接受员工的考评。

每月初，部门经理在员工考评表上列出员工本月应当完成的主要工作和重点工作，并将考评表发给员工。考评表除了列出本月的工作要求外，还有固定的考评项目，如工作态度、工作品质、工作量、纪律性、协调能力、团队精神、学识适用情况等，共 20 项，每项都说明其含义和分值，考评项目满分为 100 分。月末员工填写考评表，为自己打分；考评表交给部门经理，部门经理在同一张考核表上为员工打分；最后交给人事部门，由人事部门对员工考评，并汇总、计算当月的考评成绩。员工自评占 20%，人事部门考评占 10%，部门经理评分占 70%。

此外，员工也要对其上级进行考评。考评表设计了 15 项固定的对部门经理的考评项目，并对每个项目说明含义和分值。每月末员工给本部门经理打分，直接将考评表交给人事部门。

对部门经理的考评过程是相同的，也要通过考评表自评和被总经理评分，只是考评表的内容不同，自评占 20%，员工评分占 10%，人事部门评分占 10%，总经理考评占 60%。每月的考评成绩在人事部门汇总累计，考评结果是员工晋级、调薪以及奖励的主要依据。

这样的考评制度实行一年来，由于考评内容增加了当月的工作要求，自评分数自我放大现象略有收敛，但仍不可避免。从公司本年运营的收益上看，公司的确落入了谷底。要想摆脱困境，必须在土地招商方面加大力度，有所作为。总经理在公司的业务会上要求招商

第十一章 绩效考评技术在人力资源管理中的应用

部加强与开发区工商局、规划局等有关部门的联络和交流,随时了解和掌握招商情况和信息,追踪和落实一些招商信息,但是始终没有成效。由于招商未果,引起公司其他部门的意见,同时对招商部的考评也遇到了问题。

招商部的理由:一般来说,每一项土地转让都需要较长的时间,短则半年,长则一两年。况且外商投资趋淡是事实,并非某人可以力挽狂澜的,开发区招商尚且无奈,我们也没有什么好办法,即使到处去跑也很难见效,反而会增加公司的支出。

初看起来,招商部的理由似乎谁也无可奈何,谁也不能保证在多长时间内一定能够实现多少万平方米的土地转让。也有人说:在现在的形势下评价招商部的工作业绩,只能以工作态度来衡量,只要工作态度认真,即使无功也不为过,能做多少就做多少吧!

但是,公司仍然认为招商人员的业绩是可以衡量的。我们知道,对于工作分析,需要定期检查,不断反省和重构,因为我们所处的环境在变化,我们拥有的资源在变化,我们的能力和技能也在变化。如果我们现在不去做,那么我们将来仍然一事无成,消极等待不会产生绩效。我们只要重新制订计划、修订招商目标,重新对招商人员的工作职责、工作目标进行细致的分析和分解,通过不断地细化和量化,就会发现有太多具体、详实的工作亟待完成。通过目标管理,把公司目标分解成部门目标,把公司相对长期的目标分解成为阶段的、分步骤的目标,把部门目标落实到每一位员工,使员工清楚自己的任务、任务的完成情况对上一层目标的作用和影响,以及对总体目标的贡献。因此,在我们的目标下,每一阶段工作、每一项工作的步骤和细节都可以是我们提取考评指标的素材。比如说,在多长的时间内,我们要与哪些国内和国外投资机构建立联系;我们的拜访日程表是怎样的;反馈的信息如何应答,是否及时;哪些机构能够成为我们的代理人,对他们的信息处理地如何;等等。如此一来,可以预计招商工作终究会有进展,员工的工作绩效也不会被埋没。

由此可见,绩效考评对于管理型企业或非生产型企业也是能够实现的。我们要做的就是,做好工作分析,把工作分析看作可以重构、需要不断反省的过程,并且把工作和目标不断地细化和尽可能地量化,提取关键点作为考核目标,那么,许多原来认为无法考评的工作都是可以考评的。

绩效考评与管理方法

第四节　一个国有企业绩效考评案例及其点评

现代社会的商业竞争日趋激烈，商业环境的复杂性和不确定性也不断增加，在这样的条件下，如何对员工的绩效进行考评，是企业管理者所面临的一个重大问题。绩效考评是人力资源管理的一个核心内容，很多企业已经认识到考评的重要性，并且在绩效考评的工作上投入了较大的精力。但目前许多国有企业的绩效考评工作仍然存在一些误区。

A 公司成立于 20 世纪 50 年代初，经过近五十年的努力，在业内已具有较高的知名度并获得了较大的发展。目前公司有员工 1000 人左右。总公司本身没有业务部门，只设一些职能部门；总公司下设有若干子公司，分别从事不同的业务。在同行业内的国有企业中，该公司无论在对管理的重视程度还是业绩上，都是比较不错的。由于国家政策的变化，该公司面临着众多小企业的挑战。为此，公司从前几年开始参加全国百家现代企业制度试点，同时着手从管理上进行突破。

绩效考评工作是公司重点投入的一项工作，公司的高层领导非常重视，人力资源部具体负责绩效考评制度的制订和实施。人力资源部在原有考评制度的基础上制订出了《中层干部考评办法》。在每年年底正式进行考评之前，人力资源部又会出台当年的具体考评方案，以使考评达到可操作化程度。

考评小组通常由公司的高层领导与相关职能部门的人员组成。考评的方式和程序通常包括被考评者填写述职报告，在分公司内召开职工大会进行述职，民意测评（范围涵盖全体职工），向科级干部甚至全体职工征求意见（访谈），考评小组进行汇总后写出评价意见并征求主管和副总经理的意见后报公司总经理。

考评的内容主要包含三个方面：(1) 被考评单位的经营管理情况，包括该单位的财务情况、经营情况、管理目标的实现等；(2) 被考评者的德、能、勤、绩及管理工作情况；(3) 下一步的工作打算，重点努力的方向。具体的考评细目侧重于经营指标的完成和政治思想品德，对于能力的定义则比较抽象。各业务部门（子公司）在年初与总公司对于自己部门的任务指标都进行了讨论。

对中层干部的考评完成后，公司领导在年终总结会上进行说明，并将具体情况反馈给个人。尽管考评方案中明确说明考评与人员的

第十一章 绩效考评技术在人力资源管理中的应用

升迁、工资的升降等方面挂钩,但最后的结果总是不了了之,没有下文。

对于一般员工的考评则由各部门的领导掌握。子公司的领导对于下属业务人员的考评通常是根据经营指标的完成情况(该公司中所有子公司的业务员均有经营指标的任务)来进行的;对于非业务人员的考核,无论是总公司还是子公司,均由各部门的领导自由进行。通常的做法,都是到了年底要分奖金了,部门领导才会对自己的下属做一个笼统的排序。

这种考评方法使得员工的卷入程度较高,颇有点声势浩大、轰轰烈烈的感觉。公司在第一年进行操作时,获得了比较大的成功。由于被征求了意见,一般员工觉得受到了重视,感到非常满意。领导则认为该方案得到了大多数人的支持,也觉得满意。但是,被考评者认为,由于历史条件和现实条件及年初所定的指标不同,自己的部门与其他部门之间无法平衡,心里还是不服。考评者尽管需访谈300人次左右,忙得团团转,但由于大权在握,体会到考评者的权威,还是乐此不疲。

进行到第二年,大家已经丧失了第一年考评时的热情,第三年、第四年进行考评时,员工会考虑到前几年考评的结果出来后,对业绩差或好的并没有任何区别。被考评者认为每年都是那套考核方式,没有新意,失去积极性,只不过是领导布置的事情,不得不应付。

点评:

A公司的做法是相当多的国有企业在考评上的典型做法,带有一定的普遍性。这种做法在一定程度上确实发挥了其应有的作用,但是,这种做法不论从对考评的理解还是实施上看,均存在许多误区。

误区之一:对考评定位的模糊与偏差。

考评的定位是绩效考评的核心问题。所谓考评的定位问题,其实质就是通过绩效考评要解决什么问题,绩效考评工作的管理目标是什么。考评的定位直接影响到考评的实施,定位的不同必然带来实施方法上的差异。对绩效考评定位的模糊主要表现在考评缺乏明确的目的,仅仅是为了考评而进行考评,这样做的结果通常是考评流于形式,考评结束后,考评的结果不能充分利用起来,耗费了大量的时间、人力和物力,结果不了了之。考评定位的偏差主要体现在片面看待考评的管理目标,对考评目的的定位过于狭窄。例如,A公司的考评目的主要是为了年底分奖金。

绩效考评与管理方法

根据现代管理的思想，考评的首要目的是对管理过程的一种控制，其核心的管理目标是通过了解和检核员工的绩效以及组织的绩效，并通过结果的反馈，实现员工绩效的提升和企业管理的改善；其次，考评的结果还可以用于确定员工的晋升、奖惩和各种利益的分配。很多企业都将考评定位于一种确定利益分配的依据和工具，这确实会对员工带来一定的激励，但势必使得考核在员工心目中是一种负面、消极的形象，从而产生心理上的压力。这是对考评形象的一种扭曲。必须将考评作为完整的绩效管理中的一个环节看待，才能对其进行正确的定位。完整的绩效管理过程包括绩效目标的确定、绩效的产生、绩效的考核，构成了一个循环。因此，绩效考评首先是为了绩效的提升。

考评的定位问题是核心问题，直接影响到考评的其他特点。因此，关于考评的其他误区在很大程度上都与这个问题有关。

误区之二：绩效指标的确定缺乏科学性。

选择和确定什么样的绩效考评指标是考评中一个重要但也比较难以解决的问题。像 A 公司这样的公司所采用的绩效指标通常一方面是经营指标的完成情况，另一方面是工作态度、思想觉悟等一系列因素。能够从这样两方面去考评是很好的，但是对于如何科学地确定绩效考评的指标体系以及如何使考评的指标具有可操作性，许多企业并没有考虑周到。

一般来说，员工的绩效中可评价的指标一部分应该是与其工作产出直接相关的，也就是直接对其工作结果的评价，国外有的管理学家将这部分绩效指标称为任务绩效；另一部分绩效指标是对工作结果造成影响的因素，但并不是以结果的形式表现出来的，一般为工作过程中的一些表现，通常被称为周边绩效。对任务绩效的评价通常可以用质量、数量、时效、成本、他人的反应等指标来进行评价，对周边绩效的评价通常采用行为性的描述来进行评价。这样就使得绩效考核的指标形成了一套体系，同时也可以操作化地评价。A 公司的绩效指标中，在任务绩效方面仅仅从经营指标去衡量，过于单一化，很多指标没有囊括进去；在周边绩效中，所采用的评价指标多为评价性的描述，而不是行为性的描述，评价时多依赖评价者的主观感觉，缺乏客观性，如果是行为性的描述，则可以进行客观评价。

误区之三：考评周期的设置不尽合理。

所谓考评的周期，就是指多长时间进行一次考评。多数企业像 A 公司这样，一年进行一次考评。这与考评的目的有关系。如果考评的目的主要是为了分奖金,那么自然就会使得考评的周期与奖金分配的周期保持一致。

事实上,从所考评的绩效指标来看,不同的绩效指标需要不同的考评周期。对于任务绩效的指标,可能需要较短的考评周期,例如一个月。这样做的好处是:一方面,在较短的时间内,考评者对被考评者在这些方面的工作产出有较清楚的记录和印象,如果都等到年底再进行考评,恐怕就只能凭借主观的感觉了;另一方面,对工作的产出及时进行评价和反馈,有利于及时地改进工作,避免将问题一起积攒到年底来处理。对于周边绩效的指标,则适合在相对较长的时期内进行考评,例如半年或一年,因为这些关于人的表现的指标具有相对的稳定性,需较长时间才能得出结论,不过,平时应进行一些简单的行为记录作为考评时的依据。

误区之四:考评关系不够合理。

要想使考评有效地进行,必须确定好由谁来实施考评,也就是确定好考评者与被考评者的关系。A公司采用的方式是由考评小组来实施考评,这种方式有利于保证考评的客观、公正,但是也有一些不利的方面。

通常来说,不同绩效指标的信息需要从不同的主体获得,应该让对某个绩效指标最有发言权的主体对该绩效指标进行评价。考评关系与管理关系保持一致是一种有效的方式,因为管理者对被管理者的绩效最有发言权。而考评小组在某种程度上可能并不能直接获得某些绩效指标,仅通过考评小组进行考核是片面的。当然,管理者也不可能得到关于被管理者的全部绩效指标,还需要从与被管理者有关的其他方面获得信息。所谓360度考评,就是从与被管理者有关的各个方面获得对其的评价。

误区之五:绩效考评与其结束后的其他工作环节衔接不好。

要想做好绩效考评,还必须做好考评期开始时的工作目标与绩效指标确认工作和考评期结束时的结果反馈工作。这样做的前提是将绩效考评放在绩效管理的体系中考虑,孤立地看待考评,就会导致忽视考评前期与后期的相关工作。在考评之前,主管人员需要与员工沟通,共同确认工作的目标和应达到的绩效标准。在考评结束后,主管人员需要与员工进行绩效面谈,共同制订今后工作改进的方案。

以上五点指出了目前在许多企业的考评中经常会出现的一些误区。当然,考评仅仅是管理工作中的一个环节。考评工作要想真正有效,还需要其他工作的共同配合,例如激励、培育手段等。

复习思考题

1. 请结合第一节的例子说明绩效考评技术在人力资源诊断中的作用。
2. 绩效考评在工资管理中有哪些应用？
3. 请结合自身的经历谈谈绩效考评技术在人力资源管理中的应用。

第十二章

平衡计分卡及其在绩效管理中的应用

📔 本章学习目标提示

- 理解平衡计分卡的概念、主要功能以及基本内容
- 掌握关键绩效指标的选取
- 掌握员工绩效考评指标的建立
- 理解平衡计分卡的应用实例

目前,平衡计分卡在绩效管理与绩效考评实践中得到了广泛的应用。什么是平衡计分卡?平衡计分卡在企业中如何应用?我们将在本章中进行具体说明。

第一节 平衡计分卡的基本概念

最早提出"平衡计分卡"这一概念的人是美国哈佛大学商学院的教授罗伯特·卡普兰和戴维·诺顿。他们是对在绩效考评方面处于领先地位的12家美国公司进行为期一年的研究后,提出"平衡计分卡"思想的。这一思想一经提出便迅速在美国各大公司中得到普遍运用,已取得了良好的效果,成为各大公司战略传递和考评的有效工具。在我国,许多企业采用了这种方法,也取得了不错的效果。

平衡计分卡的提出弥补了传统财务控制模式的缺陷。传统财务模式的弊端主要体现在以下几个方面:

(1)偏重有形资产的评估和管理,对无形资产和智力资产的评估与管理显得无力。

(2)偏重输出的一致化和转化过程的标准化,促使公司能力的

提高和顾客关系的改善,而忽视输出的个性化。

(3) 偏重对以往业绩的衡量,而无法预测未来业绩,并不能有效评价和控制影响未来业绩成功的驱动因素,无法支撑企业未来的发展。

平衡计分卡的核心思想是通过财务、客户、内部经营过程、学习与成长四个指标的相互驱动,来实现绩效考评—绩效改进及战略实施—战略修正的目标。平衡计分卡一方面通过财务指标保持对组织短期业绩的关注,另一方面通过员工学习、信息技术的运用与产品和服务的创新提高客户的满意度,共同驱动组织未来的财务绩效,展示组织的战略轨迹。(见图 12-1)

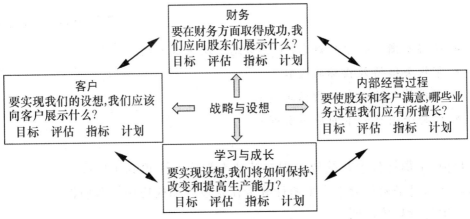

图 12-1 平衡计分卡平衡维度示意图

第二节 平衡计分卡的主要特点

一、平衡计分卡是绩效管理体系的基石

平衡计分卡的一个突出优势是它克服了传统绩效考评的一个缺陷——传统绩效考评缺乏把公司的长期战略与短期行动建立起有机的联系。很多公司的经营和管理控制系统都是在财务指标和目标的基础上建立起来的,这些指标对公司实现长期战略目标意义不大。平衡计分卡可以综合平衡各战略要项,完成对关键过程的有效控制和资源的优化配置,并通过引入四个全新的管理程序,使公司长期的战略目标与短期行动管理联系起来发挥作用。

利用平衡计分卡进行绩效管理包括以下四个基本程序(如图 12-2 所示)。

第十二章 平衡计分卡及其在绩效管理中的应用

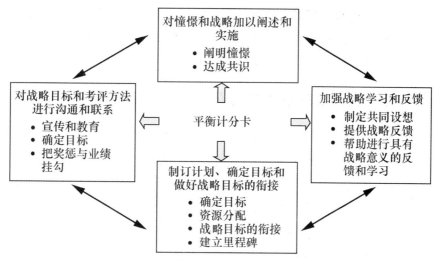

图 12-2 战略目标导向作用示意图

（1）对愿憬和战略加以阐述和实施。它有助于经理们就组织的使命和战略达成共识。常常可以看到，很多企业的最高管理层都有着美好的战略愿憬，如"成为行业领袖""进入世界 500 强""出资者幸福、员工满意"等，但往往只停留在口号层面，而没有形成能够提供实用的行动指南的业务术语。平衡计分卡正是通过一套完整的目标和考评指标，将这些豪言壮语描述成推动公司成功的长期因素，并得到公司最高管理层的认可。

（2）对战略目标和考评方法进行沟通和联系。它通过宣传教育、确定各级目标并把奖惩与业绩挂钩，使各级管理者能在组织中对战略进行上下沟通，并把它与各部门及个人的目标联系起来。它可以使组织中的各个层次都能够理解公司的长期战略，而且能够促使部门及个人目标与之保持一致。

（3）制订计划、确定目标和做好战略目标的衔接。它能整合公司的业务规划和财务规划，使二者一体化，形成协同的统一体。几乎所有公司都在实施各种改革方案，每个方案都有自己的倡导者和相关利益群体，都在争取经理的时间、精力和资源的支持，这导致经理们很难把这些不同的新举措组织在一起。但是，通过平衡计分卡，经理们可以根据既定的战略目标，确定资源分配的先后次序，并能够有针对性地筛选和推动能实现长期战略目标的新措施，并注意加以协调。

（4）加强战略学习和反馈。它赋予公司一种战略目标学习能力。现有的反馈和考察程序都注重公司及各部门、员工是否达到了预算中的财务目标。通过平衡计分卡,公司就能从另外三个角度来监督短期结果,并根据最近业绩评价和修改战略。

二、平衡计分卡在绩效管理中的优势

首先,平衡计分卡将企业的战略要点落实到具体的考评指标上,使战略便于表达和层层分解,实现战略的有效"落地"。通过平衡计分卡分解到的各项目标指标,成为各级单位和个人考评的依据,保障了考评的牵引机制和约束机制对公司战略的积极贡献。通过对这些考评指标的检测,有利于在战略实施过程中进行实时监控,促进公司战略目标的不断修改和完善。

其次,它还克服了传统考评体系的片面性、主观性,综合考虑影响业绩的各个方面的因素及绩效在各个方面的体现,平衡了短期和长期的因素,采取定性和定量、主观和客观、前馈控制和后馈控制相结合的综合评价模式,能够对绩效进行全方位、更为准确和科学的评价。

最后,它实现了考评体系与控制体系的完美结合。它自始至终贯彻着目标管理和控制的思想,将目标转化为具体的测评指标,通过指标的完成情况来监控目标的实现程度,并根据指标完成中的不足,有的放矢地寻找问题症结所在,确保过程前、过程中和过程后整个流程都有利于目标的实现。

上述过程如图 12-3 所示。

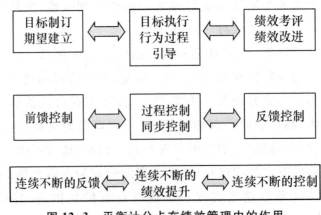

图 12-3 平衡计分卡在绩效管理中的作用

三、平衡计分卡具有较强的激励效应

平衡计分卡的激励功能主要反映在绩效与报酬的对等承诺关系之中。

（1）通过使组织、团队及员工个人目标保持一致，开发员工的工作自主性，这是工作内部报酬的一种有效模式。

（2）事先明确实际工作成果和应得报酬，并及时根据约定予以奖励，可以形成一种期望激励，以调动员工的工作积极性，这是外部报酬的一种有效方式。

（3）在完成平衡计分卡要求的各项任务和要求过程中，进行充分的信息交流、指导和沟通，有助于员工不断改进工作，激发员工的成就感。

第三节　平衡计分卡的基本内容

这一节我们将具体阐述如何应用平衡计分卡技术建立与设计考评内容。

一、财务方面

从财务的角度要解决的主要问题是怎样让股东满意。财务业绩是传统绩效考评与平衡计分卡共同关注的考评对象。然而有所不同的是，平衡计分卡所包含的财务指标具有双重含义：一方面，从短期的视角对组织已采取行动所产生结果的评价，这是传统的绩效考评思想的沿袭，即立足于"对短期财务业绩的改善"；另一方面，平衡计分卡通过财务指标关注组织长期发展的结果与后劲，在整个计分卡的因果价值链上，财务指标作为其他三个方面指标相互驱动、共同指向的结果，与其他指标一同构成组织战略规划—战略实施的完整轨迹，同时财务指标也是评价个人与组织绩效、进行绩效改进与组织战略变革的出发点。

（一）财务方面的常用指标

1. 财务效益状况指标

净资产收益率＝净利润÷净资产
总资产报酬率＝净利润÷总资产

销售（营业）利润率＝销售利润÷销售净收入

成本费用利润率＝利润总额÷成本费用总额

成本费用＝销售成本＋销售费用＋管理费用＋财务费用

2. 衡量资产运营状态指标

总资产周转率＝销售收入÷总资产

流动资产周转率＝销售收入÷流动资产平均余额×12÷累计月数

存货周转率＝销售成本÷存货平均值

应收账款周转＝赊销净销售额÷应收账款平均值

3. 衡量偿还债务的指标

资产负债率＝总负债÷总资产

流动比率＝流动资产总值÷流动负债总值

速动比率＝速动资产÷流动负债

现金流动负债率＝现金存款÷流动负债

长期资产适合率＝固定资产÷固定负债×自有资本

4. 衡量发展能力的指标

销售（营业）增长率＝本年度销售额÷上年度销售额

人均销售增长率＝（本年度销售额÷本年度员工数）÷（上年度销售额÷上年度员工数）

人均利润增长率＝（本年度利润÷本年度员工数）÷（上年度利润÷上年度员工数）

总资产增长率＝本年度总资产÷上年度总资产

5. 其他常用财务指标

投资回报率＝资本周转率÷销售利润率

资本保值增值率＝期末净资产÷期初净资产

社会贡献率＝工资＋利息＋福利保险＋税收＋净利

总资产贡献率＝（利润＋税金＋利息）÷平均资产总额×12÷累计月数

全员劳动生产率＝工业增加值÷员工数×12÷累计月数

产品销售率＝销售产值÷生产总产值

附加价值率＝附加价值÷总产值

（二）财务指标与企业发展战略的对接

企业处于不同的生命周期，财务目标是不同的。对于同一个企业的不同战略单位，由于所处的阶段不同，财务指标也存在很大的差异性。一般企业在生命周期内要经历三个阶段：成长期、维持期、收获期，各个阶段根据其不同特点在财务指标的侧重点上有所不同。

处于成长期的企业往往具有以下特点：开发和改进新产品和服务、建设和扩大生产设施、培养和发展客户关系、建设销售网络、增强经营能力、消除制约各方面的瓶颈。成长期的企业现金流可以是负的，投资回报率也很低，因此，处于成长期的企业，其财务指标以收入增长为主，如收入增长率、目标市场增长率、顾客群体增长率、地区销售增长率。

处于维持期的企业一般采取与获利能力相关的财务指标，如经常收入和毛利、资本回报率、投资回报率、现金流量速度。

处于收获期的企业，其财务目标是注重现金流动，一般采取以下财务指标，如投资回报率、经营收入、经济附加价值。

二、客户方面

平衡计分卡在客户方面要解决的问题是客户的要求是什么。国外在20世纪80年代就提出"90年代是竞争客户的时代，只有赢得客户，才能赢得持久的成功"。经研究表明，若在留住客户方面获得5%的提高，就能够给企业带来25%~125%的利润增长。在崇尚知识与人才的经济时代，获得客户的满意与忠诚已经成为企业获得可持续发展的关键环节。平衡计分卡所包含的客户指标阐明了管理者应如何赢得客户忠诚的关键点，使公司的战略目标转变为以客户和市场为依据的具体目标。客户指标本身既是形成未来财务绩效的动因，又是组织内部的业务经营过程因素驱动的结果。

客户关系模型涉及5个平衡计分卡常用的客户指标，这几个指标也是核心的客户指标，其内部存在着因果的驱动关系。如图12-4所示。

市场份额（市场占有率）是指特定产品在目标市场细分中相对于主要竞争对手的占有率或对整体市场的占有率，以及顾客占有该特定产品业务量的百分比。

客户维持即挽留既有顾客不要流失；同时，要注意维护顾客的忠诚度即衡量既有顾客的业务成长率。

新客户开发率(新顾客成长率)主要通过以下两个指标来评估：(1)招揽活动评估(转变率＝新顾客人数÷潜在顾客人数)。(2)衡量招来一个新顾客的平均成本。具体有以下三种计算方式：招揽成本/新顾客人数；新顾客营收/推销活动次数；新顾客营收/招揽成本。

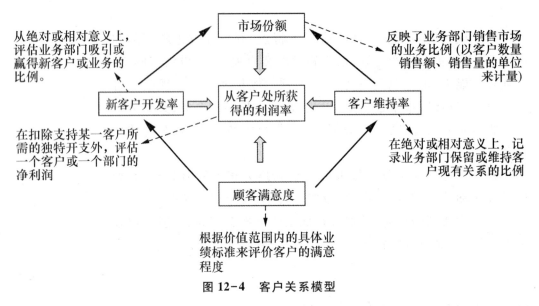

图 12-4　客户关系模型

顾客满意度主要通过旧顾客续约率和新顾客成长率这两项指标来评估。

从客户处所获得的利润率的影响因素有市场份额、客户维持率、新客户开发率、顾客满意度。

三、内部经营过程

经营过程是使公司的有形/无形资产发生有形产出的中间环节，也是组织战略目标最终要求的实现形式。传统的绩效考评制度仅限于根据财务业绩来改善现有的内部经营过程，从而获得业绩的局部改观；而平衡计分卡为公司内部的整个经营过程制订了目标与考评手段，并强调建立一种公司内部经营过程的价值理念，即依据客户目前与未来的需求，对内部经营过程适时创新，以满足客户的需求。在平衡计分卡的因果关系链上，内部经营过程指标既是影响客户满意度的动因，又是组织通过创新学习与成长推动的结果。

关于公司内部经营过程的指标没有固定的格式，我们可以从产品和服务的研发、市场开拓和产品的经营过程及产品的售后服务过程三个环节入手分别考虑具体的目标与考评指标,考评指标以质量、时间、成本等为主。这些考评指标往往与各个环节交织在一起,除了本身作为业绩结果和驱动因素外,相互之间也存在业绩结果和业绩驱动的关系。其常用指标如图12-5所示。

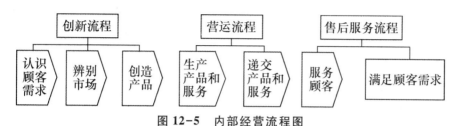

图 12-5 内部经营流程图

图12-5中的三个流程均可用具体的指标来衡量。创新流程可用以产品上市时间、产品初次设计即完全符合规格的比例、产品初次设计至投产的变更设计次数、设计错误造成的损失占整体营收的比例、收支平衡时间(即产品从开发到上市取得盈利的时间)等指标来衡量,具体到某个行业,制造业常用每百万个产品的不良率(PPM)、良品率、废料率、废品率、重做率、退货率等来衡量创新流程;营运流程可以用作业成本(Activity Based Cost,ABC)这一指标来衡量,它可用于计算成本中的非附加值作业活动(未直接参与生产的活动),并能帮助公司在产品设计及策划阶段降低不必要的成本;售后服务流程可以用故障回应周期时间、产品或服务递交后到顾客付清尾款的时间等指标来衡量。

四、学习与成长

组织的创新、学习能力与组织的价值创造是直接相关的,前三个方面(财务、客户、内部经营过程)指标已经为组织达成战略目标提供了关键要领,而学习与成长是组织实现前三个方面指标的最有效的推动力量。员工的学习与成长是知识经济时代企业谋求可持续发展的前提。平衡计分卡把学习与成长作为决定公司战略实施的一个必要因素列入公司的绩效考评系统,从而使整个战略实施过程完整地建立在长远、稳固的基础之上,成为公司实现财务、客户与内部经营过程目标的最有效的推动力量。其常用指标如下:

(1)员工能力,如员工满意率、员工流失率(核心员工的流失率)、员工的劳动生产率、员工培训时数。

(2)信息系统的能力,如信息覆盖比率、对客户需求的反应时间。

(3)激发员工积极性的组织氛围,如员工合理化建议数、被采纳的建议数。

第四节 关键绩效指标的选取

前面已经列举了构成平衡计分卡各部分的常用指标,然而我们在进行考评的过程中不可能完全采用这些指标,考评指标过多、过于分散将会导致管理难度、管理成本的增加,同时也不利于考评指标对员工牵引作用的发挥。因为这些考评指标之间有些是相关的,有些是互为取舍的,导致无法建立考评体系,无法将员工工作目标和行为引导到整个组织的战略目标上来。因此,在确定平衡计分卡四个方面的指标时,还要仔细筛选,选取最有代表性的关键绩效指标。

一、KPI体系的基本内涵

KPI(关键绩效指标)是指企业宏观战略目标决策经过层层分解所产生的可操作的、能突出反映业绩情况的精练的战术目标,是宏观战略决策执行效果的检测指标。通常情况下,KPI用来反映策略执行的效果。我们将平衡计分卡的思想和KPI相结合,形成了由平衡计分卡确定的战略KPI体系。它不同于传统的绩效考评体系,如表12-1所示。

表12-1 KPI与传统的绩效考评体系的区别

	平衡计分卡确定的战略KPI体系	传统的绩效考评体系
假设前提	假定人们会采取一切必要的行动以达到事先确定的目标	假定人们不会主动采取行动以实现目标 假定人们不清楚应采取什么行动以实现目标 假定制定和实施战略与一般员工无关
考评的目的	以战略为中心,指标体系的设计与运用都是为战略服务的	以控制为中心,指标体系的设计与运用来源于控制的意图,为更有效地控制个人行为服务
指标的产生	通过平衡计分卡对战略目标自上而下进行层层分解产生	通常是自下而上根据个人以往绩效与目标产生
指标的来源	来源于组织战略目标与竞争的需要	来源于特定的程序,即对过去行为与绩效的修正

第十二章 平衡计分卡及其在绩效管理中的应用

续表

	平衡计分卡确定的战略 KPI 体系	传统的绩效考评体系
指标的构成及作用	通过财务与非财务指标相结合,体现关注短期效益、兼顾长期发展的原则;指标本身不仅传达了结果,也传递了产生结果的过程	以财务指标为主、非财务指标为辅,注重对过去绩效的评价,指导绩效改进的出发点是过去绩效存在的问题,绩效改进行动与战略需要脱钩
收入分配体系与战略的关系	与 KPI 的值、权重相搭配,有助于推进组织战略的实施	与组织战略的相关程度不高,但与个人绩效的好坏密切相关

由此,我们可以看出,建立由平衡计分卡确定的战略 KPI 体系具有以下意义:

(1) 建立以责任成果为导向的企业管理体系,落实企业战略目标与管理重点,不断强化与提升公司整体核心竞争力。

(2) 通过 KPI 的牵引,使得个人目标、部门目标与公司目标之间保持一致。

(3) 传递市场压力,使工作聚焦,责任到位,成果明确。

(4) 通过 KPI,使不同功能领域的员工相互合作,集中体现在共同成果上。

(5) 通过 KPI,建立激励与约束员工行为的管理系统,为企业价值评价与价值分配体系的建立提供系统的框架。

二、KPI 体系的建立

建立 KPI 体系应遵循以下原则:

(1) 与平衡计分卡确定的战略目标紧密结合,能够体现出企业的发展战略与成功的关键要点。

(2) 强调市场标准与最终成果责任,对于使用 KPI 的人来说,应该有意义,并且可以对其进行测量与控制。

(3) 在责任明确的基础上,强调各部门的连带责任,促进各部门的协调,不迁就部门的可控性和权限。

(4) 主线明确,重点突出,简洁实用。

通过平衡计分卡的战略管理体系确定企业的关键业绩系统,其立足点在于战略的明晰和细化;其关键点在于不断沟通,以达成公司内部各层级之间的共识;其难点在于对平衡计分卡各部分的关键衡量指标的选取。建立关键绩效指标体系要遵循以下步骤。

(1) 与公司高层通过沟通与研讨,就企业的战略目标和成功的关键达成共识,确定公司级平衡计分卡各部分的基本构成。主要明确以下几点:企业共同愿景与价值导向、企业经营战略与模式选择、企业可持续性发展的关键与成功的关键、企业过去成功的关键与未来成功的关键。此阶段最终的成果是企业在财务、客户、内部运营和学习与成长方面的基本目标。如某保险公司通过研讨,得出了企业在平衡计分卡四个方面的成功要点和主要侧重,见表12-2。

表12-2 平衡计分卡内容与目标一览表

基本类别	基本目标
财务方面	满足股东期望
	改善营运绩效
	达到获利的成长
	降低股东风险
客户方面	改善经纪人绩效
	满足目标投保人
内部运营方面	发展目标市场的业务
	承保获利率
	理赔和业务的配合
	改善生产力
学习与发展方面	提升员工技能
	改善策略资讯的使用

(2) 通过问卷、访谈、座谈等形式,征求公司中、高层管理人员的意见,经过充分的探讨和论证,确定企业关键业绩在平衡计分卡各方面目标的具体衡量指标及其逻辑关系(见本章后附件一、附件二)。

在分解各绩效目标、选取关键绩效指标的过程中,各级管理人员可能会根据自身对绩效目标的理解及本单位的特点提出多种业绩衡量指标,这就需要我们进行筛选,选取关键绩效指标。筛选的原则如下:第一,指标的有效性,即该指标能够客观、集中地反映基本目标。第二,指标的量化性,即尽量使用定量化衡量指标,避免凭感觉、主观判断来影响考评结果的公正和公平。第三,指标的可测量性,即考评测算的数据资料能够比较容易获得,并且计算过程尽量简单。第四,指标的逻辑性,即平衡计分卡注重前馈控制和后馈控制相结合,注重结果指标与驱动因素指标之间的逻辑关系。因此,在选取指标的过程中,要尽量保证这种逻辑依存关系。

我们可以运用"鱼骨图"法分析每一个成功的关键业务重点。采用"鱼骨图"的方式对具体要点加以分解,理清基本业绩目标、关键业绩标准和次级业绩标准之间的逻辑脉络关系,如图12-6所示。

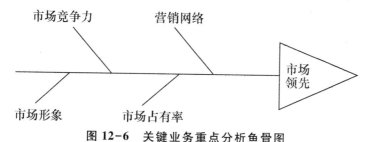

图 12-6　关键业务重点分析鱼骨图

根据平衡计分卡各方面的基本目标,将各级关键绩效指标进行汇总,便构成了公司级的关键绩效指标。如某公司确定的平衡计分卡的衡量指标,见表12-3。

表 12-3　考评指标分析

基本类别	基本目标	衡量指标
财务方面	提高财务收益	净资产收益率、资本保值增值率、成本费用利润率
	资产运营良好	资产负债率、流动资产周转率、应收账款周转率
	提高偿债能力	资产负债率、流动比率
	提升发展能力	资本积累率、三年资本平均增长率
客户方面	确保价格稳定	价格波动比率
	提升服务水平	促销效益比率、客户满意度
	提升品牌价值	产品上架率、品牌知名度、品牌忠诚度
内部运营方面	提高产品质量	原料质量一次达标率、检验合格率、工艺达标率
	降低成本	采购价格综合指数、原辅料的损耗
	提高效率	设备有效作业率、配送及时率
学习与发展方面	提升员工学习水平	培训覆盖率、核心员工流失率
	促进企业发展	技术与产品储备度、产品创新程度

（3）以最高层领导人积极参与的集体讨论为基础，由各二级单位的负责人及有关专家进行分析、论证与修正，确定公司级KPI在各二级单位的分担情况，确保公司级的KPI能够有效地贯彻和落实。

公司总体战略的实现要以下属各单位目标的实现、职能的有效履行为基础。因此，公司级的KPI只有分解为各二级单位的KPI，才能真正有效地将公司的战略目标传递下去，并且只有通过对二级单位KPI运行情况的监控，才能真正把握公司总体战略运行情况。

我们可以用指标—单位列联的形式对指标进行分解，如表12-4所示。

表12-4 指标分解一览表

关键绩效指标	技术	营销	生产运行	内部管理	财务
资产收益率					⊙
技术创新	⊙	⊙			
提高产品质量	⊙		⊙		
提升服务水平		⊙		⊙	
客户关系		⊙			
培训覆盖率	⊙	⊙	⊙	⊙	⊙

（4）在公司领导和相关专家的指导下，各部门根据公司分解下来的KPI，结合本部门的具体职责、年度工作目标和管理实际，制订本二级单位的平衡计分卡四个方面的具体考评指标，经专家论证和公司领导审批后，报企业管理部门备案，以此作为公司对二级单位考评的核心依据。

在这一阶段，要求各二级单位根据本单位的职责定位响应组织的战略和策略目标。在公司总体战略的指导下确定部门的目标，在公司策略目标的指导下分别确定二级单位的财务策略目标、客户策略目标、内部运营策略目标及员工管理策略目标。在二级单位策略目标的制定过程中，不仅应包括企业的一级KPI直接分解的指标，还应包括自身组织建设、工作改进等责任所要求的指标。

表12-5是某保险公司证券部门在公司平衡计分卡总体框架下建立的部门级平衡计分卡。

第十二章　平衡计分卡及其在绩效管理中的应用

表 12-5　部门 KPI 指标设计表

部门名称	证券部	负责人姓名	梁小勇
部门定位	实现证券业务有效运行,以有效规避公司投资风险,促进公司资产增值。		
重要职责	• 规划中、长期证券业务的策略方向 • 稳健经营公司资产,并达到风险控制的目标 • 拓展综合证券业务,并创建销售渠道制度		
核心业务流程（用流程图标志）			
关键绩效指标			
财务	• 风险调整后净资产报酬率 • 营业收入		
顾客	• 市场占有率 • 顾客满意度 • 市场形象 • 新业务营收成长率		
内部流程	• 新产品开发速度 • 证券制度流程运作有效度 • 人均产能 • 新渠道数量		
学习与成长	• 证券部门人员的满意度、能力成长、团队士气、对公司未来发展的信心 • 绩效管理 • 专业技能人员比例 • 留才率		

（5）根据既定战略和实际经营情况,系统梳理和调节公司及二级单位的关键绩效指标体系,保证各项关键绩效指标的逻辑性、系统性和时新性。同时,根据战略侧重点的不同,赋予各项关键绩效指标权重,确保总体战略目标的实现。

指标权重确定要遵循以下原则:战略目标和经营重点为导向的原则;拾遗补缺原则;系统优化原则;考评者的主观意图与客观情况相结合的原则。

确定权重有两种方法:经验法和权值因子法。其中,权值因子法运用起来相对烦琐、成本较高，目前在企业里适用面较窄，这里着重介绍经验法。

经验法是一种主要依靠历史数据和专家直观判断确定权重的简单方法。从"硬件"上讲，这种方法需要企业有比较完整的考评记录和相应的结果评价；从"软件"上讲，它是决策者个人根据自己的经验和对各项评价指标重要程度的认识，或者从引导意图出发，对各项评价指标的权重进行的分配，也可以是集体讨论的结果，如表12-6所示。

表12-6 指标加权一览表

指标名称		主任级（中心负责人）	
		营销中心（%）	生产中心（%）
权重	能力	15	20
	绩效	75	60
	态度	10	20
绩效指标	费用水平	34.5	30
	预算完成率	26.1	15
	政治思想工作	8.7	10
	员工满意度	8.7	10
	部门配合满意度	8.7	15
	本部门员工培训计划达成率	13.3	20

（6）确定指标标准。绩效指标权重确定以后，要根据指标的具体情况确定相应的评价标准。

KPI主要以定量和定性两种方式进行标准设定。对于能够用数量清晰界定最终成果的指标，我们采用定量化标准；对于用数量无法清晰界定的指标，我们通过对指标达成情况进行尽可能多的描述，然后以评估表的形式加以明确。

KPI标准设定的一般程序是：第一，确定基准值。如果我们的考评体制分五个层次的话，那么处于中间一层的标准就应当视为基准水平，它对应的是指标的完成结果刚刚满足了公司的要求。第二，确定指标标准的范围。范围要全面，要能够覆盖到指标完成的全部可能情况。第三，确定指标的层次，即指标用几分尺度衡量。一般来说，尺度分得越细，越能衡量出绩效的差距，但同时管理的成本和难度也越大，通常我们采用三分尺度或五分尺度。

表 12-7 为定量和定性指标的标准设定。

表 12-7 指标标度设计表

考评指标		考评标准		
		好	中	差
财务指标	管理费用（接待费、差旅费、办公费、工会活动费）	实际发生额低于预算额5%及以下	实际发生额在预算额±5%以内	实际发生额高于预算额5%及以上
内部流程指标	规章制度建设	各项规章制度健全，监督到位	各项规章制度基本健全，能够得到贯彻执行	各项规章制度不健全，不能够严格贯彻执行

（7）将 KPI 与企业现行管理流程对接，形成 KPI 库。KPI 设定完成以后，只有融入企业现行的管理控制系统内，才能发挥指标战略导向和行为约束的作用。因此，它需要解决几个问题：由哪些部门和责任人负责跟踪、收集数据，哪些部门对数据进行核对，数据从哪里收集，每收集一次的时间间隔（即统计周期）为多少适宜，等等。解决了以上问题以后，我们就顺利地完成了 KPI 与企业现行管理流程的对接，如表 12-8 所示。

表 12-8 指标库设计表

指标名称	工作配合满意度									
指标定义	由上级、同级、下级对员工进行工作配合满意度评价									
设立目的	考察部门内部、部门之间的员工协作关系，客观评价被考评者									
计算公式	上级、同级、下级配合评价满意度加权平均									
相关说明	由上级、同级、下级分别对员工工作协作、配合情况按照5等级量表（S=5,A=4,B=3,C=2,D=1）进行评价，按照如下比重进行加权									
	处级			副处级			科级			科级以下
	70%	20%	10%	60%	20%	20%	50%	20%	30%	70%	30%
数据收集	企业管理部门									
指标负责人	管理企业的高级主管									
数据来源	部门配合满意度评价表									
数据核对	分管公司领导									
统计周期	一年一次									

续表

指标名称		工作配合满意度
等级定义	S	能主动、有效地配合他人完成相关工作,得 4.5~5 分
	A	能较好地配合他人完成工作,得 4~4.5 分
	B	在职责范围内能配合他人完成工作,得 3~4 分
	C	工作协作意识较差,得 2~3 分
	D	无工作协作意识,得 2 分以下

汇总各个考评指标,就形成了 KPI 库。KPI 库不是一成不变的,它处于不断调整和完善的过程中。随着市场环境和企业内部状况的变化,经营者、管理者在不同时期会设定不同的战略目标,在不同时期关注的重点也会有所区别,必须通过绩效指标的变化和调整来引导员工将注意力集中到企业当期经营的重点上。因此,企业必须建立动态开放的 KPI 库,通过不断地完善和积累,形成企业的资源库,根据战略的调整从指标库直接选取适合的 KPI 进行考评与评价。

第五节 员工绩效考评指标的建立

这一节,我们将具体阐述如何应用平衡计分卡技术建立与设计员工个人绩效考评指标。

一、员工个人考评的两个基本问题

是不是员工个人按照职位的专业内容开展工作并能够顺利完成,就表示他已经取得了良好的绩效?答案是不确定的。这取决于他所履行的工作与企业的战略方向是否一致,只有当员工的努力程度与企业的战略规划目标高度一致的情况下,企业整体绩效才能得到提高,否则是徒劳的。图 12-7 恰当地说明了这个问题。

是不是所有人员都可以用一套简单易行的考评指标进行统一的衡量?答案是否定的。正如世界上没有万能的药方,也不会有一套简单的考评指标能够覆盖所有人员。随着社会的进步,劳动分工越来越细化,对于不同性质、不同特点和不同层次的劳动,绩效结果的表达方式也必然是不同的。采用同一套指标体系的缺点是衡量面过广,考评没有针对性,无法体现不同人员的真实情况,导致考评过程流于形式。

第十二章 平衡计分卡及其在绩效管理中的应用

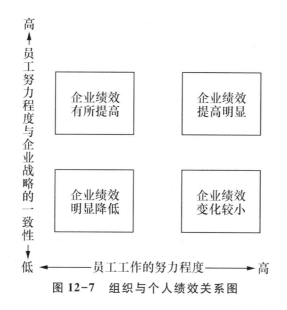

图 12-7 组织与个人绩效关系图

二、员工个人考评的基本思路

通过对以上两个问题的回答,明确了我们进行员工个人考评的两个基本的指导思想——战略导向与分解和分层分类的思想。

(一)战略导向与分解

任何战略的实施,最终都要落实到人的行为。如果企业内各级员工的行为失去企业整体目标的牵引,而仅仅是按照职位的专业内容开展工作,其结果必然会发生"战略稀释"现象。在极端情况下,甚至可能出现员工的工作努力与企业整体的发展规划方向背道而驰。因此,必须通过绩效目标的制订使企业的战略层层传递和分解,使企业中每个职位都被赋予战略责任。

(二)分层分类的思想

随着知识经济时代的到来,人力资源管理日益成为一种营销工作,即企业是站在员工需求的角度,通过提供令顾客满意的人力资源产品与服务来吸纳、留住、激励、开发企业所需的人才。所以,企业的绩效管理体系必须能够适应这种多元化、个性化的工作形式,应当能够针对不同工作性质的员工提供不同的绩效管理形式,设计分层分类的绩效管理体系。要从职位所需要的知识、技能要求以及工作责任的相似性角度进行职类职种的划分,确定各职位对任职者知识、技能、应负职责及对企业影响大小的相对水平,在职位体系的网状结构找到相应的位置,从而有针对性地建立分层分类的绩效管理体系。

从分层的角度来看,我们在制订具体岗位的绩效指标时,一般要从两方面进行考虑:对结果的关注和对行为的关注。但是,不同层次的人员由于承担的责任范围不同,结果指标和行为指标所占的权重也不同。处于企业高层的管理者往往是对结果指标承担责任,工作内容主要是决策和管理,工作中需要更多的灵活性和艺术性,对其在达成结果过程中的行为很难进行严格规范,因此绩效指标也是以 KPI 为主。而基层员工往往不能直接对结果承担责任,或者说基层员工对结果的影响主要是通过其完成任务过程中表现出来的行为规范性来决定的,因此,对基层员工来说,过程控制就显得非常重要,在设计绩效指标时,行为指标占的权重较大,而结果指标占的权重则较小。

中高层管理者作为企业或部门的负责人,主要工作就是领导或带领团队成员完成团队的目标,因此,中高层管理者的绩效目标就是其领导的团队的目标。中高层的绩效指标也就是其所负责单位或部门的 KPI,如图 12-8 所示。

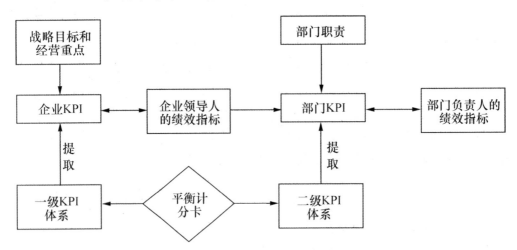

图 12-8　中高层主管人员绩效考评指标设计图

基层员工的绩效指标来源于两个方面:职位应付责任,体现对业务管理流程的支持,对部门管理的贡献;战略层层分解的部门目标,体现对业务执行流程的支持、对流程终点的贡献。因此,对基层员工的绩效指标包括了个人承担的 KPI 和行为指标两部分,即结果性和过程行为性指标相结合,如图 12-9 所示。

第十二章　平衡计分卡及其在绩效管理中的应用

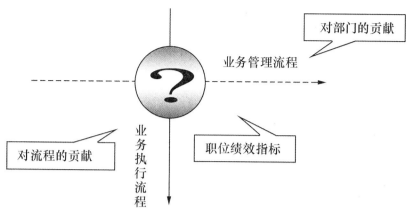

图 12-9　基层员工绩效考评指标设计图

从分类的角度,我们根据工作性质的不同,将企业内部所有的职位划分为不同的职类。具体划分见岗位测评课题组的工作成果,这里仅举一个例子说明,见表 12-9 所示。

表 12-9　岗位类别划分标准一览表

职类	划分要素
管理类	对企业经营与管理系统的高效运行和各项经营管理决策的正确性承担直接的责任
技术类	对企业产品和技术在行业中的先进性承担直接的责任
作业类	对产品产量、质量和生产成本承担直接的责任
市场类	对企业产品的品牌及市场占有率承担直接的责任
专业类	对为行政管理系统提供的专业管理资讯与参谋及管理服务的质量承担直接的责任

对每个职类的工作特点进行分析,选取有针对性的指标,建立绩效评价体系,如表 12-10 所示。

表 12-10　员工考评系统设计表

类型	绩效特征	绩效考评方式	考评周期
承担管理责任的各级管理者	基于业绩目标承诺完成和工作改进的业绩目标评价	业绩目标评价	半年或年度
业务或一般研发人员	基于目标制订的计划完成和工作改进评价	计划完成评价	季度
行政类或事务类工作人员	基于职位应负责任和例外工作完成评价	承担责任和贡献的评价	季度
从事例行性工作的人员	工作量完成评价	工作量及准确性评价	月度

三、员工个人考评指标的选取办法

（一）员工个人考评指标的构成

员工个人指标主要是由三类指标组成：业绩指标、能力指标和态度指标。这是基于对员工个人绩效形成的假设以及结合企业各职类人员的特点而提出的。

我们认为员工的业绩是员工工作的直接成果，但它属于冰山露在水上面的一部分，属于绩效中的显在部分。由于很多职类的工作很难根据直接的工作业绩进行衡量，如行政类人员、研发类人员等，所以它无法代表整体的绩效。

员工的能力是属于冰山在水下的那部分，它属于绩效的潜在部分。正是它决定着员工工作业绩的情况。我们知道没有能力的人是很难取得良好工作业绩的，对长期从事研发工作的人员的短期业绩无法衡量时，对其进行能力的衡量是至关重要的。

员工的态度相当于海水或催化剂，它决定着员工能发挥多少能力，能够取得多少业绩。能力再强的人如果不能努力工作的话，也不会取得良好的业绩。

以上三类指标构成了对员工个人绩效评价的立体系统，在实践中，需根据各职种的特点，选取有针对性的指标并在指标的权重上有所侧重。

（二）员工个人指标的选取办法

对于中高层管理者的考评指标主要以其承担的单位或部门的KPI为主。部门KPI的选取我们已经在上一部分详细介绍过了，因此，下面主要介绍基层员工考评指标的选取办法，见图12-10所示。

获取员工个人考评指标的途径主要有两个：一个是由部门关键绩效指标和职位职责决定的个人KPI，另一个是从职位说明书中提炼的员工的个人态度和能力指标。

确定个人KPI的具体做法如下：

首先，各个岗位依据岗位职责对部门的指标进行分解。通常一个部门指标是由几个岗位共同承担完成的，在这个过程中，部门应该召开会议。在多数企业中，各个部门都会有例会制度，例会上的一项主要工作就是对指标进行分解，但往往不会以指标的形式进行,而是以布置工作的形式进行,这就要求员工在会后制订工作计划时,提出具体的指标。

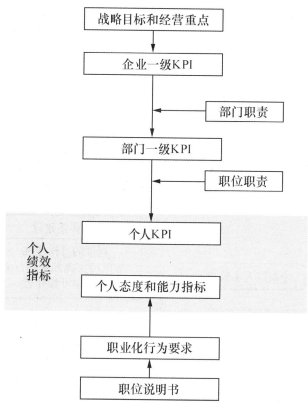

图 12-10　员工绩效考评指标选取示意图

员工在制订计划和确定指标的时候,除了对部门落实到本岗位的指标细化外,还应对本岗位工作进行分析,使员工的日常工作及对部门管理承担的责任都纳入绩效考评范畴。

然后,由部门负责人、直接主管和员工共同筛选指标,一般要经过两次筛选。第一次主要为了去掉相互重复、岗位完全无法控制、影响不太大、管理成本高或计算很复杂的指标;第二次筛选主要是根据对企业经营和经济效益影响力的大小进行排序,选择最重要的几项最终确定员工个人的KPI。一般一个岗位的KPI应在5个以上、10个以内。指标太少,可能无法全面反映职位的关键绩效水平;指标太多,则会导致重点不突出,而且在分配权重时比较分散,体现不出激励来。

我们可以通过图12-11和图12-12来说明个人KPI的确定过程。

绩效考评与管理方法

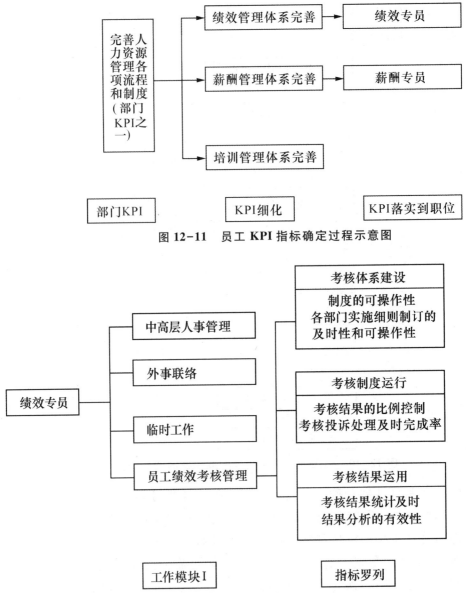

图 12-11　员工 KPI 指标确定过程示意图

图 12-12　绩效专员考评指标确定过程示意图

确定个人态度和能力指标的具体做法如下：

首先，根据分析职位说明书上关于岗位态度能力的要求，确定岗位需要哪些能力要项（指经过系统提炼的能力指标），各能力要项的标准是什么。

其次，根据职类的划分，将知识、技能、态度要求相近的岗位的能力要项汇集在一起，由专家组进行比较、分析、筛选、提炼，形成系统的、可操作性强的考评指标。

第十二章 平衡计分卡及其在绩效管理中的应用

最后，组合各项考评指标，确定具体的等级标准，最终形成态度、能力指标库，如表12-11所示。

表12-11 应变能力指标设计表

指标名称		应变能力
指标定义		是否能察觉到外部市场和竞争对手的变化，是否能独立自主地及时制订出应对措施，以巩固公司的市场地位
相关说明		
数据收集		
数据核对		
等级定义	S	对外部市场和竞争对手的变化总是能够非常快速地获知，不需要上级指示就能够立即制定出应对措施，而且措施的实施效果非常明显，保证了公司的市场地位不受任何影响
等级定义	A	对外部市场和竞争对手的变化能够比较快速地获知，基本不需要上级指示就能够立即制定出应对措施，而且措施的实施效果比较明显，保证了公司的市场地位不受影响
等级定义	B	以正常的速度获知外部市场和竞争对手的变化，在上级的指导下能够立即制订出应对措施，措施的实施具有一定的效果，使公司的市场地位基本不受影响
等级定义	C	获知外部市场和竞争对手变化的速度比较慢，需要上级给出明确的指示后才去着手制订应对措施，而且制订的过程比较长，实施的效果也不太明显，使公司的市场地位受到一定的影响
等级定义	D	获知外部市场和竞争对手变化的速度非常慢，在上级给出明确的指示后也不能制订出应对措施，使公司的市场地位受到很大的影响

其中，需要说明的一点是，关键绩效指标由于岗位不同、性质不同，具有个体性；而能力和态度指标往往是与职类有关的，具有共性。因此，项目组在态度和能力指标上只做到职类层面而不涉及具体岗位，如表12-12所示。

表 12-12　部门负责人能力考评指标加权表

	指标名称	部长级（部门负责人）			科级干部		
		营销部	生产运行部门	职能部门	营销部	生产运行部门	职能部门
权重	能力	10%	20%	30%	20%	30%	30%
	业绩	80%	60%	50%	60%	50%	40%
	态度	10%	20%	20%	20%	20%	30%
能力指标	业务知识	● 2%	● 4%	● 4%	● 4%	● 5%	● 6%
	计划能力	● 1%	● 3%	● 4%			
	组织领导能力	● 1%	● 2%	● 4%			
	决策行动能力				● 3%	● 4%	● 3%
	开拓创新能力	● 2%			● 2%		
	沟通协调能力						● 3%
	培育下属能力	● 1%	● 1%	● 2%	● 1%	● 2%	● 2%
	市场开拓能力	● 1%			● 1%		
	成本控制能力	● 1%	● 2%	● 2%	● 1%	● 4%	
	人力资源规划能力			● 2%			● 3%

四、员工个人的绩效管理体系管理循环

对员工的绩效管理是指管理者用来确保员工的工作活动和工作产出与组织的目标保持一致的手段及过程。它既是管理者和员工就应当实现何种目标及如何实现这种目标达成共识的一个过程，也是通过人员管理来提高组织成功可能性的一种方法。

员工个人绩效管理体系是一个完整的循环系统，包括四个环节：绩效计划、绩效监督、绩效考评和绩效反馈，如图 12-13 所示。

（1）绩效计划。绩效计划是绩效管理流程中的第一个环节，制订绩效计划的主要依据是工作目标和工作职责。在绩效计划阶段，管理者和被管理者之间需要在对被管理者绩效的期望问题上达成共识，在达成共识的基础上，被管理者对自己的工作目标做出承诺。管理者和被管理者共同投入和参与是进行绩效管理的基础。绩效管理是一项协作性很强的活动，由工作执行者和管理者共同承担，绩效管理过程具有很强的连续性，并不是在一年内进行一两次活动而已。

第十二章 平衡计分卡及其在绩效管理中的应用

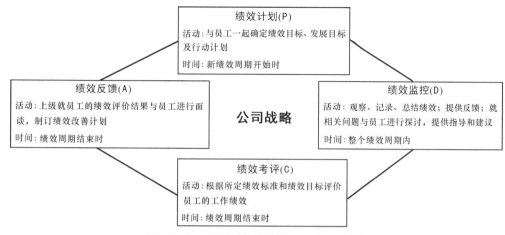

图 12-13 绩效管理周期（PDCA 循环）

（2）绩效监督。制订了绩效计划后，被评估者才开始按照计划开展工作。在工作过程中，管理者要对被评估者的工作进行指导和监督，对发现的问题及时予以解决，并对绩效计划进行调整。绩效计划并不是一成不变的，应根据实际情况的改变而相应调整。在整个绩效管理期间，都需要管理者不断地对员工进行指导和反馈。

（3）绩效考评。在绩效周期结束的时候，依据预先制订好的计划，主管对下属绩效目标的完成情况进行评估。绩效评估的依据是在绩效周期开始时双方达成一致意见的关键绩效指标，同时，在绩效监督过程中所收集到的能够说明被评估者绩效表现的数据和事实，可以作为判断被评估者是否达到关键绩效指标要求的证据。

（4）绩效反馈。绩效管理过程并不是到绩效评估打出一个分数就结束了，主管人员还需要与下属进行一次面对面的交谈。绩效反馈面谈可以使员工了解主管对下属的期望，了解员工自己的绩效，认识有待改进的方面。下属也可以提出自己在完成绩效目标中遇到的困难，请求上司指导。

绩效管理体系不论是对企业的整个运行过程还是对组织、管理者和员工个人，都发挥着重要的作用。

首先，从组织角度来看（如图12-14所示），组织的目标被分解为各业务单元的目标及各职位上的每个员工的目标。组织的整体目标是由各个业务单元的绩效来支持的，而个人目标的达成构成了业务单元目标的达成，也就是说组织的整体目标的实现是以每个员工的绩效为基础的。因此，组织要解决好以下几个问题：(1) 组织需要将目标有效地分解给各业务基础单元和各个员工，并使各业务单元和员工都积极向着共同的目标努力。(2) 组织需要监控目标达成过程中各个环节的工作情况，了解各个环节的工作产出，及时发现阻碍目标有效达成的问题，并予以解决。（3）组织需要得到有效的人力资源，以便高效率地完成目标。一方面，通过人员调配，使人员充分发挥作用；另一方面，加强对现有人员的培训，增强组织的整体实力。

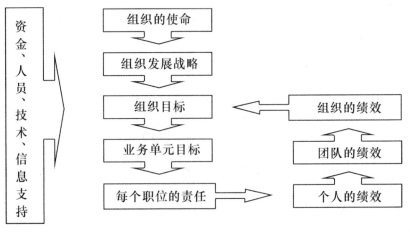

图 12-14 绩效管理作用示意图

绩效管理恰恰是解决上述这些问题的有效途径。通过绩效目标的设定和绩效计划的过程，组织的目标被有效地分解到各业务单元和个人。通过对团队和个人的绩效目标的监控过程以及对绩效结果的评估，组织可以有效地了解到目标的达成情况，发现阻碍目标达成的原因。绩效评估的结果可以为人员的调配和人员的培训与发展提供有效信息。因此，绩效管理对组织目标及其实现过程发挥着重要的作用。

其次，从管理人员的角度看，管理者承担着组织赋予自己的目标，而每个管理者都是通过自己的业务单元或团队来实现自己的管理目标的。管理者渴望自己在管理上取得成功。因此，管理者需要有机会将组织的目标传达给团队中的成员，并取得他们对目标的认同，以便团队成员能够共同朝着目标努力。管理者需要把组织赋予的目标分解到每个员工的头上，因为他们知道这些目标不是通过自己一个人的努力就可以实现的，而必须通过团队中的员工共同努力才能实现。管理者也需要告诉员工自己对他们的工作期望，使员工了解哪些工作重要，哪些工作员工可以自己做出决策。管理者还需要让员工知道各项工作的衡量标准是什么。管理者还常常希望能够掌握一些必要的信息，这些信息不仅与工作计划和项目执行情况有关（包括现在团队中哪些事情运行良好、哪些事情出了问题等），还

第十二章 平衡计分卡及其在绩效管理中的应用

与每个员工的状况有关(包括这些员工是否能够胜任工作、他们在工作中需要得到什么支持和帮助、他们在哪些方面有待提高等)。

这些问题也是在绩效管理过程中需要解决的。绩效管理为管理者提供了一个将组织目标分解给员工的机会,使管理者能够向员工说明自己对工作的期望和工作的衡量标准,并能够对绩效管理计划的实施情况进行监控。

最后,从员工的角度看,员工在绩效考评中通常以被管理者和被评估者的角色出现,评估对他们来说是一件有压力的事情,是与不愉快的情感联系在一起的。然而,当我们很好地理解了员工对工作的内在需要之后,就会发现绩效评估与管理对于员工来说也是他们成长过程中所必需的。马斯洛的需求层次理论可以对此进行解释,如图12-15所示。

图12-15 马斯洛的需求层次理论

员工在基本的生理需要得到满足之后,有待于满足更多的高级需要。每个员工在内心都希望能够了解自己的绩效,了解别人对自己的评价。首先是员工对安全和稳定的需要,避免由于不了解自己的绩效而带来焦虑;其次,员工也希望自己的工作绩效能够得到他人的认可与尊重;最后,员工还需要了解自己目前有待于提高的地方,使自己的能力得到提高,技能更加完善。

如果不能通过有效的途径将员工的绩效表现反馈给他们,那么他们只能猜测自己的绩效表现。例如,当一个员工发现上司今天对自己的脸色不好时,往往会认为是自己的工作表现不好,殊不知上司情绪不好的原因不是因为他,而是因为在上班的路上与别人吵了一架。

员工希望了解自己的绩效表现,更多的是为了提高自己的绩效,提高自己的能力,增强自身的竞争力。因此,员工特别需要通过绩效管理来了解和提高自己的绩效,了解自己在哪些方面还有待发展,以提高自己的能力。

第六节 平衡计分卡的应用实例

下面以 ZDZC 公司为例,介绍一下如何从企业困境入手,构建企业战略,并确定平衡计分卡的四个方面的基本目标和指标。

ZDZC 公司是一家从事自动化技术研制开发和生产经营的公司,目前在国内自动化行业中处于领先地位。但随着经济全球化进程的不断加快,国外的领先企业必将大举进攻中国市场,这将加剧自动化行业的竞争,使得 ZDZC 公司在关注内部的同时,更加关注外部的影响。绩效考评指标体系也必须顺应这种变化。为了使公司的高层经理们可以及时准确地了解和掌握企业的各种绩效测评指标,并能够做到聚焦于企业的战略,从而真正有效地考评公司的绩效,带动公司向纵深发展,公司引入了平衡计分卡作为绩效考评的基石。

为了引入平衡计分卡,ZDZC 公司首先对自己的发展进行了明确的定位,形成了自己的战略远景和战略规划(如图 12-16 所示),从而建立了平衡计分卡的核心和基础。

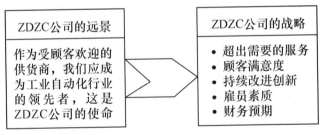

图 12-16　远景与战略关系图

其次,在明确公司的远景和战略的前提下,把平衡计分卡看作公司高层对公司远景和战略进行阐明、简化并使之具有可操作性的一条途径。平衡计分卡使经理们能从四个方面来考察。

(1) 顾客维度。ZDZC 的产品大多为系统化产品,因此顾客所关心的事情有五个方面:质量、时间、性能、服务和成本。为了使平衡计分卡能发挥作用,公司应该明确质量、时间、性能、服务和成本所应达到的目标,然后把这些目标转化成具体的考评指标(见表 12-13)。

第十二章 平衡计分卡及其在绩效管理中的应用

表 12-13 ZDZC 平衡计分卡顾客维度指标

顾客维度			
总体目标	具体目标	考评指标	新举措
日益增长的市场份额	满意的质量和服务	顾客满意度指数	ISO9000 系列标准应用
建立与顾客的伙伴关系	供货反应灵敏	按时交货（由顾客评定）	顾客与供应商之间的伙伴关系
创建超出需要的服务	扩大的市场占有率	市场份额	
提供满意的产品和供货时间	顾客伙伴关系	合作性工程活动的数量	

（2）内部运作过程维度。优异的顾客绩效来自组织运行的程序、决策和行为。因此，经理还需要关注这些能满足顾客需要的关键的内部经营活动。平衡计分卡的内部测评指标应当来自对顾客满意度有最大影响的业务程序，包括影响循环周期、质量、雇员技能和生产率的各种因素。ZDZC 的高层经理们断定，技术上的持续改进和创新是公司要培养的核心能力，而良好的项目管理能力和对安全与损失的控制也是公司势在必行的努力方向。公司为这三个内部业务目标，规定了绩效测评指标，见表 12-14。

表 12-14 ZDZC 平衡计分卡内部运作过程维度指标

内部运作过程维度			
总体目标	具体目标	考评指标	新举措
持续的改进和创新，塑造超出顾客需要的服务	技术能力 良好的项目管理能力 安全/损失控制	损益平衡时间 生产循环效率 项目业绩指数安全事件指数	ISO9000 系列标准应用 质量管理活动团队责任

（3）学习与成长维度。在为 ZDZC 设计的平衡计分卡中，以顾客为基础的测评指标和内部运作过程测评指标，确定了公司认为竞争取胜最重要的参数。在强调长期运作和对未来投资的重要性的前提下，雇员素质的提高、公司创新能力和学习能力的加强是不容忽视的方面。因此，ZDZC 平衡计分卡的第三部分就是学习与成长维度。公司提出培养员工素质、建立良好的信息系统、提高公司创新和学习能力这三个具体目标，并制订了对应的测评指标，见表 12-15。

表 12-15　ZDZC 平衡计分卡学习与成长维度指标

学习与成长维度			
总体目标	具体目标	测评指标	新举措
牢记顾客满意的基础首先是员工满意，因而要不断提高雇员素质，提高企业持续创新能力	员工素质培养 建立良好的信息系统 提高公司的创新和学习能力	员工满意度 雇员建议数 雇员授权程度 新产品销售额占总销售额的比例 新产品开发成功率	可持续发展 雇员授权 ISO9000 系列标准应用

（4）财务维度。财务绩效测评指标显示了公司的战略及其执行是否有助于利润的增加。虽然顾客满意度、内部运作绩效及学习与成长的测评指标都来自公司对环境的特定看法和对关键成功因素的认识，但经营绩效的改善却未能带来财务绩效的好转，这说明经理们应重新思考公司战略或其执行计划。因此，对财务维度的有效评估是传统的，但也是必不可少的。ZDZC 将公司财务的发展目标简单表示为生存、成功和繁荣，具体如表 12-16 所示。

表 12-16　ZDZC 平衡计分卡财务维度指标

财务维度			
总体目标	具体目标	测评指标	新举措
获取良好的财务预期	生存 成长 繁荣	净现金流 销售额利润率 利润率增加值 资本报酬率 利润预测可靠性	变动成本管理 ISO9000 系列标准应用

除了这几个重要测评指标外，反映企业财务能力的其他指标也可根据战略目标的要求进行选择。通过定期的财务报表，可以提醒经理们在质量、反应时间、生产率的改进及新产品出现的过程中，只有在财务报表转化为销售额和市场份额的上升、经营费用的降低或资金周转率的提高以后，对公司才是有益的。

ZDZC 公司在笃实了进行战略管理的决心之后，把平衡计分卡继续作为一个战略管理体系去实施公司的长期战略。他们用聚焦于平衡计分卡的评估去实现四个重要的管理流程：（1）阐明、转化远景和战略；（2）协调、联系战略目标和评估方法；（3）计划、设计、融合战略创意；（4）提高战略反馈与学习。（如图 12-17 所示）同时，他们

第十二章 平衡计分卡及其在绩效管理中的应用

计划在 24 个月内,逐步建立战略管理体系的规划。这是一个周而复始的行动过程,对四个新管理程序中的每一个程序都重新考虑两三遍,从而使公司能够在该体系中逐步稳定下来。该体系最终成为公司整个管理系统的一个固定组成部分,这样可以使公司中每个人都集中精力实现长期战略目标——这是单纯的财务框架所做不到的。

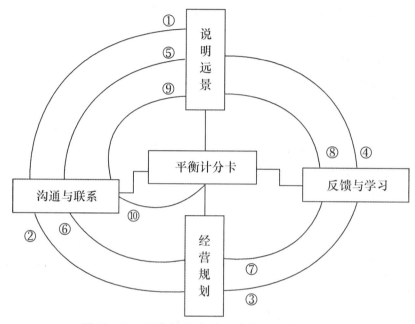

图 12-17 平衡计分卡的四个管理程序应用图

通过分析 ZDZC 公司利用平衡计分卡的情况,我们发现它也适合于许多公司的绩效管理问题。传统的测评体系是从财务职能发展而来,这些体系偏向于控制,而平衡计分卡不仅仅是控制,它用测评指标把人们导向远景规划,因此对每一部分的正确评估和分析是最为关键的。

在平衡计分卡的应用过程中,必须让那些最了解公司远景和首要任务的高级经理参与其中,而不仅仅是财务总监和总会计师。平衡计分卡的测评指标是关键指标,在 ZDZC 公司的平衡计分卡中总共有 19 个测评指标,其目的就是使高层经理对公司绩效的评估集中到公司的战略和远景上来。事实上,平衡计分卡的出现并不是为了替代其他的评估方法,而是将各种评估方法相结合,并使其系统化,最终有利于公司战略的贯彻和远景目标的实现。

在平衡计分卡的使用频次上,通常要求经理分组考察各分部每月上交的报告,而高层经理则每季度轮流考察依据平衡计分卡的测评报告。这样每个月可以考察两三个分部。当然,有些测评指标(如每年市场份额和创新指标)是不能每月更新的,但大多数测评指标是可以每月计算一次的。

平衡计分卡与公司正在推行的新举措是一致的,即顾客与供应商之间的伙伴关系、全球化规模持续发展、团队责任、ISO9000系列质量标准等。平衡计分卡把财务、顾客、内部运作过程和学习与成长结合起来,使经理们能从中悟出多种联系,帮助经理们超越对职能障碍的传统观念,在决策和解决问题时有更好的表现。由此可见,平衡计分卡是推动公司前进的有效管理方法。它在 ZDZC 公司的应用,使该公司能一直向前看、向前走,而不是向后倒退。

但 ZDZC 公司本身一些管理水平的限制,也使平衡计分卡的实施遇到了一些困难,主要表现在:

(1) 公司目前还缺乏灵敏的信息管理系统。有一个灵敏的信息管理系统是平衡计分卡能够有效应用的关键。因此,公司正在结合自身在软件开发方面的优势,试图为公司量身定制一套有效的信息管理系统,从而改善公司运营的内部环境。

(2) 由于 ZDZC 公司属于技术型的高科技公司,在商业运营上的经验还不够丰富,而且公司高层管理人员搞技术出身的也较多,因此,对当前高层人员进行管理知识的培训势在必行。只有以人才和知识作保证,平衡计分卡才能被较好地理解和运用。

(3) 公司原有的管理基础相对薄弱,战略管理的思想刚刚被接受,相应的一些关键职能部门正逐步完善,这就需要公司必须做到团结一致,统一公司的文化和价值观念,加快对有关人员的培训,同时明确岗位职责,制订相应的检测标准,从而为实施平衡计分卡提供有效的内部保证。

附件一 平衡计分卡应用中的战略访谈提纲

1. 企业的近期、远期战略是什么?企业本年度的发展重点是什么?
2. 成功的关键因素是什么?在过去成功的关键要素中,哪些能持续使企业获得成功?哪些已成为持续成功的障碍?
3. 面向未来,企业面临何种挑战与机遇?持续发展的关键因素是什么?
4. 什么是企业关键绩效?关键绩效在平衡计分卡四个方面中是如何体现的?
5. 怎样处理好绩效考评的基本矛盾?

第十二章　平衡计分卡及其在绩效管理中的应用

6. 如何协调扩张与控制、收益与潜力增长、突出重点与均衡发展、定量考评与定型评价之间的关系？

7. 应当建立一种什么样的运营机制？

附件二　平衡计分卡调查问卷

越来越多的公司已经意识到绩效考评的重要性，并且不断寻求绩效考评方法的改进。目前，在国际上新出现了一种强而有力的绩效衡量工具——平衡计分卡。为何称为平衡计分卡呢？是因为它包含了能确保组织现在及未来获得成功的各项绩效衡量指标。

由于各公司的自身特点和所处环境都不一样，所以平衡计分卡的主要内容会因公司不同而有所不同。一个标准的平衡计分卡应该包括四个层面：

（1）顾客方面：顾客如何看我们？

（2）内部管理方面：什么是我们必须做好的？

（3）创新及学习方面：我们能够持续改进并创造价值吗？

（4）财务方面：财务资源的提供者对我们如何评价？（在财务方面，我们做得如何？）

在每个层面内，公司必须决定几个关键性的任务（目的），而且选择能反映这些任务（目的）的衡量指标，并且持续不断地追踪这些衡量指标。

以下是一家制造业公司实行平衡计分卡的大致情形。请您以每个层面所示的"样本目标"及"样本衡量指标"为例，提供您认为对公司最有帮助并且可以不断追踪该层面的五个重要目标及与每个目标相关的两个或两个以上的绩效衡量指标。

层面一：

顾客方面：顾客如何看我们？

样本目标	样本衡量指标
新产品上市	新产品的销售百分比
供货速度	准时送达（由顾客定义）

请列出对该公司最有帮助并且可以追踪此层面的五个目标，以及与每个目标有关的两个或两个以上的绩效衡量指标：

目标	衡量指标
1.	a. b.
2.	a. b.
3.	a. b.
4.	a. b.
5.	a. b.

层面二：

内部管理方面：什么是我们必须做好的？

样本目标	样本衡量指标
制造面的优势	循环时间 合格产出率
设计的效率	工程效率 故障或错误率
新产品开发	新产品开发预计时间与实际的差距

请列出对该公司最有帮助并且可以追踪此层面的五个目标，以及与每个目标有关的两个或两个以上的绩效衡量指标：

目标	衡量指标
1.	a. b.
2.	a. b.
3.	a. b.
4.	a. b.
5.	a. b.

第十二章 平衡计分卡及其在绩效管理中的应用

层面三：

创新及学习方面：我们能够持续改进并创造价值吗？

样本目标	样本衡量指标
技术领先	发展下一代产品和服务的时间
新产品上市时间	与竞争对手在新产品上市时间的比较

请列出对该公司最有帮助并且可以追踪此层面的五个目标，以及与每个目标有关的两个或两个以上的绩效衡量指标：

目标	衡量指标
1.	a. b.
2.	a. b.
3.	a. b.
4.	a. b.
5.	a. b.

层面四：

财务方面：财务资源的提供者对我们如何评价（或在财务方面我们做得如何）？

样本目标	样本衡量指标
生存	现金流量
成功	季销售量的成长及部门的营业收入
繁荣、兴盛	市场占有率 权益报酬率

请列出对该公司最有帮助并且可以追踪此层面的五个目标，以及与每个目标有关的两个或两个以上的绩效衡量指标：

目标	衡量指标
1.	a. b.
2.	a. b.
3.	a. b.
4.	a. b.
5.	a. b.

1. 您认为该公司目前采用的绩效衡量系统与平衡计分卡相似程度如何？

```
1   2   3   4   5   6   7   8   9   10
```
一点都没有　　　　　　　　　　　　　　　完全相似

2. 您认为采用与平衡计分卡相类似的绩效衡量系统对公司帮助有多大？

```
1   2   3   4   5   6   7   8   9   10
```
一点都没有　　　　　　　　　　　　　　　帮助很大

3. 您目前的职位是？

　　_____高级管理人员

　　_____中级管理人员

　　_____其他（请列示）

4. 请问您的工作年限

您在目前职位_____年

您从进入公司迄今_____年

5. 公司所属行业的竞争强度如何？

```
1   2   3   4   5   6   7   8   9   10
```
竞争很弱　　　　　　　　　　　　　　　　竞争激烈

问卷到此结束

再次感谢您的意见与帮助

第十二章 平衡计分卡及其在绩效管理中的应用

▶▶ 复习思考题

1. 平衡计分卡包括哪四个方面的内容？它的主要功能是什么？
2. 利用平衡计分卡进行绩效管理应该包括哪四个基本程序？
3. 平衡计分卡确定的战略 KPI 指标体系与一般绩效考评体系有何区别？
4. 请说明如何应用平衡计分卡技术建立与设计员工个人的绩效考评指标。

第十三章

绩效考评技术应用模拟练习

📎 **本章学习目标提示**

- 掌握绩效考评的各个操作步骤

绩效考评技术应用模拟练习是一种情景模拟,它是针对员工绩效评价(最重要的人力资源管理内容之一)专门设计的。这种情境设计运用一系列模拟技巧,使你置身于一种虚幻而又真实的情景之中,虽然你身边的实际环境和工作内容可能有所不同,但所有训练的管理规则和技巧都能轻易地运用到实践中。

在这个情境活动中,你将担任经理的角色,来评价你的一名下属。简而言之,这个情景模拟先让你做好评价计划和准备,评价后再把你带入执行阶段。在活动中,将有很多决策要由你来做,正确的决策会使你得高分。在真实的工作中,正确的决策能使你避免不必要的阻碍和提高工作的正确率。

在这个情景模拟活动中,你将对你的一个员工李某进行半年度的绩效评价工作。在开始做评价活动前,你有机会审阅他的个人背景、工作历史、记录摘要和以前的评定,甚至可以看一下你自己的记录。在看完这些资料后,你就要开始你的评价工作了。

这里有一些操作规则:

(1) 该练习的目的是为了学习与操作绩效考评的程序。

(2) 每一个步骤你都将面临三种选择(a,b,c),把你认为最好的一项圈上。

(3) 每一个步骤中,如果你能做出正确的决策,得6分(18个决策共108分)。

(4) 为了计算分数,请使用问题后面的分数卡片,它将帮助你获得每一部分的分数及总分。如果总分在 90 分以上(含 90 分),说明你的绩效考评技术运用能力出色;如果少于 90 分,则说明你还需提高。

现在,阅读下面的背景材料,熟悉一下李某的记录和个人历史。

李某的背景资料

个人信息

年龄:32 岁　　　已婚,有两个孩子

学历及专业:人力资源管理专业学士学位,现在攻读 MBA 学位

本公司工龄:6 年

薪水记录

第一年	25 500 元	第二年	28 000 元
第三年	31 750 元	第四年	33 000 元
第五年	35 500 元	第六年	37 500 元

个人记录

李某于一年前被提升调入你的部门,以下是公司考评他的一些记录。

经理 1:"李某是从我们的主要竞争者那儿过来的。我发现他聪明好学。他还需要再成熟一点,从这方面来看,他需要自己的努力得到周期性的鼓励和认可。他为做好每一件工作而骄傲,也要求因此得到经理的认可。"

经理 2:"他工作努力,有创新,有良好的判断力。然而,他很固执,如果他认为自己是对的,那么就很难改变。用他的话说,'如果你是正确的,但我说你是错的,那么你就是错的!'他常常坚持不放而且很少承认错误。"

李某对上级或同事的批评很敏感,一点儿挫折就会使他很难受,不过他会很快恢复并克服这些困难。

李某一直工作出色,他对自己的能力自信,并寻找有挑战性或有提升机会的工作。

你自己的记忆(本月日期)

李某最近浪费了很多天时间在错误地攻一个问题,他不理会或误解了我的指导,他正在做一项秘密工程工作,他提的建议合理,但违反组织政策和程序,而且预算也不允许。他在工作前就已经熟悉这些因素和情况了,他需要花上好几天来重新开展这些计划以改正这些缺点。

近期绩效评价总结(你的报告,六个月以前)

优点:是一个好员工,擅长文书工作,富有想象力,办事能按时完成,自信,擅长商业判断。

缺点:在处理人的问题上要更灵活,李某有时在倾听上有问题,有时拒绝建议,我觉得他应克服过分固执才能更好地发展。

培训和开发:继续攻读 MBA 学位,参加了许多次公司负责人培训班,对进一步发展显示出很大的兴趣。

未来:热衷于寻找挑战和责任,学得很快,我感到李某有管理潜能,在适当的时候应予以推荐。

李某对他的优点的讨论反应良好,倾听指导性建议,但对需改进方面的建议并无很大热情,因为他并不认为自己存在这些方面的缺点。

第一部分 计划绩效考评面谈活动

第一步

你和李某的绩效考评面谈的主要目标将是:

a. 让他知道他现在的状况;

b. 提高他的绩效;

c. 征求他的意见和观点,增进他和你的人际关系。

第二步

在为评价李某的绩效而建立目标和计划以前,你应该:

a. 仅选择最近的事情或事例来帮助你评价李某现在的绩效;

b. 准备李某自上次评定以来的所有阶段的情况;

c. 不做任何准备工作,因为作为他的经理,你对李某的工作和绩效很熟悉。

第三步

计划中你应选择一个面谈的场所,你认为哪儿最好?

a. 你的办公室;

b. 李某的办公室或工作场所;

c. 一间空的办公室或会议室。

第二部分 为绩效考评面谈做准备

第一步

在你为这次绩效考评做准备时,最先做的工作应该是:

a. 审阅李某的工作绩效标准;

b. 审阅他的工作说明书；

c. 与他的上级经理讨论。

第二步

这次面谈的关键点应该是：

a. 李某和他上级的人际关系（他对待问题和任务分配的固执方式,缺乏倾听建议的虚心态度及用他自己的方式来做事情等）；

b. 李某的未来：他怎样为自己的提升做准备；

c. 李某现在的工作：他怎样提高现在的工作,使工作更有效率。

第三步

在准备你和李某的面谈中,你：

a. 计划覆盖李某所有的优点和缺点,详细讨论各项,以形成一个完整的构图；

b. 仅为他的缺点担心,以使你能帮他提高,优点不需照顾到；

c. 计划仅对他的主要优点和缺点进行讨论。

第三部分　开始进行绩效考评面谈

第一步

现在你已完成了你的计划和准备工作,你准备开始与李某面谈,下列哪种方式应是最好的开始？

a. 选择一些他做得好的事情并为此表扬他；

b. 解释这次面谈的目的是为了提高他工作的有效性；

c. 随便谈谈以使他放松下来。

第二步

你能更好地完成这次面谈的目标,如果你：

a. 使李某清楚地知道你是想帮他进步,但强调大的发展要靠他自己；

b. 让他知道你将在谈话中做很多的工作,如比较他的绩效和工作标准,在怎样提高绩效上进行协商；

c. 告诉他你的评价和会议观察将成为他永久记录的一部分。

第三步

涉及报酬、薪水等主题时,你应：

a. 避免钱的话题,解释这次面谈的主要目的是讨论绩效问题,虽然报酬也有可能涉及,但你并不想讨论钱的事情。

b. 通过加薪作为激励手段,向李某解释你将推荐他得到更高的薪水,如果他能提高你在会谈中涉及的各方面的绩效的话。

c. 告诉李某他正在进步(这是真实情况),而且在绩效评价结束时你将讨论到钱的问题。

第四部分　引导绩效考评活动

第一步

假设你已和李某讨论过他的优点了,指出在哪些方面他与绩效标准相比做得比较优秀,并且对之做出解释,总体来说,他工作不错。现在你准备谈他的缺点了,最好的办法应是:

a. 指出他的最大失误及如何去克服它;

b. 问他认为他的缺点是什么,让他分析自己的缺点;

c. 告诉他事实,让他知道他哪儿偏离了绩效的标准。

第二步

虽然你已经强调了他的主要缺点,但你不能确信李某也同意这一点。你能使他更好地理解,如果你:

a. 指出这个问题会如何影响到将来的事业发展机会;

b. 找出你的其他下属作为例子,来说明你想如何解决问题;

c. 给他看一些例子,证明他在某些方面确实做得不够好。

第三步

在讨论他的缺点的时候,应尽可能深入探讨,要探察深层次的原因,你让李某通过以下哪种方法考察自己的行为?

a. 间接的方法:"你觉得你真实的能力没有充分得到发挥吗?"

b. 直接的方法:"你认为是什么原因导致这个问题的产生?"

c. 挑战性的问话:"你有没有认识到你拒绝建议和上级的指导正影响到你的发展?你为什么这么做?"

第五部分　进行绩效考评活动

第一步

你已经让李某认识到他确实存在问题,现在你必须让他有所改变。在改变李某及帮他改正缺点的过程中,你的作用是:

a. 不参与,你已使他认识到错误,而最有效的发展是自我发展;

b. 中立、静等,在有请求时给予帮助,让他知道你能给予他帮助,但如果他需要帮助,应主动要求你的帮忙;

c. 参与,加入但并不接管,与李某密切联系,鼓励他、帮助他,但不约束他。

第二步

你和李某现在已完成了一个改正他的缺点的详细计划。为了确信他已经知道该干什么，也为了衡量他所作的贡献，你应该问一些问题。这时最好的问题应是：

a. 老李，对你这个计划感觉怎么样？

b. 你认为这个计划的哪一部分对你来说执行起来最困难？

c. 老李，你知道该怎么做吗？

第三步

为了进一步使李某更好地改正缺点，你应：

a. 提醒他如果他能坚持计划，他将得到报酬——更多的自由、更快的提升等；

b. 不做任何事，你已尽到你的职责；

c. 让他对你们的绩效评价面谈做书面总结。

第六部分　绩效考评之后

第一步

在你的绩效评价会谈之后，李某开始有所进步并且持续了几个星期。可一个月以后，他提交了一份与原来约定不同的报告。虽然他的变化并不大，但事实上他确已有了一定程度的改进，你应该：

a. 耐心，这时候不能采取措施，因为李某整体上已有进步，甚至这次的偏离也可能是进步的表现；

b. 和李某一起坐下来谈谈分配给他的任务；

c. 安排一次正式会谈，因为这种情况太严重，不能被忽视。

第二步

你已决定和李某做非正式会谈，谈谈他最近分配的任务（上面第一步），处理这种情况最好的方式是：

a. 承认他最近的努力和进步，告诉他你希望他在做任何变动前，应对之做些讨论（好的或坏的），尽管在这个事例中他确实会有一个更好的结果；

b. 祝贺李某的新改变，承认你最初的方法是错误的；

c. 提醒他又偏离了，不承认这份报告中有任何进步之处，因为这可能使他继续犯错误。

第三步

现在你应该为加薪而提交你最初的建议，关于李某：

a. 推荐他加薪，因为他总体上取得了进步；

b. 不推荐加薪,你要他有足够的耐心,要让他学会坚持进步,才能收获;

c. 延缓30天再做判断,告诉李某延期的情况与原因。

表13-1是训练结果考评操作表。

表13-1　操作得分

部分	第一步	第二步	第三步	总分
一				
二				
三				
四				
五				
六				

个人总分或小组总分:_____

▶▶ 复习思考题

1. 你认为绩效考评技术应用模拟练习的目的是什么?

2. 请你评价本章模拟练习的设计。

3. 请你运用本章考评操作练习步骤评价实际考评操作中存在的问题。

附 录 I

绩效考评常用数据表

一、正态分布下标准分、面积、纵轴关系表

标准分 (1) $z=x/\sigma$	面积(p)			纵轴 (5) y
	(2) 自 $\bar{x}$ 至 z	(3) 较大部分	(4) 较小部分	
0.00	0.0000	0.5000	0.5000	0.3989
0.01	0.0040	0.5040	0.4960	0.3989
0.02	0.0080	0.5080	0.4920	0.3989
0.03	0.0120	0.5120	0.4880	0.3988
0.04	0.0160	0.5160	0.4840	0.3986
0.05	0.0199	0.5199	0.4801	0.3984
0.06	0.0239	0.5239	0.4761	0.3982
0.07	0.0279	0.5279	0.4721	0.3980
0.08	0.0319	0.5319	0.4681	0.3977
0.09	0.0359	0.5359	0.4641	0.3973
0.10	0.0398	0.5398	0.4602	0.3970
0.11	0.0438	0.5438	0.4562	0.3965
0.12	0.0478	0.5478	0.4522	0.3961
0.13	0.0517	0.5517	0.4483	0.3956
0.14	0.0557	0.5557	0.4443	0.3951
0.15	0.0596	0.5596	0.4404	0.3945
0.16	0.0636	0.5636	0.4364	0.3939
0.17	0.0675	0.5675	0.4325	0.3962
0.18	0.0714	0.5714	0.4286	0.3925
0.19	0.0753	0.5753	0.4247	0.3918
0.20	0.0793	0.5793	0.4207	0.3910
0.21	0.0832	0.5832	0.4163	0.3902

续表

标准分 (1) $z=x/\sigma$	面　积(p)			纵轴 (5) y
	(2) 自 $\bar{x}$ 至 z	(3) 较大部分	(4) 较小部分	
0.22	0.0871	0.5871	0.4120	0.3894
0.23	0.0910	0.5910	0.4090	0.3885
0.24	0.0948	0.5948	0.4052	0.3876
0.25	0.0987	0.5987	0.4013	0.3867
0.26	0.1026	0.6026	0.3974	0.3857
0.27	0.1064	0.6064	0.3936	0.3847
0.28	0.1103	0.6103	0.3897	0.3836
0.29	0.1141	0.6141	0.3859	0.3825
0.30	0.1179	0.6179	0.3821	0.3814
0.31	0.1217	0.6217	0.3783	0.3802
0.32	0.1255	0.6255	0.3745	0.3790
0.33	0.1293	0.6293	0.3707	0.3778
0.34	0.1331	0.6331	0.3669	0.3765
0.35	0.1368	0.6368	0.3632	0.3752
0.36	0.1406	0.6406	0.3594	0.3739
0.37	0.1443	0.6443	0.3557	0.3725
0.38	0.1480	0.6480	0.3520	0.3712
0.39	0.1517	0.6517	0.3483	0.3697
0.40	0.1554	0.6554	0.3446	0.3683
0.41	0.1591	0.6591	0.3409	0.3668
0.42	0.1628	0.6628	0.3372	0.3653
0.43	0.1664	0.6664	0.3336	0.3637
0.44	0.1700	0.6700	0.3300	0.3621
0.45	0.1736	0.6736	0.3264	0.3605
0.46	0.1772	0.6772	0.3228	0.3589
0.47	0.1808	0.6808	0.3192	0.3572
0.48	0.1844	0.6844	0.3156	0.3555
0.49	0.1879	0.6879	0.3121	0.3538
0.50	0.1915	0.6915	0.3085	0.3521
0.51	0.1950	0.6965	0.3050	0.3503
0.52	0.1985	0.6985	0.3915	0.3485
0.53	0.2019	0.7019	0.2931	0.3467
0.54	0.2054	0.7054	0.2946	0.3448

续表

标准分 (1) $z=x/\sigma$	面 积(p)			纵轴 (5) y
	(2) 自 $\bar{x}$ 至 z	(3) 较大部分	(4) 较小部分	
0.55	0.2088	0.7088	0.2912	0.3429
0.56	0.2123	0.7123	0.2877	0.3410
0.57	0.2157	0.7157	0.2843	0.3319
0.58	0.2190	0.7190	0.2810	0.3372
0.59	0.2224	0.7224	0.2776	0.3352
0.60	0.2257	0.7257	0.2743	0.3332
0.61	0.2291	0.7291	0.2709	0.3312
0.62	0.2334	0.7324	0.2676	0.3292
0.63	0.2357	0.7357	0.2643	0.3271
0.64	0.2389	0.7389	0.2611	0.3251
0.65	0.2422	0.7422	0.2578	0.3230
0.66	0.2454	0.7454	0.2546	0.3209
0.67	0.2486	0.7486	0.2514	0.3187
0.68	0.2517	0.7517	0.2483	0.3166
0.69	0.2549	0.7549	0.2451	0.3144
0.70	0.2580	0.7589	0.2420	0.3123
0.71	0.2611	0.7611	0.2389	0.3101
0.72	0.2642	0.7642	0.2358	0.3079
0.73	0.2673	0.7673	0.2327	0.3056
0.74	0.2704	0.7704	0.2296	0.3034
0.75	0.2734	0.7734	0.2266	0.3011
0.76	0.2764	0.7764	0.2236	0.2989
0.77	0.2794	0.7794	0.2206	0.2988
0.78	0.2823	0.7823	0.2177	0.2943
0.79	0.2852	0.7852	0.2148	0.2920
0.80	0.2881	0.7881	0.2119	0.2897
0.81	0.2910	0.7910	0.2690	0.2874
0.82	0.2939	0.7939	0.2061	0.2850
0.83	0.2967	0.7967	0.2033	0.2827
0.84	0.2995	0.7995	0.2005	0.2803
0.85	0.3023	0.8023	0.1977	0.2780
0.86	0.3051	0.8051	0.1940	0.2756
0.87	0.3078	0.8078	0.1922	0.2732

续表

标准分 (1) $z=x/\sigma$	面 积(p)			纵轴 (5) y
	(2) 自 $\bar{x}$ 至 z	(3) 较大部分	(4) 较小部分	
0.88	0.3106	0.8106	0.1894	0.2709
0.89	0.3133	0.8133	0.1867	0.2685
0.90	0.3159	0.8159	0.1841	0.2661
0.91	0.3186	0.8180	0.1814	0.2637
0.92	0.3212	0.8212	0.1788	0.2613
0.93	0.3238	0.8238	0.1762	0.2589
0.94	0.3264	0.8264	0.1736	0.2565
0.95	0.3289	0.8289	0.1711	0.2541
0.96	0.3315	0.8315	0.1685	0.2516
0.97	0.3340	0.8340	0.1660	0.2492
0.98	0.3365	0.8365	0.1635	0.2468
0.99	0.3389	0.8389	0.1611	0.2444
1.00	0.3413	0.8413	0.1587	0.2420
1.01	0.3438	0.8438	0.1562	0.2396
1.02	0.3461	0.8461	0.1539	0.2371
1.03	0.3485	0.8485	0.1515	0.2347
1.04	0.3508	0.8508	0.1492	0.2323
1.05	0.3531	0.8531	0.1469	0.2299
1.06	0.3554	0.8554	0.1446	0.2275
1.07	0.3577	0.8577	0.1423	0.2251
1.08	0.3599	0.8599	0.1401	0.2227
1.09	0.3621	0.8621	0.1379	0.2203
1.10	0.3643	0.8643	0.1357	0.2179
1.11	0.3665	0.8665	0.1335	0.2155
1.12	0.3686	0.8686	0.1314	0.2131
1.13	0.3708	0.8708	0.1292	0.2107
1.14	0.3729	0.8729	0.1271	0.2083
1.15	0.3749	0.8740	0.1251	0.2059
1.16	0.3770	0.8770	0.1230	0.2036
1.17	0.3790	0.8790	0.1210	0.2012
1.18	0.3810	0.8810	0.1190	0.1989
1.19	0.3830	0.8830	0.1170	0.1965
1.20	0.3849	0.8849	0.1151	0.1942

续表

标准分 （1） $z=x/\sigma$	面 积(p)			纵轴 （5） y
	（2） 自 $\bar{x}$ 至 z	（3） 较大部分	（4） 较小部分	
1.21	0.3869	0.8869	0.1131	0.1919
1.22	0.3888	0.8888	0.1112	0.1895
1.23	0.3907	0.8907	0.1093	0.1872
1.24	0.3925	0.8925	0.1075	0.1849
1.25	0.3944	0.8944	0.1056	0.1826
1.26	0.3962	0.6962	0.1038	0.1804
1.27	0.3980	0.8980	0.1020	0.1781
1.28	0.3997	0.8997	0.1003	0.1758
1.29	0.4015	0.9015	0.0985	0.1736
1.30	0.4032	0.9032	0.0968	0.1714
1.31	0.4049	0.9049	0.0951	0.1691
1.32	0.4066	0.9066	0.0934	0.1669
1.33	0.4082	0.9082	0.0918	0.1647
1.34	0.4099	0.9999	0.0901	0.1626
1.35	0.4115	0.9115	0.0885	0.1604
1.36	0.4131	0.9131	0.0869	0.1582
1.37	0.4147	0.9147	0.0853	0.1561
1.38	0.4162	0.9162	0.0838	0.1539
1.39	0.4177	0.9177	0.0823	0.1518
1.40	0.4192	0.9192	0.0808	0.1497
1.41	0.4207	0.9207	0.6793	0.1476
1.42	0.4222	0.9222	0.0778	0.1456
1.43	0.4236	0.9236	0.0764	0.1435
1.44	0.4251	0.9251	0.0749	0.1415
1.45	0.4265	0.9265	0.0735	0.1394
1.46	0.4279	0.9279	0.0721	0.1374
1.47	0.4292	0.9292	0.0708	0.1354
1.48	0.4306	0.9306	0.0694	0.1334
1.49	0.4319	0.9319	0.0681	0.1315
1.50	0.4332	0.9332	0.0868	0.1295
1.51	0.4345	0.9345	0.0655	0.1276
1.52	0.4357	0.9357	0.0643	0.1257
1.53	0.4370	0.9370	0.0660	0.1238

续表

标准分 (1) $z=x/\sigma$	面 积(p) (2) 自 $\bar{x}$ 至 z	(3) 较大部分	(4) 较小部分	纵轴 (5) y
1.54	0.4382	0.9382	0.0618	0.1219
1.55	0.4394	0.9394	0.0606	0.1200
1.56	0.4406	0.9406	0.0594	0.1182
1.57	0.4418	0.9418	0.0582	0.1163
1.58	0.4429	0.9429	0.0571	0.1145
1.59	0.4441	0.9441	0.0559	0.1127
1.60	0.4452	0.9452	0.0548	0.1109
1.61	0.4463	0.9463	0.0537	0.1092
1.62	0.4474	0.9474	0.0526	0.1074
1.63	0.4484	0.9484	0.0516	0.1057
1.64	0.4495	0.9495	0.0505	0.1040
1.65	0.4505	0.9505	0.0495	0.1023
1.66	0.4515	0.9515	0.0485	0.1006
1.67	0.4525	0.9525	0.0475	0.0989
1.68	0.4535	0.9535	0.0465	0.0973
1.69	0.4545	0.9545	0.0455	0.0957
1.70	0.4554	0.9554	0.0446	0.0940
1.71	0.4564	0.9564	0.0436	0.0925
1.72	0.4573	0.9573	0.0427	0.0909
1.73	0.4582	0.9582	0.0418	0.0893
1.74	0.4591	0.9591	0.0409	0.0878
1.75	0.4599	0.9599	0.0401	0.0863
1.76	0.4608	0.9608	0.0392	0.0848
1.77	0.4616	0.9616	0.0384	0.0833
1.78	0.4625	0.9625	0.0375	0.0818
1.79	0.4633	0.9633	0.0367	0.0894
1.80	0.4641	0.9641	0.0359	0.0790
1.81	0.4649	0.9649	0.0351	0.0775
1.82	0.4656	0.9656	0.0344	0.0761
1.83	0.4664	0.9664	0.0336	0.0748
1.84	0.4671	0.9671	0.0829	0.0734
1.85	0.4678	0.9678	0.0322	0.0721
1.86	0.4686	0.9686	0.0314	0.0707

续表

标准分 (1) $z=x/\sigma$	面 积(p)			纵轴 (5) y
	(2) 自 $\bar{x}$ 至 z	(3) 较大部分	(4) 较小部分	
1.87	0.4693	0.9693	0.0307	0.0694
1.88	0.4699	0.9699	0.0301	0.0681
1.89	0.4706	0.9706	0.0294	0.0669
1.90	0.4713	0.9713	0.0287	0.0656
1.91	0.4719	0.9719	0.0281	0.0644
1.92	0.4726	0.9726	0.0274	0.0632
1.93	0.4732	0.9732	0.0268	0.0620
1.94	0.4738	0.9738	0.0262	0.0603
1.95	0.4744	0.9744	0.0256	0.0596
1.96	0.4750	0.9750	0.0250	0.0584
1.97	0.4756	0.9756	0.0244	0.0573
1.98	0.4761	0.9761	0.0239	0.0562
1.99	0.4767	0.9767	0.0233	0.0551
2.00	0.4772	0.9772	0.0228	0.0540
2.01	0.4778	0.9778	0.0222	0.0529
2.02	0.4783	0.9783	0.0217	0.0519
2.03	0.4788	0.9788	0.0212	0.0508
2.04	0.4793	0.9793	0.0207	0.0498
2.05	0.4798	0.9798	0.0202	0.0488
2.06	0.4803	0.9803	0.0197	0.0478
2.07	0.4808	0.9808	0.0192	0.0468
2.08	0.4812	0.9812	0.0188	0.0459
2.09	0.4817	0.9817	0.0183	0.0449
2.10	0.4821	0.9821	0.0179	0.0440
2.11	0.4826	0.9826	0.0174	0.04321
2.12	0.4830	0.9830	0.0170	0.0422
2.13	0.4834	0.9834	0.0166	0.0413
2.14	0.4838	0.9838	0.0162	0.0404
2.15	0.4842	0.9842	0.0158	0.0396
2.16	0.4846	0.9846	0.0154	0.0387
2.17	0.4850	0.9850	0.0150	0.0379
2.18	0.4854	0.9854	0.0146	0.0371
2.19	0.4857	0.9857	0.0143	0.0363

续表

标准分 (1) $z=x/\sigma$	面 积(p)			纵轴 (5) y
	(2) 自 $\bar{x}$ 至 z	(3) 较大部分	(4) 较小部分	
2.20	0.4861	0.9861	0.0139	0.0355
2.21	0.4864	0.9864	0.0136	0.0347
2.22	0.4868	0.9868	0.0132	0.0339
2.23	0.4371	0.9371	0.0129	0.0332
2.24	0.4875	0.9875	0.0125	0.0325
2.25	0.4878	0.9878	0.0122	0.0317
2.26	0.4881	0.9881	0.0119	0.0310
2.27	0.4884	0.9884	0.0116	0.0303
2.28	0.4887	0.9887	0.0113	0.0297
2.29	0.4890	0.9890	0.0110	0.0290
2.30	0.4893	0.9893	0.0107	0.0283
2.31	0.4896	0.9896	0.0104	0.0277
2.32	0.4893	0.9898	0.0102	0.0270
2.33	0.4901	0.9901	0.0099	0.0264
2.34	0.4904	0.9904	0.0096	0.0258
2.35	0.4906	0.9906	0.0094	0.0252
2.36	0.4909	0.9809	0.0091	0.0246
2.37	0.4911	0.9911	0.0089	0.0241
2.38	0.4913	0.9913	0.0087	0.0235
2.39	0.4916	0.9916	0.0084	0.0229
2.40	0.4918	0.9910	0.0082	0.0224
2.41	0.4920	0.9920	0.0080	0.0219
2.42	0.4922	0.9922	0.0078	0.0213
2.43	0.4925	0.9925	0.0075	0.0203
2.44	0.4927	0.9927	0.0073	0.0203
2.45	0.4929	0.9929	0.0071	0.1098
2.46	0.4931	0.9931	0.0069	0.0194
2.47	0.4932	0.9932	0.0063	0.0189
2.48	0.4934	0.9934	0.0066	0.0184
2.49	0.4936	0.9936	0.0064	0.0180
2.50	0.4933	0.9938	0.0062	0.0175
2.51	0.4940	0.9940	0.0060	0.0171
2.52	0.4941	0.9941	0.0059	0.0167

续表

标准分 (1) $z=x/\sigma$	面 积(p)			纵轴 (5) y
	(2) 自 $\bar{x}$ 至 z	(3) 较大部分	(4) 较小部分	
2.53	0.4943	0.9943	0.0057	0.0163
2.54	0.4945	0.9945	0.0055	0.0158
2.55	0.4946	0.9946	0.0054	0.0154
2.56	0.4948	0.9948	0.0052	0.0151
2.57	0.4949	0.9949	0.0051	0.0147
2.58	0.4951	0.9951	0.0049	0.0143
2.59	0.4952	0.9952	0.0048	0.0139
2.60	0.4953	0.9953	0.0047	0.0136
2.61	0.4955	0.9955	0.0045	0.0132
2.62	0.4956	0.9956	0.0044	0.0129
2.63	0.4957	0.9957	0.0043	0.0126
2.64	0.4959	0.9959	0.0041	0.0122
2.65	0.4960	0.9960	0.0040	0.0119
2.66	0.4961	0.9961	0.0039	0.0116
2.67	0.4962	0.9962	0.0038	0.0113
2.68	0.4963	0.9963	0.0037	0.0110
2.69	0.4964	0.9964	0.0036	0.0107
2.70	0.4965	0.9965	0.0035	0.0104
2.71	0.4966	0.9966	0.0034	0.0101
2.72	0.4967	0.9967	0.0033	0.0009
2.73	0.4968	0.9968	0.0032	0.0096
2.74	0.4969	0.9969	0.0031	0.0093
2.75	0.4970	0.9970	0.0030	0.0091
2.76	0.4971	0.9971	0.0029	0.0088
2.77	0.4972	0.9972	0.0028	0.0936
2.78	0.4973	0.9973	0.0027	0.0081
2.79	0.4974	0.9974	0.0026	0.0081
2.80	0.4974	0.9974	0.0026	0.0079
2.81	0.4975	0.9975	0.0025	0.0077
2.82	0.4976	0.9976	0.0024	0.0075
2.83	0.4977	0.9977	0.0023	0.0073
2.84	0.4977	0.9977	0.0023	0.0071
2.85	0.4978	0.9978	0.0022	0.0069

续表

标准分 (1) $z=x/\sigma$	面 积(p)			纵轴 (5) y
	(2) 自 $\bar{x}$ 至 z	(3) 较大部分	(4) 较小部分	
2.86	0.4979	0.9979	0.0021	0.0067
2.87	0.4979	0.9979	0.0021	0.0065
2.88	0.4980	0.9980	0.0020	0.0063
2.89	0.4981	0.9981	0.0019	0.0061
2.90	0.4981	0.9981	0.0019	0.0060
2.91	0.4932	0.9982	0.0018	0.0058
2.92	0.4982	0.9982	0.0018	0.0056
2.93	0.4983	0.9983	0.0017	0.0055
2.94	0.4984	0.9984	0.0016	0.0053
2.95	0.4984	0.9984	0.0016	0.0051
2.96	0.4985	0.9935	0.0015	0.0050
2.97	0.4985	0.9935	0.0015	0.0048
2.98	0.4986	0.9966	0.0014	0.0047
2.99	0.4986	0.9986	0.0014	0.0046
3.00	0.4987	0.9987	0.0013	0.0044
3.01	0.4987	0.9987	0.0013	0.0043
3.02	0.4987	0.9987	0.0013	0.0042
3.03	0.4938	0.9938	0.0012	0.0040
3.04	0.4938	0.9988	0.0012	0.0039
3.05	0.4939	0.9989	0.0011	0.0038
3.06	0.4939	0.9989	0.0011	0.0037
3.07	0.4939	0.9989	0.0011	0.0036
3.08	0.4990	0.9990	0.0010	0.0035
3.09	0.4990	0.9990	0.0010	0.0034
3.10	0.4990	0.9990	0.0010	0.0033
3.11	0.4991	0.9991	0.0009	0.0032
3.12	0.4991	0.9991	0.0909	0.0031
3.13	0.4991	0.9991	0.0009	0.0030
3.14	0.4992	0.9992	0.0008	0.0029
3.15	0.4092	0.9992	0.0008	0.0028
3.16	0.4992	0.9992	0.0008	0.0027
3.17	0.4992	0.9992	0.0008	0.0026
3.18	0.4993	0.9993	0.0007	0.0025

续表

标准分 (1) $z=x/\sigma$	面 积(p)			纵轴 (5) y
	(2) 自 $\bar{x}$ 至 z	(3) 较大部分	(4) 较小部分	
3.19	0.4993	0.9993	0.0007	0.0025
3.20	0.4993	0.9903	0.0007	0.0024
3.21	0.4993	0.9993	0.0007	0.0023
3.22	0.4994	0.9994	0.0006	0.0022
3.23	0.4994	0.9994	0.0006	0.0022
3.24	0.4994	0.9994	0.0906	0.0021
3.30	0.4995	0.9995	0.0005	0.0017
3.40	0.4997	0.9997	0.0003	0.0012
3.50	0.4998	0.9998	0.0002	0.0009
3.60	0.4998	0.9998	0.0002	0.0006
3.70	0.4999	0.9999	0.0001	0.0004

二、χ^2 检验表

df	P												
	0.955	0.990	0.975	0.950	0.900	0.750	0.500	0.250	0.100	0.050	0.025	0.010	0.005
1	...	...	...	...	0.02	0.10	0.45	1.32	2.71	3.84	5.02	6.63	7.88
2	0.01	0.02	0.05	0.10	0.21	0.58	1.39	2.77	4.61	5.99	7.38	9.21	10.60
3	0.07	0.11	0.22	0.35	0.58	1.21	2.37	4.11	6.25	7.81	9.35	11.34	12.84
4	0.21	0.30	0.48	0.71	1.06	1.92	3.36	5.99	7.78	9.49	11.41	13.28	14.86
5	0.41	0.55	0.83	1.15	1.61	2.67	4.35	6.63	9.24	11.07	12.83	15.09	16.75
6	0.68	0.87	1.24	1.64	2.20	3.45	5.35	7.84	10.64	12.59	14.45	16.81	18.55
7	0.99	1.24	1.69	2.17	2.83	4.25	6.35	9.04	12.02	14.07	16.01	18.48	20.28
8	1.34	1.65	2.18	2.73	3.49	5.07	7.34	10.22	13.36	15.51	17.53	20.09	21.96
9	1.73	2.09	2.70	3.33	4.17	5.90	8.34	11.39	14.68	16.92	19.02	21.67	23.59
10	2.16	2.56	3.25	3.94	4.87	6.74	9.34	12.55	15.99	18.31	20.48	23.11	25.19
11	2.60	3.50	3.82	4.57	5.58	7.58	10.34	13.70	17.28	19.68	21.92	24.72	26.76
12	3.07	3.57	4.40	5.23	6.30	8.44	11.34	14.85	18.55	21.03	23.34	26.22	28.30
13	3.57	4.11	5.01	5.89	7.04	9.30	12.34	15.98	19.81	22.36	24.74	27.69	29.82
14	4.07	4.66	5.63	6.57	7.79	10.17	13.34	17.12	21.06	23.68	26.12	29.14	31.32
15	4.60	5.23	6.27	7.26	8.55	11.04	14.34	18.25	22.31	25.00	27.49	30.58	32.80
16	5.14	5.81	6.91	7.96	9.31	11.91	15.34	19.37	23.54	26.30	28.85	32.00	34.27
17	5.70	6.41	7.56	8.67	10.69	12.79	16.34	20.49	24.77	27.59	30.19	33.41	35.72
18	6.26	7.01	8.23	9.39	10.86	13.68	17.34	21.60	25.99	28.87	31.53	34.81	37.16
19	6.84	7.63	8.91	10.12	11.65	14.56	18.34	22.72	27.20	30.14	32.85	36.19	38.58
20	7.43	8.26	9.95	10.85	12.44	15.45	19.34	23.33	28.41	31.41	34.17	37.57	40.00
21	8.03	8.90	10.28	11.59	13.24	16.34	20.34	24.93	29.62	32.67	35.48	38.93	41.40
22	8.64	9.54	10.98	12.34	14.04	17.24	21.34	26.04	30.81	33.92	36.78	40.29	42.80
23	9.26	10.20	11.69	13.09	14.85	18.14	22.34	27.14	32.01	35.17	38.08	41.64	44.18
24	9.86	10.86	12.40	13.58	15.66	19.04	23.34	28.24	33.20	36.42	29.36	42.98	45.56
25	10.52	11.52	13.12	14.61	16.47	19.94	24.34	29.34	34.38	37.65	40.65	44.31	46.93
26	11.16	12.20	13.84	15.38	17.29	20.34	25.34	30.43	35.56	38.89	41.92	45.64	48.29
27	11.81	12.88	14.57	16.15	18.11	21.75	26.34	31.53	36.74	40.11	43.19	46.96	49.64
28	12.46	13.56	15.31	16.93	18.94	22.66	27.34	32.62	37.92	41.34	44.46	48.28	50.99
29	13.12	14.26	16.05	17.71	19.77	23.57	28.34	33.71	39.09	42.56	45.72	49.59	52.34
30	13.79	14.95	16.79	18.49	20.60	24.48	29.34	34.80	40.26	43.77	46.98	50.89	53.67
40	20.71	22.16	24.43	26.51	29.05	33.66	39.34	45.62	51.30	55.76	59.34	63.69	66.77
50	27.99	29.71	32.36	34.76	37.69	42.94	49.33	56.33	63.17	67.50	71.42	76.15	79.49
60	35.53	37.48	40.48	43.19	46.46	52.29	56.33	66.93	74.40	79.08	83.30	88.38	91.95
70	43.28	45.44	48.76	51.74	55.33	61.70	69.33	77.53	85.53	90.53	95.02	100.42	104.22
80	51.17	53.54	57.15	60.39	64.28	71.14	79.33	88.13	96.58	101.88	106.63	112.33	116.32
90	59.20	61.75	65.65	69.13	73.29	80.62	89.33	98.64	107.56	113.14	118.14	124.12	128.30
100	67.33	70.00	74.22	77.93	82.36	90.13	99.33	109.14	118.50	124.34	129.56	135.81	140.17

三、t 检验表

df	$P(2)$:	0.50	0.20	0.10	0.05	0.02	0.01	0.005	0.002	0.001
	$P(1)$:	0.25	0.10	0.05	0.025	0.01	0.005	0.0025	0.001	0.0005
1		1.000	3.078	6.314	12.706	31.321	63.657	127.321	318.309	636.619
2		0.816	1.886	2.920	4.303	6.965	9.925	14.089	22.327	31.599
3		0.765	1.638	2.353	3.182	4.541	5.841	7.453	10.215	12.924
4		0.741	1.533	2.132	2.776	3.747	4.604	5.598	7.173	8.610
5		0.727	1.476	2.015	2.571	3.365	4.302	4.773	5.893	6.869
6		0.718	1.440	1.943	2.447	3.143	3.707	4.317	5.208	5.959
7		0.711	1.415	1.895	2.365	2.998	3.449	4.029	4.785	5.408
8		0.706	1.397	1.860	2.306	2.896	3.355	3.833	4.501	5.041
9		0.703	1.383	1.833	2.262	2.821	3.250	3.690	4.297	4.781
10		0.700	1.372	1.812	2.228	2.764	3.619	3.581	4.144	4.587
11		0.697	1.363	1.796	2.201	2.718	3.106	3.497	4.025	4.437
12		0.695	1.356	1.782	2.179	2.681	3.055	3.428	3.930	4.318
13		0.694	1.350	1.771	2.160	2.650	3.012	3.372	3.852	4.221
14		0.692	1.345	1.761	2.145	2.624	2.977	3.326	3.787	4.140
15		0.691	1.341	1.753	2.131	2.602	2.947	3.286	3.733	4.073
16		0.690	1.337	1.746	2.120	2.583	2.921	3.252	3.686	4.015
17		0.689	1.333	1.740	2.110	2.567	2.898	3.222	3.646	3.965
18		0.688	1.330	1.734	2.101	2.552	2.878	3.197	3.610	3.922
19		0.688	1.328	1.729	2.093	2.539	2.861	3.174	3.579	3.883
20		0.687	1.325	1.725	2.086	2.528	2.845	3.153	3.552	3.850

四、F 检验表

$\alpha = 5\%$(上)和 $\alpha = 1\%$(下)的 $F_\alpha(df_1, df_2)$ 表 $P\{F > F_\alpha(df_1, df_2)\} = \alpha$

df_2 \ df_1	1	2	3	4	5	6	7	8	9	10	11	12
1	161	200	216	225	230	234	237	239	241	242	243	244
	4.052	4.999	5.403	5.625	5.764	5.859	5.928	5.981	6.022	6.056	6.082	6.106
2	18.51	19.00	19.16	19.25	19.30	19.33	19.36	19.37	19.38	19.39	19.40	19.41
	98.49	99.00	99.17	99.25	99.30	99.33	99.34	99.36	99.38	99.40	99.41	96.42
3	10.13	9.55	9.28	9.12	9.01	8.94	8.88	8.84	8.81	8.78	8.76	8.74
	34.12	30.82	29.46	28.71	28.24	27.91	27.67	27.49	27.34	27.23	27.13	27.05
4	7.71	6.94	6.59	6.39	6.26	6.16	6.09	6.04	6.00	5.96	5.93	5.91
	21.20	18.00	16.69	15.98	15.52	15.21	14.98	14.80	14.66	14.54	14.45	14.37

续表

F_α df_1 / df_2	1	2	3	4	5	6	7	8	9	10	11	12
5	6.60	5.79	5.41	5.19	5.05	4.95	4.88	4.82	4.78	4.74	4.70	4.68
	16.26	13.27	12.06	11.39	10.97	10.67	10.45	10.27	10.15	10.05	9.96	9.89
6	5.99	5.14	4.76	4.53	4.39	4.28	4.21	4.15	4.10	4.06	4.03	4.00
	13.74	10.92	9.78	9.15	8.75	8.47	8.26	8.10	7.98	7.87	7.79	7.72
7	5.59	4.74	4.35	4.12	3.97	3.87	3.76	3.73	3.68	3.63	3.60	3.57
	12.25	9.55	8.45	7.85	7.46	7.19	7.00	6.84	6.71	6.62	6.54	6.47
8	5.32	4.46	4.07	3.84	3.69	3.58	3.50	3.44	3.39	3.34	3.31	3.28
	11.26	8.65	7.59	7.01	6.63	6.37	6.19	6.03	5.91	5.82	5.74	5.67
9	5.12	4.26	3.86	3.63	3.48	3.37	3.29	3.23	3.18	3.13	3.10	3.07
	10.56	8.02	6.99	6.42	6.06	5.80	5.62	5.47	5.35	5.26	5.18	5.11
10	4.96	4.10	3.71	3.48	3.33	3.22	3.14	3.07	3.02	2.97	2.94	2.91
	10.04	7.56	6.55	5.99	5.64	5.39	5.21	5.06	4.95	4.85	4.78	4.71
11	4.84	3.98	3.59	3.36	3.20	3.09	3.01	2.95	2.90	2.86	2.82	7.29
	9.65	7.20	6.22	5.67	5.32	5.07	4.88	4.74	5.63	4.54	4.46	4.40
12	4.75	3.88	3.49	3.26	3.11	3.00	2.92	2.85	2.80	2.76	2.72	2.69
	9.33	6.93	5.95	5.41	5.06	4.82	4.65	4.50	4.39	4.30	4.22	4.16
13	4.67	3.80	3.41	3.18	3.02	2.92	2.84	2.77	2.72	2.67	2.63	2.60
	9.07	6.70	5.74	5.20	4.86	4.62	4.44	4.30	4.19	4.10	4.02	3.96
14	4.60	3.74	3.34	3.11	2.96	2.85	2.77	2.70	2.65	2.60	2.56	2.53
	8.86	6.51	5.56	5.03	4.69	4.46	4.28	4.14	4.03	3.94	3.86	3.80
15	4.54	3.68	3.29	3.06	2.90	2.79	2.70	2.64	2.59	2.55	2.51	2.48
	8.68	6.36	5.42	4.89	4.56	4.32	4.14	4.00	3.89	3.80	3.73	3.67
16	4.49	3.63	3.24	3.01	2.85	2.74	2.66	2.59	2.54	2.49	2.45	2.42
	8.53	6.23	5.29	4.77	4.44	4.20	4.03	3.89	3.78	3.69	3.61	3.55
17	4.45	3.59	3.20	2.96	2.81	2.70	2.62	2.55	2.50	2.45	2.41	2.38
	8.41	6.11	5.18	4.67	4.34	4.10	3.93	3.79	3.68	3.59	3.52	3.45
18	4.42	3.55	3.16	2.93	2.77	2.66	2.58	2.51	2.46	2.41	2.37	2.34
	8.28	6.01	5.09	4.58	4.25	4.01	3.85	3.71	3.60	3.51	3.44	3.37
19	4.38	3.52	3.13	2.90	2.74	2.63	2.55	2.48	2.43	2.38	2.34	2.31
	3.18	5.93	5.01	4.50	4.17	3.94	3.77	3.63	3.52	3.43	3.36	3.30
20	4.35	3.49	3.10	2.87	2.71	2.60	2.52	2.45	2.40	2.35	2.31	2.28
	8.10	5.85	4.94	4.43	4.10	3.87	3.71	3.56	3.45	3.37	3.30	3.23
21	4.32	3.47	3.07	2.84	2.68	2.57	2.49	2.42	2.37	2.32	2.28	2.25
	8.02	5.78	4.87	4.37	4.04	3.81	3.65	3.51	3.40	3.31	3.24	3.17
22	4.30	3.44	3.05	2.82	2.66	2.55	2.47	2.40	2.35	2.30	2.26	2.23
	7.94	5.72	4.82	4.31	3.99	3.76	3.59	3.45	3.35	3.26	3.18	3.12
23	4.28	3.42	3.03	2.80	2.64	2.53	2.45	2.38	2.32	2.28	2.24	2.20
	7.88	5.66	4.76	4.26	3.94	3.71	3.54	3.41	3.30	3.21	3.14	3.07

续表

F_α df_1 / df_2	1	2	3	4	5	6	7	8	9	10	11	12
24	4.26	3.42	3.01	2.78	2.62	2.51	2.43	2.36	2.30	2.26	2.22	2.18
	7.82	5.61	4.72	4.22	3.90	3.67	3.50	3.36	3.25	3.17	3.09	3.03
25	4.24	3.38	2.99	2.76	2.60	2.49	2.41	2.34	2.28	2.24	2.20	2.16
	7.77	5.57	4.68	4.18	3.86	3.63	3.46	3.32	3.21	3.13	3.05	2.99
26	4.22	3.37	2.98	2.74	2.59	2.47	2.39	2.32	2.27	2.22	2.18	2.15
	2.72	5.53	4.64	4.14	3.82	3.59	3.42	3.23	3.17	3.09	3.02	2.96
27	4.21	3.35	2.96	2.73	2.57	2.46	2.37	2.30	2.25	2.20	2.16	2.13
	7.68	5.49	4.60	4.11	3.79	3.56	3.39	3.26	3.14	3.06	2.98	2.93
28	4.20	3.34	2.95	2.71	2.56	2.44	2.36	2.29	2.24	2.19	2.15	2.12
	7.64	5.45	4.57	4.07	3.76	3.53	3.36	3.23	3.11	3.03	2.95	2.90
29	4.18	3.33	2.93	2.70	2.54	2.43	2.35	2.28	2.22	2.18	2.14	2.10
	7.60	5.42	4.54	4.04	3.73	3.50	3.33	3.20	3.08	3.00	2.92	2.87
30	4.17	3.23	2.92	2.69	2.53	2.42	2.34	2.27	2.21	2.16	2.12	2.09
	7.56	5.39	4.51	4.02	3.70	3.47	3.30	3.17	3.06	2.98	2.90	2.84
32	4.15	3.30	2.90	2.67	2.51	2.40	2.32	2.25	2.19	2.14	2.10	2.07
	7.50	5.34	4.46	3.97	3.66	3.42	3.25	3.12	3.01	2.94	2.86	2.80
34	4.13	3.28	2.88	2.65	2.49	2.38	2.30	2.23	2.17	2.12	2.08	2.05
	7.44	5.29	4.42	3.93	3.61	3.38	3.21	3.08	2.97	2.89	2.82	2.76
36	4.11	3.26	2.86	2.63	2.48	2.36	2.28	2.21	2.15	2.10	2.06	2.03
	7.39	5.25	4.38	3.89	3.58	3.35	3.18	3.04	2.94	2.86	2.78	2.72
38	4.10	3.25	2.85	2.62	2.46	2.35	2.26	2.19	2.14	2.09	2.05	2.02
	7.35	5.21	4.34	3.86	3.54	3.32	3.15	3.02	2.91	2.82	2.75	2.69
40	4.08	3.23	2.84	2.61	2.45	2.34	2.25	2.18	2.12	2.07	2.04	2.00
	7.31	5.18	4.31	3.83	3.51	3.29	3.12	2.99	2.88	2.80	2.73	2.66
42	4.07	3.22	2.83	2.59	2.44	2.32	2.24	2.17	2.11	2.06	2.02	1.99
	7.27	5.15	4.29	3.80	3.49	3.26	3.10	2.96	2.86	2.77	2.70	2.64
44	4.06	3.21	2.82	2.58	2.43	2.31	2.23	2.16	2.10	2.05	2.01	1.98
	7.24	5.12	4.26	3.78	3.46	3.24	3.07	2.94	2.84	2.75	2.68	2.62
46	4.05	3.20	2.81	2.57	2.42	2.30	2.22	2.14	2.09	2.04	2.00	1.97
	7.21	5.10	4.24	3.76	3.44	3.22	3.05	2.92	2.82	2.73	2.66	2.60
48	4.04	3.19	2.80	2.56	2.41	2.30	2.21	2.14	2.08	2.03	1.99	1.96
	7.19	5.08	4.22	3.74	3.42	3.20	3.04	2.90	2.80	2.71	2.64	2.58
50	4.03	3.18	2.79	2.56	2.40	2.29	2.20	2.13	2.07	2.02	1.98	1.95
	7.17	5.06	4.20	3.72	3.41	3.18	3.02	2.88	2.78	2.70	2.62	2.56
55	4.02	3.17	2.78	2.54	2.38	2.27	2.18	2.11	2.05	2.00	1.97	1.93
	7.12	5.01	4.16	3.68	3.37	3.15	2.98	2.85	2.75	2.66	2.59	2.53
60	4.00	3.15	2.76	2.52	2.37	2.25	2.17	2.10	2.04	1.99	1.95	1.92
	7.08	4.98	4.13	3.65	3.34	3.12	2.95	2.82	2.72	2.63	2.56	2.50

续表

F_α df_1 / df_2	1	2	3	4	5	6	7	8	9	10	11	12
65	3.99	3.14	2.75	2.51	2.36	2.24	2.15	2.08	2.02	1.98	1.94	1.90
	7.04	4.95	4.10	3.62	3.31	3.09	2.93	2.79	2.70	2.61	2.54	2.47
70	3.98	3.13	2.74	2.50	2.35	2.23	2.14	2.07	2.01	1.97	1.93	1.89
	7.01	4.92	4.08	3.60	3.29	3.07	2.91	2.77	2.67	2.59	2.51	2.45
80	3.96	3.11	2.72	2.48	2.33	2.21	2.12	2.05	1.99	1.95	1.91	1.88
	6.96	4.88	3.04	3.56	3.25	3.04	2.87	2.74	2.64	2.55	2.48	2.41
100	3.94	3.09	2.70	2.46	2.30	2.19	2.10	2.03	1.97	1.92	1.88	1.85
	6.90	4.82	3.98	3.51	3.20	2.99	2.82	2.69	2.59	2.51	2.43	2.36
125	3.92	3.07	2.68	2.44	2.29	2.17	2.08	2.01	1.96	1.90	1.86	1.83
	6.84	4.78	3.94	3.47	3.17	2.95	2.79	2.65	2.56	2.47	2.40	2.33
150	3.91	3.06	2.67	2.43	2.27	2.16	2.07	2.00	1.94	1.89	1.85	1.82
	6.81	4.75	3.91	3.44	3.14	2.92	2.76	2.62	2.53	2.44	2.37	2.30
200	3.89	3.04	2.65	2.41	2.26	2.14	2.05	1.98	1.92	1.87	1.83	1.80
	6.76	4.71	3.88	3.34	3.11	2.90	2.73	2.60	2.50	2.41	2.34	2.28
400	3.86	3.02	2.62	2.39	2.23	2.12	2.03	1.96	1.90	1.85	1.81	1.78
	6.70	4.66	3.83	3.36	3.06	2.85	2.69	2.55	2.46	2.37	2.29	2.23
1000	3.85	3.00	2.61	2.38	2.22	2.10	2.02	1.95	1.89	1.84	1.80	1.76
	6.66	4.62	3.80	3.34	3.04	2.82	2.66	2.53	2.43	2.34	2.26	2.20
∞	3.84	2.99	2.60	2.37	2.21	2.09	2.01	1.94	1.88	1.83	1.79	1.75
	6.64	4.60	3.78	3.32	3.02	2.80	2.64	2.51	2.14	2.32	2.24	2.18

五、秩和检验表

$$P(T_1 < T < T_2) = 1-\alpha$$

n_1	n_2	$\alpha=0.025$ T_1	$\alpha=0.025$ T_2	$\alpha=0.05$ T_1	$\alpha=0.05$ T_2	n_1	n_2	$\alpha=0.025$ T_1	$\alpha=0.025$ T_2	$\alpha=0.05$ T_1	$\alpha=0.05$ T_2
2	4			3	11	5	5	18	37	19	36
	5			3	13		6	19	41	20	40
	6	3	15	4	14		7	20	45	22	43
	7	3	17	4	16		8	21	49	23	47
	8	3	19	4	18		9	22	53	25	50
	9	3	21	4	20		10	24	56	26	54
	10	4	22	5	21	6	6	26	52	28	50
3	3			6	15		7	28	56	30	54
	4	6	18	7	17		8	29	61	32	58
	5	6	21	7	20		9	31	65	33	63
	6	7	23	8	22		10	33	69	35	67
	7	8	25	9	24	7	7	37	68	39	66
	8	8	28	9	27		8	39	73	41	71
	9	9	30	10	29		9	41	78	43	76
	10	9	33	11	31		10	43	83	46	80
4	4	11	25	12	24	8	8	49	87	52	84
	5	12	28	13	27		9	51	93	54	90
	6	12	32	14	30		10	54	98	57	95
	7	13	35	15	33	9	9	63	108	66	105
	8	14	38	16	36		10	66	114	69	111
	9	15	41	17	39	10	10	79	131	83	127
	10	16	44	18	42						

六、威尔卡克逊添号秩次检验表

n	显著性水平,已预测方向		
	0.25	0.01	0.005
	显著性水平,未预测方向		
	0.05	0.02	0.01
6	0	—	—
7	2	0	—
8	4	2	0
9	6	3	2
10	8	5	3
11	11	7	5
12	14	10	7
13	17	13	10
14	21	16	13
15	25	20	16
16	30	24	20
17	35	28	23
18	40	33	28
19	46	38	32
20	52	43	38
21	59	49	43
22	66	56	49
23	73	62	55
24	81	69	61
25	89	77	68

七、相关系数检验表

$df = N-2$	$a = 0.10$	0.05	0.02	0.01
1	0.988	0.997	0.9995	0.9999
2	0.900	0.950	0.980	0.990
3	0.805	0.878	0.934	0.959
4	0.729	0.811	0.882	0.917
5	0.669	0.754	0.833	0.874
6	0.622	0.707	0.789	0.834
7	0.582	0.666	0.750	0.798
8	0.549	0.632	0.716	0.765
9	0.521	0.602	0.685	0.735
10	0.497	0.576	0.658	0.708
11	0.476	0.553	0.634	0.684
12	0.458	0.532	0.612	0.661
13	0.441	0.514	0.592	0.641
14	0.426	0.497	0.574	0.623
15	0.412	0.482	0.558	0.606
16	0.400	0.468	0.542	0.590
17	0.389	0.456	0.528	0.575
18	0.378	0.444	0.510	0.561
19	0.369	0.433	0.503	0.549
20	0.360	0.423	0.492	0.537
21	0.352	0.413	0.482	0.526
22	0.341	0.404	0.472	0.515
23	0.337	0.396	0.462	0.505
24	0.330	0.388	0.453	0.496
25	0.323	0.381	0.445	0.487
26	0.317	0.374	0.437	0.479
27	0.311	0.367	0.430	0.471
28	0.306	0.361	0.423	0.463
29	0.301	0.355	0.416	0.456
30	0.296	0.349	0.409	0.449
35	0.275	0.325	0.381	0.418
40	0.257	0.304	0.358	0.393
45	0.243	0.288	0.338	0.372
50	0.231	0.273	0.322	0.354
60	0.211	0.250	0.295	0.325
70	0.195	0.232	0.274	0.302
80	0.183	0.217	0.256	0.283
90	0.173	0.205	0.242	0.267
100	0.164	0.195	0.230	0.254

八、等级相关系数检验表

n	P(2):	0.50	0.20	0.10	0.05	0.02	0.01	0.005	0.002	0.001
	P(1):	0.25	0.10	0.05	0.025	0.01	0.005	0.0025	0.001	0.0005
4		0.600	1.000	1.000						
5		0.500	0.800	0.900	1.000	1.000				
6		0.371	0.657	0.829	0.886	0.943	1.000	1.000		
7		0.321	0.571	0.714	0.786	0.893	0.929	0.961	1.000	1.000
8		0.310	0.524	0.643	0.738	0.833	0.881	0.905	0.952	0.976
9		0.267	0.483	0.600	0.700	0.783	0.833	0.867	0.917	0.933
10		0.248	0.455	0.564	0.648	0.745	0.794	0.830	0.879	0.903
11		0.236	0.427	0.536	0.618	0.709	0.755	0.800	0.845	0.873
12		0.217	0.400	0.503	0.587	0.678	0.727	0.769	0.818	0.846
13		0.209	0.385	0.484	0.560	0.648	0.703	0.747	0.791	0.824
14		0.200	0.367	0.464	0.538	0.626	0.679	0.723	0.771	0.802
15		0.189	0.354	0.446	0.521	0.604	0.654	0.700	0.750	0.779
16		0.182	0.341	0.429	0.503	0.582	0.635	0.679	0.729	0.762
17		0.176	0.328	0.414	0.485	0.566	0.615	0.662	0.713	0.748
18		0.170	0.317	0.401	0.472	0.550	0.600	0.643	0.695	0.728
19		0.165	0.300	0.391	0.460	0.535	0.840	0.628	0.677	0.712
20		0.161	0.299	0.380	0.447	0.520	0.570	0.612	0.662	0.696
21		0.156	0.292	0.370	0.435	0.508	0.556	0.599	0.648	0.681
22		0.152	0.284	0.261	0.425	0.496	0.514	0.586	0.634	0.667
23		0.148	0.278	0.353	0.415	0.486	0.532	0.573	0.622	0.654
24		0.144	0.271	0.344	0.406	0.476	0.521	0.562	0.610	0.642
25		0.142	0.266	0.337	0.398	0.466	0.511	0.551	0.598	0.630
26		0.138	0.259	0.331	0.390	0.457	0.501	0.541	0.687	0.619
27		0.136	0.255	0.324	0.382	0.448	0.491	0.431	0.577	0.608
28		0.133	0.250	0.317	0.376	0.440	0.483	0.522	0.567	0.528
29		0.130	0.246	0.312	0.368	0.433	0.475	0.513	0.558	0.589
30		0.128	0.240	0.306	0.362	0.425	0.467	0.504	0.549	0.580
31		0.126	0.236	0.301	0.356	0.418	0.459	0.496	0.541	0.571
32		0.124	0.232	0.296	0.350	0.412	0.462	0.489	0.533	0.563
33		0.121	0.229	0.291	0.345	0.405	0.446	0.482	0.526	0.554
34		0.120	0.225	0.287	0.340	0.399	0.439	0.476	0.517	0.547
35		0.118	0.222	0.583	0.336	0.394	0.433	0.468	0.501	0.539

九、相关系数的标准化转换表

r	Z_r	r	Z_r	r	Z_r	r	Z_r	r	Z_r
0.000	0.000	0.200	0.203	0.400	0.424	0.600	0.693	0.800	1.099
0.005	0.005	0.205	0.208	0.405	0.430	0.605	0.701	0.805	1.113
0.010	0.010	0.210	0.213	0.410	0.436	0.610	0.709	0.810	1.127
0.015	0.015	0.215	0.218	0.515	0.442	0.615	0.717	0.815	1.142
0.020	0.020	0.220	0.224	0.420	0.448	0.620	0.725	0.820	1.157
0.025	0.025	0.225	0.229	0.425	0.454	0.625	0.733	0.825	1.172
0.030	0.030	0.230	0.234	0.430	0.460	0.630	0.741	0.830	1.188
0.035	0.035	0.235	0.239	0.435	0.466	0.635	0.750	0.835	1.204
0.040	0.040	0.240	0.245	0.440	0.472	0.640	0.758	0.840	1.221
0.045	0.045	0.245	0.250	0.445	0.478	0.646	0.757	0.845	1.238
0.050	0.050	0.250	0.255	0.450	0.485	0.650	0.775	0.850	1.256
0.055	0.055	0.255	0.261	0.455	0.491	0.655	0.784	0.855	1.274
0.060	0.060	0.260	0.266	0.460	0.497	0.660	0.793	0.860	1.253
0.065	0.065	0.265	0.271	0.456	0.504	0.665	0.802	0.865	1.313
0.070	0.070	0.270	0.277	0.470	0.510	0.670	0.811	0.870	1.331
0.075	0.075	0.275	0.282	0.475	0.517	0.675	0.820	0.875	1.354
0.080	0.080	0.280	0.288	0.480	0.523	0.680	0.829	0.880	1.376
0.085	0.085	0.285	0.293	0.485	0.530	0.685	0.838	0.885	1.398
0.090	0.090	0.299	0.290	0.490	0.536	0.690	0.848	0.890	1.422
0.095	0.095	0.295	0.304	0.495	0.543	0.695	0.858	0.895	1.472
0.100	0.100	0.300	0.310	0.500	0.540	0.700	0.867	0.900	1.447
0.105	0.105	0.305	0.315	0.505	0.556	0.705	0.877	0.905	1.499
0.110	0.110	0.310	0.321	0.510	0.563	0.710	0.887	0.910	1.528
0.115	0.116	0.315	0.326	0.515	0.570	0.715	0.897	0.915	1.557
0.120	0.121	0.320	0.332	0.520	0.576	0.720	0.908	0.920	1.589

十、复相关系数检验表

（表中横线上面 $\alpha=0.05$，下面 $\alpha=0.01$）

df	自变量 X 数				df	自变量 X 数			
	1	2	3	4		1	2	3	4
1	0.997 1.000	0.990 1.000	0.999 1.000	0.999 1.000	10	0.576 0.708	0.671 0.776	0.726 0.814	0.763 0.840
2	0.950 0.990	0.975 0.995	0.983 0.997	0.987 0.998	11	0.553 0.684	0.648 0.753	0.703 0.793	0.741 0.821
3	0.878 0.959	0.930 0.976	0.950 0.983	0.961 0.987	12	0.532 0.661	0.627 0.732	0.683 0.773	0.722 0.802
4	0.811 0.917	0.881 0.949	0.912 0.962	0.930 0.970	13	0.514 0.641	0.608 0.712	0.664 0.755	0.703 0.785
5	0.754 0.874	0.836 0.917	0.874 0.937	0.898 0.949	14	0.497 0.623	0.590 0.694	0.646 0.737	0.686 0.768
6	0.707 0.834	0.795 0.886	0.839 0.911	0.867 0.927	15	0.482 0.606	0.574 0.677	0.630 0.721	0.670 0.752
7	0.666 0.798	0.758 0.855	0.807 0.855	0.838 0.904	16	0.468 0.590	0.559 0.662	0.615 0.706	0.655 0.738
8	0.632 0.765	0.726 0.827	0.777 0.860	0.611 0.882	17	0.456 0.575	0.545 0.647	0.601 0.691	0.641 0.724
9	0.602 0.735	0.697 0.800	0.750 0.836	0.786 0.861	18	0.444 0.561	0.532 0.633	0.587 0.678	0.628 0.710
19	0.433 0.549	0.520 0.620	0.575 0.665	0.615 0.698	28	0.361 0.463	0.439 0.530	0.490 0.573	0.529 0.606
20	0.423 0.537	0.509 0.608	0.563 0.652	0.604 0.685	29	0.355 0.456	0.432 0.522	0.482 0.565	0.521 0.598
21	0.413 0.526	0.498 0.596	0.522 0.641	0.592 0.674	30	0.349 0.449	0.426 0.514	0.476 0.558	0.514 0.591
22	0.404 0.515	0.488 0.585	0.542 0.630	0.582 0.663	35	0.325 0.418	0.397 0.481	0.445 0.523	0.482 0.556
23	0.396 0.505	0.479 0.574	0.532 0.619	0.572 0.652	40	0.304 0.393	0.373 0.454	0.419 0.494	0.455 0.526
24	0.388 0.496	0.470 0.565	0.523 0.609	0.562 0.642	45	0.288 0.372	0.353 0.430	0.397 0.470	0.432 0.501
25	0.381 0.487	0.462 0.555	0.514 0.600	0.553 0.633	50	0.273 0.354	0.336 0.410	0.379 0.449	0.412 0.479
26	0.374 0.478	0.454 0.546	0.506 0.590	0.545 0.624	60	0.250 0.325	0.308 0.377	0.348 0.414	0.380 0.442
27	0.367 0.470	0.446 0.538	0.408 0.582	0.536 0.615	70	0.232 0.302	0.286 0.351	0.324 0.386	0.354 0.413

续表

df	自变量 X 数				df	自变量 X 数			
	1	2	3	4		1	2	3	4
80	0.217	0.269	0.304	0.332	200	0.138	0.172	0.196	0.215
	0.283	0.330	0.362	0.389		0.181	0.212	0.234	0.253
90	0.205	0.254	0.288	0.315	300	0.113	0.141	0.160	0.176
	0.267	0.312	0.343	0.368		0.148	0.174	0.192	0.208
100	0.195	0.241	0.274	0.300	400	0.098	0.122	0.139	0.153
	0.254	0.297	0.327	0.351		0.128	0.151	0.167	0.180
125	0.174	0.216	0.246	0.269	500	0.088	0.109	0.124	0.137
	0.228	0.266	0.294	0.316		0.115	0.135	0.150	0.162
150	0.159	0.198	0.225	0.247	1000	0.062	0.077	0.088	0.097
	0.208	0.244	0.270	0.290		0.081	0.096	0.106	0.115

十一、肯德尔和谐系数检验表

(表中横线上面 $\alpha=0.05$，下面 $\alpha=0.01$)

m \ n	3	4	5	6	7	m \ n	3
3			64.4	103.9	157.3	9	54.0
4		49.5	88.4	143.3	217.0	12	71.9
5		62.6	112.3	182.4	276.2	14	83.8
6		75.7	136.1	221.4	335.2	16	95.8
8	48.1	101.7	183.7	299.0	453.1	18	107.7
10	60.0	127.8	231.2	376.7	571.0		
15	89.8	192.9	349.8	570.5	864.9		
20	119.7	258.0	468.5	764.4	1158.7		
3			75.6	122.8	185.6	9	75.9
4		61.4	109.3	176.2	265.0	12	103.5
5		80.5	142.8	229.2	343.8	14	121.9
6		99.5	176.1	282.4	422.6	16	140.2
8	66.8	137.4	242.7	388.3	579.9	18	158.6
10	85.1	175.3	309.1	494.0	737.0		
15	131.0	269.8	475.2	578.2	1129.5		
20	177.0	364.2	641.2	1022.2	1521.9		

附 录 Ⅱ

描述统计图表

一、数据整理简单表
($\alpha = 0.05$)

135	134	129	133	131	131	131	134	125	128
135	127	127	133	130	132	132	129	124	132
122	124	127	131	137	132	133	134	124	128
135	133	131	123	115	132	134	128	124	132
128	136	127	120	125	131	136	127	124	129
129	132	138	125	131	120	121	144	128	133
128	127	130	120	121	122	127	121	125	130
140	121	126	130	122	128	127	125	127	131

二、数据整理分组表

分数 （1）	登记 （2）	次数（3）
115—	丨	1
118—	丨丨丨	3
121—	正 丨丨丨	8
124—	正 正	10
127—	正 正 正 正	20
130—	正 正 正 丨丨丨丨	19
133—	正 正 丨丨	12
136—	丨丨丨丨	4
139—	丨丨	2
142	丨	1
总和		80

续表

分数 （1）	组中值 （2）	次数 （3）	累积次数 （4）	累积百分比 （5）
115—	116.5	1	1	1.25
118—	119.5	3	4	5.00
121—	122.5	8	12	15.00
124—	125.5	10	22	27.50
127—	128.5	20	42	52.25
130—	131.5	19	61	76.25
133—	134.5	12	73	91.25
136—	137.5	4	77	96.25
139—	140.5	2	79	98.75
142—	143.5	1	80	100.00
总和		80		

三、次数分布直方图

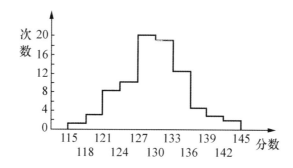

四、次数分布多边图

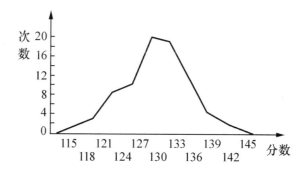

参 考 文 献

1. 〔加〕加里·P.莱瑟姆等:《绩效考评——致力于提高企事业组织的综合实力(第2版)》,萧鸣政等译,中国人民大学出版社2002年版。
2. 〔美〕罗伯特·D.巴泽尔等:《战略与绩效——PIMS原则》,吴冠之等译,华夏出版社2000年版。
3. 〔美〕罗伯特·西蒙斯:《战略实施中的绩效评估和控制系统》,张文贤主译,东北财经大学出版社2002年版。
4. 〔美〕彼得·F.德鲁克:《公司绩效测评》,李焰、江娅译,中国人民大学出版社1999年版。
5. 〔英〕约翰·韦斯特伍德:《绩效评估》,白云译,长春出版社2001年版。
6. 〔英〕加里·阿什沃思:《整合绩效管理》,李克成译,电子工业出版社2002年版。
7. 付亚和主编:《绩效管理》,复旦大学出版社2003年版。
8. 张涛主编:《企业绩效评价研究》,经济科学出版社2002年版。
9. 财政部评价司编:《企业效绩评价工作指南》,经济科学出版社2002年版。
10. 彭剑锋主编:《以KPI为核心的绩效管理》,中国人民大学出版社2003年版。
11. 廖泉文:《人力资源考评系统》,山东人民出版社2000年版。
12. 王二平:《作业绩效和关系绩效》,《心理学动态》2000年第8期。
13. 王二平:《基于行为的绩效评定方法的研究进展》,《心理科学进展》2002年第10期。
14. 杨剑等:《目标导向的绩效考评》,中国纺织出版社2002年版。
15. 牛锡明主编:《商业银行系统化绩效考核》,知识产权出版社2001年版。
16. 张蕊:《企业战略经营业绩评价指标体系研究》,中国财政经济出版社2002年版。

17. 张涛等:《企业绩效评价研究》,经济科学出版社 2002 年版。
18. 杜胜利:《企业经营业绩评价》,经济科学出版社 1999 年版。
19. 朱瑜:《企业绩效整合》,广东经济出版社 2002 年版。
20. 张体勤:《知识团队的绩效管理》,科学出版社 2002 年版。
21. 张国初等:《人力资源管理定量测度和评价》,社会科学文献出版社 2000 年版。
22. 王庆海:《如何做业绩考核》,大连理工大学出版社 2000 年版。
23. 萧鸣政:《国家公务员考评教程》,中央民族大学出版社 1995 年版。
24. 熊维平等:《商业银行内部考核方法的实证比较》,《武汉金融》2001 年第 2 期。
25. 陈毅:《企业业绩评价系统综述》,《外国经济与管理》2000 年第 4—5 期。
26. 梁建:《人事测评技术及其理论发展》,《外国经济与管理》2000 年第 7 期。
27. 韩伯棠:《人力资源绩效评估方法的比较与选择》,《科技管理研究》2002 年第 6 期。
28. 王平心:《绩效评价的作业基础三重分配法》,《西安交通大学学报》2002 年第 6 期。
29. 魏松贤:《管理绩效问题研究》,《学术交流》2002 年第 5 期。
30. 盛运华:《绩效管理作用及绩效考核体系研究》,《武汉理工大学学报》2002 年第 2 期。
31. 赵黎明:《对员工工作绩效考核问题的探讨》,《科技管理研究》2001 年第 5 期。
32. 许瑛:《标杆瞄准:绩效评价标准新发展》,《科技进步与对策》2002 年第 6 期。
33. 赵国杰:《CIMS 绩效评价指标体系与方法研究》,《管理工程学报》2001 年第 3 期。
34. 杨小平:《绩效评价指标选取的统计方法及其应用》,《技术经济》2002 年第 5 期。
35. 杨杰:《对绩效评价的若干基本问题的思考》,《中国管理科学》2000 年第 8 期。
36. 刘玉凡:《大五人格与职务绩效的关系》,《心理学动态》2000 年第 8 期。
37. 方振邦:《员工个性化绩效评价》,《中国人力资源开发》2001 年第 7 期。
38. 中国工商银行福建省分行课题组:《论绩效考评与资源配置互动效应问题》,《中国城市金融》2001 年第 8 期。
39. 陆昌勤:《360 度反馈及其在人力资源管理中的效用》,《中国管理科学》2001 年第 6 期。

40. 张静、吉雷、孙剑平:《绩效评价的经济学分析》,《中国人力资源开发》2001年第4期。
41. 夏凌翔:《论工作满意度与工作绩效的关系》,《西南师范大学学报》2002年第7期。
42. 吴景泰:《员工工作绩效的综合评价与分级管理》,《技术经济与管理研究》2002年第4期。
43. 骆品亮:《主观绩效评价与客观绩效评价的优化组合》,《系统工程学报》2001年第4期。
44. 金玉国:《转型时期中国工业绩效变动的制度解析》,《上海经济研究》2001年第4期。
45. 范碧英:《对绩效考评的再思索》,《财经科学》2001年第3期。
46. 张焱:《基于经营绩效评价表的经营绩效评价体系》,《南开经济评论》2002年第1期。
47. 段小华:《企业能力的竞争绩效评价指标及模型》,《经济师》2002年第1期。
48. 夏京文:《我国FDI的利用及其经济绩效的实证分析》,《工业技术经济》2001年第4期。
49. 王玫:《员工绩效的评价》,《企业改革与管理》2002年第5期。
50. 戴良铁:《绩效评估方法的分析与比较》,《人事管理》2000年第2期。
51. 左小德、顾培亮:《选拔人才的量化进选方法》,《决策与决策支持系统》1994年第2期。
52. 杨万夫:《"软硬兼施"比较定量测评与优选干部方法》,《中国人才》1990年第11期。
53. 石伟:《年度绩效如何考核?》,《中外管理》2000年第11期。
54. 杨子健、刘磊:《国际商业银行战略管理模式与指标体系选择》,《经济导刊》2000年第5期。
55. 王勇、许庆端:《以战略为中心的业绩评价理论框架研究》,《科研管理》2001年第9期。
56. 余景选、陈忠宝:《建立平衡计分卡进行业绩评价》,《财金论丛》2001年第9期。
57. 王芳、张笑莉:《平衡计分卡:一种新的经营业绩评价方法》,《中南财经大学学报》2001年第4期。
58. 王庆芳、周子剑:《EVA:价值评估与业绩评估的理论探讨》,《当代财金》2001年第10期。
59. 刘星:《试论企业绩效评价体系》,《工业企业管理》2001年第2期。
60. 宋力、王艳飞:《浅论企业战略性业绩评价的指标设置》,《工业企业管理》2001年第2期。

61. 胡奕明:《非财务指标的选择——价值相关分析》,《财经研究》2001年第5期。

62. 黄辉:《浅论企业业绩评价的非财务指标设置》,《工业企业管理》2001年第6期。

63. 白蔚秋:《改进业绩评价系统正确评价企业的经营业绩》,《工业企业管理》2001年第5期。

64. 张蕊:《"新经济"时期企业经营业绩评价指标体系框架的建立》,《工业企业管理》2001年第7期。

65. 杨国彬、李春芳:《企业绩效评价指标——EVA》,《工业企业管理》2001年第7期。

66. 李郁卿:《推动以均衡记分卡为基础的绩效管理制度之个案研究——以一外商食品公司为例》,台湾中山大学硕士论文,2002年。

67. 余庆华:《消费金融从业人员之工作投入、工作满足、薪酬福利与工作绩效之相关研究——以高雄地区银行为例》,台湾中山大学硕士论文,2001年。

68. Kevin, R., and Jeanette N. Cleveland, *Understanding Performance Appraisal*, Sage Publication, 1995.

69. R. S. Kapan and D. P. Norton, "The Balanced Scorecard Measures that Drive Performance," *Harvard Business Review* 70 (1): 71-79, 1991.

70. R. S. Kaplan and D. P. Norton, "Putting the Balanced Scorecard to Work", *Harvard Business Review* 71(5): 134-147, 1993.

71. R. S. Kaplan and D. P. Norton, "Using the Balanced Scorecard as a Strategic Management System", *Harvard Business Review*, January-February, 1996.

72. Coens, Tom, and Mary Jenkins, *Abolishing Performance Appriaisals-Why They Backfire and Why to Do Instead*, Berrett-Koehler Publishers, Inc., 2000.

73. Shaw, Douglas G., *The Performance Measurement, Management and Appraisal Sourcebook*, Sage Press, 2000.

74. Johnson, Gerry, and Kevin Scholes, *Exploring Corporate Strategy*, Prentice Hall, 1993.

75. Armstrong, Michael, and Angela Baron, *Performance Management*, The Cromwell Press, 1998.

76. Williams, Richard S., *Performance Management: Perspective on Employee Performance*, International Thomson Business Press, 1998.

77. Decotiis, Tomas, and A. Petit, "The Performance Appraisal Process: A Model and Some Testable Propositions," *Academy of Management Review*,

3(3): 635-645, 1978.

78. Korsgarrd, M. A., and L. Robrson, "Procedural Justice in Performance Evaluation: The Role of Instrumental and Non-Instrumental Voice in Performance Appraisal Discussions," *Journal of Management*, 21(4): 657-669, 1995.

79. Porter, L. W., and E. E. Lawler, *Managerial Attitudes and Performance*, Homewood, Richard D. Irwin Inc., 1968.

80. Becker, Brian, and Barry Gerhart, "The Impact of Human Resource Management on Organizational Performance: Progress and Prospects," *Academy of Management Journal*, 39(4): 779-801, 1996.

教师反馈及教辅申请表

北京大学出版社本着"教材优先、学术为本"的出版宗旨,竭诚为广大高等院校师生服务。为更有针对性地提供服务,请您认真填写以下表格并经系主任签字盖章后寄回,我们将按照您填写的联系方式免费向您提供相应教辅资料,以及在本书内容更新后及时与您联系邮寄样书等事宜。

书名		书号	978-7-301-	作者	
您的姓名				职称职务	
校/院/系					
您所讲授的课程名称					
每学期学生人数	_____人 _____年级			学时	
您准备何时用此书授课					
您的联系地址					
联系电话(必填)			邮编		
E-mail(必填)			QQ		
您对本书的建议:			系主任签字: 盖章		

我们的联系方式:

北京大学出版社社会科学编辑部

北京市海淀区成府路 205 号,100871

联系人:徐少燕

电话:010-62753121/62765016

传真:010-62556201

E-mail:ss@pup.pku.edu.cn

新浪微博:@未名社科-北大图书

网址:http://www.pup.cn